Islã Para leigos

Entender o Islã começa com a observação das crenças básicas (Cinco Pilares da Fé) e rituais requeridos (Cinco Pilares da Adoração) dos muçulmanos, assim como as diferentes seitas islâmicas às quais os muçulmanos podem pertencer.

Os Cinco Pilares da Adoração e os Cinco Pilares da Fé do Islã fornecem o suporte de uma vida espiritual diária muçulmana. Embora todos os verdadeiros muçulmanos compartilhem essas crenças e rituais, o Islã é dividido em várias seitas diferentes.

OS CINCO PILARES DA ADORAÇÃO NO ISLÃ

Na fé islâmica, espera-se que os muçulmanos cumpram cinco atos fundamentais de adoração. Os Cinco Pilares da Adoração (*arkan al-`ibada*) são os atos básicos envolvidos em ser um muçulmano crente e praticante, mas cada Pilar é também uma porta de entrada para uma compreensão mais profunda e para uma maior espiritualidade conforme se cresce na fé islâmica.

- **Shahada:** Uma pessoa se torna muçulmana fazendo a afirmação básica da declaração ou testemunho. "Eu testemunho que há somente um Deus único e poderoso e eu testemunho que Muhammad é Mensageiro de Deus." Variações da shahada são usadas em muitas situações diferentes.
- **Salat:** Salat é uma oração formal e ritualizada realizada cinco vezes especificadas por dia no sentido de Meca. Salat consiste em uma sequência de recitações e posições corporais, incluindo prostração com a testa tocando o chão.
- **Zakat:** Zakat é uma contribuição beneficente obrigatória, teoricamente devida anualmente por todos os muçulmanos, e corresponde a 2,5% de seus ativos líquidos e propriedades que geram renda. A Zakat destina-se à caridade e promoção no Islã.
- **Saum:** Jejum do alvorecer ao crepúsculo todos os dias durante o 9º mês do calendário muçulmano (Ramadã), em que os muçulmanos não devem comer, beber ou envolver-se em relações sexuais. Esse é um período de renovação espiritual. Em caso de viagens, os muçulmanos não jejuam enquanto estiverem em trânsito.
- **Hajj:** Pelo menos uma vez na vida, se fisicamente e financeiramente capaz, cada muçulmano faz a peregrinação para Meca durante o 12º mês muçulmano. Durante os cinco dias principais da hajj, aqueles em peregrinação replicam o ritual realizado pela primeira vez por Abraão, incluindo dar voltas em torno do santuário sagrado (Ka`ba), ficar em pé na planície de `Arafat e oferecer um sacrifício.

Islã Para leigos

OS CINCO PILARES DA FÉ DO ISLÃ

No Islã, os Cinco Pilares da Fé (que não devem ser confundidos com os Cinco Pilares da Adoração) fornecem um resumo breve e conveniente das crenças muçulmanas básicas:

- Crença em Deus (Alá) como o único deus.
- Crença nos anjos de Deus, como Gabriel.
- Crença no livro de Deus e nos mensageiros e profetas que revelaram esse livro. (Às vezes eles são listados como dois Pilares separados, criando Seis Pilares da Fé.) O livro é um livro celestial eterno que foi parcialmente revelado nas Bíblias Judaica e Cristã e é inteiramente revelado no Corão. Deus enviou seus profetas e mensageiros para revelar sua palavra e para avisar as pessoas do que aconteceria se elas não retornassem ao caminho de Deus. Muhammad é o profeta derradeiro de uma série que começou com Adão e inclui Abraão, Noé, Moisés e Jesus, entre outros.
- Crença no Dia do Julgamento e Ressurreição no fim dos tempos, quando todos serão levantados dos mortos, julgados de acordo com sua fé e ações, e enviados aos jardins do paraíso ou às chamas do inferno.
- Crença de que Deus é responsável por tudo o que acontece, tanto coisas boas quanto ruins, porque tudo se dá conforme a vontade de Deus. No entanto, o indivíduo ainda é responsável por suas próprias ações morais e imorais.

Islã

Para
leigos

Islã

Para leigos

Malcolm Clark

ALTA BOOKS
EDITORA
Rio de Janeiro, 2018

Islã Para Leigos®

Copyright © 2018 da Starlin Alta Editora e Consultoria Eireli. ISBN: 978-85-508-0245-9

Translated from original Islam For Dummies®. Copyright © 2003 by John Wiley & Sons, Inc. ISBN 978-0-764-55503-9. This translation is published and sold by permission of John Wiley & Sons, Inc., the owner of all rights to publish and sell the same. PORTUGUESE language edition published by Starlin Alta Editora e Consultoria Eireli, Copyright © 2018 by Starlin Alta Editora e Consultoria Eireli.

Impresso no Brasil — 2018 — Edição revisada conforme o Acordo Ortográfico da Língua Portuguesa de 2009.

Publique seu livro com a Alta Books. Para mais informações envie um e-mail para autoria@altabooks.com.br

Obra disponível para venda corporativa e/ou personalizada. Para mais informações, fale com projetos@altabooks.com.br

Produção Editorial
Editora Alta Books

Produtor Editorial
Thiê Alves

Gerência Editorial
Anderson Vieira

Assistente Editorial
Renan Castro

Produtor Editorial (Design)
Aurélio Corrêa

Editor de Aquisição
José Rugeri
j.rugeri@altabooks.com.br

Marketing Editorial
Silas Amaro
marketing@altabooks.com.br

Ouvidoria
ouvidoria@altabooks.com.br

Vendas Atacado e Varejo
Daniele Fonseca
Viviane Paiva
comercial@altabooks.com.br

Equipe Editorial
Bianca Teodoro
Ian Verçosa
Illysabelle Trajano
Juliana de Oliveira

Tradução
Samantha Batista

Copidesque
Carlos Bacci

Revisão Gramatical
Thamiris Leiroza
Hellen Suzuki

Revisão Técnica
Muna Omran
Pós-doutora em Estudos Literários pela Universidade Federal Fluminense

Diagramação
Lucia Quaresma

Dados Internacionais de Catalogação na Publicação (CIP) de acordo com ISBD

C592i Clark, Malcolm

Islã para leigos / Malcolm Clark ; tradução de Samantha Batista. - Rio de Janeiro : Alta Books, 2018.
400 p. : il. ; 17cm x 24cm.

Tradução de: Islam For Dummies
Inclui índice e anexo.
ISBN: 978-85-508-0245-9

1. Islamismo. 2. Islã. I. Batista, Samantha. II. Título.

2018-116 CDD 297
CDU 297

Elaborado por Vagner Rodolfo da Silva - CRB-8/9410

ALTA BOOKS EDITORA

Rua Viúva Cláudio, 291 — Bairro Industrial do Jacaré
CEP: 20.970-031 — Rio de Janeiro (RJ)
Tels.: (21) 3278-8069 / 3278-8419
www.altabooks.com.br — altabooks@altabooks.com.br
www.facebook.com/altabooks — www.instagram.com/altabooks

Sobre o Autor

Warren Malcolm Clark (ou simplesmente Malcolm, como é conhecido) é Professor Emérito de Religião na Butler University, em Indianápolis, Indiana, onde ensinou por 30 anos. Ex-catedrático do Departamento de Filosofia e Religião, ministrou diversos cursos sobre estudos Bíblicos, Islã, Corão [ou Alcorão], Religiões Mundiais, Religião Americana, Mulheres e Religião, Movimentos Religiosos Modernos e Egiptologia. Antes de ingressar na Butler University, lecionou na Princeton Theological Seminary durante seis anos.

O Professor Clark graduou-se em História Americana na Harvard University, tem um Mestrado em Divindade e um título de doutor em Yale. Sua tese de doutorado centrou-se na Bíblia Hebraica e em estudos do Antigo Oriente Próximo, e ele cursou um ano de pós-graduação na Hebrew University em Jerusalém. Ordenou-se pastor na Igreja Cristã (Discípulos de Cristo). O Professor Clark começou a lecionar cursos sobre o Islã há 12 anos e ajudou a desenvolver uma unidade sobre a ascensão do Islã, em que todos os alunos da Butler participaram como parte de um requisito do curso de Civilizações Mundiais. Ele cresceu no Texas, é casado com Sharon Raven Clark, tem duas filhas casadas (Sabrina e Rebekah) e dois netos. Aposentado em 2002, ele e sua esposa em breve se mudarão para Mammoth Lakes, Califórnia.

Dedicatória

Dedico este livro a colegas e antigos alunos da Butler University, incluindo aqueles que estudaram o Islã comigo e, em especial, aos alunos muçulmanos que ajudaram a ampliar meu conhecimento e apreciação do Islã.

Agradecimentos do Autor

Quero agradecer à minha editora de aquisições, Pam Mourouzis, que entrou em contato comigo inicialmente e me encorajou a considerar escrever este livro. Logo descobri que escrever um livro da série *Para Leigos* é diferente de qualquer coisa que havia escrito antes. Quanto mais trabalhava no livro, mais eu desejava ter tempo e espaço adicionais para explorar os tópicos com maior profundidade. Dada a limitação de tempo para preparar meu manuscrito (em comparação aos prazos indeterminados de minhas produções acadêmicas anteriores), minha editora de projetos, Tere Drenth, manteve-me na linha. Ela ajudou muito em questões sobre estilo, conteúdo e organização e me convenceu a incluir materiais que havia deixado de lado.

O revisor técnico, Professor Jamsheed Choksy da Indiana University, também me auxiliou bastante no sentido de refinar meus pensamentos e evitar erros que, de outro modo, teria cometido.

Minha esposa, Sharon, leu criteriosamente cada capítulo do livro à medida que eu os produzia, proclamando a si mesma como uma boa substituta para um leitor típico da *Para Leigos*. Ela também foi além de qualquer coisa razoável que lhe poderia pedir ao reler cuidadosamente o manuscrito inteiro quando chegou o momento da aprovação final e produção.

Embora eu estivesse aposentado na época em que comecei a trabalhar em *Islã Para Leigos*, também devo agradecer a meus alunos. Ao ensiná-los, aprendi muito mais sobre várias religiões — incluindo o Islã — do que havia feito quando me graduei na universidade.

Organizações muçulmanas locais em Indianápolis têm sido um ótimo recurso para o ensino do Islã na Butler. Sou especialmente grato à Islamic Society of North America (ISNA), que tem sua sede na região de Indianápolis, e a duas mesquitas locais, Masjid-al-Fajr (Mesquita do Alvorecer) e Masjid Nur Allah (Mesquita Luz de Deus), todas as quais atenciosamente acolheram visitas dos alunos da Butler. Finalmente, quero agradecer a Laila Ayoubi, uma muçulmana afegã, e sua família. Tive o prazer de ter dois de seus filhos em minhas turmas sobre Islã, e minha esposa e eu ficamos encantados com nossos contatos com ela e sua família ao longo dos últimos anos.

Sumário Resumido

Sumário

PARTE 4: RECONHECENDO A DIVERSIDADE ENTRE OS MUÇULMANOS 203

PARTE 5: CONSIDERANDO O CONCEITO DO ISLÃ SOBRE AS RELIGIÕES ABRAÂMICAS 269

Introdução

Seja bem-vindo a *Islã Para Leigos*, o livro que o impede de confundir Muhammad [Maomé], Meca e Medina. Nestas páginas você encontra o que quer saber sobre as crenças, práticas e origens do Islã, bem como aquilo que ocorre atualmente no mundo islâmico.

Sobre Este Livro

Chocadas e entristecidas pelos eventos de 11 de setembro de 2001, pessoas por todo o mundo estão começando a entender que têm perguntas, concepções erradas, e talvez até medo do Islã, e este livro está aqui para ajudar. Desde dar informações sobre a ferida de 1.000 anos deixada nos povos islâmicos pelas Cruzadas Cristãs, até o entendimento dos Cinco Pilares da Fé, este livro o ajuda a colocar os conflitos atuais em perspectiva.

Além disso, se você vive ou trabalha com muçulmanos ou notou uma nova mesquita próxima de uma igreja ou sinagoga, este livro pode auxiliá-lo a compreender e a se relacionar com eles. Os muçulmanos estão prestes a se tornar o segundo maior grupo religioso nos Estados Unidos. Com este livro, você pode entender o apelo proporcionado por esta fé sem precisar colocar os pés em uma mesquita ou orar voltado em direção a Meca.

Não sou muçulmano, então, este livro não foi escrito nem para defender nem para atacar o Islã. Sem ficar preso em pontos de tensão entre muçulmanos e não muçulmanos, não finjo que inexistem razões válidas para tais diferenças. Também não há didatismo neste livro. Você encontra algumas referências a outros trabalhos, mas sem notas de rodapé detalhando o embasamento de cada ponto do texto. Há uma série de boas e curtas introduções ao Islã, mas sua brevidade significa que o tratamento das questões é altamente seletivo. Mais extenso que a típica introdução de 100 a 150 páginas, *Islã Para Leigos* tem, assim, maior abrangência.

Convenções Usadas Neste Livro

Ao ler este livro, tenha em mente as seguintes convenções:

» *Muçulmano* refere-se às pessoas que praticam o Islã; *islã* é a palavra árabe para submissão a Deus; *Islã* refere-se ao nome da religião muçulmana em todas as áreas do mundo que a professam; um *islamita* é alguém que apoia as convicções políticas islâmicas.

» Normalmente, no Ocidente, datam-se os anos grafando a.C. (antes de Cristo) e d.C. (depois do nascimento de Cristo — literalmente "no ano de nosso Senhor"). Tais siglas são termos cristãos, pois ambas afirmam Jesus como Cristo ou como Senhor. Hoje, muitos — certamente não todos — os livros destinados a um público genérico que inclui não cristãos usam as designações A.E.C. e E.C., que significam, respectivamente, *antes da era comum* e *era comum*. Assim, uma data A.E.C. é a mesma que A.C. e uma data E.C. é a mesma que D.C. É por isso que muitos livros, especialmente aqueles que tratam de religião e são destinados a um público geral, usam hoje as abreviações equivalentes e mais neutras de A.E.C. e E.C., como faço neste livro. E, muitas vezes, se o contexto de uma frase torna claro que estou falando da era comum, eu listo apenas o ano.

» Refiro-me ao Corão desta maneira: Sura 93:6–10. O Corão não é uma coleção de livros como a Bíblia, então, Sura não se refere a livros diferentes do Corão. Em vez disso, sura é similar à designação de capítulo de muitos livros. Estudiosos fizeram hipóteses, mas nem sequer concordam com a origem e o significado da palavra sura.

LEMBRE-SE

» A comparação mais útil que já vi é com o livro bíblico Salmos: Você não se refere ao Capítulo 1 do livro dos Salmos, mas ao Salmo 1. De maneira similar, você não se refere ao Capítulo 1 do Corão, mas à Sura 1. Os números depois dos dois pontos são os versos em cada sura. Assim como Gênesis 12:1–3 é uma maneira de referir-se aos primeiros três versos do Capítulo 12 do livro do Gênesis, Sura 12:1–3 refere-se aos primeiros três versos de Sura 12 do Corão. (No Islã usa-se o termo *aya* [sinal] para esses versos.) Versões do Corão diferem levemente em como os versos são numerados (veja o Capítulo 7), então, se você procurar um verso mencionado neste livro e ele não parecer relevante, lendo os sete versos anteriores e posteriores você deverá encontrar o verso citado em seu exemplar.

» Uma afirmação essencial do Corão é que ele é a palavra de Deus na língua árabe. Uma tradução do Corão em outra língua é considerada uma paráfrase ou interpretação do Corão, diferente do original árabe. O Islã sempre exigiu que os muçulmanos convertidos adquiram, pelo menos, um conhecimento mínimo do Corão em árabe. Portando, ao discutir o Islã e o Corão, não é possível evitar os termos árabes, os quais uso ao longo deste livro. As palavras que você encontrará, frequentemente entre parênteses, são transliterações dos termos árabes essenciais. Uma *transliteração* é diferente de uma tradução. Uma tradução dá o significado de uma palavra em outra língua, enquanto uma transliteração representa a escrita e a pronúncia de uma palavra de um idioma (neste caso, árabe) em outro idioma (por exemplo, português).

- O idioma árabe usa letras e palavras diferentes de outras línguas, mas tento simplificar o máximo possível. Por exemplo, a língua árabe tem letras "t" com várias grafias, e cada uma é um pouco diferente das outras devido a marcas acima e abaixo das letras. Neste livro, eu simplesmente escrevo "t".
- De maneira similar, o árabe, como outras línguas semíticas, tem duas consoantes essenciais não representadas em línguas ocidentais. Elas são referidas como *aliph* (de onde, por fim, vem o "A") e *`ayin* (um som gutural, que vem do fundo da garganta). Conquanto possa soar estranho e difícil

de pronunciar para os ocidentais, essas são letras claramente distintas, as quais represento neste livro com ' e com `. Alguns outros livros, a título de simplificação, podem ignorar essas letras, e mesmo isso sendo aceitável, pode levar à confusão de serem duas palavras idênticas, a menos que sejam grafadas com ' ou com `.

- Como o árabe pertence a uma família linguística totalmente diferente das línguas europeias, existem diferentes possibilidades para como representar um termo árabe. Se, ao ler sobre o Islã, você vir duas palavras similares grafadas de maneira levemente diferente, ambas provavelmente representam a mesma palavra árabe. Não se preocupe sobre qual grafia é a correta. Por exemplo, no inglês, *`id* e *Eid* são duas traduções diferentes para a mesma palavra árabe, que designa os dois sacrifícios básicos do ritual islâmico. Uso os termos comuns, que lhe são familiares, ainda que não tecnicamente corretos. Por exemplo, me refiro à cidade santa do Islã como Meca, mesmo que a transliteração para outra língua seja grafada diferentemente como representação mais precisa do nome árabe da cidade mais santa do Islã.
- Nomes árabes completos podem ser muito compridos, então, eu comumente uso uma versão reduzida. Por exemplo, me refiro ao fundador da escola de direito, Hanifite, como Abu Hanifa em vez de usar seu nome completo: Abu Hanifa al-Nu`man ibn Thabit ibn Zuta.

Penso que...

Enquanto escrevia o livro, tinha uma imagem sua em mente — seu passado, experiências e necessidades para este livro. Eis as suposições que fiz sobre você:

- » Você não precisa saber nada sobre o Islã ou qualquer religião organizada antes de ler este livro. Entretanto, ao estudar uma religião, você muitas vezes quer contrastar e comparar termos e conceitos-chaves com aqueles de outra religião. Neste livro, introduzi elementos do Judaísmo, Cristianismo, Hinduísmo, Budismo, Confucionismo e Taoismo, mas, se quiser, sinta-se à vontade para deixar de lado tais referências a outras religiões. Em qualquer livro sobre o Islã, você encontra mais comparações com o Cristianismo e Judaísmo do que com religiões do Extremo Oriente e do Sul da Ásia. Isso porque Cristianismo, Judaísmo e Islã são religiões relacionadas à mesma "família" abraâmica (veja a Parte 5). Claro, na sociedade global em que vivemos, quanto mais você souber sobre todas as religiões e culturas, melhor preparado estará para compreendê-las.
- » Você não precisa ser muçulmano para entender o islã. Crentes e não crentes têm conhecimentos complementares do Islã.

LEMBRE-SE

» Minhas experiências não abrangem todos os aspectos do mundo muçulmano. Quando discorro sobre uma crença ou prática em particular do Islã, não suponha que se trata da única maneira de entendimento dessa crença ou prática específica.

» Nem todos os muçulmanos concordarão com tudo o que está escrito neste livro.

» Este livro não está propondo novas interpretações do Islã. Em vez disso, ele transmite um pensamento consensual entre estudiosos e teólogos.

Como Este Livro É Organizado

Ao escrever este livro, tive que ser seletivo sobre quais informações incluir sobre uma religião que tem mais de 1.400 anos, mais de um bilhão de membros e espalhada pelo globo. Neste livro, você não encontrará respostas para questões cotidianas que possa ter, mas, em cada uma das sete partes do livro, tentei lidar com tópicos relacionados uns aos outros. Se o Sumário não o levar ao que mais lhe interessa, tente consultar o Índice no final do livro.

Parte 1: Compreendendo o Básico

Este capítulo o ajuda a entender no que os muçulmanos acreditam, compartilha um pouco da história muçulmana e dá informações gerais sobre o número de muçulmanos no mundo e quais países são predominantemente muçulmanos.

Parte 2: Muhammad: O Homem, o Livro e as Disposições da Lei

Esta parte o introduz a Muhammad, ao Corão e aos ditames legais e éticos do Islã.

Parte 3: Familiarizando-se com a Vida Muçulmana Cotidiana

Nesta parte, falo sobre adoração muçulmana e os rituais em torno do nascimento, casamento e morte. Também discuto alguns costumes muçulmanos.

Parte 4: Reconhecendo a Diversidade entre os Muçulmanos

O Islã tem diferentes grupos de crentes — Shia'as [Xiitas], Sunitas, Sufis, Drusos e outros. Esta parte também se ocupa com os muçulmanos nos Estados Unidos.

Parte 5: Considerando o Conceito do Islã sobre as Religiões Abraâmicas

Nesta parte, exploro como três religiões abraâmicas (Judaísmo, Cristianismo e Islã) se relacionam umas com as outras, historicamente e na atualidade, e como o Islã adaptou-se à modernização e globalização ao longo dos últimos 100 anos, incluindo seu contato com outras religiões não abraâmicas.

Parte 6: A Parte dos Dez

Os muçulmanos fizeram contribuições extraordinárias para a civilização. Esta parte resume algumas dessas contribuições e dos muçulmanos responsáveis por elas. Além disso, discuto o Islã em vários países específicos atualmente. Se, em algum ponto, você sentir dificuldade com os detalhes da crença ou prática islâmica, faça uma pausa e vá para um dos capítulos mais sintéticos na Parte dos Dez.

Parte 7: Apêndices

Esta parte lhe diz como converter datas entre os calendários muçulmano e ocidental, fornece um glossário para refrescar sua memória e tem sugestões sobre recursos disponíveis para encontrar mais sobre o Islã.

Ícones Usados Neste Livro

Para chamar a atenção quanto a informações úteis, coloquei as seguintes imagens gráficas (ícones) ao lado de alguns parágrafos deste livro:

TEXTO ISLÂMICO

Este ícone indica passagens do Corão e outros textos islâmicos.

DICA

Este ícone destaca informações importantes ou úteis sobre o Islã.

LEMBRE-SE

Ao lado deste ícone há informações que serão úteis para entender outras coisas sobre o Islã.

SE LIGA!

Este ícone o atualiza sobre uma área controversa ou de mal-entendidos.

INDO MAIS FUNDO

Este ícone está ao lado de informações que entram em muito mais detalhes do que você provavelmente quer, porém importantes para entender o Islã. Se você só quiser o básico, pule essas seções.

De Lá para Cá, Daqui para Lá

Este livro é planejado para que você possa ir diretamente a qualquer coisa que lhe interesse mais sobre o Islã. Não é um romance que exige que você comece no Capítulo 1 e termine no último capítulo. Você talvez queira começar pelo Capítulo 1, que fornece uma visão geral das origens e crenças islâmicas. Depois disso, confira as seguintes áreas de interesse comum:

- Se você estiver interessado em crenças islâmicas, vá para os Capítulos 3, 4, 5, 7, 8 e 11.
- Para adoração e rituais muçulmanos, vá para a Parte 3.
- Caso seu interesse seja pela história islâmica, recorra aos Capítulos 2, 5 e 15.
- Se estiver interessado principalmente no mundo moderno, leia os Capítulos 17, 18 e 21.
- Para ler mais sobre o Islã nos Estados Unidos e o relacionamento entre muçulmanos e não muçulmanos, consulte os Capítulos 15, 16 e 17.

Ou trace seu próprio itinerário!

Prefácio

Sem dúvida o 11 de setembro de 2001 foi um divisor de águas para os estudos acerca do Islã no mundo Ocidental. Os ataques às Torres Gêmeas trouxeram para o centro da discussão o Oriente Médio e em especial o Mundo Islâmico. O tema não pertencia mais apenas a poucos especialistas, passava a fazer parte das discussões e conversas diárias. Os eventos nos EUA e, posteriormente, os sucessivos atentados de muçulmanos ligados aos movimentos extremistas do islã político pelo mundo, fizeram com que o Brasil, país que agrega 35 mil seguidores da religião, de acordo com os dados estatísticos do IBGE, passasse a prestar atenção e querer conhecê-la mais.

Nas universidades brasileiras, por exemplo, sentimos os primeiros sinais: o número de pesquisas sobre o tema cresceu, significativamente, nos últimos 20 anos. No final do século XX, ainda, os primeiros pesquisadores tinham dificuldades para encontrar uma supervisão adequada, bem como o acesso a uma bibliografia de qualidade. Hoje, no Brasil, já temos não só mais especialistas, mas também núcleos de pesquisas em diversas universidades, institutos, centros de estudos brasileiros, assim como uma produção bibliográfica considerável.

Mas para o homem comum, o leigo, nenhuma religião no mundo moderno é tão temida e incompreendida como a Islã. O que vemos no cotidiano são colocações baseadas em velhos chavões e estereótipos. O senso comum é assombrado com a ideia de uma fé que promove o terrorismo, apoia governos autoritários, oprime a mulher, censura e destrói obras artísticas. Esquece-se de dizer, porém, que o Islã é uma religião cuja história é marcada pela tolerância e respeito a outros povos e ao conhecimento. A região al-Andaluz, ao longo dos séculos IX a XIII, é o exemplo dessa coexistência. Ali a riqueza comercial e cultural, a ciência, a literatura árabe e o discurso filosófico sobre a razão e a fé articulavam-se e contextualizavam aquele cotidiano.

A coexistência sempre foi a marca da cultura muçulmana e está na constituição histórica da religião. Meca, no início do século VII, era uma cidade comercialmente importante na Península Arábica, um entreposto comercial por onde passavam mercadores das diversas culturas e religiões; cristãos e judeus coexistiam com diferentes tribos politeístas locais. De acordo com a narrativa religiosa, Muhammad, enquanto meditava em uma caverna no Monte Hira (Arábia Saudita), recebeu a mensagem do anjo Gabriel, comunicando-lhe que havia sido escolhido por Deus para ser o último profeta enviado. A partir daí, nascia o Islã, uma religião que sintetizava as tradições do judaísmo e do cristianismo com aspectos da cultura local e das tradições beduínas que viviam na Península. Trazendo o espírito da coexistência já praticado em Meca, o islã ampliaria suas fronteiras para além da Península Arábica, ganhando a África, o Extremo Oriente e o Mundo Ocidental.

No entanto, ao longo dos séculos, a religião foi ganhando aspectos políticos, e já no século XX, criaram-se diversos movimentos, cada um a seu modo querendo a formação da Umma, a comunidade muçulmana transnacional, sendo o islã a base ideológica dessa Nação. Assim, a confusão entre o islã político e o fundamentalismo se faz para o homem comum, cuja visão é moldada pelos estereótipos de Hollywood ou pela mídia ocidental.

O livro *Islã para Leigos*, de Malcom Clark, divido em 21 capítulos distribuídos em seis partes, apresenta e esclarece numa linguagem simples e de maneira didática pontos nodais sobre a religião que causam grande confusão ao homem comum.

Além de apresentar uma breve biografia sobre o profeta Muhammad, a obra passa por fatos da história do Islã, como a luta pela sucessão, a formação do império muçulmano, a revelação do livro sagrado, indica na última parte uma bibliografia e sites sobre a religião, para quem desejar ampliar seus conhecimentos. Além disso, a presente edição estende essas informações para o Brasil.

Assim, a proposta do livro é fazer com que o leitor comum entenda a história e como a cultura muçulmana se realiza, e desfaça a imagem construída pelos estereótipos. A harmonia e a coexistência, palavras tão caras para a fé e cultura muçulmanas, começam a ser postas em prática na medida em que, a cada página, novos esclarecimentos são feitos. A melhor mensagem que o livro de Malcom Clark deixa para seus leitores é a essência da fé muçulmana: paz, e contribuir para a harmonia e coexistência entre os povos e as religiões, pois o Islã é a paz.

Boa leitura.

Salam!

Muna Omran
Pós-doutora em Estudos Literários pela Universidade Federal Fluminense e Doutora em Literatura Comparada pela Unicamp

1

Compreendendo o Básico

NESTA PARTE...

Encontre uma visão geral das origens e crenças islâmicas.

Descubra os principais ramos do Islã, o número de muçulmanos no mundo e os países que possuem as maiores populações muçulmanas.

Conheça as crenças islâmicas, incluindo como Deus é entendido no Islã.

Examine o atributo-chave de Deus no Islã — sua unidade — assim como seus outros atributos, nomes e sinais que testificam Deus.

Veja nesta parte questões teológicas-chave no início do Islã, tais como os relacionamentos entre a fé e os trabalhos, e entre teologia e filosofia.

Observe as crenças islâmicas relativas à ressurreição dos mortos, o julgamento final e o destino derradeiro do céu ou inferno.

NESTE CAPÍTULO:

Obtendo uma visão geral das origens, crenças e práticas islâmicas

Contando os números e localizando os muçulmanos no atlas mundial

Capítulo 1
Abordando o Islã

Neste capítulo você tem um breve primeiro contato com o Islã que o restante deste livro expande: como a fé começou, no que os muçulmanos acreditam, como essas crenças divergem em vários ramos, e onde e quantos muçulmanos praticam sua fé ao redor do mundo nos dias de hoje.

LEMBRE-SE

Tenha em mente que este capítulo é apenas uma prévia para o tratamento mais detalhado nos capítulos subsequentes destinados a tópicos específicos.

Obtendo uma Visão Geral das Origens Islâmicas

Por volta de 610 E.C (para datas, consulte a seção Introdução), o anjo Gabriel apareceu a um homem chamado Muhammad [Maomé] na cidade de Meca, na Arábia Saudita dos dias atuais. Gabriel disse a Muhammad que Deus o havia designado como Seu último profeta. As revelações que Muhammad recebeu, até sua morte em 632, constituem o Corão, o livro sagrado do Islã. Muhammad acreditava que estava restaurando e completando a religião original da humanidade, em linha com os profetas bíblicos que também haviam sido enviados por Deus para chamar as pessoas a submeterem-se a Ele.

Em Meca, os contemporâneos de Muhammad adoravam a muitos deuses e rejeitaram seu chamado para adorar a apenas um Deus. Em 622, Muhammad e seu pequeno grupo de crentes emigraram do norte de Meca para a cidade de Yatrib, que os muçulmanos renomearam como Medina. Esse ano seria, no futuro, estabelecido como o primeiro ano do calendário muçulmano[1] (veja o Apêndice A). Em Medina, Muhammad estabeleceu a primeira comunidade muçulmana.

Em 630, Muhammad liderou o exército da crescente comunidade muçulmana contra Meca, que se rendeu pacificamente. Na época da morte de Muhammad, dois anos depois, a maioria da Arábia havia aceitado o Islã e fazia parte da comunidade islâmica. Muhammad foi sucedido por uma série de governantes (*califas*) sob os quais o Islã emergiu como um novo poder na cena mundial. Em menos de 100 anos, os exércitos muçulmanos haviam incorporado a maioria das terras das regiões fronteiriças ocidentais, do noroeste da Índia, no leste, até a Espanha, no oeste, em um único grande império normalmente chamado de califado.

Gradualmente, a unidade original do Islã foi perdida para nunca mais ser recuperada. O califado caiu perante um violento ataque Mongol em 1258. O Islã continuou a espalhar-se nos séculos seguintes, mas novos reinados muçulmanos ascenderam e caíram. Ao findar-se o século XVII, o poder militar islâmico esvaiu-se e, do fim do século XIX até a primeira parte do século XX, a maioria dos países muçulmanos ficou sob controle direto ou indireto das nações europeias. Na segunda metade do século XX, as nações muçulmanas alcançaram sua independência. Apesar do declínio político e econômico, o número de muçulmanos no mundo aumentou rapidamente no decorrer do século XX e o Islã tornou-se, pela primeira vez, uma religião verdadeiramente global.

---

[1] N.E.: A hégira (hijra, ou seja, imigração) marca o início do calendário muçulmano.

Resumindo as Crenças Islâmicas

Os muçulmanos compartilham muitas das mesmas crenças básicas de cristãos e judeus, e diferem fundamentalmente das religiões orientais como o Hinduísmo, o Budismo e o Taoismo:

- » Deus criou o mundo e tudo o que há nele.
- » Deus estabeleceu em Sua palavra revelada os princípios pelos quais viver, incluindo a preocupação com os pobres.
- » Não se deve adorar outros deuses, ou dinheiro, ou poder, ou a si mesmo.
- » No fim dos tempos, Deus julgará todas as pessoas.
- » Se uma pessoa cumpriu o comando divino, irá para o paraíso.

Deus conclama todas as pessoas a se submeterem à Sua vontade, como instituído em Sua lei revelada. Na verdade, a palavra *islã* significa submissão; Islã tem a mesma raiz da palavra para paz. O Islã é frequentemente pensado como a religião da submissão a Deus. Crenças islâmicas básicas são resumidas nos Cinco Pilares da Fé (veja o Capítulo 4).

SE LIGA!

Islã é o nome da religião. Um *muçulmano* é o nome de um membro da religião islâmica. A palavra "muçulmano" significa "aquele que se submete a Deus". Um muçulmano não é um maometano[2] e os muçulmanos não pertencem à religião maometana, porque Muhammad é apenas um homem. Os muçulmanos adoram a Deus e não a Muhammad.

A prática islâmica básica é resumida nos Cinco Pilares da Adoração (veja o Capítulo 9). Os muçulmanos devem confessar que apenas Deus é Deus e que Muhammad é Seu mensageiro. Eles interrompem o que estiverem fazendo durante cinco minutos por dia para rezar a Deus. Uma vez por ano, no mês do Ramadã, jejuam do alvorecer ao crepúsculo. Todos os anos, eles doam determinada parcela de sua riqueza para servir aos propósitos de Deus. E todo muçulmano capaz deve, uma vez na vida, fazer a peregrinação a Meca.

[2] N.E.: Maometano — não se usa mais essa nomenclatura para se referir aos muçulmanos, pois esta induz que os muçulmanos eram seguidores de Muhammad, o homem, quando são seguidores de uma religião revelada por Deus para Muhammad. Maometano era o termo usado pelos Cruzados para se referir aos muçulmanos, uma vez que não reconheciam o islã como uma religião monoteísta, de raiz abraâmica.

Dividindo-se em Ramos

LEMBRE-SE

O Islã tem dois ramos principais: os sunitas e os shia'as [xiitas].

» Os sunitas constituem de 84% a 90% dos muçulmanos do mundo. O termo "Sunita" remete às tradições seguidas por Muhammad e pelos primeiros muçulmanos.

» Depois da morte de Muhammad, alguns muçulmanos acreditaram que seu primo e genro, \`Ali, deveria sucedê-lo (em oposição aos três primeiros califas que vieram depois de Muhammad). O termo *Shi\`a* (xiita, em português) refere-se ao partido de \`Ali, àqueles que acreditaram que a liderança política e religiosa da comunidade muçulmana deveria permanecer sempre na linhagem de \`Ali e sua esposa Fátima. Devido às disputas que surgiram sobre a linha sucessória, os shia'as se dividiram em vários grupos diferentes, tais como Ithna\`-Ashari (ou duodecimanos), Ismaelitas e Zaiditas (veja o Capítulo 12 para detalhes).

INDO MAIS FUNDO

Os sufis são outro grande grupo de muçulmanos. O sufismo é o misticismo islâmico, e não uma seita, como os sunitas ou os shia'as. Então, um sufi é normalmente também um muçulmano sunita (ou, mais raramente, um shia'a). Existem muitas ordens sufistas (veja o Capítulo 13) assim como existem muitas ordens monásticas no catolicismo romano.

Contando os Números

Quantificar a afiliação de qualquer religião é algo complicado, mas as pesquisas e os estudos são bons em dar amplitudes gerais, como demonstrado na Tabela 1-1. Os *demógrafos* (aqueles que estudam populações) não julgam se as pessoas são membros ativos ou se quase nunca frequentam o templo, sinagoga, mesquita ou igreja. Quando um desses estudos lista 360 milhões de budistas no mundo, isso significa que 360 milhões de pessoas consideram-se budistas.

TABELA 1-1 Tamanho de Religiões Mundiais Selecionadas (2000)

Religião	Tamanho	Porcentagem
Cristianismo	1,9 bilhão	31% a 33%
Islã	1,2 bilhão	19% a 22%
Hinduísmo	881 milhões	14%
Budismo	360 milhões	6%
Judaísmo	14 milhões	menos de 0,5%

O cristianismo e o Islã ainda estão em processo de expansão, mais rapidamente na África no decorrer do último século. Países muçulmanos têm alguns dos mais altos índices de fertilidade, um fator de grande peso no crescimento islâmico.

DICA

Os números para 1900 proporcionam uma comparação interessante com aqueles de 2000. Em 1900, os 555 milhões de cristãos representavam 32% da população mundial, mais ou menos o mesmo que hoje. Em contraste, os 200 milhões de muçulmanos constituíam apenas 12,3% da população mundial, em comparação com os mais de 19% atuais. Essa grande expansão da participação relativa demonstra que o Islã tem o crescimento mais rápido entre as principais comunidades religiosas.

INDO MAIS FUNDO

Para mais informações sobre a demografia das religiões mundiais vá para `www.adherents.com` (site em inglês).

Localizando o Islã no Mapa-múndi

Nem todos os árabes são muçulmanos e nem todos os muçulmanos são árabes (os habitantes originais do Oriente Médio que se tornaram a população dominante de muitos países do Oriente Médio e Norte da África, do Iraque ao Marrocos). Na verdade, os árabes são apenas 20% dos muçulmanos do mundo. Em contraste, o Sul da Ásia (Paquistão, Bangladesh e Índia) tem 300 milhões de muçulmanos. O Oriente Médio tem 200 milhões de muçulmanos, mas os dois maiores países muçulmanos no Oriente Médio — Turquia e Irã — não são países árabes. Claro, o árabe é a língua do Islã, e a cultura árabe deixou uma impressão indelével no Islã, embora a maioria dos muçulmanos não fale árabe.

DICA

Não presuma que todos os árabes são muçulmanos. Mais árabes norte-americanos são cristãos do que muçulmanos. Árabes cristãos são uma expressiva minoria da população do Líbano e uma pequena, mas significativa minoria no Iraque. Já na metade do século XX, árabes cristãos eram uma minoria influente da população da Palestina, embora muitos tenham emigrado para os Estados Unidos ou para outros lugares desde essa época. Entretanto, bem mais de 90% dos árabes são muçulmanos.

Os muçulmanos estão concentrados em uma faixa contínua de países que se estende pelo norte da África, Oriente Médio, sul da Ásia e dali para a Malásia e Indonésia no sudeste da Ásia. A porcentagem da população muçulmana nesses países (exceto a Índia, onde muçulmanos são uma pequena minoria) varia desde pouco abaixo de 80% até mais de 99%. Note-se que os shia'as são o maior grupo muçulmano no Irã, Iraque, Iêmen, Azerbaijão, Barein e Líbano. Por cerca de 1.000 anos, a maioria do sul da Ásia (hoje Paquistão, Bangladesh e Índia, mas não o Sri Lanka) era governada por muçulmanos. Somando-se a população muçulmana desses três países (veja a Tabela 1-2), o total constitui, de longe, o maior número de muçulmanos em qualquer região do mundo.

TABELA 1-2 Os Nove Maiores Países Muçulmanos em População

País	População Muçulmana
Indonésia	170.310.000
Paquistão	136.000.000
Bangladesh	106.050.000
Índia	103.000.000
Turquia	62.410.000
Irã	60.790.000
Egito	53.730.000
Nigéria	47.720.000
China	37.108.000?

Com o passar do tempo, mediante emigração e conversão, a maioria da população do atual Paquistão e Bangladesh tornou-se muçulmana, enquanto a maioria da população da Índia permaneceu hindu. Com a independência em 1948, a antiga colônia britânica da Índia (incluindo todos os três países mencionados) dividiu-se em Índia e Paquistão, resultando em um grande deslocamento da população, pois a maioria dos hindus em áreas dominadas por muçulmanos deslocou-se para a Índia, ao passo que um número substancial de muçulmanos em áreas com maioria hindu mudou-se para o Paquistão. (Mais tarde, uma guerra civil no Paquistão fez surgir a nação independente de Bangladesh, no que antigamente era o leste do Paquistão.) Desde 1948, as relações entre a Índia e o Paquistão têm sido tensas, chegando às vezes bem perto de uma guerra total. Como um número substancial de muçulmanos permaneceu habitando a Índia, confrontos entre muçulmanos e hindus frequentemente irromperam em nível local. Fatores religiosos (por exemplo, alguns hindus ficam ofendidos porque os muçulmanos usam gado para alimentar-se, uma vez que a vaca é um animal sagrado no Hinduísmo) e políticos (por exemplo, disputas sobre a Caxemira, uma região majoritariamente muçulmana que continua na Índia) têm um papel importante nesses conflitos.

LEMBRE-SE

A China pode ter muito mais muçulmanos do que o número registrado na Tabela 1-2, mas ninguém sabe ao certo, porque o governo chinês tende a minimizar os números de seguidores de todas as religiões e não coopera com os demógrafos que desejam chegar a números mais precisos.

DICA

Vá para `www.guardian.com.uk/flash/0,5860,567574,00.html` [conteúdo em inglês] na internet, onde você encontrará um mapa manuseável. Clique em 80% a 100% e esses países surgirão; há outros intervalos de porcentagem para averiguar.

INDO MAIS FUNDO

ÁRABES E MUÇULMANOS

Muitos não muçulmanos simplesmente igualam-se em número a árabes e muçulmanos, e embora correspondam à maioria, nem todos os árabes são muçulmanos. Mais árabes cristãos vivem nos Estados Unidos do que árabes muçulmanos. Árabes cristãos são uma das três comunidades principais do Líbano e, antes de emigrarem da Palestina para o Ocidente nos anos pós 1967, eram um importante segmento da população da Palestina. Outros países muçulmanos, como o Iraque, têm uma pequena, mas antiga, população árabe cristã que data de uma época na qual a maioria da população era cristã. Na própria Arábia, os cristãos nunca foram um segmento significativo da população, exceto em áreas fronteiriças como o Iêmen. Antes de sua conversão ao Islã, a maioria dos árabes da Arábia era politeístas. Na época de Muhammad, a maioria da população dos atuais Israel, Palestina, Jordânia, Líbano, Síria e, possivelmente, Iraque, era árabe cristã. Dependendo do país, árabes cristãos podem ser católicos não latinos, gregos ortodoxos ou membros de um dos outros antigos ramos do cristianismo oriental.

NESTE CAPÍTULO:

Sucedendo Muhammad: os quatro califas perfeitos

Governando um Império: os Impérios Omíada e Abássida

Transformando o Estado: três impérios islâmicos pós-medievais

Capítulo 2
Traçando o Caminho da História Islâmica

O Islã não é só uma religião de indivíduos em busca de orientação espiritual. O Islã vai além e tenta organizar todos os aspectos da sociedade humana. Para entender o Islã, deve-se perceber que ele incorpora elementos políticos e culturais. Embora você possa ir para outros capítulos no livro sem precisar ler este previamente, alguns conceitos fazem mais sentido quando se tem uma visão de conjunto da história islâmica, que é apresentada a seguir.

LEMBRE-SE

Atualmente, os muçulmanos que desejam estabelecer uma nação muçulmana com frequência consideram as primeiras nações islâmicas como modelos de emulação e inspiração. Para os muçulmanos, esses tempos não são simplesmente história antiga irrelevante. Isso porque o Islã, configurando-se como civilização e sistema religioso e político entre o ano de 632 (morte de Muhammad) e a queda de Bagdá em 1258, serve de parâmetro para os dias de hoje.

O REINO DO ISLÃ (*DAR AL-ISLAM*)

O Islã entende que sua missão é estender o governo de Deus sobre todo o mundo. Falando de maneira prática, isso significa que todas as pessoas da Terra deveriam estar sob um governo islâmico. O Islã dividiu o planeta em reinos islâmicos e não islâmicos:

- O *dar al-Islam* (reino do Islã) é aquela porção do mundo sob o governo islâmico. A intenção de Deus, de acordo com o Islã, é que o *dar al-Islam* deve expandir-se até que inclua o mundo inteiro para que todas as pessoas vivam de acordo com o plano e a lei de Deus.
- O *dar al-harb* (reino da guerra) é a porção do mundo que não é tutelada pelo governo islâmico. Deus ordena que os muçulmanos reúnam todas as pessoas no Islã (embora não por conversão forçada).
- Às vezes, uma terceira categoria é mencionada, o *dar al-sulh* (reino da paz), a porção do mundo em que há um relacionamento pactuado com o *dar al-Islam* mas que não se encontra, presentemente, sob o governo islâmico.

Estudiosos islâmicos debateram quais áreas geográficas eram propriamente consideradas parte do *dar al-Islam* e sob quais circunstâncias uma área deixa de ser parte do *dar al-Islam*. Eles também discutiram se um "Estado islâmico" deveria entrar em guerra com qualquer Estado não muçulmano contíguo para trazê-lo para o *dar al-Islam*. Um outro ponto de discussão era se uma pessoa pode viver uma vida muçulmana de modo apropriado caso não viva em um Estado islâmico. Alguns dizem que aqueles que, devido a mudanças de fronteiras políticas, encontram-se vivendo em um Estado não islâmico devem emigrar para um Estado islâmico (assim como muitos judeus acreditam que judeus que vivem fora de Israel têm a obrigação religiosa de emigrar para Israel). Essas questões permanecem relevantes no Islã atualmente em função de — por exemplo — emigração em larga escala de muçulmanos para países ocidentais.

Dar (como em dar al-Islam) é difícil de traduzir para outra língua. Em português, por exemplo, o significado de raiz dessa palavra árabe é "cercar" (em inglês, "to surround"). Antes de Muhammad, dar designava o acampamento de um grupo nômade, que era disposto em círculo. Ela também pode indicar o complexo habitacional de uma família estendida, com seu muro circundante, em contraste com a casa propriamente dita. Assim, "complexo" ou "estado" (em inglês, "compound" ou "state") é talvez o mais próximo que podemos chegar em português (e/ou em inglês) dessa palavra, que designa um tipo de área de moradia. Dar é frequentemente traduzida em português como "terra" ou "casa" (em inglês, "land" ou "house"). Daí o conceito de dar al-Islam como um território delimitado no qual toda a comunidade muçulmana possa viver em segurança sob a lei de Deus.

O início da história corresponde, convenientemente, a três períodos. O primeiro compreende os quatro sucessores imediatos de Muhammad, em cujos governos o Islã expandiu-se rapidamente para além da Arábia, chegando à Síria, Iraque, Egito e partes do Irã (632 a 661). Em seguida, instalou-se no poder a primeira dinastia, formada por uma única família. Os Omíadas (661 a 750) governaram, de sua capital Damasco, uma comunidade islâmica unificada que se estendia das fronteiras da Índia, no leste, para a Espanha e Marrocos, no Oeste. Impérios não duram para sempre, e o governo Omíada criou muitos inimigos. A família Abássida liderou um ataque bem-sucedido, e como resultado a dinastia Abássida (750 a 1258) substituiu os Omíadas. A nova capital, em Bagdá, não era apenas o centro político do Islã, mas também seu centro cultural.

O Islã existe há 1.400 anos, inclui 1/5 da população mundial e ocupa áreas geográficas mais extensas do que qualquer outro império mundial. Um capítulo, apenas, não pode cobrir toda a história islâmica ou todas as regiões nas quais o Islã é predominante. Muito da importância da história do Islã eu não discuto neste capítulo, que se tornaria uma lista longa e confusa de governantes e dinastias com nomes diferentes, datas e termos geográficos. Especificamente, não discorro neste capítulo a respeito das seguintes partes importantes da propagação e história do Islã. Você pode ler mais sobre esses episódios em vários livros como o de Ira M. Lapidus, *A History of Islamic Societies*, 2ª Edição (Cambridge University Press, 2002).

- O Islã instalou-se durante os séculos XIII a XVI na Indonésia, atualmente o maior país muçulmano.
- O Islã em seus primórdios estabeleceu-se ao longo da costa leste da África e, em seguida, espalhou-se não apenas no leste, mas também no oeste da África, até que se tornou a religião dominante na metade norte da África subsaariana.
- Na época dos Omíadas, o Islã estendeu-se pelo norte da África até a Espanha. Como em outros lugares, essa região, incluindo a Líbia moderna, Tunísia, Argélia, Marrocos e Espanha, tem sua própria história e realizações.
- O Islã se constitui na religião dominante na Ásia central e na região da Cordilheira do Cáucaso — do Mar Negro até a China oriental. Boa parte dessa região fez parte da antiga União Soviética (veja o Capítulo 21) e agora inclui vários países recém-independentes.
- Não detalho quaisquer desenvolvimentos no coração do Oriente Médio do Islã entre o último período da dinastia Abássida e o nascimento dos impérios Otomano e Safávida, uma época em que muitas dinastias sobrepuseram-se umas às outras, mas poucas estabeleceram controle duradouro sobre mais do que uma área limitada.

Os Quatro Califas Perfeitos

Ao morrer, Muhammad deixou atrás de si a base para uma nova religião e um novo sistema político. No entanto, no caso de ambos, o futuro determinaria a forma que tanto a religião quanto a nação islâmica teriam. Embora, para os muçulmanos, Religião e Estado estejam intimamente conectados, este capítulo centra-se no desenvolvimento do Islã como um sistema político e cultural. Aqui estão as principais questões políticas que a jovem comunidade islâmica sediada em Medina teria que resolver e trabalhar pelos próximos um a dois séculos de seu desenvolvimento:

- » A comunidade islâmica, que unia a maioria dos árabes pela primeira vez na história, perduraria ou se dissiparia com a morte de Muhammad?
- » Se perdurasse, quem deveria comandá-la? O governante deveria exercer somente a autoridade política ou também a religiosa?
- » Qual seria a natureza dessa comunidade: de face ampla, incluindo todos aqueles que não se excluíram explicitamente do Islã, ou mais restrita e puritana?
- » A comunidade islâmica permaneceria sendo um Estado árabe ou deveria incluir não árabes em uma base de igualdade?
- » Como o Islã deveria ser consolidado e institucionalizado?

DICA

A palavra *califa* significa sucessor ou representante. Adão, por exemplo, era o califa de Deus — o representante de Deus na Terra. Califa, como designação do governante islâmico, é uma abreviação da frase "califa (sucessor) do mensageiro de Deus". Atualmente, ainda há um movimento visando restabelecer o califado.

Escolhendo um sucessor: Abu Bakr (632 a 634)

Se a comunidade política que Muhammad havia moldado não deveria sucumbir depois de sua morte, era necessária uma ação rápida e decisiva. Contudo, quem deveria liderar a comunidade? Quatro grupos poderiam ter reivindicado esse direito:

- » **Os nativos de Medina que haviam apoiado Muhammad ("auxiliares"):** Embora Muhammad tenha vivido em Medina até falecer, os nativos de Medina poderiam ter percebido a possibilidade da elite de Meca reafirmar sua liderança entre os árabes.
- » **Os líderes mais influentes da tribo Coraixita:** Esse grupo havia se convertido ao Islã apenas um pouco antes ou depois da conquista de Meca em 630. Entretanto, pela linhagem e tradição, acreditavam que um líder dos coraixitas deveria chefiar um Estado fundado por alguém de seu povo.
- » **`Ali, o filho do tio e guardião de Muhammad, Abu Talib:** Muhammad havia levado `Ali para sua própria casa e `Ali havia se casado com a única filha sobrevivente de Muhammad, Fátima. Os filhos de `Ali e Fátima eram herdeiros diretos de Muhammad. Apoiadores de `Ali acreditavam que a liderança deveria permanecer na família de Muhammad e continuar a combinação de liderança política e religiosa que o profeta exerceu. Porém, a liderança tribal na Arábia não era transmitida diretamente de pai para filho. Em vez disso, os líderes da tribo ou clã escolhiam um novo líder dentre os melhores qualificados. *Shaykh*, a palavra para o líder tribal, significava literalmente "homem velho", indicando que a idade e a experiência eram um pré-requisito para a liderança. `Ali, ainda relativamente

jovem aos 34 anos de idade no tempo da morte de Muhammad, não teria sido o candidato óbvio. Apoiadores de `Ali tinham uma visão diferente. Eles apontaram para uma tradição que dizia que Muhammad, quando retornou da sua peregrinação de despedida a Meca, havia designado `Ali como seu sucessor. Mas a redação relativa a essa tradição é ambígua, e outros muçulmanos não interpretavam as palavras de Muhammad como sendo a designação de `Ali como seu sucessor. (Veja o Capítulo 12 para mais sobre os shia'as, o partido de `Ali.)

» **Os companheiros:** Último dos grupos que pleiteavam fazer o sucessor de Muhammad, congregava os primeiros convertidos de Meca para o Islã, de antes do tempo da emigração para Medina em 622. A maioria dos companheiros veio de clãs menores da tribo Coraixita e, assim, não eram as pessoas que a elite dos coraixitas sentia como sendo seus líderes naturais.

Dadas essas opções, Abu Bakr[1], tanto um dos companheiros quanto um membro dos coraixitas, era a escolha óbvia de compromisso. Homem idoso, Abu Bakr era o segundo ou terceiro convertido ao Islã. Ele havia acompanhado Muhammad na fuga (emigração) de Meca para Medina. Conhecido como "o Justo", ele tinha uma reputação imaculada. `A'isha, a esposa de Muhammad (após a morte de Khadija), era filha de Abu Bakr, e Muhammad, doente, o havia designado para liderar as orações durante o final de sua vida. A verdadeira escolha de Abu Bakr, entretanto, foi feita por um pequeno grupo interno de coraixitas na ausência tanto de `Ali quanto dos líderes nativos de Medina.

INDO MAIS FUNDO

Muhammad havia reunido em uma única federação mais tribos árabes do que jamais antes. Ainda assim, não era óbvio que a nação que Muhammad havia criado continuaria depois de sua morte. Eis o porquê: De acordo com o costume árabe, os líderes que haviam jurado fidelidade a Muhammad seriam liberados de seu juramento com a morte dele. Uma tribo retirar-se da jovem nação não significava, automaticamente, que ela rejeitava o Islã. Mas para algumas tribos, a aceitação do Islã tinha sido mais uma questão de conveniência política do que convicção religiosa. Esses grupos, com a morte de Muhammad, poderiam renunciar ao Islã, e quando Abu Bakr tornou-se califa, várias tribos se revoltaram; essa época ficou conhecida no Islã como Apostasia (*al-Ridda*). Algumas dessas revoltas foram lideradas por indivíduos que afirmavam ser profetas inspirados por revelações próprias. Abu Bakr, com a ajuda do futuro segundo califa, `Umar, dirimiu tais revoltas. Ele também submeteu ao governo islâmico as poucas tribos na Arábia que não haviam aderido ao Islã e preparou expedições militares para atuar fora da Arábia. O Islã sobreviveu a seu primeiro período de crise que se seguiu à morte de Muhammad.

[1] N.E.: De acordo com a tradição muçulmana, a primeira mulher a aceitar o islã foi a primeira esposa de Muhammad, Khadija; o primeiro jovem foi o primo de Muhammad, `Ali; e o primeiro homem adulto livre foi Abu Bakr, velho amigo do profeta.

Expandindo para Além da Arábia: `Umar (634 a 644)

Em seu leito de morte, Abu Bakr nomeou `Umar, de 43 anos de idade, já a segunda pessoa mais importante na jovem nação, como seu sucessor.

`Umar tinha sido, originalmente, um oponente declarado do Islã. Em certo ponto de 616, `Umar saiu com a intenção de matar Muhammad, mas no caminho parou na casa de sua irmã para repreendê-la e a seu marido por terem adotado o Islã. Quando os ouviu recitar o Corão, converteu-se na hora. Conhecido por seu temperamento irritadiço, mesmo assim se revelou um dos maiores apoiadores de Muhammad.

A despeito da fabulosa riqueza que então fluía para Meca e Medina proveniente das conquistas militares, `Umar levava uma vida simples. Muçulmanos sunitas frequentemente olham para trás e veem em `Umar o governante ideal. Eis alguns dos destaques e realizações do muito bem-sucedido governo de `Umar como califa:

- `Umar recebeu o título de *Amir al-Mu'minim* (comandante dos fiéis), um epíteto que se tornou tradicional entre seus sucessores.
- Ele supervisionou a primeira grande expansão do Islã fora da Arábia, conquistando o que é agora a Palestina, Síria, Iraque, Egito e Irã. Ao oeste e ao norte estava o Império Bizantino (Império Romano do Oriente). Ao leste e nordeste ficava o Império Sassânida, o herdeiro dos antigos Persas. Com o auxílio de comandantes militares capazes, tais como `Amr ibn al-As e Khalid Ibn al-Walid, `Umar e seu exército infligiram, em 636, uma grande derrota ao exército bizantino no Rio Jarmuque, no sul da Síria, e no ano de 637 derrotaram o principal exército sassânida no sul do Iraque, ocupando a capital sassânida de Ctesifonte. Enquanto Bizâncio (Império Romano do Oriente) permaneceu uma potência relevante por muitos séculos mais, a vitória de 637 marcou o fim do Império Sassânida (Iraniano) como a maior potência na região, com os exércitos árabes pressionando em direção ao norte para o Iraque do Norte, alcançando em meados de 650 o leste do Irã. Em 642, os exércitos muçulmanos haviam tomado dos romanos o controle do Egito.
- Ele estabeleceu as bases para administrar a grande nação islâmica expandida, utilizando algumas estruturas burocráticas pré-islâmicas já em funcionamento em áreas antes dominadas pelos romanos. Muitos cargos de nível intermediário no governo foram ocupados por não muçulmanos que tinham a especialização necessária que faltava aos árabes invasores.
- `Umar assentou soldados dos exércitos árabes em campos em Kufa e Basra no Iraque (e assentamentos similares em outros lugares mais tarde) onde eles ficavam separados da população local. Esses campos tornaram-se grandes centros para o desenvolvimento subsequente do Islã nessas regiões. Os soldados eram remunerados com os espólios de guerra.

INDO MAIS FUNDO

- Conforme os árabes se estabeleciam nas áreas conquistadas, seus líderes muitas vezes se tornavam a nova elite local. Todavia, muitas das elites pré-islâmicas tinham permissão para reter suas terras e cargos. Muitas dessas pessoas não estavam felizes nem com o governo romano nem com o sassânida, e `Umar, com suas políticas, era capaz de ganhar o apoio delas para a nova comunidade muçulmana. Vários dos membros das elites nativas locais converteram-se ao Islã — sem dúvida, em parte, para melhorar seu posicionamento na nova ordem islâmica.
- Ele estabeleceu a data da emigração de Meca para Medina (622) como a data inicial do calendário muçulmano.
- `Umar instituiu uma política de tolerância em relação a cristãos e judeus, dando corpo a declarações no Corão referentes aos "povos do Livro" (povos que tinham uma escritura) não muçulmanos. `Umar não forçou cristãos e judeus a se converterem ao Islã.
- Durante os 200 anos seguintes, os muçulmanos permaneceram sendo minoria no Oriente Médio. Por volta de 637, o patriarca cristão de Jerusalém rendeu-se voluntariamente frente ao avanço do exército muçulmano. A tradição muçulmana diz que quando `Umar entrou na cidade, recusou-se a rezar na igreja que marcava o local de crucificação de Jesus receando que seus seguidores transformassem a igreja em uma mesquita. O documento conhecido como o Tratado de `Umar estabeleceu as condições sob as quais cristãos e judeus tinham permissão de viver na comunidade islâmica. Esses povos protegidos (dhimmi) poderiam continuar a praticar suas religiões, mas não poderiam converter novas pessoas ou construir novos lugares de adoração. Os dhimmi vestiam roupas distintas e pagavam uma taxa extra como compensação por não servirem ao exército muçulmano. Estudiosos contemporâneos discordam quanto ao fato de relatos muçulmanos como esse da conquista de Jerusalém e do Tratado de `Umar representarem o que realmente aconteceu, ou se essa é a visão a posteriori de um século ou mais, quando os muçulmanos começaram a recontar sua história inicial. Muito esforço acadêmico tem sido gasto nos últimos 20 anos para recuperar um relato historicamente mais preciso dos primórdios da história muçulmana — e ainda há muito a se fazer. De qualquer maneira, a história e o texto do Tratado de `Umar tornaram-se cruciais para os muçulmanos posteriores determinarem como os muçulmanos deveriam tratar cristãos e judeus em terras recém-conquistadas. Isso permanece relevante quanto a como os muçulmanos veem seus relacionamentos com cristãos e judeus (e, na verdade, com outros não muçulmanos) nos dias de hoje.

Um escravo insatisfeito assassinou `Umar em 644. Em seu leito de morte, `Umar nomeou um *shura* (órgão consultivo) consistindo de `Ali, `Othman e outros líderes proeminentes para selecionar o próximo califa. O escolhido foi `Othman. Hoje, defensores de uma forma de democracia islâmica apontam para a instituição do *shura* como um precedente islâmico inicial. Os shia'as naturalmente acreditam que mais uma vez `Ali fora injustamente preterido à posição de califa e, muito possivelmente, o próprio `Ali apenas relutantemente acompanhou a nomeação de `Othman.

Reunindo o Corão: `Othman (644 a 656)

Embora pessoalmente piedoso, `Othman foi um governante controverso e menos capacitado que seus predecessores. Ele era um dos primeiros convertidos para o Islã, havia casado com uma filha de Muhammad e pertencia ao poderoso clã Omíada dos coraixitas. Em suas nomeações para cargos governamentais, ele favoreceu membros de seu próprio clã, a maioria dos quais eram convertidos tardios, provocando ressentimentos. O povo de Medina ressentiu-se com a proeminência cada vez maior de Meca nos negócios de Estado e muitos muçulmanos sentiam repulsa pela riqueza e poder cada vez maiores sendo acumulados pela elite.

Grupos que se opunham às políticas de `Othman também surgiram no centro islâmico-chave de Kufa, no Iraque e no Egito. Por fim, `Othman foi assassinado — provavelmente por rebeldes egípcios — enquanto lia o Corão. Embora seja improvável que `Ali estivesse envolvido no assassinato de `Othman, alguns inimigos de `Ali — incluindo a família de `Othman (o clã Omíada) e `Ai'sha (esposa de Muhammad) e seus apoiadores — sugeriram que, sim, ele estava envolvido, ou que, pelo menos, não havia agido como deveria para proteger `Othman.

LEMBRE-SE

Durante o reinado de `Othman, a expansão geográfica do Estado continuou, especialmente até a Líbia e Tunísia. Mais significativamente, de acordo com a tradição muçulmana, ele foi responsável por estabelecer uma versão autoritária do Corão. Assim, uma versão autoritária da escritura foi estabelecida muito antes na história do Islã do que no caso do cristianismo e judaísmo.

Rebelando-se contra `Ali (656 a 661)

Um conselho legítimo (*shura*) selecionou `Ali como o quarto califa, mas ele nunca estabeleceu seu poder firmemente como governante, porque muitos acreditavam em seu envolvimento no assassinato de `Othman. `Ali era pessoalmente reto e apelou para os membros menos poderosos da comunidade. Ele moveu sua capital para Kufa, no Iraque. Desse período em diante o centro político do Islã nunca mais esteve na Arábia.

A morte de `Othman marcou o começo da primeira *fitna* (rebelião) que ameaçou a unidade da comunidade muçulmana. Três *fitnas* subsequentes seguiriam na época das duas primeiras dinastias islâmicas, os Omíadas e os Abássidas. `Ali também foi contestado pela esposa de Muhammad, `A'isha, e seus apoiadores, a quem ele derrotou na Batalha do Camelo em 656.

INDO MAIS FUNDO

`Othman nomeou seu sobrinho, Mu`awiya (ou Moáuia), como governante da Síria. Quando `Ali, na condição de califa, enviou seu novo nomeado como governante da Síria, Mu`awiya recusou-se a ceder seu posto, e os exércitos de `Ali e Mu`awiya se enfrentaram em uma batalha no ano 658. As forças de `Ali estavam vencendo quando a cavalaria adversária colocou páginas do Corão na ponta de suas lanças e gritou "Deixe que Deus decida". Aceitando essa arbitragem proposta, `Ali comprometeu sua posição e perdeu o apoio de seus seguidores mais fervorosos que pegaram em armas contra `Ali. Tal grupo ficou conhecido como Carijitas [Kharijitas] (significando os "dissidentes", porque haviam se retirado do acampamento de `Ali). Os carijitas eram um grupo extremista e puritano do início do Islã que acreditava que apenas os crentes mais ortodoxos deveriam ser considerados muçulmanos e que o califa deveria ser escolhido com base em sua fé muçulmana — não por suas conexões familiares ou políticas. Além disso, o painel de arbitragem composto por três pessoas virou-se contra `Ali. Ainda assim, `Ali conseguiu segurar-se no poder em parte do Iraque até que um carijita fanático o assassinou em 661. Os carijitas tinham intenção de assassinar Mu`awiya, mas não tiveram êxito. De certa maneira, os carijitas podem ser vistos como precursores de grupos islâmicos extremistas (mas sinceros) da atualidade (veja o Capítulo 18).

Expandindo a Comunidade

Pouco antes e durante a época de Muhammad, ninguém nas regiões centrais do Oriente Médio esperaria uma ameaça séria vinda da Arábia. Mas os exércitos muçulmanos eliminaram rapidamente o Império Sassânida (Iraniano) e empurraram para trás as fronteiras do Império Bizantino (o Império Romano Oriental, com sua capital em Constantinopla). No início de 700, o califado muçulmano estendia-se da costa do Atlântico do norte da África até porções do atual Paquistão.

Muçulmanos consideram esse sucesso um sinal da graça de Deus. Ainda assim, essas vitórias contra os bizantinos não eram inevitáveis. Várias das campanhas militares-chaves poderiam facilmente ter sido contrárias aos muçulmanos, mudando todo o resultado. Então, além da graça de Deus, o que mais contou para esse tremendo êxito? Considere os seguintes fatores:

- A Roma Bizantina e o Irã Sassânida estavam exaustos após um século guerreando um contra o outro. Durante a vida de Muhammad, os sassânidas capturaram Jerusalém e os bizantinos a retomaram.
- Populações nativas estavam frequentemente infelizes com o governo bizantino e sassânida. Embora cristãs, as populações da Síria, do Iraque e do Egito eram perseguidas pelos bizantinos, que defendiam uma forma diferente de cristianismo da que eles estavam praticando.
- As populações nativas da Síria e do Iraque eram árabes e compartilhavam mais em comum com os exércitos invasores árabes muçulmanos do que com seus mestres iranianos ou bizantinos.
- Os califas seguiam uma política de conciliação em vez de exploração em relação às populações locais, ganhando, assim, seu apoio.
- Reunir todo o Oriente Médio em uma única unidade política e econômica revigorou uma economia que tinha sido devastada por guerras constantes entre sassânidas e bizantinos. Embora essa junção de várias tribos possa não ter sido intencional, com certeza foi eficaz.

» Vários califas e generais excepcionalmente capacitados foram fatores importantes nas vitórias muçulmanas.

» Motivação é um fator crucial em qualquer exército e pode, muitas vezes, fazer a diferença entre derrota e vitória, mesmo em face do que pode parecer chances surpreendentes. A tradição islâmica relata que o zelo religioso foi vital nas vitórias muçulmanas contra Meca durante a vida de Muhammad. O zelo religioso claramente foi um fator militar relevante em outros períodos da história muçulmana. Estudiosos sugeriram que o zelo religioso também foi importante para motivar muitos dos soldados árabes envolvidos nas conquistas iniciais. De acordo com a tradição, um muçulmano que morre durante a luta pelo Islã tem sua entrada no céu garantida sem passar pelo suplício do Dia do Julgamento. Claro, a importância do fator religioso é difícil de provar, porque os estudiosos de hoje não têm acesso (e nunca terão) à psicologia dos primeiros soldados muçulmanos. O fator religioso, por mais forte que seja, não significa que a atração dos grandes espólios de guerra não era um elemento igualmente ou até mais motivador para soldados da Arábia onde a vida era difícil.

A Era de Ouro

Para as pessoas que de fato a viveram, a era de ouro nem sempre foi tão dourada assim. As pessoas gostam de olhar para o passado esperando encontrar uma época em que as complexidades e problemas da vida no presente ainda não haviam se instaurado. Em várias culturas, há uma visão de idades se sucedendo, cada uma ocupando um patamar inferior em comparação com a antecessora. O próprio Islã desenvolveu uma perspectiva similar na qual a fé islâmica original era pura e não corrompida, mas, com o passar do tempo, declinava até que um "restaurador" viesse para renová-la. É comum, entre as gerações posteriores de muçulmanos, relembrar saudosamente os primeiros dias do Islã e, especificamente, três períodos: o governo de Muhammad em Medina, o período dos primeiros quatro califas e a época que se seguiu às primeiras duas dinastias islâmicas, os Omíadas e os Abássidas. Uma das coisas que fez desse um tempo ideal é que tudo parecia dar certo para os muçulmanos, provando a eles que Deus estava a seu lado. Também foi uma época em que todos os muçulmanos viviam sob o mesmo governo de um único califa, dessa maneira dando corpo político à ideia da unidade do povo muçulmano. Realmente, a época das primeiras duas dinastias foi um período de grandes realizações — militarmente, na formação do Estado, na institucionalização da religião islâmica e em realizações intelectuais e artísticas. Claro, a memória é, provavelmente, mais dourada que a realidade no que diz respeito à dinastia Abássida e talvez o inverso no que diz respeito às realizações da dinastia Omíada. Nesta seção, me ocupo com essas duas dinastias (veja a Figura 2-1).

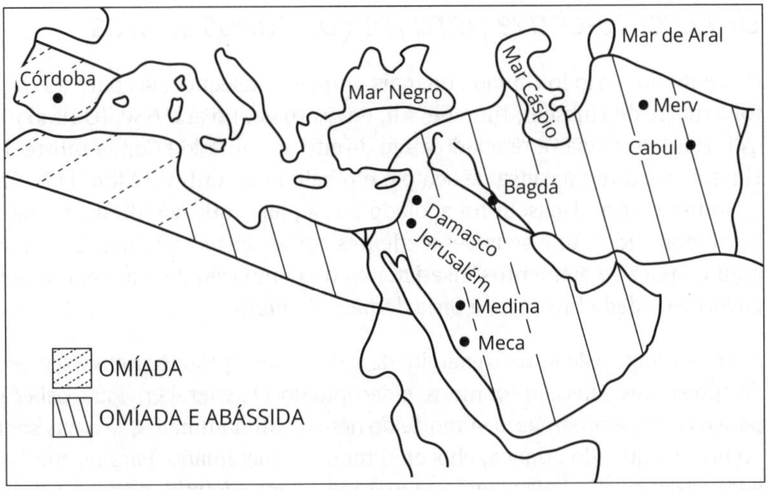

FIGURA 2-1: Impérios Omíada e Abássida em sua maior extensão.

Dinastia Omíada (661 a 750)

Depois da morte de `Ali, Mu`awiya rapidamente consolidou seu governo. Ele teve sucesso em passar o governo para seu filho, estabelecendo assim um princípio dinástico no qual a sucessão passava para outro membro da família governante. Essa dinastia é chamada *Omíada* devido ao nome do clã coraixita ao qual Mu`awiya e seu tio `Othman pertenciam. Entretanto, a transição estável do poder com a morte do califa reinante era um problema recorrente.

Califas Omíadas

Apesar da maneira questionável com a qual Mu`awiya chegou ao poder, ele provou ser um governante capaz. Ele governou no estilo pessoal de um sheik árabe, dependendo tanto de seus poderes de persuasão quanto da força. Como antigo governante da Síria, seu poder assentava-se nos árabes da Síria e da Palestina. Mu`awiya deflagrou anualmente campanhas militares contra as forças bizantinas ao norte para realizar o mandato religioso de expandir o *dar al-Islam*. Já baseado em Damasco quando governava a Síria, fez da cidade sua capital. Meca e Medina ficavam simplesmente muito distantes do coração da grandemente expandida comunidade islâmica para assumirem esse papel. Novos convertidos — árabes e não árabes — eram incorporados socialmente e economicamente como clientes (*mawali*)[2] de famílias líderes da Arábia, que haviam se restabelecido nas terras recém-conquistadas.

Alguns dos sucessores de Mu`awiya viveram vidas devotas: `Umar II (717 a 720) era respeitado como um governante modelo, assim como seu homônimo; Abd al-Malik (685 a 705) e Walid I (705 a 715) tiveram reinados bem-sucedidos. Ainda assim, muitos dos 14 califas Omíadas seguiram estilos de vida não islâmicos distintos.

[2] NE: Os novos convertidos eram voluntariamente incluídos na proteção de um clã. Mas isso tinha seu preço: os mawali eram discriminados de várias maneiras, por exemplo recebendo menos por trabalhos semelhantes ou sendo impedidos de casar-se com mulheres árabes.

Um evento-chave para muçulmanos shia'as

LEMBRE-SE

O evento do período Omíada de mais amplas consequências para a religião islâmica foi a morte de Hussein, filho de `Ali, em Karbala, no ano 680. (O filho mais velho de `Ali, Hassan, havia renunciado a seu direito ao califado.) Com a morte de Mu`awiya, Hussein assumiu a causa de seu pai e rebelou-se contra o filho de Mu`awiya, Yazid I. Naturalmente, Hussein foi apoiado por aqueles que acreditavam que Muhammad havia nomeado `Ali e seus descendentes como seus sucessores. Ele também conseguiu o apoio de elementos insatisfeitos da população do Iraque, que sentiam que o governo Omíada favorecia a Síria demasiadamente.

A meio caminho de Kufa, o exército de Yazid interceptou Hussein e seu pequeno grupo de apoiadores. Hussein foi morto e decapitado. O general enviou a cabeça de Hussein para o califa, em Damasco. A morte do neto de Muhammad, que havia sentado no colo do profeta quando criança, chocou o mundo muçulmano. Para os shia'as, o martírio de Hussein em Karbala transformou-se no evento definidor de sua história sagrada e a própria Karbala tornou-se um local sagrado (veja o Capítulo 12).

INDO MAIS FUNDO

Esse foi apenas o princípio do período conhecido como a segunda *fitna* (680 a 692). Mais tarde, uma série de rebeliões irromperam no Iraque e na Arábia, inclusive na cidade sagrada de Meca. Apenas bem depois, no reinado de Abd al-Malik, o controle Omíada foi firmemente restabelecido na maioria das regiões.

Realizações Omíadas

As realizações sob os Omíadas incluem:

- O recomeço da expansão do império. Em 715, os exércitos muçulmanos haviam conquistado o resto do norte da África e a maior parte da Espanha. No leste, avançaram para o Vale do Indo (no atual Paquistão) e para áreas da Ásia central (atualmente, Afeganistão, Uzbequistão e Turquemenistão). O califado Omíada se tornou o maior império que o mundo já havia conhecido.
- Estabelecimento de um exército permanente substituindo e limitando o poder das forças invasoras originais da Arábia.
- *Arabização* (uso do árabe em registros governamentais e cunhagem) e, mais tarde, *Islamização* (menor dependência de não muçulmanos como funcionários da burocracia em expansão) do governo.
- Empreendimento de projetos de construção, incluindo palácios e o desenvolvimento da arquitetura de mesquita. A Cúpula da Rocha (ou Domo da Rocha) em Jerusalém (cerca de 691 ou 692) foi a primeira grande realização da monumental arquitetura islâmica.
- Desenvolvimento da erudição religiosa islâmica, incluindo a reunião de tradições e o estudo do Corão.

Dinastia Abássida (750 a 1258)

Os eventos que cercam a queda da dinastia Omíada e o estabelecimento do governo Abássida constituem a terceira *fitna* (rebelião).

» Elementos mawali (não árabes) da população ressentiam-se dos privilégios que os descendentes dos líderes árabes invasores originais usufruíam.

» Os shia'as incomodavam-se com uma dinastia fundada na negação do reinado de `Ali e seus descendentes.

» A classe emergente de estudiosos religiosos estava infeliz com o mundanismo dos Omíadas. Contudo, alguns estudiosos modernos acreditam que os Omíadas haviam adquirido má reputação apesar de não serem menos (ou mais) pios que os Abássidas.

» O centro de gravidade do império estava mudando para o leste, para longe da base de poder Omíada na Síria.

» Existiam conflitos internos entre diferentes grupos de árabes.

Assim, os inimigos dos Omíadas colocaram em prática, com sucesso, uma campanha de relações-públicas para desacreditá-los.

Com alguns altos e baixos, o poder e unidade do califado foram restaurados e mantidos durante o primeiro terço do período da dinastia Abássida. Daí em diante, o califa tornou-se cada vez mais uma figura representativa, com o poder real sendo exercido por uma outra pessoa, frequentemente uma figura militar que ostentava títulos como sultão ou "príncipe dos príncipes". O poder foi se descentralizando, e várias regiões, ainda que reconhecessem o comando teórico do califa, tornaram-se autônomas, muitas vezes com governantes ou generais que estabeleceram suas próprias dinastias locais. Não obstante, durante esse tempo de declínio político, a cultura abássida floresceu artisticamente, religiosamente e intelectualmente.

ENTENDENDO AS CRUZADAS

As cruzadas cristãs ocorreram entre 1098 e 1291. Em 1099, os exércitos cruzados do oeste da Europa tomaram Jerusalém, massacrando toda a população muçulmana e judia. Os cruzados estabeleceram alguns pequenos Estados cristãos independentes de curta duração na Palestina e na Síria. Em 1187, Saladino (Salah al-Din al-Ayyubi, 1138 a 1193) infligiu a derrota decisiva aos cruzados na Batalha de Hattin, na Palestina, e retomou Jerusalém, poupando seus habitantes cristãos. Sua fidalguia em relação aos cristãos derrotados foi reconhecida até na Europa. Uma série de outros exércitos cruzados subsequentes obtiveram pouco êxito. Do ponto de vista muçulmano, os cruzados eram simplesmente outra instância de invasão bárbara em terras islâmicas, uma ofensiva que não ameaçava seriamente qualquer um dos Estados islâmicos da época.

(continua...)

(continuação...)

Outra cruzada cristã foi a *Reconquista*, a retomada da Espanha aos mouros, muçulmanos do noroeste da África. As forças muçulmanas haviam conquistado a maior parte da Espanha até 715, a partir de Marrocos, depois de completar a conquista do norte da África em 711. Em 755, um sobrevivente da destruição omíada em Damasco pelos abássidas escapou para a Espanha e estabeleceu um Estado omíada independente na região. Seus sucessores assumiram o título de califa. No século X, Córdoba — a capital da Espanha omíada — era, de longe, a maior e mais avançada cidade na Europa e rivalizava com Bagdá como centro cultural. A mesquita de Córdoba (*la Mezquita*) figurava entre as maiores construções e permanece em pé até hoje. No século XI, a reconquista cristã começou a partir do noroeste da Espanha. Gradualmente, os cristãos avançaram em direção ao sul, sendo temporariamente interrompidos pelas invasões muçulmanas vindas da África do Norte (os Almorávidas, 1056 a 1147, e os Almóadas, 1130 a 1269). Nos séculos XII e XIII, floresceu o diálogo entre estudiosos muçulmanos, judeus e cristãos em cidades como Toledo. Dessa maneira, clássicos esquecidos da antiga filosofia e ciência grega, assim como contribuições muçulmanas mais recentes, foram transmitidos para a Europa cristã. A figura mais importante do judaísmo medieval, Maimônides (Moshe ben Maimon, conhecido como Rambam, 1135 a 1204) nasceu em Córdoba. Devido à perseguição de não muçulmanos pelos almóadas, a família deixou a Espanha quando Maimônides tinha cerca de 13 anos. Ele por fim estabeleceu-se no Cairo, onde foi o médico do vizir de Saladino (o segundo mais alto oficial do governo depois do próprio governante), chefiou a comunidade judaica local e produziu escrituras importantes em filosofia e lei judaica. A reconquista cristã da Espanha concluiu-se com a queda de Granada em 1492 e a expulsão dos muçulmanos (e judeus) da Espanha.

Como os Abássidas chegaram ao poder

Em uma revolta armada contra os Omíadas, no nordeste da Pérsia, os líderes, nos bastidores, ofereceram a possibilidade do governo voltar à família do profeta, o que deu ao movimento um caráter apocalíptico e messiânico. A revolta foi administrada pelos descendentes de al-`Abbas (por isso o nome, dinastia Abássida), um dos tios paternos de Muhammad. Abu Muslim liderou os exércitos rebeldes para a vitória em 750. Com isso, Abu al-`Abbas foi designado califa, para surpresa dos shia'as, que esperavam que um descendente de `Ali ocupasse o posto.

O clã Abássida começou a consolidar seu poder e marginalizar os partidários shia'as que haviam apoiado a revolta. O califa encontrou um pretexto para executar Abu Muslim, cujas proezas militares representavam uma ameaça em potencial para a dominação abássida. Os Abássidas construíram a nova cidade de Bagdá no Iraque e a tornaram sua capital. A dinastia floresceu em seus primeiros anos, chegando ao auge na época de Harum al-Rashid (786 a 809).

O que os Abássidas realizaram

Foram muitas as realizações políticas, militares e econômicas durante o primeiro terço do reinado da dinastia dos abássidas. Mesmo após seu declínio político ter se iniciado, grandes realizações em religião, ciência, medicina e literatura continuaram a ocorrer sob os Abássidas, incluindo:

- » Islamização da população. De uma estimativa de 10% da população no fim do governo Omíada, os muçulmanos se tornaram a maioria urbana ao longo do século X. As populações no campo eram predominantemente muçulmanas por volta de 1300.
- » Desenvolvimento econômico, incluindo urbanização, expansão do comércio (estimulada pelo desaparecimento das fronteiras entre Estados anteriormente independentes que foram incorporados ao califado) e da agricultura (através de projetos de irrigação e novas técnicas agrícolas, como a rotação de culturas).
- » Reorganização da burocracia governamental com uma divisão em vários departamentos e com a reforma do sistema de tributação.
- » Fortalecimento da erudição religiosa mediante o desenvolvimento da teologia, sistematização da interpretação do Corão, reunião das seis coleções clássicas das tradições e estabelecimento de várias escolas de interpretação da lei (veja o Capítulo 8). O fracasso dos esforços dos três califas em impor as crenças Mu`tazilistas (o "calvário") no século IX ajudou a garantir a independência relativa de instituições religiosas em relação à dominação governamental. A lei islâmica, administrada por juízes islâmicos (*qadi*), tinha um papel central na formação do *ethos* (síntese dos costumes de um povo, sua identidade como sociedade) social e moral. Os *`ulama* (estudiosos religiosos), em vez do califa, tornaram-se o centro religioso primário do Islã.
- » Desenvolvimento do misticismo sufi (veja o Capítulo 13).
- » Tradução para o árabe de textos gregos clássicos sobre medicina, filosofia, matemática e ciência, bem como grandes novas contribuições para essas áreas e outras disciplinas, derivadas, muitas vezes, das traduções de muçulmanos iranianos de escritos da era sassânida em grego e sânscrito (veja o Capítulo 19).
- » Desenvolvimento da literatura na qual a etnia iraniana, com base em suas raízes e nas dos árabes, teve um papel importante.

Preenchendo as Lacunas

Nesta seção, acompanho você em um rápido passeio por algumas das dinastias e pessoas que ganharam e perderam poder político, partindo da parte final da dinastia abássida até o surgimento, no início no século XV, de novos e duradouros impérios centralizados. Em meados do século X, o poder real, político e militar, era exercido não pelo califa, mas pelas famílias líderes que estabeleceram dinastias próprias, reconhecidas e legitimadas pelo califa, teoricamente o soberano. A primeira das famílias era a dinastia Buída, de inclinações shia'as (metade do século X à metade do século XI). Quanto mais distante uma área estava de Bagdá, a capital, mais autônoma se tornava, ainda que, de fato, reconhecesse o califa como governante. Os Hamdanidas controlavam o norte da Mesopotâmia no século X, enquanto os Samânidas controlavam o leste do Irã, Afeganistão e Transoxiana (a região norte do Afeganistão e do Rio Oxus, que flui do sudeste para o noroeste para o Mar de Aral). O poder nessa região oriental passou, no início do século XI, para os Gaznévidas, e Mahmud (um governante gaznévida) fortaleceu a presença islâmica no noroeste da Índia. Durante esse período, as raízes árabes do Islã foram enriquecidas pelo renascimento da cultura persa e o uso da língua persa na metade leste do império. A partir daí, essa forma árabe persa da cultura islâmica foi transmitida para a Índia com a propagação do Islã para o sul da Ásia.

Nos séculos XI e XII, os povos turcos, muitos já convertidos ao Islã, cruzaram o território da Ásia central para o império Abássida. Em 1055, o califa reconheceu formalmente um turco seljúcida (povo turco nômade) como sultão, o governante político nomeado pelo califa. No auge de seu poder, os Seljúcidas dominaram um território que ia do centro da Turquia (com uma grande vitória sobre os romanos bizantinos em 1071) até o leste do Irã, embora, como sempre nesses séculos, o controle do sultão sobre os governantes locais era, às vezes, mínimo. Agora, a cultura persa árabe estava ainda mais enriquecida com uma camada adicional turca. Na ausência de um califa forte, o Islã sunita floresceu localmente através de atividades dos estudiosos (*`ulama'*) e dos místicos sufis, ambos fornecendo orientação religiosa ao povo. Um sistema de escolas islâmicas (*madrassas*) espalhou-se sob o patrocínio do Grão-Vizir seljúcida, Nizam al-Mulk (1018–1092).

Por volta de 1200, uma nova ameaça nômade surgiu na Ásia central e regiões do norte — os exércitos mongóis de Gengis Khan (entre 1162 e 1227). Embora o império tenha se dividido entre os descendentes de Khan em quatro partes principais, os mongóis continuaram a espalhar-se para o leste (China), oeste (Rússia e Europa Oriental) e sul (terras islâmicas). Os mongóis eram pagãos e deixavam uma destruição terrível por onde passavam. Destruíram Bagdá em 1258, evento que marcou o fim do sistema político iniciado por Abu Bakr e `Umar. A época de um único Estado islâmico chegara ao fim.

SE LIGA!

Não confunda os mongóis desse período com o império Mogol islâmico posterior na Índia. Os governantes mogóis eram descendentes dos mongóis, por isso o nome Mogol. Atualmente, mogol é sinônimo de "magnata dos negócios", e isso deriva e reflete o poder do governante mogol. Eu discuto os mogóis na seção "Império Mogol: Islã no Sul da Ásia" no fim deste capítulo.

Ainda assim, a maioria dos mongóis (exceto aqueles do Extremo Oriente), por fim, converteu-se ao Islã, resultando em uma propagação maior do Islã na área da Crimeia (norte do Mar Negro) e partes da Rússia (por exemplo, no atual Tartaristão, várias centenas de quilômetros a leste de Moscou). Nas antigas terras abássidas, novas dinastias regionais assumiam e perdiam o poder rapidamente. O mais conhecido entre seus líderes é Tamerlão ("Timur, o Coxo", 1336 a 1405), um guerreiro turco que afirmava descender de Gengis Khan. Como os primeiros mongóis, Timur era um conquistador que espalhava medo e destruição. Ainda assim, também estabeleceu um novo Estado com capital em Samarcanda (em Transoxiana, norte do Afeganistão), que se estendia do centro da Turquia até o noroeste da Índia. Seu filho,

Shah Rukh, estabeleceu a dinastia Timúrida com capital em Herat (no Afeganistão oriental), que produziu trabalhos arquitetônicos e literários sofisticados. Com isso, o cenário estava montado para a ascensão dos Impérios Otomano, Safávida e Mogol (veja o Box "Entendendo as Cruzadas" para desenvolvimentos na Síria e no Egito durante o período que estivemos discutindo). O esboço anterior só aponta para os desenvolvimentos durante esse período, omitindo muitas outras pessoas e dinastias cujo papel foi importante ao longo desse período da história islâmica.

Três Grandes Impérios Posteriores

Os três impérios pós-medievais que surgiram depois da queda dos abássidas são frequentemente referenciados como impérios da pólvora, porque seus exércitos utilizavam a tecnologia da pólvora com muita eficácia. Os Impérios Otomano, Safávida e Mogol impuseram uma administração altamente centralizada, com base em um modelo militar, nas áreas em que governavam. Cada um se legitimou através de uma ideologia islâmica, poderio militar e patrocínio das artes.

Império Otomano: Os Turcos

Dos três impérios islâmicos da pólvora, o Império Otomano teve a maior influência no Islã no Ocidente. No século XIII, grupos islâmicos turcos estavam se locomovendo para Anatólia (a atual Turquia), e na cidade da Anatólia ocidental de Bursa o chefe de um clã turco estabeleceu um pequeno Estado. O império resultante cresceu rapidamente: no início do século XIII, a maioria da população de Anatólia era cristã, mas no final do século XV, 90% dela era muçulmana, devido tanto à imigração turca quanto à conversão da população nativa pelos missionários sufis.

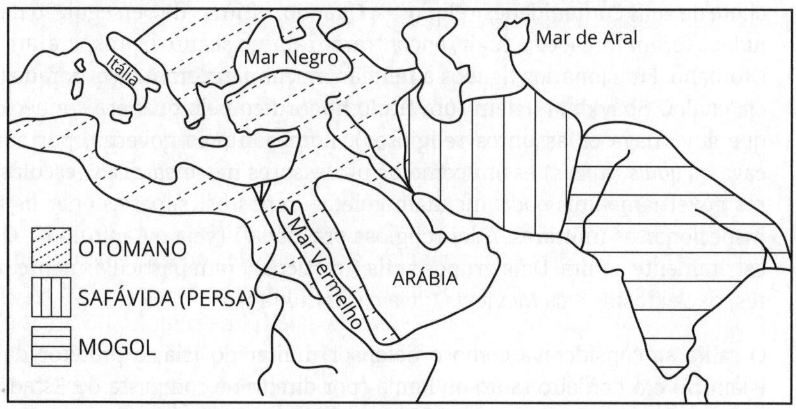

FIGURA 2-2: Os impérios Otomano, Safávida e Mogol.

LEMBRE-SE

O nome Otomano deriva do nome do filho e sucessor do chefe turco, Osman (também conhecido pela forma alternativa de seu nome, `Othman I).

O Império Otomano dedicou-se à expansão do *dar al-Islam* (reino do Islã) na Europa cristã, e assim, no século XIV, os otomanos cruzaram a Europa e derrotaram os sérvios em 1389. A partir daí, a ameaça dos "ferozes turcos" colocou medo nos corações de muitas pessoas na Europa. No século XV, os otomanos conquistaram o restante de Anatólia e os Bálcãs, incluindo Constantinopla em 1453. Isso marcou a extinção do que remanescia do Império Romano. No século XVI, os otomanos conquistaram a África do Norte, Arábia Ocidental (com as cidades sagradas de Meca e Medina), Síria, Palestina e Iraque.

No Império Otomano estavam as principais rotas de comércio da Europa até o Oriente (China, Ásia, sul da Ásia e o Pacífico) e do norte para o sul. (Portanto, a descoberta do Novo Mundo e o desenvolvimento de novas rotas marítimas que circundavam a ponta da África para o leste tiveram um papel importante no processo de declínio otomano.) Os otomanos atuaram de forma direta na produção de bens de luxo para consumo do "establishment" real e destinados à exportação. Tais produtos incluíam tapetes, têxteis (centralizados em Bursa) e, especialmente, cerâmicas, incluindo fabricação de azulejos (centralizada em Iznik na Turquia oriental). Tulipas eram um mote característico de design.

A cultura otomana floresceu de outras maneiras. Os estudiosos vinculados a mesquitas escolas na capital de Istambul (a antiga Constantinopla) deram grandes contribuições para a matemática, astronomia, medicina, geografia e história. Técnicas de pintura em miniatura derivada da Pérsia encontraram uma nova aplicação ao ilustrar registros históricos, incluindo a retratação de várias campanhas militares. Na arquitetura, as maiores realizações foram o palácio de Topkapi em Istambul — mais do que, propriamente, um forte, uma série de pavilhões e outros aposentos públicos e privados — e as grandes mesquitas e mausoléus (veja o Capítulo 19).

O Estado Otomano dominou a religião tão completamente quanto o fez em outras áreas. Era tolerante em relação a não muçulmanos, os quais eram representados pelo chefe de suas comunidades religiosas. Quando, vítimas de perseguição na Europa, os judeus foram forçados a fugir, encontraram abrigo seguro e prosperaram no Império Otomano. Funcionários ligados à religião muçulmana eram incorporados à burocracia civil. O Shaykh al-Islam (um título honorífico pelo qual era conhecida a pessoa que governava os assuntos religiosos), nomeado pelo governo, por sua vez indicava os *qadis* (juízes) assim como os professores nas *madrassas* (escolas). Os deveres governamentais *qadis* incluíam coletar impostos, supervisionar os mercados e inspecionar os militares. A lei religiosa era Hanafi (veja o Capítulo 8). O Estado era estritamente sunita. Dois grupos sufis (místicos) eram particularmente proeminentes, os Bektashis e os Mevlevis (veja o Capítulo 13).

O califa se considerava como o defensor militar do Islã, o protetor da *shari'a* (lei islâmica) e o herdeiro tanto de Roma (por direito de conquista do Estado bizantino) quanto dos primeiros califados islâmicos. Para esse fim, exércitos otomanos por pouco não tomaram Viena de assalto em 1529 (e novamente em 1683). A maioria da população dos Bálcãs permaneceu cristã, embora um número significativo de pessoas tenha se convertido ao Islã na atual Bósnia, Albânia, Montenegro e Macedônia.

Embora não tendo descendência árabe (ou coraixita), os Otomanos afirmavam que o último califa abássida havia cedido o cargo para o governante otomano em 1517. Um pouco mais tarde, o reinado de Solimão I, o Magnífico (1520–1566), representava o auge do governo otomano. Os otomanos engajaram os cristãos com sucesso em três frentes: contra o Estado Russo em expansão para o norte do Mar Negro, contra o império austro-húngaro na Europa oriental e contra os espanhóis no oeste através do controle do Mar Mediterrâneo. No leste, o Estado otomano combateu os safávidas iranianos. Embora o Império Otomano tenha chegado ao fim apenas em 1922, depois do fim da I Guerra Mundial, seu declínio começou no século XVII. O controle central enfraqueceu ao mesmo tempo em que o desafio militar e econômico da Europa tornou-se mais agudo. O califado foi abolido em 1924, dois anos depois do fracasso do Estado Otomano e da fundação da Turquia moderna.

Império Safávida: Os Iranianos

O Império Safávida constitui-se no melhor exemplo de um Estado islâmico shia'a. O duodecimano é a forma dominante de xiismo (veja o Capítulo 12), e envolvia o Irã. O Estado safávida englobava uma área maior que o Irã moderno, e suas contribuições culturais e artísticas eram comparáveis àquelas dos impérios abássida, mogol e otomano.

Onde tudo começou? Os povos turcos derramaram-se pelas regiões norte e nordeste do Império Abássida quando o poder central caiu. Na ausência de um governo central forte depois da conquista mongol em 1258, várias ordens sufis (veja o Capítulo 13) tornaram-se meios importantes, localmente, de organização social. O Shaykh Safi al-Dim (1252 a 1334) ganhou tamanha proeminência em uma dessas ordens que ela passou a ser conhecida por seu nome — daí a origem do nome safávida. Essa ordem espalhou-se de sua localização no Azerbaijão tanto para o leste (Irã) quanto para o oeste (Turquia oriental).

De 1502 até sua morte em 1524, Shah Isma`il, um descendente de Safi al-Din, liderou seus seguidores à conquista do Irã, estabelecendo, assim, o Estado safávida. Shah Isma`il afirmava descender tanto de Muhammad e dos *imames* shia'as (descendentes de Muhammad reconhecidos pelos shia'as como seus líderes) quanto do último rei sassânida (*shah* é uma antiga palavra sassânida para rei). Ele também afirmava representar o último (12º) *imame* shia'a, que, de acordo com a crença shia'a, havia permanecido na clandestinidade em 874 (veja o Capítulo 12). Essas alegações deram a ele autoridade política e religiosa.

Nessa época, a maioria da população do Irã era de muçulmanos sunitas. No entanto, uma vez no poder, Shah Isma`il começou a estabelecer um Estado baseado no xiismo duodecimano (veja o Capítulo 12). Ele reprimiu outros grupos shia'as, sufis e sunitas. E recrutou soldados escravos de populações da região da Cordilheira do Cáucaso (entre os Mares Negro e Cáspio), em vez de depender dos grupos que lhe haviam levado ao poder. Para fornecer liderança religiosa à população, agora forçada a praticar o xiismo duodecimano, ele importou *`ulama'* shia'as duodecimanos do Líbano, Síria, Iraque, Bahrein e Caxemira (por isso a influência, na atualidade, dos *mullas* shia'as iranianos — líderes religiosos duodecimanos — entre as populações shia'as nessas áreas). As instituições religiosas estavam sob o controle do Estado.

Isma`il introduziu a prática shia'a de amaldiçoar os três primeiros califas — Abu Bakr, `Umar e `Othman (além de `A'isha, a quem os shia'as tradicionalmente não gostavam em face de sua oposição ao governo de `Ali como califa) — na chamada para a oração. Ele reconstruiu santuários associados com a linha dos *imames* duodecimanos. Rituais shia'as, como a peregrinação a Karbala e a celebração anual do martírio de Hussein, eram (e são) as observâncias religiosas mais importantes (veja o Capítulo 12 para mais sobre práticas religiosas e teologia shia'as).

Conquistas militares, a administração eficiente e direção governamental da economia permitiram ao Irã safávida florescer durante os primeiros cem anos. De fato, um milhão de pessoas habitaram a capital de Isfahã com suas 152 mesquitas e 273 banhos públicos. O reino de Shah `Abbas I (1587 a 1629) marcou o auge das realizações safávidas, incluindo uma síntese das tradições persas e turcas que produziram um grande período de pintura persa em miniatura. A mais famosa era a ilustração do épico nacional Persa, o *Shahnama* (história dos reis). O governo expandiu enormemente a tapeçaria como principal item de exportação. Shah `Abbas trouxe centenas de oleiros chineses para sua nova cidade capital de Isfahã no centro do Irã para ensinar aos oleiros persas a confeccionar vasos de porcelana para exportação. A produção de azulejos coloridos, sempre uma excelente forma de arte islâmica, alcançou, talvez, seu ponto mais alto sob os safávidas. Esses azulejos, junto ao design arquitetural característico herdado das tradições iniciais do Islã iraniano, deram às mesquitas sua aparência inconfundível.

INDO MAIS FUNDO

O declínio ocorreu depois do tempo de Shah `Abbas. Os *`ulama'* (estudiosos religiosos; o termo iraniano popular para líderes religiosos, *mulla*, é o singular de *`ulama'*) tornaram-se cada vez mais independentes e resistentes às reivindicações religiosas do shah (ou Xá, título dos monarcas da Pérsia). Esses estudiosos acreditavam que, em vez do shah, eram eles os guardiões da fé e os representantes do *imame escondido*. Inevitavelmente, enquanto o poder centralizado declinava, os centros regionais e tribais reivindicavam o poder a si mesmos e o império começou a desmoronar antes da morte de seu último governante, em 1702. Por volta de 1779, depois de outras dinastias menores, os Cajares surgiram como uma dinastia sucessora, a ser seguida, por sua vez, pelos Pahlavis em 1925 e a República Islâmica do Irã em 1979.

Império Mogol: Islã no Sul da Ásia

LEMBRE-SE

Por que escolher o Império Mogol como um dos três exemplos de Estados islâmicos posteriores? Lembre-se da demografia: Muito mais muçulmanos viviam no sul da Ásia (Índia, Paquistão e Bangladesh) do que no mundo árabe. O Islã propagou-se da Índia para o sudeste da Ásia e Indonésia, o país com a maior população muçulmana atualmente. Além disso, o Islã na Índia apresenta uma face distintamente diferente daquela encontrada em países do Oriente Médio.

O Islã penetrou primeiro nas porções ocidentais do sul da Ásia — entre 711 e 713. Mais tarde, grandes investidas territoriais ocorreram, particularmente no Afeganistão. Por volta de 1201, os primeiros Estados muçulmanos independentes na Índia foram estabelecidos na região de Déli. Ao longo dos 300 anos que se seguiram, a maioria do sul da Ásia ficaria sob o controle dos Estados muçulmanos. O maior e mais duradouro desses Estados foi o Império Mogol, estabelecido por Babur em 1526, que alcançou seu auge com Akbar I (1556 a 1605). Babur alegava descender de Gengis Khan e do grande conquistador turco, Timur.

Os governantes mogóis estabeleceram um elaborado sistema administrativo de titulares de cargos, que estavam completamente sob o controle do governo central. O controle governamental estendia-se para as vilas, mas os hindus ainda ocupavam muitos cargos.

O governo exercia controle similar sobre os negócios religiosos, nomeando o chefe *qadi* (juiz religioso), os *qadis* locais, supervisores de mercados, pregadores, líderes religiosos e os administradores das *waqf* (instituições de caridade).

A população muçulmana, concentrada no noroeste da Índia, Vale do Indo e Bengala, nunca excedeu 20% a 25% da população. Isso fez com que o desenvolvimento religioso e cultural do império mogol fosse distinto de outros grandes impérios muçulmanos, nos quais a maioria da população se tornou muçulmana. À mistura dominante de tradições culturais iranianas e indianas/hindus foram adicionados elementos das tradições árabe, mogol e turca. A riqueza adquirida por intermédio da conquista, assim como através de uma administração eficiente, possibilitou o florescimento da cultura mogol. A Índia mogol fez grandes contribuições para a música, literatura, pintura e arquitetura.

INDO MAIS FUNDO

Extraído de pinturas manuscritas da tradição persa, o estilo e o repertório de temas foi enormemente expandido sob patrocínio real. Algumas pinturas de animais eram surpreendentemente realistas. A maior das realizações foi a ilustração de épicos hindus e islâmicos. O *Hamzanama* é um relato lendário das aventuras do tio de Muhammad, Hamza, enquanto viajava através do mundo para propagar o Islã. O Hamzanama consistia originalmente de 1.400 pinturas, cada uma com dois pés (quase 61 cm) de altura. Duzentas delas sobrevivem hoje. Igualmente impressionantes foram as realizações arquitetônicas em palácios, mesquitas e nas tumbas dos jardins dos governantes mogóis e suas esposas (veja o Capítulo 19).

Na religião, Akbar I seguiu uma política de abertura a todas as religiões. O imposto sobre não muçulmanos foi abolido e utilizado um calendário solar. O governo financiou não apenas mesquitas, mas também templos hindus, e desencorajou a ingestão de carne de vaca em consideração às sensibilidades hindus. O *sincretismo* (a mistura de elementos de diferentes religiões) floresceu não somente no nível estatal, mas também localmente na interação entre formas devocionais de hinduísmo e aos místicos do sufismo.

As ordens sufis dessa época eram um instrumento de conversão das pessoas ao Islã. Essas ordens, tais como os Chistis e os Shurawardis, enfatizavam a *baraka* (bênção) do místico sufi. As escrituras do filósofo/teólogo espanhol Ibn `Arabi (1165 a 1240) foram a maior influência do sufismo mogol. Urdu, um dialeto baseado no hindi do norte da Índia com contribuições persas a seu vocabulário, tornou-se a língua dominante para literaturas religiosas e outras no sul da Ásia muçulmana. Mais tarde, ordens reformistas sufis, tais como os Qadiriyyas e os Naqshbandis (essas duas ordens sufis são descritas no Capítulo 13), ganharam destaque, enfatizando a *shari`a* (lei) e rejeitando tanto as influências hindus quanto o que elas consideravam ênfase indevida a místicos sufis. Esse movimento em direção a uma forma mais tradicionalista e estrita do Islã foi apoiado pelo imperador Auranzeb (1618 a 1703) com a reintrodução do calendário lunar, o imposto especial sobre não muçulmanos e a destruição de muitos templos hindus.

Os britânicos, que foram à Índia pela primeira vez em 1600 e, consequentemente, tornaram-se governantes de fato da Índia, depuseram o último governante mogol em 1858, embora o declínio gradual do poder mogol já houvesse começado por volta do ano 1700.

NESTE CAPÍTULO:

- Testemunhando a Deus
- Referindo-se a Deus como "Alá"
- Reconhecendo os atributos e os nomes de Deus
- Conhecendo Deus

Capítulo 3
Submetendo-se a Deus

Algumas crenças básicas sobre Deus são compartilhadas pela maioria — e, talvez, todos — os muçulmanos. Essas crenças ou afirmações são baseadas no que o Corão e as tradições (chamadas hádices [ahadith]) dizem sobre Deus, então, este capítulo faz uso livre de citações sobre Deus que vêm das escrituras islâmicas. Entretanto, até mesmo as assertivas mais básicas, ainda que acordadas pela maioria dos muçulmanos, originam discussões teológicas sobre os detalhes. E teólogos chegam a conclusões diferentes. (O Capítulo 4 observa alguns debates teológicos mais avançados.)

LEMBRE-SE

Se você está familiarizado com as compreensões judaicas ou cristãs de Deus, talvez ache as visões islâmicas sobre Deus muito similares. A maioria do que os muçulmanos dizem sobre Deus seria prontamente afirmado por cristãos e judeus tradicionais. Isso contrasta com a situação no hinduísmo, no qual diferentes pessoas centralizam sua devoção em deuses hindus diferentes, ao mesmo tempo que negam que qualquer um desses deuses é a realidade máxima.

OS VERSOS SATÂNICOS

Em 1988, Salman Rushdie, o premiado autor britânico nascido na Índia, publicou um romance, *Os Versos Satânicos*, que se tornou foco de controvérsia mundial. Muitos muçulmanos consideraram o romance de Rushdie uma blasfêmia. O aiatolá (nome dado ao mais alto dignatário na hierarquia religiosa shia'a) Khomeini, no Irã, emitiu um decreto de morte (*fatwa*) contra Rushdie. Muçulmanos de todo o mundo exigiam que o trabalho fosse suprimido, e motins ocorreram na Grã-Bretanha e em outros lugares.

O título do romance de Rushdie refere-se a uma história encontrada tanto na biografia autorizada de Muhammad quanto nos trabalhos de al-Tabari, o grande e antigo historiador muçulmano e compilador dos comentários do Corão. Embora muitos estudiosos muçulmanos a considerem forjada, ela seria, contudo, antiga. Estudiosos ocidentais do Islã, tais como W.M. Watt, argumentam que uma narrativa como essa, tão contrária à crença subsequente, tem mais probabilidade de ser verdadeira do que inventada.

Em parte, Muhammad encontrou oposição porque, ao atacar o politeísmo, ele estava atacando, implicitamente, as crenças religiosas de seus ancestrais contemporâneos. Um dos relatos de al-Tabari diz que Muhammad desejava uma revelação, o que tornaria sua situação com seus compatriotas de Meca menos contenciosa. A essa altura, ele recitou a Sura 53:19–20, "Considerai al-Lát e al-`Uzza. E a outra, a terceira (deusa), Manata." Al-Lát significa simplesmente "a Deusa". Al-`Uzza significa "a poderosa" — igualada a Vênus (a estrela da manhã) e muito popular entre a tribo coraixita de Meca. Manata significa sorte ou destino, que é o conceito-chave da religião arábica pré-islâmica.

Essas deusas são denominadas como as filhas de Alá, o que pode, originalmente, apenas significar "seres divinos femininos". Elas tinham santuários na área de Meca em tempos pré-islâmicos. De acordo com a versão de al-Tabari — que, devo lembrá-lo, é contestada — Muhammad adicionou, "elas são os pássaros exaltados, e sua intercessão é de fato desejada", o que parecia permitir um papel subordinado para essas três deusas.

E, afinal de contas, por que não? O Islã aceitava a existência de vários seres entre as pessoas e Deus, como *djinn* (gênios) e anjos (veja o Capítulo 5), então, por que não aceitar também esses seres como um meio de conciliação com os habitantes de Meca, deliciados pelas palavras de Muhammad? Todavia, isso seria retornar ao politeísmo. Subsequentemente, Gabriel informou Muhammad que ele havia sido desviado por Satanás. Muhammad excluiu a declaração sobre o papel de intercessão das deusas e a substituiu por versos recém-revelados, incluindo o verso 53:23, que diz que as três deusas eram meramente nomes e não existiam realmente. Os versos excluídos são conhecidos como versos satânicos. Se a história de fato volta até Muhammad ou não, ela reflete o embate entre as questões de "unidade" e "associação".

Para os muçulmanos, assim como para membros do judaísmo e do cristianismo, Deus é a única realidade máxima. Deus não depende de mais nada, mas tudo o mais depende de Deus. A Sura 28:88 diz: "Tudo perecerá, exceto Sua face [a de Deus]." Como Deus é a única realidade necessária (em vez de contingente), apenas Deus é eterno. Tudo o mais existe apenas na medida e por quanto tempo Deus queira que exista. Assim, tudo depende de Deus para sua existência. Em reconhecimento e aceitação dessa dependência de Deus, cada pessoa deve submeter-se a Ele. De acordo com a tradição muçulmana, a humanidade inteira, originalmente, submeteu-se a Deus. No entanto, os humanos se esquecem. Em decorrência, Deus envia profetas para lembrar as pessoas de retornarem e submeterem-se a Deus. A palavra *muçulmano* significa "aquele que se submete [a Deus]".

Afirmando a Unidade de Deus: *Tawhid*

TEXTO ISLÂMICO

Tawhid (unidade) é o termo islâmico que melhor resume o entendimento muçulmano de Deus. A Sura 112, uma das suras mais antigas e mais curtas, é intitulada "unidade" (um nome alternativo é "sinceridade"), e como a unidade é tão importante, diz-se que essa sura constitui 1/3 da fé. Apenas *Fatiha*, Sura 1, supera a Sura 112 em importância. A maioria dos muçulmanos conhece essa sura de cor, assim como muitos cristãos têm o Salmo 23 na ponta da língua. A Sura 112 começa:

Dize: Ele é Deus, o Único!

Deus! O Absoluto!
Jamais gerou ou foi gerado!
E ninguém é comparável a Ele!

LEMBRE-SE

Essa passagem foi dirigida contra o povo de Meca, que acreditava que Alá era um entre muitos deuses e que tinha três filhas. Acreditar que Deus tenha esposa ou filhos é cometer o pecado da *shirk* (associação), o pior pecado possível no Islã. *Shirk* também ocorre se alguém acredita que outros deuses existem e que eles compartilham poder com Deus. A Sura 4:116 diz: "Deus jamais perdoará quem Lhe atribuir parceiros, conquanto perdoe os outros pecados, a quem Lhe apraz."

Entretanto, os muçulmanos estendem seu entendimento da unidade de Deus e do pecado correspondente da *shirk*, que nega Sua unidade além da simples negação do politeísmo literal. Michael Sells, em seu recente e amplamente elogiado livro sobre o Corão, aponta quatro entendimentos da unidade de Deus, aos quais adicionei um quinto que pode ser-lhe útil:

- **A negação do *politeísmo*** (crer em outros deuses) e a negação da associação de outros seres com Deus, como acabei de discutir. Na perspectiva muçulmana, o paganismo e o hinduísmo popular, ao aceitar uma multiplicidade de deuses, são culpados pela associação.
- **A negação de lealdade absoluta a qualquer coisa que não a Deus**, incluindo dinheiro, poder ou propriedades. Claro, em sua maioria, os ocidentais não são propensos a apegar-se a outros deuses no sentido literal, mas muitas pessoas colocam o dinheiro, propriedades, o país, a família ou a reputação da família antes de Deus, transformando tais coisas em seus deuses.

A *SHAHADA*: O PRIMEIRO PILAR DO ISLÃ

A confissão básica (*shahada*) do Islã é o primeiro e mais importante dos Cinco Pilares do Islã (veja o Capítulo 9). A primeira metade dessa declaração, chamada de *primeiro testemunho*, é a expressão islâmica central da unidade de Deus (*tawhid*). Ela diz: "Não há nenhum Deus além de Deus, e Muhammad é o mensageiro de Deus." A *shahada* completa não ocorre em nenhum lugar do Corão, porém, suas duas partes (antes da vírgula e depois) ocorrem várias vezes separadamente. Por exemplo, a Sura 3:18 diz: "Deus dá testemunho de que não há mais divindade além d'Ele; os anjos e os sábios O confirmam Justiceiro; não há mais divindades além d'Ele, o Poderoso, o Prudentíssimo."

- **A unidade interna de Deus:** Não apenas não existem outros deuses externamente ao próprio Deus, não existe também multiplicidade dentro de Deus. A Sura 112 não foi originalmente direcionada contra o conceito cristão da Trindade — um Deus em três seres. No entanto, os muçulmanos expandiram facilmente a Sura 112 para incluir a rejeição ao conceito cristão da Trindade, que declara uma multiplicidade dentro da natureza de Deus — Pai, Filho e Espírito Santo.
- **A negação da realidade permanente do ego:** Os *sufis* (místicos islâmicos) entendem que a Sura 112 implica que, como apenas Deus é real e eterno, o objetivo do desenvolvimento espiritual é uma perda do sentido do ego. A egocentricidade humana atesta a existência de algo além de Deus.
- **A afirmação da singularidade de Deus:** Nada mais é essencialmente similar a Deus. Você pode dizer que algo é parecido com Deus de alguma maneira — por exemplo, a misericórdia humana é parecida com a misericórdia de Deus — mas, de acordo com o grande teólogo muçulmano Abu Hamid al-Ghazali (1058 a 1111), essa comparação não significa que a misericórdia humana é a mesma que a misericórdia divina, ainda que a misericórdia humana reflita a misericórdia divina.

INDO MAIS FUNDO

Al-Hallaj, o famoso místico sufi martirizado no século X, disse que Satanás era o monoteísta mais consistente. O Corão diz que, quando Adão foi criado, Deus ordenou que todos os anjos se curvassem perante Adão. Satanás recusou-se a fazer isso. Al-Hallaj disse que Satanás estava sendo obediente ao comando de Deus de não adorar ninguém além do próprio Deus. Satanás observou esse mandamento até quando isso significou sua própria condenação.

Esclarecendo a Terminologia: Alá É o Mesmo que Deus

A palavra *Alá* aparece mais de 2.500 vezes no Corão. Alá é provavelmente a contração de duas palavras: o (*al*) e deus (*ilah*). Os muçulmanos consideram Alá como o deus original do *Ka`ba*, o santuário sagrado em Meca (veja o Capítulo 9), mas, em tempos pré-islâmicos, as divindades adoradas pelos habitantes de Meca eram Hubal, o deus da lua e al-`Uzza. Ainda assim, muito antes da época de Muhammad, os árabes sabiam que Alá era uma importante divindade árabe; na verdade, o pai de Muhammad se chamava `Abd Allah, o que significa "servo de Alá".

Atualmente, no Islã e no Corão, Alá é simplesmente o nome de Deus. De fato, Alá em árabe é o equivalente direto da palavra Deus (com D maiúsculo) em português. Quando os primeiros cristãos traduziram a Bíblia para o árabe, usaram Alá sempre que havia a palavra Deus nos originais grego e hebraico.

Os muçulmanos alegam que Alá é o mesmo Deus que o Deus citado nas escrituras hebraicas e cristãs, afirmando, assim, que o Islã é a continuidade do judaísmo e do cristianismo. Os muçulmanos acreditam que todas as três religiões compartilham o mesmo Deus e a mesma escritura, mas também creem que cada uma, por sua vez, alega ter reformado, aperfeiçoado e completado o que veio antes.

Ainda que muçulmanos, cristãos e judeus normalmente acreditem adorar o mesmo Deus, a maioria não diria, normalmente, que *Vishnu* (um deus hindu) ou *Amida Buddha* são o mesmo que Deus ou Alá. Popularmente, no hinduísmo, existem três deuses principais — Brahma, Vishnu e Shiva. Hindus mais comuns são devotos de Vishnu, Shiva ou de várias outras deusas importantes. Em um nível mais sofisticado, máximo, há uma realidade cósmica impessoal e imutável (Brahman), que é o mesmo que a essência interna de cada indivíduo (a Atman ou alma). A salvação consiste em perceber — por exemplo, através de meditação avançada (yoga) — que Atman é o mesmo que Brahman.

Cristãos e judeus naturalmente pensam no Islã como uma religião que se originou posteriormente ao judaísmo e cristianismo. Cristãos e judeus também pensarão, normalmente, em Muhammad como o fundador do Islã, da mesma maneira que pensam em Abraão, Moisés e Jesus como os fundadores do Judaísmo e do Cristianismo. Os muçulmanos perceberam que a forma atual do Islã tem origem na missão profética de Muhammad no século VII E.C. Ao mesmo tempo, os muçulmanos acreditam que o Islã é a religião original da humanidade, e que Muhammad foi enviado para restaurá-la. No Corão, Adão é a primeira pessoa a adorar a Alá/Deus. Abraão é o fundador essencial da religião muçulmana. O Corão conta a história da rejeição de outros deuses por Abraão na Sura 6:74–79.

Testemunhando a Supremacia de Deus

Como alguém pode saber que há apenas um Deus? Como Muhammad sabia? Como o povo de Meca poderia saber? O Corão chama uma prova de Deus de *sinal* (*aya*).

- **O próprio Corão é um sinal de Deus.** Os versos individuais do Corão são denominados *sinais*, mas eles são geralmente chamados de *versos*.
- **A criação do mundo é um sinal de Deus.** A Sura 13:2 diz: "Foi Deus Quem erigiu os céus sem colunas aparentes; logo assumiu o Trono e submeteu o sol e a lua (à Sua vontade); cada qual prosseguirá seu curso, até um término prefixado.

Ele rege os assuntos e elucida os versículos para que fiqueis persuadidos do comparecimento ante o vosso Senhor."

» **Os processos da natureza fornecem sinais adicionais testemunhando a Deus.** A Sura 36:33 diz: "Um sinal para eles, é a terra árida; reavivamo-la e produzimos nela o grão que se alimentam. Nela produzimos pomares de tamareiras e videiras, em que brotam mananciais." A chuva caindo na terra morta e fazendo-a ficar verde realmente parecia um milagre no ambiente desértico dos contemporâneos de Muhammad.

» **A preocupação de Deus com a humanidade é mais um sinal de Deus.** A expressão mais importante do cuidado divino é o envio de profetas por Deus para avisar as pessoas a fim de que possam escapar da condenação eterna, como na Sura 30:47, que diz: "Antes de ti enviamos mensageiros a seus povos, que lhes apresentaram as evidências. Vingamo-Nos dos pecadores." Deus também fornece cuidado diário para as pessoas: a noite para descanso, mares para transporte, alimento para comer, água para beber e alívio para os sofredores (veja a Sura 27:62).

» **A razão e a lógica humana fornecem provas da existência de Deus** e alguns conhecimentos básicos dos atributos de Deus de acordo com teólogos e filósofos. As provas lógicas de Deus oferecidas por teólogos muçulmanos medievais são similares àquelas oferecidas na mesma época por filósofos judeus, como Maimônides, e teólogos cristãos, como São Tomás de Aquino. Al-Ghazali, o teólogo muçulmano medieval mais proeminente, dizia que quando se observa a ordem intrincada do universo, é possível concluir que este universo deve ter um criador que é diferente do universo.

Definindo os Atributos de Deus

O *Verso do Trono* (Sura 2:255) é um dos versos mais famosos do Corão. É parte de um grupo maior de passagens corânicas conhecidas como *passagens de refúgio*. O Verso do Trono é frequentemente inscrito em amuletos (para proteger alguém do mal) e em lápides. Nele, lê-se:

TEXTO ISLÂMICO

> *Deus! Não há mais divindade além d'Ele, Vivente, Subsistente, a Quem jamais alcança a inatividade ou o sono; d'Ele é tudo quanto existe nos céus e na Terra. Quem poderá interceder junto a Ele, sem a Sua anuência? Ele conhece tanto o passado como o futuro, e eles (humanos) nada conhecem da Sua ciência, senão o que Ele permite. O Seu Trono abrange os céus e a Terra, cuja preservação não O abate, porque é o Ingente, o Altíssimo.*

Mesmo que alguém saiba mediante a revelação (o Corão) ou pela razão humana que Deus existe, as pessoas querem saber mais sobre Deus. Como o Verso do Trono mostra, o Islã compartilha com o Judaísmo e o Cristianismo a crença de que é possível afirmar certas coisas sobre Deus. Teólogos muçulmanos referem-se a essas qualificações da natureza de Deus como "atributos de Deus". Através do exame de passagens corânicas que falam sobre Deus, e especialmente aquelas que listam os epítetos (títulos ou nomes) de Deus, teólogos muçulmanos como al-Ghazali chegaram a listar os atributos mais essenciais de Deus. Entre eles estão:

- **Conhecimento:** Deus sabe de tudo.
- **Poder:** Deus pode fazer qualquer coisa.
- **Vontade:** Tudo acontece de acordo com a vontade de Deus.
- **Vida:** Deus é eterno.
- **Discurso:** O Corão é o eterno discurso de Deus.
- **Audição:** Nada que alguém fale fica escondido de Deus.
- **Visão:** Como a "audição", uma vez que Deus está em todo lugar, nada fica escondido de Sua visão.

Outros atributos estão implícitos nesses sete. Por exemplo, o poder de Deus inclui Deus como criador. O conhecimento de Deus e a vontade de Deus implicam a ideia de predestinação — Deus conhece e quer quem será salvo e quem será condenado. A audição e a visão de Deus implicam o atributo de justiça de Deus em executar o julgamento.

Amando e Conhecendo a Deus

De acordo com Abu Hamid al-Ghazali, ninguém além de Deus pode conhecer a Deus. Mas saber que você não conhece a essência de Deus é chegar o mais perto possível de conhecer Deus. Isso é um pouco difícil de seguir!

LEMBRE-SE

Os humanos podem saber alguma coisa sobre Deus conhecendo Seus atributos. Isso significa que os crentes não devem apegar-se aos atributos de Deus apenas intelectualmente, mas devem também incorporar os atributos de Deus a suas próprias vidas.

TEXTO ISLÂMICO

Mas o Islã equilibra essa ideia de jamais vir a conhecer a Deus, com declarações sobre a proximidade de Deus, que geram a possibilidade de, pelo menos, um conhecimento limitado de Deus. Dois versos do Corão talvez expressem melhor essa imanência de Deus:

- "Criamos o homem e sabemos o que Sua alma Lhe confidencia, porque estamos mais perto Dele do que Sua artéria jugular", diz a Sura 50:16.
- "Não reparas em que Deus conhece tudo quanto existe nos céus e na Terra? Não há confidência entre três pessoas, sem que Ele seja a quarta delas; nem entre cinco, sem que Ele seja a sexta; nem que haja menos ou mais do que isso, sem que Ele esteja com elas, onde quer que se achem", diz a Sura 58:7.

Embora os muçulmanos possam tentar conhecer Deus de diferentes maneiras, o mais importante é que ele ou ela ame a Deus. Ahmad al-Ghazali (morto em 1126), o irmão menos conhecido do famoso teólogo, escreveu que amor é o que integra a alma humana, e o objeto definitivo de amor é Deus. Muitos poetas, incluindo Rumi (1207 a 1273) e Farid al-Din `Attar (1119 a 1220), desenvolveram o tema do amor de Deus pela humanidade e do amor humano por Deus.

DICA

Até onde os estudiosos sabem, a ênfase no amor é primeiramente expressada pela antiga mística Rabi`a (713 a 801). Apesar de existirem fontes mais antigas de informações sobre Rabi`a, a mais importante é o relato de Farid al-Din `Attar em suas "Memórias dos Místicos". O relato de `Attar inclui talvez o ditado mais frequentemente citado de Rabi`a sobre a importância dos humanos amarem a Deus:

> *Ó Deus, se eu o adoro por medo do inferno, queime-me no inferno, e se eu o adoro esperando pelo paraíso, exclua-me do paraíso; mas se eu o adoro por sua própria causa, não me negue sua beleza eterna.*

Em outra passagem, Rabi`a anda apressada por um caminho. Ela tem água em uma mão e fogo na outra. Alguém lhe pergunta o por quê e ela responde que a água é para apagar as chamas do inferno e o fogo é para queimar o paraíso. A razão? Não se deve amar a Deus por medo de punição no inferno ou recompensa no céu, mas apenas por amor ao próprio Deus.

Invocando os 99 Nomes de Deus

A tradição (*hádice*)[1] diz, "o Apóstolo de Alá disse: 'Alá tem 99 nomes, e aquele que os souber irá para o Paraíso'". A maioria dos nomes aparece no Corão ou são derivados das descrições de Deus no Corão. Listas dos 99 nomes muitas vezes começam com os 13 nomes registrados na Sura 59:22–24, que começa:

TEXTO ISLÂMICO

> *"Ele é Deus; não há mais divindade além d'Ele, conhecedor do cognoscível e do incognoscível. Ele é o Clemente, o Misericordiosíssimo.*
>
> *"Ele é Deus; não há mais divindade além d'Ele, Soberano, Augusto, Pacífico, Salvador, Zeloso, Poderoso, Compulsor, Supremo! Glorificado seja Deus, de tudo quanto (Lhe) associam!*

LEMBRE-SE

Na verdade, Deus tem 100 nomes, mas o 100º nome é ocultado: Alá é o 100º nome. Além disso, se você combinar várias listas, acaba encontrando mais de 99 nomes. Algumas tradições falam em 1.000 nomes, uma maneira de indicar que os nomes de Deus são tão infinitos quanto Suas qualidades.

Al-Tirmidhi (824 a 892) é o autor de uma das seis coleções autorizadas de *hádices* sunitas. Uma dessas *hádices* (a de número 117) contém uma lista comum dos 99

---

[1] N.E.: Podem ser encontrados em algumas fontes os termos, em árabe, hadith (para hádice) e ahadith (para hádices).

nomes, entre os quais estão Rei, o Sagrado, Fonte da Paz, o Preservador da Segurança, o Protetor, o Poderoso, o Avassalador, o Grandioso em Majestade, o Criador, o Onifeitor, o Formador, o Perdoador, o Dominante, o Doador, o Abastecedor, o Decididor, o Sapiente, o Detentor, o Enriquecedor, Aquele que Humilha e o Exaltador.

INDO MAIS FUNDO

Ibn `Arabi (1165 a 1240), considerado por alguns como o maior teólogo sufi e por outros como herege, disse que os nomes divinos são possibilidades criativas presentes da essência de Deus. Deus causa essas possibilidades para tornar manifesta Sua criação do cosmos e da humanidade. Amor é a força que faz Deus criar o universo. Uma *hádice* favorita de Ibn `Arabi e outros sufis diz: "Eu era um Tesouro Escondido, então, amo ser conhecido. Por isso criei as criaturas para poder ser conhecido." Talvez porque a luz seja percebida como entre a mais imaterial das substâncias, especialmente os sufis, mas também os islamitas em geral, enfatizavam Deus como luz. Os nomes divinos são como raios de luz fluindo do sol. "A Luz", um dos 99 nomes, surge na Sura 24:35, outro dos versos-chaves de refúgio do Corão, que diz:

TEXTO ISLÂMICO

> *Deus é a Luz dos céus e da Terra. O exemplo de Sua Luz é como o de um nicho em que há uma candeia; esta está em um recipiente; e este é como uma estrela brilhante, alimentada pelo azeite de uma árvore bendita, a oliveira, que não é oriental nem ocidental, cujo azeite brilha, ainda que não o toque o fogo. É luz sobre luz! Deus conduz Sua Luz até quem Lhe apraz. Deus dá exemplos aos humanos, porque é Onisciente.*

Dividindo os nomes em categorias

Os nomes de Deus são variadamente classificados ou resumidos. Um agrupamento comum é dos nomes de misericórdia e beleza (*jamal*) e os nomes de rigor ou majestade (*jalal*). Ocidentais frequentemente têm uma imagem de Alá como um Deus furioso, porque a justiça de Deus exige que ele puna os maus e repreenda os vivos para que não sofram os tormentos eternos no inferno. Claro, é possível apontar os comentários igualmente arrepiantes, ou até mais, sobre a ira de Deus na Bíblia. Ainda assim, como é o caso da Bíblia, o Corão enfatiza a misericórdia de Deus muito mais do que Sua ira.

Nos 99 nomes de Deus, os de misericórdia superam em muito os de majestade ou ira. Uma famosa *hádice qudsi* (em que Deus se pronuncia) diz: "Quando Deus decretou a criação, comprometeu-Se escrevendo em Seu livro o que foi estabelecido por Ele: 'Minha misericórdia prevalece sobre minha ira'".

Lembrando dos nomes

TEXTO ISLÂMICO

Sura 17:110 é outra passagem que recomenda a invocação dos nomes de Deus.

> *Dize-lhes: 'Quer invoqueis a Deus, quer invoqueis o Clemente, sabei que d'Ele são os mais sublimes atributos! Não profiras (ó Muhammad) a tua oração em voz muito alta, nem em voz demasiado baixa, mas procura um tom médio, entre ambas.'*

A meditação e recitação dos nomes de Deus são centrais às práticas devocionais muçulmanas. O Corão enfatiza a "lembrança de Deus" (*dhikr Allah*).

A prática de *dhikr* é mais extensivamente desenvolvida no sufismo (veja o Capítulo 13). A lembrança inclui meditação mental e interior sobre Deus. Mas primeiro, e antes de tudo, a injunção do Corão refere-se à recitação oral dos nomes de Deus. Segundo a tradição, Muhammad disse: "Deixe que sua língua fique úmida com a lembrança de Deus", enfatizando o aspecto vocal dessa lembrança. Os muçulmanos frequentemente usam um colar de contas de oração ou um rosário (*subha*) quando recitam os nomes de Deus. O rosário consiste em três grupos de contas amarrados como um colar. Três contas maiores separam os grupos. As contas são usadas para facilitar a contagem enquanto os 99 nomes são recitados.

Para alguém fazendo turismo em alguns países muçulmanos, quiosques vendendo muitas variedades diferentes de rosários fornecem uma oportunidade de uma foto colorida. Os rosários variam dos muito baratos, feitos de plástico, àqueles confeccionados em marfim e outros materiais preciosos. O rosário não é mencionado no Corão, e alguns muçulmanos conservadores como os wahhabis da Arábia Saudita rejeitam o uso do rosário considerando-o como uma "inovação" (*bid`a*). O uso extensivo do rosário pode ter se tornado comum no Islã bem tarde. Usos similares de rosários ocorrem no início do budismo como um auxílio para recitar o nome de *Amitabha Buddha*, e mais tarde no catolicismo romano como um auxílio para realizar rituais devocionais e orações.

NESTE CAPÍTULO:

Apreendendo as crenças islâmicas básicas

Observando as questões-chaves da teologia islâmica

Relacionando teologia à filosofia

Capítulo 4

Em que os Muçulmanos Acreditam

Ao ler este capítulo, você talvez considere que muito dessa discussão teológica soa arcaica e irrelevante. Alguns dos pontos envolvidos podem lembrá-lo da narrativa dos teólogos cristãos medievais discutindo sobre quantos anjos podem dançar na cabeça de um alfinete. Tenha certeza de que muitas dessas questões, no entanto, ainda permanecem relevantes para os muçulmanos atualmente. Nos primeiros dias do Islã, acusações de que oponentes eram infiéis eram feitas de pronto, e não apenas pela seita mais puritana. Acusações similares são proferidas hoje não apenas contra não muçulmanos, mas também contra outros muçulmanos (como se percebe facilmente ao examinar listas de e-mails e sites islâmicos). Alguns radicais afirmam que qualquer um que discordar do entendimento deles do Islã e não se comprometer à sua causa é um infiel (*kafir*). Assim como a legitimidade do uso da filosofia grega era uma questão-chave no início do Islã, argumentos semelhantes relativos aos conceitos e abordagens ocidentais da educação são colocados atualmente, como por exemplo, "A democracia é compatível com o Islã?" e "Há um padrão universal de direitos humanos que possa ser determinado fora da revelação?". Para olhar essas questões mais de perto, veja o Capítulo 17.

Declarando as Cinco Crenças Essenciais do Islã

INDO MAIS FUNDO

Uma *hádice* (tradição, veja o Capítulo 3) bem conhecida diz que o anjo Gabriel, na aparência de um homem vestido de branco, um dia se sentou ao lado de Muhammad e seus companheiros. Ele perguntou a Muhammad: "O que é o Islã?" Muhammad respondeu com uma declaração dos cinco rituais básicos requeridos pelo Islã. O homem então perguntou: "O que é fé (*iman*)?" Muhammad respondeu listando as cinco crenças básicas. O homem elogiou a resposta de Muhammad e então fez uma terceira pergunta: "O que é virtude (*ihsan*)?" Muhammad replicou: "Você deveria adorar a Deus como se O visse, pois você não O vê, no entanto, Ele vê você." O homem de branco partiu.

As três perguntas de Gabriel correspondem à divisão tradicional da religião islâmica em três partes — adoração (*`ibada*, literalmente, serviço), crença a respeito de Deus (*iman*, ou fé) e ética (*ihsan*, literalmente, virtude e vida correta). Ao responder à primeira questão, Muhammad nomeia os *Cinco Pilares da Adoração* (veja o Capítulo 9), também chamados de *Cinco Pilares da Religião* e *Cinco Pilares do Islã* (submissão). Esses Cinco Pilares são: o testemunho de que apenas Deus é deus e que Muhammad é Seu mensageiro; as cinco orações diárias; a observância do jejum diurno no mês do Ramadã; a caridade (dar esmolas), e a peregrinação a Meca pelo menos uma vez na vida. Fazer essa pergunta primeiro indica a prioridade dessas obrigações ritualísticas na vida de um muçulmano. O muçulmano comum aceita as crenças básicas de sua religião, mas não passa muito tempo intrigado com elas. Seu esforço consciente como muçulmano é centrado em submissão ativa a Deus (adoração e serviço) mais do que consentimento intelectual a proposições sobre Deus (crenças).

Mas se você perguntar a um muçulmano sobre suas crenças, ele muito provavelmente responderá com os cinco itens mencionados por Muhammad ao responder à pergunta de Gabriel sobre fé. As três primeiras dessas crenças também estão incluídas na Sura 2:285, segundo a qual todo muçulmano crê "em Deus, Seus anjos, Seus livros e Seus mensageiros". A *hádice* de Gabriel adiciona duas (em algumas versões, apenas uma) crenças adicionais às da Sura 2:285.

SE LIGA!

Essas crenças são às vezes denominadas de os *Cinco Pilares da Fé*, por analogia à designação dos requisitos básicos de adoração em os *Cinco Pilares da Adoração*. Você também pode ver essa lista sendo referida como os *Seis Pilares da Fé*. As crenças nos livros de Deus e nos profetas de Deus são normalmente nomeadas como um único pilar, mas alguns as listam como sendo dois. Nem o Corão nem a *hádice* de Gabriel especificam como contá-las e a frase árabe normal é *arkan islam* — pilares da fé (sem a especificação do número). Na verdade, as diferentes variantes antigas da *hadith* de Gabriel variam em quantidade de itens inclusos e em como eles se referem especificamente a cada item da crença. Sejam cinco ou seis, o conteúdo é o mesmo, e a questão é simplesmente perceber que se você ler sobre Cinco Pilares da Fé em um livro e Seis Pilares da Fé em outro, ambos estão falando sobre a mesma coisa. E lembre-se de não confundir os "Pilares da Fé" com os "Pilares da Adoração".

Os Pilares da Fé representam um resumo conveniente das crenças muçulmanas básicas. Se você quiser saber mais sobre qualquer uma delas, faço referências a outros capítulos nos quais discuto a crença específica em maiores detalhes.

Acreditar em Deus

"Não há nenhum deus além de Deus" — a primeira metade do testemunho básico da fé (*shahada*) afirma inequivocamente essa crença simples, central, do Islã. O termo teológico que expressa esse conceito é unidade (*tawhid*). *Tawhid* (unidade) significa uma unicidade numérica: Deus é um porque não existem outros deuses além de Deus. Deus é um na medida em que ele não se manifesta em seres diferentes. O Islã rejeita qualquer coisa similar ao conceito cristão de um Deus em três pessoas (Pai, Filho e Espírito Santo), ou o conceito hindu da manifestação do Deus Vishnu em dez encarnações diferentes. Os cristãos que aceitam Jesus como um profeta muito importante de Deus, mas O rejeitam como sendo o mesmo Deus são chamados Unitaristas. A palavra árabe equivalente a Unitaristas (*muwahhidin*) é outro termo islâmico para "muçulmanos".

Deus é um porque não tem associados — esposa, pais, filhos — como os deuses normalmente têm em religiões politeístas. O maior dos pecados no Islã é a "associação" (*shirk*), um termo que ocorre frequentemente no Corão em referência aos cidadãos de Meca que continuaram a adorar outros deuses. Ser culpado de "associação" é estar sujeito à pena de morte neste mundo e passar a eternidade no inferno no próximo mundo (embora, em última análise, Deus seja capaz de perdoar até os piores pecadores caso escolha fazê-lo). Acusar alguém de *shirk* é a pior acusação que alguém pode fazer a um companheiro muçulmano, e um termo de escárnio aplicado a infiéis. A pessoa que é culpada de *shirk* é um infiel, um *kafir*.

Alguns sites islâmicos radicais e alguns decretos (*fatwas*) emitidos por terroristas islâmicos referem-se a todos os não muçulmanos como *kafir*, não obstante o Corão permita uma posição especial para judeus e cristãos e não os acuse de shirk. Os muçulmanos radicais de hoje (e até no período inicial da história muçulmana) às vezes referem-se aos muçulmanos que não compartilham de suas crenças específicas, ou não se juntam à sua causa, como *kafir*. Isso é análogo ao que aconteceu durante a Guerra Fria entre os EUA e a Rússia, quando algumas pessoas acusaram liberais políticos de serem comunistas. Atualmente, *kafir* é virtualmente um sinônimo de ateu. Um *kafir*, como um ateu, é alguém que, por suas ações, se opõe ativamente à vontade de Deus mais do que simplesmente aquele que rejeita o conceito de Deus como uma proposição filosófica. Parece estranho que o mesmo termo possa designar um ateu (alguém que não acredita em Deus) e um politeísta (alguém que acredita em muitos deuses)? Não para um muçulmano. Para um muçulmano, quem acredita em outros deuses nega o único e verdadeiro Deus, tanto quanto o ateu formal que não acredita em nenhum deus.

LEMBRE-SE

Deus é um porque é único. Deus é o "número um" e não há nenhum "número dois" a Seu lado. Nada pode ser comparado a Deus porque nada é como Deus. Nada pode ser adicionado ou tirado de Deus para torná-Lo mais perfeito, mais sábio, mais poderoso ou mais versado. Ele é perfeito e uma só entidade (viva ou não) que existiu eternamente e continuará a existir eternamente.

Embora acreditar em Deus envolva um consentimento intelectual da existência de Deus, algo mais está envolvido ao dizer: "Sim, Deus existe." Se Deus é o que o Corão e o Islã dizem que ele é, então, dizer que você acredita e não agir conforme essa crença é demonstrar que você realmente não acredita. Se as ações não seguem a crença, então, a pessoa não crê de verdade. Observe que na classificação da religião islâmica em adoração, fé e virtude ou ética, a crença em Deus no sentido de submissão à vontade Dele como manifestada na adoração de Deus é a primeira coisa citada em cada uma das três divisões (veja o Capítulo 3 para mais sobre crer em Deus).

Acreditar nos anjos de Deus

Uma série de filmes hollywoodianos têm como mote a vinda de um anjo à Terra para um propósito ou outro, refletindo a fascinação que esses seres celestiais provocam na cultura popular americana. Crenças tradicionais islâmicas sobre anjos são similares aos retratos de anjos na Bíblia e na tradição cristã e judaica subsequente. Nas religiões orientais não há anjos, embora vários deuses possam exercer algumas das mesmas funções dos anjos no monoteísmo ocidental. A representação visual cristã de um anjo mostra um ser alado, de aparência humana. Essa é também a figura básica no Corão, no qual anjos são mencionados mais de 80 vezes.

Ainda que basicamente humanoides, alguns anjos descritos pela tradição têm uma aparência bem assustadora. Anjos são uma ordem de seres localizada entre Deus e os humanos. Deus criou os anjos a partir da luz. Eles (normalmente) não pecam e têm muitas funções como agentes de Deus. No Islã, anjos têm três funções especialmente importantes. A primeira é celestial — louvam a Deus, levam Suas mensagens e dão retaguarda a Seu trono. Outra é que os anjos podem servir como um instrumento de Deus em assuntos humanos. Os anjos tiveram um papel importante em pontos-chaves da vida de Muhammad, e cada pessoa tem dois anjos da guarda. Na terceira, vários anjos específicos têm um papel importante nos eventos que começam com a morte de um indivíduo e terminam com a ressurreição.

LEMBRE-SE

No Islã, Satanás ou Iblis é um anjo caído que foi expulso da presença de Deus por não atender ao comando de Deus de curvar-se e adorar a Adão. Até o Dia do Julgamento, Deus permite que Satanás tente a humanidade e espalhe o mal na Terra. Embora frequentemente mencionado no Corão, o Satanás no Islã não é a figura poderosa contrária a Deus encontrada nas tradições cristã e judaica. Acreditar em anjos também inclui, por extensão, acreditar em outra grande categoria de seres imateriais, os *jinn*. Os *jinn* são seres de escalões menores que exercem alguma influência, boa ou má, sobre os assuntos humanos. (Veja o Capítulo 5 para mais sobre anjos, Satanás e os *jinn*.)

Acreditar nos livros de Deus e nos mensageiros de Deus

Há os que consideram essa questão como um pilar; outros, como dois. Esses dois itens de crença podem ser considerados separadamente um do outro na medida em que não dizem a mesma coisa; entretanto, eles se relacionam logicamente um com o outro de uma maneira que não é verdadeira para outros pilares. Os mensageiros são aqueles que trazem a escritura, então, acreditar em um implica acreditar no outro. Mantendo essa conexão em mente, eu os resumo em separado nas seções seguintes.

Acreditar nos livros revelados de Deus

Primeiro e antes de tudo, acredita-se no Corão, mas os "livros de Deus" também incluem a Lei Mosaica, os Salmos do Rei Davi e o Evangelho de Jesus. Os livros revelados são manifestações específicas do livro divino — a "mãe do Livro". Apesar da questão da natureza do Corão ter sido um tópico popular no início do debate teológico islâmico, a posição de consenso nos últimos 1.000 anos é que o Corão é a palavra literal e eterna de Deus. Assim como Deus sempre existiu, também sua palavra, o Corão, sempre existiu. Quando um muçulmano recita oralmente o texto do Corão, ele está tornando real a palavra eterna de Deus. Em certo sentido, isso é semelhante a como um mantra sagrado pode tornar real o poder de uma divindade hinduísta ou budista. Uma outra maneira de colocar é dizer que, tal como o Deus do Cristianismo manifesta-se mais plenamente em Jesus (que é chamado de "a palavra" no evangelho de João), também o Deus do Islã manifesta-se mais plenamente em Sua palavra, o Corão.

DICA

As revelações feitas a Moisés, Davi e Jesus provêm do mesmo livro divino que o Corão. O Islã diz que essas revelações anteriores eram incompletas, pois não contemplavam o livro divino por inteiro. Os muçulmanos também creem que judeus e cristãos corromperam, intencionalmente ou não, os primeiros livros que receberam. Portanto, Muhammad foi enviado com uma interpretação completa e não corrompida. Os muçulmanos acreditam que esse Corão permanece inalterado desde a morte de Muhammad. Assim, não existe necessidade de futuras revelações do livro divino, porque no Corão, a palavra completa de Deus já está presente. Muitas histórias e personagens bíblicos também constam no Corão, embora muitas vezes com mudanças significativas. Muito do que está na Bíblia não tem um paralelo com o que está no Corão, e muito do que está no Corão não tem um paralelo com o que está na Bíblia.

INDO MAIS FUNDO

Você pode esperar que os muçulmanos iriam, portanto, também ler o Torá (a Lei Mosaica nos primeiros cinco livros da Bíblia), os Salmos e os Evangelhos — pelo menos para suplementar informações no Corão e, talvez, fornecer mais contexto para entender algumas passagens. Afinal de contas, os cristãos leem e estudam a Bíblia Hebraica assim como seu próprio Novo Testamento, então, por que os muçulmanos não leriam e estudariam a Lei, os Salmos e os Evangelhos? A resposta: Se você tem uma edição final perfeita de um livro (como os muçulmanos acreditam que têm no Corão), não há necessidade de ler versões corrompidas anteriores desse livro. (Veja o Capítulo 7 para mais informações sobre o Corão.)

Acreditar nos mensageiros que revelam os livros de Deus

O mensageiro mais importante é, evidentemente, o próprio Muhammad, como a segunda metade da shahada afirma: "Muhammad é o mensageiro de Deus." Um mensageiro é aquele que traz uma revelação do livro divino. Deus enviou apenas um número limitado de mensageiros para a humanidade para revelar Sua palavra. Muhammad é também um profeta. Deus mandou muitos profetas para alertar as pessoas sobre suas vidas pecaminosas e o julgamento que enfrentarão caso não voltem a adorar apenas a Deus. Como Muhammad revelou a forma completa e perfeita da palavra de Deus (o Corão), Deus não mais enviará profetas e mensageiros. O próprio Corão vale, agora, como aviso e chamada para retornar ao serviço de Deus.

LEMBRE-SE

O Corão nomeia cerca de 28 profetas, a maioria dos quais estão na Bíblia. Algumas referências são incertas, portanto o número preciso é incerto. No Corão há informações consideráveis sobre alguns desses profetas e muito pouco além de nomes sobre outros. Alguns são mencionados apenas uma vez, enquanto outros, como Abraão, Noé, Moisés e Jesus, várias vezes. O Corão é mais curto que a Bíblia e se refere menos a cada um dos profetas bíblicos. A maioria desses profetas traz a mesma mensagem: uma exortação à justiça ao lidar com terceiros e uma chamada a retornar à adoração apenas de Deus, acompanhada de uma ameaça de julgamento no Dia da Ressurreição se o aviso não for cumprido.

Algumas pessoas denominadas profetas no Corão são proeminentes na Bíblia, mas não são chamados por ela de profetas — é o caso de Adão, Noé, Jó, Ló e o Rei Salomão. Assim como Abraão e Muhammad, Jesus é um dos profetas islâmicos mais reverenciados. O Corão afirma seu nascimento virginal e seu relacionamento com sua mãe Maria, que também é extremamente respeitada. A maior parte da história do ministério de Jesus não está incluída. Em dois pontos, o entendimento corânico de Jesus difere radicalmente do entendimento cristão. Como todos os profetas, incluindo Muhammad, Jesus é apenas um homem. Ele não é o filho de Deus, ou divino em nenhum sentido. O Islã também nega que Jesus foi crucificado na cruz e ressuscitou. Embora sendo Jesus muito importante, ele não é o salvador da humanidade. (Veja o Capítulo 6 para mais sobre Muhammad e o Capítulo 16 para mais sobre os profetas bíblicos e Jesus.)

Acreditar no último dia e na ressurreição do túmulo

Aparentemente, os contemporâneos de Muhammad em Meca não tinham um conceito elaborado de uma vida após a morte. "Destino", um poder maior que os deuses, determinava tudo. Se você acha que esta vida é tudo o que existe, então é forte a tentação para aproveitá-la enquanto durar. Se você pensa que esta vida é apenas um breve prelúdio para a eternidade, então, com esperança, a viverá de tal maneira a garantir uma vida eterna feliz depois da ressurreição. Muhammad alertou seus contemporâneos de que, em certo tempo após a morte, o Dia da Ressurreição ocorreria. As ações de um indivíduo vão sendo registradas em um livro e, com base nesse registro, posicionados ou à sua esquerda (um sinal ruim!), ou à sua direita, a pessoa iria para o inferno ou para o céu. A visão islâmica não incluía nem um purgatório para aqueles que não mereciam nem o céu nem o inferno, nem um limbo para aqueles que não poderiam entrar no céu sem ter culpa disso. Até a maioria dos muçulmanos que vai para o inferno serão, no fim das contas, admitidos no céu devido à misericórdia de Deus.

LEMBRE-SE

O Corão apresenta muitos relances do inferno, mas nada detalhado e abrangente. Tanto o céu quanto o inferno têm sete níveis. A tradição desenvolve os tormentos do inferno em forma de imagens. Normalmente, a punição se ajusta ao pecado. A imagem das torturas do inferno é similar ao que é encontrado em muitas religiões.

"Fogo" é a característica básica do inferno. O céu é visto como um jardim bem irrigado no qual os salvos vivem uma existência serena. O propósito dessas figuras do céu e do inferno é motivar os viventes a evitar o inferno e merecer a vida no céu no julgamento final. Embora os muçulmanos creiam que tudo esteja nas mãos de Deus, a maioria provavelmente acredita que, como muçulmanos, a misericórdia de Deus finalmente resultará em sua entrada nos céus.

A tradição islâmica fornece uma imagem detalhada do que acontece entre a morte e a entrada no céu ou no inferno. Com a morte, a pessoa é examinada no sepulcro por dois anjos, algo que pode levar a um período limitado de punição na sepultura. Vários eventos sinalizam a vinda do fim dos tempos, no qual todos serão ressuscitados e, por fim, enfrentarão o julgamento que decidirá seu estágio final. (Veja o Capítulo 5 para mais sobre o fim dos tempos, o julgamento final e o céu e inferno.)

INDO MAIS FUNDO

Toda religião enfrenta o problema da relação entre livre arbítrio e predestinação. A maioria das pessoas acha, instintivamente, que suas ações afetam de alguma forma seu destino neste mundo. Se você não estuda, não terá boas notas. Se vadiar no trabalho, não será promovido. Estudar ou vadiar é uma questão pessoal, de livre arbítrio. As religiões estendem esse conceito de livre arbítrio também para o destino eterno das pessoas. O hinduísmo e o budismo compartilham o conceito de carma — você colhe o que planta. Eles também acreditam na reencarnação ou renascimento. O que acontece conosco nesta vida é simplesmente o resultado dos efeitos inevitáveis das ações que escolhemos tomar em vidas passadas. Sofrer nesta vida não é uma punição, mas simplesmente a consequência de escolhas feitas em vidas passadas. Os monoteísmos ocidentais (Judaísmo, Cristianismo e Islã) geralmente não acreditam na reencarnação. Uma pessoa tem apenas uma vida, e as escolhas que faz nela determinam seu destino eterno. Dizer que eu posso fazer essas escolhas livremente é afirmar o livre arbítrio.

Porém, as religiões monoteístas ocidentais normalmente afirmam que Deus é o responsável máximo por tudo o que acontece. Dizer o contrário seria diminuir o poder de Deus. Problema! Como é possível afirmar que as pessoas são responsáveis por suas próprias ações e ainda afirmar que Deus está no controle de tudo? Mas se a predestinação divina é excessivamente enfatizada, então eu posso dizer que minha má (ou boa) sorte é, simplesmente, a misteriosa vontade de Deus. Se Deus determinar tudo (bom e mau), então eu também posso fazer o que me der vontade, porque Deus predeterminou o resultado final dessas atitudes. E se minhas ações são pecaminosas e se devem a uma decisão de Deus tomada antes mesmo de meu nascimento, não seria injusto que Deus me condenasse ao inferno por ter feito o que ele predeterminou que eu faria? Essa é uma síntese do que se constitui em um dos problemas teológicos mais controversos das religiões monoteístas, mas tenho esperanças que você entenda o sentido de sua importância.

Essa quinta (ou sexta) crença afirma que Deus é o responsável máximo por tudo o que acontece. Alguns muçulmanos foram tão longe em defender essa posição que chegaram a negar a tão conhecida questão da causa e efeito. Entretanto, a posição dominante tentou defender tanto o livre arbítrio quanto o determinismo divino. O teólogo muçulmano mais importante do século IX, al-Ash`ari, disse que embora Deus saiba, queira e determine o que as pessoas farão, as pessoas adquirem a responsabilidade por suas ações escolhendo livremente o que estão predestinadas a escolher. Eu sei que para muitos dos atuais ocidentais não muçulmanos, a "solução" de al-Ash`ari parecerá muito mais um truque semântico do que uma solução genuína. Mas antes que você critique o Islã muito severamente por falhar em reconciliar o livre arbítrio com o determinismo divino, lembre-se que nenhuma solução para esse problema perene é capaz de satisfazer os não crentes.

DICA

Você provavelmente já escutou a expressão "se Deus quiser". Os muçulmanos dizem frequentemente *inshallah* depois de expressar qualquer coisa que farão no futuro. "Eu o encontrarei aqui às 14 horas amanhã, *insha'allah* (se Deus quiser)." Isso significa que, embora o locutor tome decisões, o verdadeiro tomador de decisões para aquela reunião com alguém às 14 horas amanhã é Deus.

Os Pilares da Fé representam o ponto de partida quanto ao que um muçulmano deve acreditar. Um muçulmano iniciante aceita essas afirmações fiando-se na autoridade do Corão e de Muhammad. À medida que um muçulmano amadurece em sua fé, suas crenças são aprofundadas, e ele começa a entender a verdade de tais afirmações em um nível mais profundo.

INDO MAIS FUNDO

Quer você concorde ou não com cada uma dessas crenças, elas são todas muito fáceis de entender. O Islã tem uma vantagem sobre outras religiões ao oferecer uma lista curta de crenças facilmente compreendidas. Novos convertidos podem dominar os conceitos básicos sem fazer uma ginástica mental e tornar-se teólogos filósofos. É simples! É compreensível! É factível! Compare-os com, por exemplo, o conceito de Trindade — três Deuses em Um — em que os cristãos acreditam, ou com o conceito de "não ego[1]" do budismo Mahayana, que diz que a crença da maioria das pessoas de que elas têm um "ego" ou alma é precisamente o que evita que consigam a salvação. Em contraste, não se espera que brotem teólogos entre os muçulmanos. A teologia (*kalam*) existe entre estudiosos islâmicos, mas "fazer teologia" não é o centro do Islã. Alguns muçulmanos até rejeitam a ideia de fazer teologia, dizendo que eles simplesmente aceitam as palavras do Corão e a *hádice* pelo seu valor de face. No entanto, como é o caso em outras religiões, as pessoas que alegam estar simplesmente atestando, em vez de interpretar, a posição dos textos das escrituras, não estão, em essência, encarando a realidade de que outros intérpretes apareçam com visões diferentes com base nos mesmos textos. No momento em que uma pessoa começa a explicar o texto sagrado, deixando de apenas citá-lo, está de fato fazendo uma interpretação, e afirmar o contrário será intelectualmente desonesto.

Explicando a Fé a Não Muçulmanos

Os Pilares da Fé representam um consenso de crenças islâmicas básicas. Dois episódios da biografia tradicional de Muhammad (veja o Capítulo 6) refletem como o Islã apresentou a si mesmo aos não muçulmanos. Em ambos os relatos, questões de fé

[1] NE: No Budismo, "não ego" ou "não eu" é a tradução literal de anatta, um conceito básico que diz respeito à inexistência de um "eu" permanente e imutável nos elementos que compõem o universo.

ou crença (*ihsan*) são combinadas com itens pertencentes ao culto (*ibada*) e à ética (também *ihsan*). Os estudiosos discordam em relação à precisão histórica dos eventos, mas, históricos ou não, eles refletem uma visão islâmica de como apresentar a fé a infiéis e recém-convertidos. Essas narrativas suplementam as listas de crenças e adorações mais sistemáticas na *hádice* de Gabriel.

O primeiro incidente ocorre por volta de 616. Muhammad envia 80 de seus seguidores para a Etiópia para escapar da perseguição em Meca. Quando os habitantes de Meca enviam dois diplomatas ao rei pedindo para enviar o grupo de muçulmanos de volta a Meca, o rei convoca os líderes dos muçulmanos para que se apresentem perante ele e seus bispos e lhes solicita que falem sobre a nova religião que tinha feito com que abandonassem os deuses de seus pais. A resposta do porta-voz, Ja`far ben Abu Talib, dá uma imagem do início da pregação muçulmana. Em suma, o início da pregação muçulmana de Ja`far lembra os sermões do apóstolo Paulo no Novo Testamento, tal como o que fizera aos cidadãos de Atenas (Atos 17:22–31). Ja`far começa referindo-se ao paganismo árabe no século V. Ele continua citando o envio de Muhammad por Deus, segue com a ordem de abandonar a adoração de muitos deuses e a necessidade de ser justo nas negociações com os outros, e conclui com a determinação de obedecer aos Cinco Pilares da Adoração (veja o Capítulo 9). Ja`far diz que quando ele e alguns outros aceitaram essa mensagem, os infiéis de Meca os atacaram e tentaram fazê-los abandonar a fé islâmica. Por causa disso, foram à Etiópia confiando que o rei lhes concederia refúgio. O rei lhes pede que lessem uma passagem de suas escrituras, e eles recitam uma passagem sobre Maria, a mãe de Jesus, da Sura 19. O rei e os bispos ficam tão comovidos com as palavras que choram. Os dois emissários de Meca tentam, então, fazer Ja`far cair em uma armadilha dizendo ao rei para perguntar aos muçulmanos a opinião deles sobre Jesus. Ja`far respondeu que Jesus é o escravo, mensageiro, espírito e palavra de Deus, e que Deus colocou o nascituro Jesus no útero da Abençoada Virgem Maria. O rei ficou impressionado e satisfeito com o testemunho de Ja`far e prometeu proteção aos muçulmanos enquanto estivessem em seu país.

LEMBRE-SE

Eis os elementos enfatizados no discurso de Ja`far:

» Unicidade de Deus
» Rejeição à adoração de outros deuses
» Preocupação com os pobres e fracos (órfãos e mulheres)
» Observância da oração, jejum e caridade (veja o Capítulo 9)
» Honestidade nas palavras e nos negócios com outros
» Hospitalidade (uma virtude-chave da cultura árabe e uma que é também importante no Cristianismo do Novo Testamento)
» Evitar derramamento de sangue
» Reverência por Jesus e Maria, ligando, assim, o Islã à tradição bíblica

O segundo exemplo de pregação missionária islâmica vem do ano anterior à morte de Muhammad, quando a maioria das tribos restantes da Arábia aceitava o Islã e a liderança de Muhammad. A Banu al-Harith, uma tribo cristã do Iêmen (no sudoeste da Arábia) havia se submetido. Como já haviam feito suas confissões, de Alá como Deus e Muhammad como Seu profeta, Muhammad enviou Amr ibn Hazm para instruí-los na fé. Muhammad recomendou a ibn Hazm dizer à Banu al-Harith que a tribo deveria:

» Evitar más ações
» Ensinar o Corão a seu povo
» Tomar conhecimento das alegrias do paraíso e dos tormentos do inferno
» Cumprir as obrigações da oração diária, purificação, peregrinação, caridade e pagamento dos impostos
» Não brigar com outros muçulmanos e sim levar as questões de disputa a Deus (nomeadamente, a Muhammad como mensageiro de Deus) para mediação
» Permitir a judeus e cristãos a liberdade de professar suas religiões

Expondo a Fé: Lidando com Questões de Fé Difíceis

Uma das grandes contribuições do Islã para a civilização mundial foi a de preservar, transmitir e desenvolver a herança filosófica (assim como a científica e médica) dos gregos, que havia sido amplamente esquecida em grande parte do Ocidente. Ao traduzirem trabalhos filosóficos gregos da Antiguidade, os estudiosos muçulmanos familiarizaram-se tanto com a natureza da controvérsia filosófica quanto com as conclusões daqueles filósofos. Algumas dessas conclusões — incluindo se o mundo era criado ou eterno, e se haveria uma ressurreição física do corpo — estavam em conflito óbvio com a palavra cristalina do Corão.

O problema da relação entre a revelação e a razão humana é uma questão complicada em muitas religiões, mas especialmente nos três monoteísmos ocidentais. A maioria dos norte-americanos está familiarizada com tal problema através de questionamentos que surgem quando as conclusões da ciência moderna contradizem os registros bíblicos. Um exemplo é o relato da criação do mundo em sete dias (Gênesis 1) em contraste com a posição da maioria dos cientistas de que a formação da Terra levou vários milhões de anos. Outro exemplo relacionado, com o qual todos estamos familiarizados, é o conflito entre o relato do Gênesis sobre a criação da humanidade e a visão científica darwiniana da evolução da espécie humana ao longo do tempo. Aqueles que, hoje em dia, defendem a verdade literal desses relatos bíblicos são frequentemente chamados de "criacionistas científicos". Alguns muçulmanos também rejeitam o consenso da ciência moderna em questões da criação.

Teólogos-filósofos muçulmanos poderiam lidar com tais conflitos de três maneiras diferentes:

- » Tentar, através do uso da razão humana, refutar as conclusões dos filósofos gregos em aspectos nos quais essas conclusões entram em conflito com o Corão.
- » Rejeitar a filosofia porque é conflitante com a revelação de Deus e, então, recusar-se a discutir tais questões. Deve-se aceitar qualquer coisa que as escrituras dizem sem sequer perguntar como podem ser verdadeiras.
- » Aceitar a posições da filosofia grega quanto a essas questões (como encontradas nos escritos de Aristóteles, Platão e dos neoplatonistas) e encontrar uma maneira de conciliar essas posições com as do Corão.

Uma maneira possível de conciliar conflitos aparentes entre a razão e a revelação — a filosofia e o Corão — era dizer que algumas declarações no Corão são metáforas ou linguagem poética e não devem ser interpretadas literalmente. Outra maneira de superar supostas contradições era dizer que as declarações tinham significado literal, mas isso quando aplicadas a Deus, não significando a mesma coisa em termos mundanos habituais. Por exemplo, o Corão diz que Deus tem rosto e mãos. Os primeiros teólogos muçulmanos discordavam do que isso significava. Alguns diziam ser uma maneira metafórica de expressar a natureza de Deus como um ser pessoal e atuante. Outros, que a afirmação devia ser interpretada literalmente e aceita como verdade, mas que os muçulmanos não sabem em que sentido ela é verdadeira quando aplicada a Deus. Essa posição de aceitar "sem saber como" tornou-se a posição islâmica dominante que se mantém até os tempos atuais.

USO E LIMITES DA FILOSOFIA ISLÂMICA

Questões religiosas são uma parte importante da filosofia tradicional, mas apenas uma das áreas da investigação filosófica. Para aqueles que rejeitaram o uso da filosofia para lidar com problemas teológicos, sobreveio a questão de se o estudioso muçulmano poderia envolver-se nessas outras áreas da investigação filosófica, como a matemática, a lógica, as ciências físicas e a ética. Al-Ghazali (1058 a 1111) defendeu a obrigação de utilizar a filosofia nessas outras esferas, ao mesmo tempo em que reconhecia os limites da habilidade da filosofia em lidar com tópicos religiosos sem desencaminhar as pessoas em suas crenças religiosas. O próprio Corão elogia o estudioso e recomenda a busca pelo conhecimento. Al-Ghazali foi um estudioso muito importante da lei islâmica, teólogo, defensor da ética e sufi (místico islâmico — veja o Capítulo 13). Ele é, provavelmente, o pensador mais importante do Islã medieval, comparável em importância a Maimônides, Nagarjuna e São Tomás de Aquino no Judaísmo, Budismo e Cristianismo, respectivamente.

LEMBRE-SE

Todos os lados nesse debate aceitaram a autoridade do Corão e citaram-no livremente para apoiar suas posições, mas o fizeram interpretando diferentemente, e a seu favor, as passagens corânicas específicas. Todos os lados também aceitaram as crenças básicas do Islã, embora possam tê-las entendido de maneiras diferentes. Por 300 anos, os debates continuaram até que, finalmente, em meados do século X, um consenso emergiu, e foi conhecido como sunismo, ou Ahl al-Sunna wa-l-jama'a (significando "pessoa da tradição e da comunidade"). Essa posição de consenso é particularmente associada ao grande teólogo islâmico al-Ash`ari (873 a 935).

Listando Algumas Questões Teológicas

Os Pilares da Fé incluem apenas as afirmações teológicas islâmicas mais básicas. Essas afirmações provavelmente são suficientes para a maioria dos muçulmanos. Todavia, outras questões teológicas surgiram no Islã. Menciono algumas das questões teológicas importantes nesta seção. Algumas delas já foram resolvidas há muito tempo. Outras ainda são objeto de debate. Algumas questões podem lhe parecer obviamente importantes e relevantes hoje. E outras podem fazê-lo pensar o que toda essa discussão significou, porque lhe parecem ou insignificantes ou até mesmo não se constituírem em um problema — mas elas foram questões relevantes para a teologia islâmica. A teologia é importante no Islã, mas não tão central como é no Cristianismo, ou como a filosofia em algumas formas de Hinduísmo. O Islã está mais próximo do Judaísmo do que do Cristianismo, na medida em que enfatiza outros aspectos (como a lei) mais do que faz com a teologia.

Definindo um verdadeiro muçulmano

No passado, alguns protestantes não consideravam os católicos como verdadeiros cristãos, e quando o protestantismo surgiu no século XVI, os católicos não consideravam os protestantes como verdadeiros cristãos. Muitos judeus ortodoxos não viam o judaísmo reformista como uma forma verdadeira de Judaísmo e não reconheciam como válidas as conversões para o Judaísmo realizadas por rabinos reformistas. Até mesmo em conversas comuns, uma pessoa pode referir-se a alguém (normalmente não em sua presença) como não sendo um verdadeiro cristão ou judeu, significando, normalmente, que ela acredita que a outra pessoa não vive realmente sua religião. O Islã, desde o início, debateu a questão de quem era um verdadeiro muçulmano.

LEMBRE-SE

Um grupo surgido no século VII, os coraixitas, defendeu um rigor puritano que excluiria da comunidade muçulmana qualquer um que não praticasse plenamente a religião — por exemplo, alguém que fosse negligente em observar as orações diárias. Como se viu, durante sua história e na maioria dos lugares, o Islã aceitou como muçulmano todo aquele que se declarasse muçulmano. Até mesmo hoje, na maioria dos lugares, a preocupação com a unidade da comunidade islâmica (*umma*) prevalece sobre impor uniformidade de crença e ação. A decisão quanto a quem foi um muçulmano verdadeiro é deixada para Deus no Dia do Julgamento. E mesmo uma pessoa que for condenada ao inferno nesse dia em função de seus pecados pode, no final, ganhar a entrada para o céu se ela, enquanto viveu, afirmou sinceramente a *shahada* (testemunho de crença em Deus e em Muhammad como profeta de Deus).

Existem exceções para essa atitude geral de tolerância e aceitação de todos os que se dizem muçulmanos. Alguns grupos radicais islâmicos tomam uma posição similar àquela dos antigos coraixitas. Membros de um grupo islâmico extremista assassinaram o Presidente Sadat do Egito em 1981, declarando-o um falso crente, ainda que Sadat fosse conhecido por sua piedade pessoal e observância rigorosa da lei e dos rituais islâmicos. O Talibã, que quando governava o Afeganistão forçou sua interpretação do Islã sobre o povo que lá vivia, recentemente emitiu um decreto em que Hamid Karzai, atual presidente do Afeganistão, não é um muçulmano verdadeiro e, assim, pode ou deveria ser morto por um muçulmano verdadeiro. Declarar alguém que se diz muçulmano como não sendo um muçulmano é dizer que essa pessoa é um infiel (*kafir*). Isso é muito similar à excomungação, que existe em algumas formas de Cristianismo.

Relacionando fé a trabalhos

A relação entre fé e trabalhos era outra questão importante. Os textos islâmicos falam da afirmação pela língua, coração (a morada da compreensão) e membros (ou seja, ações). Em um nível prático, todos os três tipos de afirmação são necessários para um muçulmano. Mas existem discordâncias sobre se a língua e o coração são minimamente suficientes ou se, sem ações, uma pessoa não deveria ser considerada um muçulmano.

Graus de fé

Uma questão relacionada é se a fé é absoluta. Alguns dizem que ou você tem fé ou não tem. A posição majoritária rejeita esse entendimento e diz que a fé de um muçulmano pode aumentar e se aprofundar ou diminuir e tornar-se mais rasa.

Antropomorfizando Deus

Já mencionei essa questão, que foi muito importante nos primeiros debates teológicos islâmicos, na seção "Expondo a Fé: Lidando com Questões de Fé Difíceis". Quando Deus é descrito usando termos humanos (isso é chamado de *antropomorfismo*), essas descrições querem dizer isso literalmente? A posição majoritária é "sim", mas adiciona que tal linguagem não quer dizer, necessariamente, a mesma coisa quando usada para Deus e quando usada para pessoas.

Corão criado ou eterno

Talvez a questão teológica mais amargamente debatida no Islã do século IX tenha sido se o protótipo divino do Corão sempre existiu ou se Deus o criou em algum ponto no tempo. O argumento, crucial, é similar ao do início da Cristandade (século

III) sobre se Cristo sempre existiu ou se foi o primeiro dos trabalhos da criação de Deus. Um grupo chamado Mu`tazilites argumentou a favor da criação do Corão. Por que essa questão é importante para o Islã?

SE LIGA!

Segundo os Mu`tazilites, dizer que o Corão era eterno (sempre existiu) contradiz o conceito islâmico básico da unidade de Deus que inclui a crença de que apenas Deus é eterno. Os governantes islâmicos da época (os califas) tentaram impor à força a crença Mu`tazilite de que o Corão foi criado, mas não tiveram êxito. A maioria dos muçulmanos, desde essa época, aceita que o Corão sempre existiu, embora a explicação específica de como isso acontece pode ser bem complicada. Mesmo com a ideia de um Corão criado sendo totalmente rejeitada, alguns teólogos reconhecem uma distinção entre o Corão eterno e o Corão manifestado no tempo e no espaço.

Sabendo o que é bom e mau

Deus diz para as pessoas não matarem porque matar é intrinsecamente ruim ou matar é ruim só porque Deus diz para não fazê-lo? Se Deus dissesse para matar, matar seria bom? As respostas para essa pergunta variam. Alguns dizem que mesmo separado da revelação e da escritura, um padrão objetivo de bom e mau existe, o qual se pode, ao menos parcialmente, conhecer através da razão e da intuição. Outros têm visão contrária e concluem que as ações são boas ou más somente porque Deus diz que são. Essa última posição tende a prevalecer.

Rejeitando Credos Formais

Cristãos, diferentemente dos muçulmanos e da parcela majoritária dos membros da maioria das outras religiões, em geral enfatizam professar a crença correta. Desde os primeiros dias, os cristãos escrevem afirmações de "eu acredito". Os primeiros credos, como o Credo dos Apóstolos e o Credo Niceno, são amplamente usados no Cristianismo atualmente, por exemplo: "Creio em um só Deus, o Pai Todo Poderoso, Criador do Céu e da Terra..." Tradicionalmente, para ser um cristão, você tinha que afirmar as declarações de crença desses credos, e alguns cristãos foram até para a guerra uns contra os outros por diferenças em crenças (pense na Irlanda do Norte). Mesmo alguns grupos cristãos protestantes que rejeitam credos ainda assim usam "afirmações de fé" em adorações ou afirmam, de alguma outra maneira, as crenças essenciais, ou até exigidas, da denominação. O mais perto que outras religiões chegam desses credos são listas como os Cinco Pilares da Adoração e os Cinco Pilares da Fé no Islã. As Quatro Verdades Nobres e a Fórmula dos Três Refúgios seriam exemplos comparáveis do Budismo.

DICA

O Islã não é uma religião de credos. Ele não faz da aceitação de um credo um requisito para ser muçulmano. Não incorpora credos em suas adorações. Ele não convoca grupos de teólogos muçulmanos para escrever e aprovar credos oficiais.

No entanto, isso não significa que o Islã não produziu credos. A *hádice* de Gabriel resume uma série de credos curtos (`*aqida*). O Fiqh Akbar I é outro antigo "credo" curto atribuído a Abu Hanifa (700 a 767). Em última análise, credos muito mais longos foram produzidos — alguns contendo 100 ou mais afirmações de crenças. Esses credos resumem a posição teológica de um estudioso ou escola em particular.

Para lhe dar uma ideia do conteúdo e formato desses credos, reproduzi afirmações de diversos deles, escritos durante os primeiros 400 anos do Islã. Essa lista curta não é um esforço de resumir o que os muçulmanos acreditam. Para descobrir mais sobre credos muçulmanos e para ler os principais credos em sua totalidade, veja se sua biblioteca tem uma cópia de *Islamic Creeds: A Selection* (Edinburgh University Press, 1994), de W. M. Watt.

- "Nós [muçulmanos] não sustentamos que ninguém seja infiel devido ao pecado, e não negamos sua fé."
- "Ele [Deus] sempre existiu, associado a Seus atributos, desde antes da criação. Dar existência à criação não adicionou nada a Seus atributos que já não estivesse lá. Como ele era, junto a Seus atributos, na pré-eternidade, assim permanecerá através do infinito."
- "Tudo acontece de acordo com Seu [de Deus] decreto e vontade, e Sua vontade é cumprida. A única vontade que as pessoas têm é a que ele queira para elas. O que ele quiser para elas ocorrerá e o que ele não quiser, não ocorrerá."
- "As ações das pessoas são criadas por Deus, mas recebidas pelas pessoas."
- "Eles [os muçulmanos] confessam que fé é tanto palavra quanto ato."
- "As pessoas que inovam na religião, ou a fazem como querem, vão para o fogo do inferno, segundo a *hádice*."
- "O Corão é o discurso de Deus, não algo criado que deve, portanto, morrer, nem o atributo de algo criado que deve, portanto, chegar ao fim."

NESTE CAPÍTULO:

Visualizando outros seres: anjos e *jinn*

Terminando no céu ou no inferno

Enfrentando a ressurreição e o julgamento final

Capítulo 5

Em Pé Diante de Deus: Céu e Inferno

Suponha que você esteja iniciando uma viagem longa para um lugar que nunca visitou antes. Nenhum site postou imagens de seu destino. As exigências de visto são incertas e você pode nem ter permissão para entrar no país. Mesmo as vacinas que você deve tomar para protegê-lo durante a viagem são desconhecidas. Outras pessoas já foram para lá, mas não retornaram, e as comunicações que enviaram parecem ser misteriosas.

A morte é semelhante a tal jornada. Questões a respeito da morte e do destino (assim como a viagem) após a morte são proeminentes na maioria das religiões. Neste capítulo, observo as visões muçulmanas a propósito da morte — o que acontece na hora e após a morte. Na fé islâmica, morrer é ir para outro mundo, então, este capítulo também observa as visões muçulmanas desse outro mundo. Como os anjos têm um papel importante nos eventos relativos ao fim da vida e além, começo com uma discussão sobre anjos e outros seres não mundanos.

SE LIGA!

Apresento, aqui, uma topografia organizada do outro mundo e um itinerário da jornada da vida até a vida após a morte. O Corão e outras fontes islâmicas não são nem de perto tão organizadas e sistemáticas quanto este capítulo pode lhe sugerir. No Corão, você encontra muitas imagens poderosas a respeito dos tópicos deste capítulo, mas tais imagens não estão esquematizadas sistematicamente ou de forma sequencial. Então, quando apresento uma listagem particular de anjos ou dos estágios da morte para a vida, saiba que outros textos arranjam os dados de maneiras diferentes. Contudo, espero que você obtenha uma impressão geral das visões islâmicas nessa área.

Entendendo Outros Seres Além de Deus e dos Humanos

Além dos humanos e de Deus, o Corão fala sobre dois outros grupos de seres viventes: os anjos e os *jinn*. Duas tradições (*hádices*) fazem comparações entre humanos, animais e *jinn*. A primeira tradição diz: "Homens são criados do barro, anjos, da luz, e os *jinn*, do fogo" (veja também a Sura 38:76). A segunda tradição diz: "Deus criou os anjos com intelecto, mas sem sensualidade, os animais com sensualidade, mas sem intelecto, e os humanos com ambos, intelecto e sensualidade."

Gabriel e os outros anjos

Embora os detalhes variem, a visão islâmica dos anjos não é muito diferente, em geral, das visões judaica e cristã. Anjos são principalmente uma característica das religiões monoteístas ocidentais, nas quais funcionam como intermediários entre Deus e os humanos. A palavra em português anjo deriva do grego, que por sua vez provém de uma palavra hebraica que significa, literalmente, mensageiro. Em religiões orientais, alguns espíritos e deuses menores exercem algumas das funções dos anjos em religiões ocidentais, mas não há, nelas, uma categoria claramente definida comparável aos anjos. A crença nos anjos é parte dos Cinco Pilares da Fé (*iman*) no Islã (veja o Capítulo 4). Há no Corão mais de 80 referências a anjos. Elas mostram que, como se pode esperar, os contemporâneos de Muhammad já estavam familiarizados com o conceito de anjos. Ainda que sejam ativos neste mundo, os anjos pertencem a um orbe próprio, que é um mundo sem forma. Deus criou os anjos a partir da luz, a menos material das substâncias. Anjos têm gênero, mas não procriam. Eles não têm livre arbítrio e, portanto, normalmente não podem pecar. A Sura 35:1 diz que anjos têm duas, três ou quatro asas.

Isentos de pecados e pertencendo a um mundo superior, os anjos são superiores aos humanos a partir de certa perspectiva. Assim, quando os textos islâmicos mencionam o nome de um anjo, seguem esse nome com a mesma fórmula de bênção usada depois dos nomes dos profetas — "que a paz esteja com ele". Entretanto, observando sob outro ângulo, há nos humanos potencialidade maior que nos anjos. Humanos, diferente de anjos, são criados à imagem de Deus. Assim, após criar Adão, Deus ordenou aos anjos que se prostrassem perante Adão. Na história da jornada noturna e ascensão ao céu de Muhammad, o anjo Gabriel age como o guia do profeta. Mas, em determinado ponto,

Gabriel não pode mais prosseguir pelos céus e Muhammad tem que continuar sozinho o restante de Seu caminho até a presença de Deus.

Anjos fazendo seu trabalho

Então, por que religiões como o Islã precisam de anjos? A qual propósito eles servem? Até certo ponto, os anjos — que não são deuses — substituem os deuses menores de outras religiões. Eis algumas das coisas que os anjos fazem, de acordo com a crença islâmica.

- Anjos são mensageiros de Deus entre Ele e o mundo terreno.
- Anjos louvam a Deus dia e noite sem cessar (Sura 21:20), assim como o fazem os seres alados (que não são realmente anjos) chamados querubins e serafins na bíblia judaica.
- Anjos sustentam o trono no qual Deus se senta no céu mais alto.
- Anjos guardam os muros dos céus e do inferno e os portões de entrada para cada nível do céu e do inferno.
- Cada pessoa tem (um ou dois) anjos da guarda.
- Anjos registram as ações de cada pessoa no livro que será usado no julgamento dessa pessoa, por Deus, no dia da ressurreição. A Sura 82:1–12 diz: "Porém, certamente, sobre vós há anjos da guarda, generosos e anotadores, que sabem (tudo) o que fazeis."
- Como em ambas as bíblias, cristã e hebraica, os anjos têm um papel preponderante em certos pontos da história. Por exemplo, na crucial Batalha de Badr (624 — veja o Capítulo 6), Gabriel em seu turbante amarelo liderou os anjos lutando ao lado dos muçulmanos e garantiu a vitória aos muçulmanos.
- Os anjos estão presentes sempre que os muçulmanos estão envolvidos em orações (*salat*) e são reconhecidos pelo adorador no final da cerimônia.
- No Islã shia'a (veja o Capítulo 12), a sucessão de *imames* shia'as (sucessores de Muhammad no ramo shia'a do Islã) são guiados por anjos. No advento do 12° *imame* escondido, um anjo aparecerá no céu como arauto do evento.
- Anjos têm um papel crucial no processo de morte e ressurreição.

Organizando os anjos

"Nenhum de nós há, que não tenha seu lugar destinado", dizem os anjos na Sura 37:164. Esse verso fornece o texto probatório para o conceito de hierarquia ou classificação entre os anjos. Uma maneira de expressar isso é ligar cada anjo a um dos sete céus. O grupo mais importante de anjos são os quatro arcanjos — Gibrail (Gabriel), Mikhail (ou Miguel, o mesmo das tradições judaica e cristã), Israfil e `Isra'il.

Nomeando os anjos

Nesta seção, você conhece alguns dos anjos mais importantes, embora esta não seja uma lista completa. De acordo com a tradição tardia, Deus deu a alguns anjos responsabilidade por certos atributos humanos, como observo nesta relação.

- O arcanjo Gabriel é, sem dúvida, o mais importante dos anjos — tanto no Corão quanto na Bíblia. No Corão, Gabriel é mencionado apenas duas vezes (Suras 2:97 e 66:4). Entretanto, a tradição muçulmana identifica Gabriel como o anjo sem nome que aparece para Muhammad em seu chamado (Sura 53:4–14) e que mais tarde guia Muhammad em sua jornada noturna ao céu e ascensão em Jerusalém (Sura 17:1–2). Na biografia tradicional de Muhammad, de Ibn Ishaq, Gabriel aparece em vários outros pontos cruciais da vida de Muhammad. Junto ao arcanjo Mikhail (Miguel), ele é um dos dois estranhos que removem a mancha negra (representando qualquer potencial para pecados futuros) do coração do Muhammad criança. Ele lidera os anjos para a luta ao lado dos muçulmanos na Batalha de Badr (624) e também na Batalha de Hunayn (630 — veja o Capítulo 6 para os incidentes anteriores). Gabriel aparece mais tarde para Muhammad e lhe ensina os rituais de purificação e oração (veja o Capítulo 9). Gabriel também aparece no incidente dos Versos Satânicos (veja o Capítulo 3). Gabriel não aparece somente para Muhammad, mas também para outros profetas que o precederam. Deus deu a Gabriel a responsabilidade pelo discurso humano.
- O arcanjo Mikhail é mencionado com muito menos frequência. Ele é nomeado na Sura 2:97 junto com Gabriel. Também aparece com Gabriel no incidente da limpeza do coração e na Batalha de Badr (veja o parágrafo anterior sobre Gabriel). Segundo a tradição posterior, Deus deu a Mikhail a responsabilidade pela memória humana (a habilidade de lembrar de eventos passados).
- \`Isra'il — o anjo da morte (Sura 32:11) — é um terceiro arcanjo. Ele não é mencionado na Bíblia ou nomeado no Corão. Aparece em tradições judaicas pós-bíblicas, e sua função e aparência são similares ao que a tradição muçulmana diz sobre ele. \`Isra'il é gigantesco. Ele tem 4.000 asas, mais de 21.000 metros de altura e seu corpo é recoberto de olhos e línguas. Como se vê, não é uma figura das mais amigáveis, e poderia encaixar-se bem em um filme de terror hollywoodiano. Tradições posteriores relatam que quando Deus determinou criar a humanidade a partir do barro, a Terra resistiu. Nenhum dos outros anjos arriscaria assegurar o barro necessário até que \`Isra'il tomou a frente e o fez. \`Isra'il possui um pergaminho com os nomes de todas as pessoas, codificado para salvação ou danação. Quando uma folha cai de uma árvore abaixo do trono de Deus, \`Isra'il sabe que o tempo dessa pessoa chegou. Sua função primária é, então, separar a alma do corpo da pessoa dentro de 40 dias após a morte — algo a que, não é de se surpreender, a pessoa muitas vezes resiste. Deus confiou a \`Isra'il a supervisão da habilidade dos humanos de escrever.
- Israfil é o último dos quatro arcanjos e, tal como \`Isra'il, também tem dimensões gigantescas. Ele não é nomeado no Corão, mas, de acordo com a tradição posterior, seus pés estão abaixo da Terra e sua cabeça está no céu. Como \`Isra'il, seu corpo é coberto de línguas, bocas, cabelo e quatro asas — voltadas para

o norte, o sul, o leste e o oeste. Ele lê as decisões divinas ao anjo responsável para levá-las para o mundo. Sua função mais importante é soar a trombeta que anunciará o dia da ressurreição e do julgamento. Deus fez de Israfil o guardião da habilidade humana de pensar.

» Os anjos Munkar e Nakir desempenham um papel particularmente importante nos eventos finais. Eles são negros com olhos azuis. Questionam os homens na sepultura sobre sua fé. Eles não são mencionados no Corão e não têm paralelo em figuras pós-bíblicas da tradição judaica ou cristã. Credos muçulmanos dos séculos VIII e IX os mencionam junto com a punição na sepultura quando listam as crenças muçulmanas exigidas.

A lâmpada de Aladim e o *gênio*

Lá na década de 1960, uma comédia televisiva chamada *Jeannie é um Gênio* foi baseada bem livremente na ideia do gênio da lâmpada de Aladim. De um filme de animação da Disney muito popular (*Aladdin*, título original em inglês), de 1992, surgiram várias sequências e uma série televisiva para crianças. Aladim é um personagem das *1001 Noites*, uma parte importante do folclore e contação de histórias muçulmanos. Não há quem não visualize mentalmente a lâmpada de Aladim em seu formato tão característico. Esfregue-a e um gênio aparecerá para lhe conceder três desejos.

Embora a palavra em português *gênio* venha do árabe *jinn*, essas criaturas não estão interessadas em garantir três desejos nem para você nem para mim. Muitas culturas têm tradições de um grupo de seres, normalmente invisíveis aos olhos humanos, que podem causar bem ou mal aos humanos — fadas, duendes e ogros. O Islã tem os *jinn*, feitos de fogo. *Jinn* são seres inteligentes, imperceptíveis ao olhar humano. Na tradição pré-islâmica, eles eram espíritos dos desertos e nascentes. Na tradição muçulmana, são mais importantes no folclore e na contação de histórias do que na teologia.

Jinn são capazes de salvação ou danação e, assim, podem ser bons ou maus. Um grupo de *jinn* um dia entreouviu Muhammad orando (Sura 72:1–5). Eles acreditaram no que ouviram e aceitaram o Islã em um lugar chamado a Mesquita dos Jinn, em Meca. Os *jinn* ajudaram o Rei Salomão a construir o templo em Jerusalém (Sura 34:12–14).

Os *jinn* têm suas próprias tribos e reis. Têm gênero e se casam; ocasionalmente, até mesmo com humanos. Na Arábia pré-islâmica, os *jinn* inspiraram profetas, adivinhos e poetas, que tinham enorme poder e prestígio na época de Muhammad. Acreditava-se que um poeta não recitava suas próprias palavras, mas as de um *jinn* que as inspirava, então, eles equivaliam às musas gregas. Para algumas pessoas, Muhammad estaria inspirado por um *jinn* quando começou a recitar o Corão pela primeira vez e alegou serem as revelações de Deus — uma percepção que Muhammad rejeitou completamente.

Jinn não é o único termo usado para se nomear tais criaturas. Há várias outras designações para as mais perturbadoras e malignas entre elas. As mais proeminentes são os *shaytans* (satanás com "s" minúsculo); essa palavra ocorre mais de 100 vezes no Corão e refere-se aos *jinn* rebeldes. Eles tentam atrapalhar as orações dos muçulmanos. Um *shaytan* ou *jinn* se acomoda no ombro de cada pessoa e a tenta, e ainda testemunha contra ela no Dia do Julgamento.

O Diabo me obrigou

No Islã, *Iblis* é o nome dado ao Diabo (ou Demônio), e pode ter sido derivado da mesma palavra grega que originou "Devil", em inglês. O termo *al-shaytan* ("o" Satanás) também é usado para designá-lo. Quando Deus criou Adão, ordenou que os anjos se curvassem diante de Adão. Iblis foi o único que se recusou (Sura 15:30–33). Seus pecados eram o orgulho e a desobediência (Sura 7:12); afinal de contas, ele sabia que deveria adorar somente a Deus. Deus condenou Iblis à danação, mas retardou a punição até o Dia do Julgamento.

O Corão menciona Satanás (mais de 70 vezes) com maior frequência do que Iblis (8 vezes). Sejam ou não Iblis e Satanás originalmente distintos, eles efetivamente se referem à mesma entidade no Islã. Deus permite que Satanás e seus ajudantes plantem a discórdia e o ódio e tentem os humanos a praticarem o mal, começando por Adão no jardim. Antes de recitar a fórmula *basmala [bismillah]*, que inicia toda Sura menos um — "Em nome de Deus, o Clemente, o Misericordioso" — os muçulmanos repetem a fórmula *ta`awwudh*: "Amparo-me em Deus contra Satanás, o maldito" (Sura 16:98).

SE LIGA!

Iblis/Satanás não assume a mesma importância que Satanás/o Demônio tem no Cristianismo. Às vezes, no Cristianismo, Satanás é visto possuindo um superpoder quase igual ao de Deus, embora Deus e Jesus, em última análise, acabarão por derrotá-lo no fim dos tempos. Em contraposição, na visão do mundo islâmico, ainda que Iblis/Satanás se constitua em uma força perturbadora, nada, incluindo Satanás, sequer se aproxima de ser quase uma contraparte de Deus. O conceito de Satanás deriva da Bíblia hebraica, na qual é raramente mencionado, e nem chega a ser a principal personificação do mal que se torna no Judaísmo na época de Jesus. O Cristianismo assume esse conceito judaico expandido de Satanás. Embora muitos deuses das religiões orientais representem o mal e o azar, o paralelo mais próximo ao conceito judeu/cristão/muçulmano de Satanás é Mara ("causador de mortes") no Budismo. Mara é um deus que governa sobre o mundo do desejo sensual e que tentou impedir a iluminação de Buda.

Indo para o Céu ou para o Inferno: Da Vida, à Morte e Ressurreição

Em relação ao processo de morte, ressurreição e julgamento final, uma sequência detalhada de eventos surgiu cedo nos textos islâmicos. Nesta seção, resumo a típica sucessão de eventos, mas lembre-se de que existem variações, tanto das sequências quanto dos detalhes.

Representações islâmicas dividem o processo em dois estágios: o primeiro é o da própria morte e o tempo na sepultura. O segundo inclui o soar da trombeta, a ressurreição geral de todas as pessoas no túmulo, e o julgamento final e distribuição.

A morte e o túmulo

Os três monoteísmos ocidentais compartilham a crença em um fim da história e do tempo, época em que ocorre a ressurreição de todos os que já viveram, o julgamento daqueles que ora ressuscitaram e sua entrada no céu ou no inferno. Entretanto, a maioria das pessoas morreu muito antes do Dia do Julgamento. O que acontece com elas nesse meio tempo? Elas estão simplesmente mortas? Têm alguma forma de existência intermediária no túmulo? Elas têm qualquer contato com os vivos? Mesmo onde as escrituras têm pouco a dizer, a tradição fornecerá respostas para tais perguntas. A série de passos é sequencial, embora tradições diferentes possam variar levemente quanto à sequência e detalhes.

1. **Quarenta dias antes da morte, uma folha com o nome da pessoa que está para morrer cai da árvore abaixo do trono de Deus.**

   A partir desse sinal, `Isra'il, o anjo da morte, sabe que o tempo estipulado chegou. Deus determina a duração da vida de um indivíduo (Sura 6:2) e quando o universo deixará de existir. Ao falecer, um indivíduo se vê diante da morte e do anjo `Isra'il (veja o tópico "Nomeando os anjos", anteriormente neste capítulo) e lhes pergunta: "Quem são vocês?" A pessoa pode tentar dar as costas a eles, mas a morte (ou `Isra'il) a confronta aonde quer que ela se vire. Os dois anjos que registraram as boas e más ações da pessoa mostram a ela o registro de suas ações.

2. **`Isra'il extrai a alma do corpo da pessoa.**

   O moribundo pode tentar resistir, mas a resistência é inútil.

3. **Satanás tenta o moribundo a abandonar sua fé, talvez oferecendo um copo de água gelada para aliviar seu desconforto.**

4. **A pessoa é saudada pelo túmulo, recebendo, talvez, um vislumbre das futuras recompensas do paraíso ou dos males do inferno, dependendo de seu destino futuro.**

   O túmulo é um lugar de escuridão e isolamento, contendo insetos e répteis desagradáveis.

5. **A pessoa pode então tentar fazer uma jornada pelos sete céus para ver o que há à frente.**

   A pessoa condenada tem, claro, sua entrada negada nos portões do céu.

6. **A alma é reunida ao corpo no túmulo.**

7. **Na parte crucial desse estágio, os anjos Munkar e Nakir interrogam a pessoa morta.**

Ordena-se à pessoa, a essa altura já sepultada por sua família, que se sente. "Quem é seu Senhor?", perguntam os dois anjos.

INDO MAIS FUNDO

Mártires e profetas são dispensados do interrogatório e vão direto para o céu.

8. **A pessoa é punida no túmulo — algo distinto da punição final no inferno.**

Todos aqueles no túmulo experienciam ao menos um dissabor mínimo — a pressão do túmulo — porque todos terão cometido algumas ações que merecem punição.

9. **Depois de, normalmente, não mais do que 40 dias, a punição chega ao fim. A pessoa, então, permanece inconsciente no túmulo até o dia da ressurreição.**

Esse período é chamado de *barzakh* (Sura 23:100) — a barreira ou partição, e é semelhante ao sono. Teólogos levantaram questões sobre onde a pessoa fica durante esse intervalo de tempo, se o espírito e o corpo estão unidos e se a pessoa morta tem contato ou consciência dos vivos. (Nenhuma resposta consistente é dada a essas perguntas.)

A ressurreição e o julgamento final

Você pode pensar nos eventos das seções anteriores como um aquecimento. Agora vem o "grand finale". A vida, e mesmo o tempo no túmulo, não é nada além de um prólogo para uma eternidade no céu ou no inferno. No Dia do Julgamento, Deus conduzirá um inquérito judicial sobre cada pessoa com base em sua conduta quando viva. Novamente, os seguintes passos são sequenciais.

1. **Surgem os sinais do fim dos tempos**

Sinais indicam a aproximação do fim. Esses sinais incluem a reversão da ordem natural (Sura 81:1–14), como o sol nascer no oeste e o declínio da conduta moral. Após um tempo de problemas envolvendo conflitos entre as forças do bem e do mal, os representantes de Deus triunfarão sobre o mal e o mundo acabará.

INDO MAIS FUNDO

Como no caso de outras religiões, a imaginação humana e as tradições são muito criativas em preencher as lacunas de informações sobre o que acontece nos "últimos dias" ou no "fim dos tempos". Em uma visão típica, uma figura normalmente chamada de anticristo (*al-Dajjal*, mencionado no Corão como "a Besta" — Sura 27:82) aparece. Ele desencaminha as pessoas do Islã durante seu reinado. Jesus retorna para derrotar o anticristo. Depois de um período relativamente curto de reinado em conformidade com a vontade de Deus (como expressado no Islã), o tempo e a história terminam.

2. **Tem início a ressurreição (*qiyama*, que significa ficar de pé).**

O anjo Israfil (veja a Seção "Nomeando os anjos", anteriormente neste capítulo) soa a trombeta para anunciar o dia da ressurreição (Sura 69:13–18). O mundo chega ao fim e, com um segundo soar da trombeta, apenas Deus remanesce — "Tudo quanto existe na Terra perecerá. E só subsistirá o Rosto do teu Senhor", diz a Sura 55:26–27. Transcorrido um determinado período de tempo, o mundo é reconstituído, o mesmo ocorrendo com os corpos em seus túmulos. Israfil é o primeiro dos anjos a reaparecer e Muhammad, ou um dos profetas judeus, é a primeira pessoa a ser ressuscitada (o espírito é reunido ao corpo). Então, vem a ressurreição de toda a comunidade de muçulmanos e, finalmente, a ressurreição de todos os outros. Apenas Deus sabe quão longo será o período de tempo de temerosa antecipação sobre seu destino que o ressuscitado aguardará antes que o julgamento propriamente dito aconteça.

3. **Chega o dia do juízo (julgamento).**

   Na hora da morte, o livro no qual as ações de cada pessoa foram registradas durante suas vidas é afixado em seus pescoços. Agora, aqueles destinados ao céu recebem o livro em sua mão direita; os destinados ao inferno recebem-no em sua mão esquerda. O livro, ou as próprias ações, são colocados em balanças de julgamento e o resultado determina o destino final da pessoa. Boas ações pesam mais que más ações e, para ser digno de entrar no paraíso, deve-se alcançar um peso mínimo total conhecido apenas por Deus.

4. **Todos atravessam a ponte que passa por cima do fogo do inferno e leva para a entrada do céu.**

   Para os fiéis, a ponte é plana e larga, e a travessia é fácil. Para os pecadores, a ponte se torna afiada como uma espada e estreita como um fio de cabelo, e a passagem se torna sombria. Eles caem no inferno. Muhammad encontra seus seguidores fiéis em uma lagoa do outro lado da ponte. A doçura do líquido da lagoa antecipa o que os salvos beberão no céu. Contudo, permanece a possibilidade de que aqueles que caíram no inferno serão, por fim, erguidos de lá para os céus pela misericórdia de Deus (e talvez com a ajuda da intercessão de Muhammad).

Enfrentando questões não resolvidas

Uma pergunta leva a outra. O esboço dos eventos do Dia do Julgamento dá margem a muitas questões importantes não respondidas. Por exemplo, o que acontece com crianças que morrem muito novas antes que a formulação de uma crença clara seja possível? Essas são questões cruciais para muçulmanos crentes comuns.

> » **Intercessão:** Refere-se ao conceito de que alguém de mérito excepcional pode peticionar a Deus para reduzir a punição que um crente receberia por seus pecados. Rigorosamente falando, a justiça de Deus exige que cada indivíduo receba o que ele ou ela merece, e, portanto, a intercessão seria inútil. Alguns dos primeiros muçulmanos negaram a intercessão. No entanto, a intercessão veio a ser aceita na corrente principal como uma manifestação da misericórdia de Deus. Muhammad é o principal intercessor. A tradição diz que depois do julgamento final, Muhammad encontrará seu povo (os muçulmanos) na entrada do céu. Alguns lhe pedirão para interceder para remover os efeitos de seus pecados. Outros profetas também poderão interceder.

» **Crianças:** Se você é um crente, mas seu filho morrer cedo, antes de poder entender e praticar a fé, o que acontece com ele? A crença islâmica popular chega a afirmar que crianças de crentes iriam para o céu. Alguns dizem que todas as pessoas nascem com uma fé natural. No caso de crianças pequenas, essa fé natural ainda não inteiramente desaparecida será o suficiente para levá-las ao céu. Outros dizem que a fé dos pais permitiria que seus filhos pequenos fossem admitidos no céu.

» **Passar a eternidade no inferno:** A lógica e a justiça parecem sugerir que para onde se foi enviado no julgamento é o lugar em que se permanecerá por toda a eternidade. Mas a misericórdia triunfa sobre o julgamento no Islã. A crença comum é que todos os muçulmanos sinceros no final vão para o céu, apesar de seus pecados graves (exceto a possibilidade do pecado de negar a Deus). Alguns dizem que essa misericórdia será, em última análise, estendida para não muçulmanos.

Alguns sufis e modernistas das últimas centenas de séculos enfatizaram uma compreensão metafórica dos eventos a respeito do julgamento final e do destino final. Outros modernistas argumentam que a visão muçulmana da morte e ressurreição é apoiada em vez de colocada em dúvida pela ciência moderna. Claro, até mesmo os tradicionalistas mais estritos, que afirmam o significado literal das imagens do céu e do inferno no Corão e tradição subsequente, acrescentariam que essas são verdades "sem sabermos como".

Visualizando o Céu e o Inferno

A curiosidade das pessoas leva as religiões a, com frequência, elaborarem relatos sobre o céu e o inferno. Esses relatos encorajam os fiéis a conduzirem suas vidas de modo a poderem fazer sua última viagem para o céu — e evitar a ida sem retorno ao inferno.

Descrições detalhadas do inferno e seus tormentos ocorrem no *Apocalipse de Pedro*, no Cristianismo (século II), no *Inferno* e *Paraíso*, de Dante (século XIV) e em *O Céu e o Inferno*, de Swedenborg (século XVIII), para nomear apenas alguns exemplos. Textos budistas fornecem descrições igualmente imagéticas.

O inferno e seus tormentos

Estranhamente, às vezes a mente humana é mais frutífera em imaginar o pior que pode acontecer, como as punições do inferno, do que criar imagens de possíveis grandes prazeres, como aqueles desfrutados pelas pessoas no céu. Enquanto o Corão enfatiza a natureza básica do inferno como "o fogo" (*al-nar*), as tradições se multiplicam para descrever as punições experimentadas nos diferentes níveis do inferno. A respeito de pecadores destinados para o inferno, a Sura 15:44 diz: "O inferno será o destino de todos eles. Nele há sete portas e cada porta está destinada a uma parte deles." Essa passagem coloca a imagem islâmica do inferno como tendo sete níveis. Em cada nível, as punições agravam-se em relação à anterior, porque os pecados cometidos por seus habitantes são mais sérios. Muçulmanos crentes ocupam o nível mais acima, incrédulos pagãos estão no penúltimo e os hipócritas (aqueles que fingem apoiar Muhammad, mas, na verdade, secretamente se opõem a ele) habitam o nível mais baixo (veja a Sura 4:145). Os muçulmanos no nível superior serão, no fim, livrados pela misericórdia de Deus, mas os hipócritas jamais se beneficiarão da misericórdia divina. Anjos guardam cada um dos portões.

LEMBRE-SE

O fogo é o elemento mais frequente citado para o inferno no Corão, e é seu traço mais característico. Vários outros termos são usados, no qual Geena (*jahannam*) é o mais comum depois de "o fogo". Geena é originalmente um vale limítrofe a Jerusalém cujo nome veio a designar o inferno na tradição judaica. No Corão, o inferno é, às vezes, descrito como uma besta enorme e horrível que vem encontrar o pecador no Dia do Julgamento (Sura 89:23). Nas profundezas do nível mais baixo do inferno cresce a árvore zaqqum (Sura 37:62–68); 44:43), com cabeças de demônios no lugar das flores. Os pecadores devem comer seus frutos, que queimam suas entranhas como bronze derretido (Sura 44:45).

O Corão contém várias imagens dos tormentos do inferno, como água fervente, fumaça e vento lancinante e abrasador. Em sua ascensão ao céu — veja o Capítulo 6 — Muhammad, enquanto ainda estava no nível mais baixo do céu, teve uma breve visão do inferno proporcionada pelo anjo Malik, o responsável pelo inferno. O fogo é alimentado pelos corpos dos condenados, que são revestidos de uma nova pele para ser queimada assim que a anterior é consumida pelo fogo. Os habitantes do inferno tentam escapar, mas são puxados de volta para o abismo com ganchos de ferro.

DICA

A regra é que a punição se ajusta ao pecado. Por exemplo, mulheres adúlteras que dão à luz filhos ilegítimos são penduradas pelos seios. Homens culpados de adultério são forçados a comer carne magra e podre enquanto são incapazes de tocar a carne boa e gorda exibida à sua frente. (A carne boa representa as esposas que lhes foram permitidas, e a carne podre representa as mulheres que ele desejou e perseguiu ilegitimamente.)

O céu e suas delícias

Basta de tristeza e melancolia. O verdadeiro propósito daquelas descrições não é de regozijo com o sofrimento imposto, mas de amedrontar as pessoas para mudarem suas vidas e seguir a estrada rumo ao céu. Lembre-se de que a misericórdia de Deus vem antes de Sua ira. Na Sura 6:160, o Corão diz que uma boa ação conta dez vezes mais que uma má ação. Deus quer que os muçulmanos entrem no céu, mas, no fim, tudo depende da própria pessoa.

O jardim (*al-janna*) é o nome mais comum para o céu no Corão. Isso não é nenhuma surpresa para uma religião que vem de uma região desértica, onde chuva e vegetação são coisas raras e preciosas. Jardins elaborados são uma das glórias do planejamento arquitetônico islâmico, e espelham o jardim que é o paraíso. A palavra jardim também se refere ao Jardim do Éden, onde o primeiro casal humano viveu.

Outro termo usado no Corão é paraíso (*firdaws*), uma palavra persa que originalmente significava um jardim ou um parque. Muito antes do tempo do Islã, a tradução grega da Bíblia usava essa palavra persa para o Jardim do Éden, e a partir daí "paraíso" transferiu-se para outras línguas ocidentais.

Com base na Sura 23:17, os muçulmanos acreditam que o céu tem sete camadas — os sete céus em que Muhammad se elevou em sua jornada noturna e ascensão. A tradição posterior desenvolve uma organização específica dos jardins e daqueles que os habitam. Tal como havia uma árvore no mais fundo do inferno, uma árvore cósmica também cresce no topo do céu, debaixo do trono de Deus. Água e árvores frutíferas são abundantes. A Sura 47:15 menciona quatro rios de vinho, leite, mel e água que correm pelo céu.

Em contraste com os tormentos do inferno, aqueles no céu desfrutam uma existência serena, sem privações ou preocupações. Comidas e bebidas deliciosas abundam — incluindo um vinho que não embebeda. As pessoas vestem roupas de seda e acomodam-se em sofás enquanto são atendidas por servos homens e jovens solteiras e virgens.

O clima é de paz e a sombra é abundante. As pessoas estão sempre saudáveis. Mas a maior alegria disponível para aqueles no céu é contemplar a face de Deus, como descrito na Sura 75:22–23.

Mulheres e húris no céu e no inferno

Foi grande a repercussão midiática do que ocorreu em agosto de 2001: Um recrutador de homens-bomba suicidas para o Hamas (um grupo radical palestino) declarou, em uma entrevista para a CBS, no programa *60 Minutes*, que dizia aos jovens recrutas que Deus havia prometido a mártires como eles que lhes reservaria 70 virgens no paraíso. A transmissão gerou muita controvérsia. Alguns afirmaram que o entrevistado havia sido citado erroneamente. Outros alegaram que essa objeção era irrelevante porque o conteúdo do que foi relatado era correto, exceto que todos os homens no paraíso teriam as 70 ou 72 virgens (*húris*) e não somente os mártires. Esse incidente trouxe ao olhar público mais uma vez a questão da mulher no Islã. Muitos ocidentais estavam bem conscientes da imagem de jovens virgens no paraíso servindo aos desejos sexuais dos homens, e as feministas ocidentais apontaram a ausência de qualquer sugestão similar de recompensa aguardando as mulheres no céu. A seguir estão algumas informações relevantes para você considerar a respeito desse tópico.

» O Corão, em várias passagens, inequivocamente afirma que os homens e as mulheres são iguais quando se trata do julgamento final, sendo julgados com base em suas próprias ações e, como resultado, ganhando a entrada no céu. As mulheres de homens honrados como Ló e Noé estão condenadas ao inferno devido à sua incredulidade. Uma esposa de um infiel — a esposa do Faraó — ganha a entrada no céu porque salvou Moisés.

- Nada no Corão, ou mesmo em tradições posteriores, apoia a acusação de que o Corão diz que mulheres não têm alma.
- O Corão se refere explicitamente em quatro passagens às *húris* (*hur*) — Sura 52:20; 55:72 e 44:54 (em provável ordem cronológica). Essas passagens, e várias outras que provavelmente se referem às mesmas mulheres, são todas do período em Meca da missão de Muhammad, antes da emigração para Medina em 622. Os termos não ocorrem nas passagens corânicas posteriores reveladas depois de 622, as quais, em seu lugar, falam de esposas purificadas (ou, literalmente, companheiras) dos homens.
- O termo *hur*, referindo-se a testemunhas, foi originalmente aplicado em árabe a gazelas — seus olhos grandes e pretos contrapostos a íris brancas. Então, literalmente, *húris* são mulheres de olhos negros, grandes e penetrantes e, por extensão, pele clara (branca). No Corão, as húris são virgens amorosas com seios fartos, intocadas por homens ou *jinn*. Elas vivem em recintos espaçosos e comportam-se recatadamente. Essas descrições do paraíso do período em Meca parecem ser principalmente direcionadas aos homens, e enfatizava imageticamente os prazeres que os homens árabes da época imaginavam, deixando evidente que o paraíso era um lugar infinitamente mais desejável que qualquer visão que alguém poderia ter da vida na Terra.
- O Corão e a tradição posterior têm muito menos a dizer sobre o que espera as mulheres no paraíso. Alguns muçulmanos dizem que isso não significa que as mulheres não terão prazeres sexuais correspondentes lá, mas sim que o pudor impede a descrição desses prazeres no caso das mulheres. Não acho esse argumento convincente, mas talvez você concorde com ele.
- Tradições posteriores ampliam enormemente a descrição das *húris*. Elas são virgens perpétuas de carne translúcida; em um de seus seios está o nome de seu marido humano, e no outro, o de Deus. Usam pedras preciosas e seus rostos são como luas crescentes. Elas vivem em enormes salões com 70 camas e são atendidas por 70.000 damas de honra. Não engravidam e não menstruam. Os homens têm como companheiras (dependendo do texto) suas esposas humanas e as húris, ou até mesmo 72 *húris*. Ao mesmo tempo, nos dizem que as esposas humanas são altamente superiores às *húris* porque elas são crentes que observaram as exigências ritualísticas do Islã.
- Outras tradições têm uma visão muito menos igualitária das mulheres do que as expressas no Corão. Algumas dizem que as mulheres são inferiores aos homens, criadas da ponta da costela curvada de Adão. Outras dizem que as mulheres são tentadoras, introduzindo um motivo não encontrado no Corão — que a queda de Adão foi devido à tentação de Eva. Uma tradição com várias versões diz que quando Muhammad observou o inferno, viu que a maioria de seus habitantes era mulheres. Outras tradições parecem fazer a salvação de uma mulher depender de sua submissão ao marido, assim como a salvação do homem depende de sua submissão a Deus. Feministas islâmicas apontam que a autenticidade de muitas dessas tradições é duvidosa e referem-se a elas não como parte da revelação, mas sim como uma expressão da dominância masculina que emergiu na história do Islã e é contrária ao igualitarismo do Corão.

» Duvido que muitos teólogos muçulmanos apoiariam a ideia de atrair jovens para se envolverem em explosões suicidas com promessas de prazeres sexuais incríveis como compensação. Se tal martírio é admissível, ele deve ser feito pela submissão e serviço a Deus e não pela esperança de conseguir algo com isso. Nos últimos 100 anos, o Ocidente fez do tratamento de mulheres muçulmanas uma de suas maiores críticas ao Islã. Ocidentais são fascinados pelas *húris*, pela dança do ventre e pelas imagens de haréns repletos de mulheres prontas para satisfazer os desejos sexuais de seus donos. No século XIX, os ocidentais criticaram o Islã pelo modo como tratavam as mulheres da época quando, há muitos anos, os direitos das mulheres ocidentais eram mais severamente restritos do que aqueles das mulheres muçulmanas.

No Islã também não há um conceito comparável ao *limbo* — um lugar para o qual vão aqueles que não merecem nem o céu nem o inferno. Mas muitos estudiosos encontram algo similar ao limbo implícito na Sura 7:46–48. Essa passagem refere-se às pessoas nas "alturas". Tais indivíduos observam condenados ao inferno sofrendo seus tormentos, e abençoados no céu desfrutando seus prazeres. Contudo, essas pessoas nas alturas não pertencem a nenhum desses grupos. A impressão que se tem é que elas nunca entrarão no inferno. Os intérpretes diferem quanto a se elas, no final, serão admitidas no céu.

INDO MAIS FUNDO

PURGATÓRIO, LIMBO E CÉU

No Islã não existe purgatório no sentido de um lugar, distinto do céu e do inferno, no qual os pecados daqueles que ainda não entraram no céu vão sendo removidos. Ainda assim, a crença popular é que, devido à misericórdia de Deus, até mesmo os muçulmanos pecadores que não adoraram a outros deuses serão, no fim, salvos, ainda que estejam no nível mais alto do inferno na época do julgamento final. É também discutida, com menos concordância, em que medida a misericórdia divina livraria outros, inclusive não muçulmanos, das agruras do inferno.

2

Muhammad: O Homem, o Livro e as Disposições da Lei

NESTA PARTE...

Revisite a história de Muhammad e examine o papel que ele desempenha na vida diária dos muçulmanos.

Tome conhecimento, a partir do Corão, das origens, organização, estilo, conteúdo e interpretação da escritura do Islã.

Descubra que, na fé muçulmana, a presença oral do Corão é muito importante.

Saiba que: assim como o Judaísmo, o Islã enfatiza viver de acordo com a lei revelada de Deus.

As traduções do que Muhammad fez e disse, ao lado do Corão, são as fontes primárias dessa lei.

Observe que o capítulo final desta parte considera como os muçulmanos obtêm conhecimento da vontade de Deus através do Corão e outras fontes.

NESTE CAPÍTULO:

- **Contando a história da vida de Muhammad**
- **Revendo Muhammad a partir de uma perspectiva teológica**
- **Identificando-se pessoalmente com Muhammad na vida cotidiana dos muçulmanos**
- **Avaliando as fontes que se referem à vida de Muhammad**

Capítulo 6

O Profeta: Muhammad

Algumas religiões têm um único fundador. Siddhartha Gautama Buddha, Confúcio, Jesus e Muhammad são os fundadores do Budismo, Confucionismo, Cristianismo e Islã, respectivamente. Outras religiões como o Hinduísmo não têm uma pessoa central cujos membros consideram ser o fundador, ou têm vários indivíduos que dividem esse papel (Abraão e Moisés no Judaísmo). Até mesmo o Taoismo (uma religião chinesa) tem um fundador, Lao Tzu, embora muitos estudiosos tenham dúvida se Lao Tzu (o nome significa "homem velho") é uma figura histórica e se é realmente o fundador do Taoismo.

Religiões com um único fundador normalmente colocam ênfase na história dessa pessoa. A história do fundador é a "história sagrada" da religião (veja o Capítulo 3 a respeito de histórias sagradas). Crentes a conhecem e alguém de fora que quer entender uma determinada religião também precisará informar-se da história do fundador e sua importância na religião. O interessado normalmente tem na biografia do fundador um recurso para compreender por que os membros da religião acreditam e praticam aquilo que a religião prega. Para o crente, o fundador é normalmente a fonte-chave da autoridade na religião, e em muitas religiões o fundador tem uma ligação mais direta com Deus ou com o divino e com o caminho para a salvação. O fundador também é o paradigma primário para os crentes. Ele não só diz aos crentes em que acreditar e o que fazer, mas também exemplifica, em sua vida, o que lhes diz.

A história tradicional pode originar-se pouco depois da morte do fundador ou muito mais tarde. Ela pode cobrir a maioria de sua vida ou apenas certas partes dela. A história do fundador não é o mesmo que uma biografia moderna. Ela é bem conhecida pela maioria dos crentes e pode ser essencialmente a mesma que a versão dos estudiosos ou pode ser significativamente diferente das reconstruções acadêmicas.

A maioria dos muçulmanos, como os membros de outras religiões, se preocupa mais com a história tradicional de seu fundador do que com as reconstruções eruditas. Neste capítulo, previamente ao resumo da vida de Muhammad, descrevo o mundo no qual ele nasceu. Então, após haver resumido a narrativa tradicional, termino com uma discussão das fontes históricas para a vida de Muhammad e a avaliação delas efetuada pelos estudiosos modernos.

LEMBRE-SE

Depois de cada menção ao nome de Muhammad, os muçulmanos acrescentam "que a paz e bênçãos de Alá estejam sobre ele" (ou SAWS, sigla da versão da saudação em árabe "Sallallahu Alayhi Wa Sallam).

Descrevendo o Cenário: A Arábia Antes de Muhammad

Embora apenas 20% dos muçulmanos sejam árabes, o Islã é intimamente ligado aos árabes, cultural e historicamente. A característica mais importante que une todos os árabes é uma língua em comum, o árabe. O árabe é uma língua semita, o que significa que pertence à mesma família linguística do hebraico. A Arábia é a terra natal original dos árabes. Muito antes do tempo de Muhammad, os árabes haviam se espalhado para além da Arábia — Iraque, Palestina e Síria. No século seguinte à morte de Muhammad, com as conquistas muçulmanas, os árabes se espalharam para áreas adicionais — especialmente o norte da África.

A Arábia é a península ocupada principalmente pela Arábia Saudita atualmente (veja a Figura 6-1). Essa grande península fica do outro lado do Mar Vermelho, a leste do Egito, sul e sudeste da presente Síria, Palestina e Jordânia e sudoeste do moderno Irã, do outro lado do Golfo da Arábia (também chamado de Golfo Pérsico). A Arábia é parte da região denominada Oriente Médio. (Dependendo do contexto e do período de tempo, essa região, que se estende do Egito ao Irã e inclui a Arábia, também pode ser chamada de Oriente Próximo ou Antigo Oriente Próximo.)

Era difícil a vida na Arábia. Muito da península era desértica, suportando apenas uma escassa população. Antes da descoberta das jazidas de petróleo no século XX, a Arábia não dispunha de muita coisa em termos de recursos naturais. Na época anterior ao surgimento do Islã, a Arábia nunca havia sido unificada em um único Estado. Um Estado centralizado com uma civilização complexa e desenvolvida existia apenas no Iêmen, onde o primeiro Estado iemenita foi estabelecido em cerca de 1.000 A.E.C. (para a datação dos anos, veja a Introdução). Os grandes impérios da época de Muhammad nessa parte do mundo eram o Bizantino ou Império Romano do Oriente, com sua capital em Constantinopla (hoje Istambul, Turquia), e o Império Persa (também chamado de Império Sassânida), que dominava o Irã e muito do Iraque. Esses dois grandes impérios se envolveram em uma série de guerras. Cada um exercia alguma influência, direta ou indiretamente, na Arábia, mas nenhum tentava conquistar e governar diretamente a península inteira.

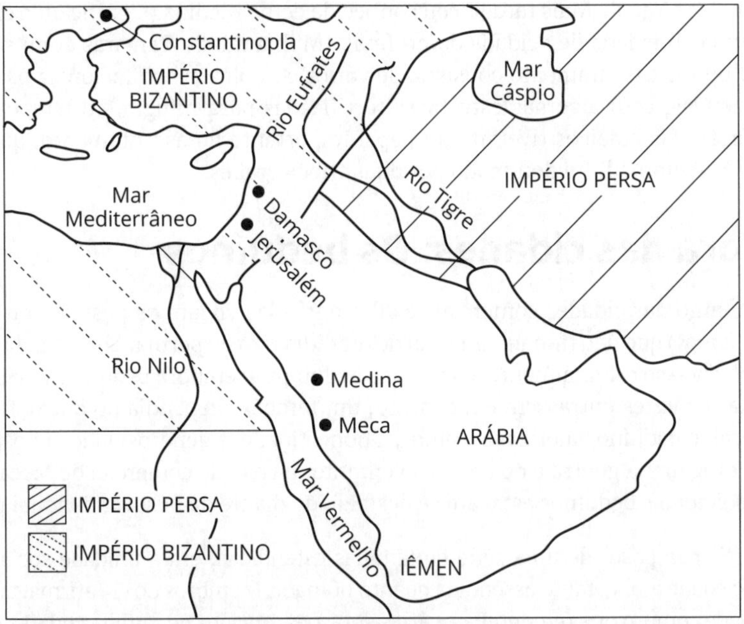

FIGURA 6-1: Arábia.

Duas cidades-chaves

Meca, uma das duas cidades protagonistas na vida de Muhammad, localizava-se no interior, ao longo da costa oeste central da Arábia, em uma área que ainda é chamada de Hijaz. As raízes de Meca situam-se cerca de 400 E.C., e foi um dos locais sagrados mais importantes da Arábia porque abrigava o santuário de peregrinação sagrada de *Ka`ba* (veja o Capítulo 9). Segundo o entendimento muçulmano tradicional, Meca florescia na época de Muhammad. Sua economia era baseada no comércio, com rotas que cruzavam Meca conectando o Iêmen a Damasco, na Síria. Duas caravanas comerciais saíam por ano — uma para o sul e outra para o norte. Como sucedia no deserto do Saara, na África, os camelos, capazes de passar longos períodos sem água e carregar fardos substanciais, tornaram possíveis as rotas comerciais pela Arábia. Tratados, uma feira tradicional em Meca, e uma trégua durante os meses da feira e da peregrinação facilitavam o comércio. Para vários estudiosos, essa imagem de uma cidade comercial agitada desempenhando um grande papel no comércio internacional é bastante exagerada. F.E. Peters (*Muhammad and the Origins of Islam*, State University of New York Press, 1994) sustenta não haver evidência arqueológica para apoiar essa imagem de Meca (em contraste com os substanciais restos arqueológicos de antigos centros comerciais árabes em outros lugares) e que nenhum registro não muçulmano contemporâneo refere-se a Meca como uma cidade comercialmente importante. Para

Peters, Meca era uma vila muito modesta com poucas, se algumas, construções cujo comércio era basicamente local (dentro da Arábia) em vez de internacional.

Medina, por outro lado, era uma comunidade agrícola próspera (para a Arábia) com campos férteis e fornecimento de água seguro — coisas de que Meca carecia. Localizada a uns 400km ao norte de Meca na rota para a Palestina e a Síria, seu nome original era Yatrib. Mais tarde ficou conhecida como Medina (significando cidade), uma forma abreviada de "cidade do profeta" (Muhammad). Tâmaras eram seu principal cultivo. O assentamento consistia de vários complexos habitacionais parecidos com fazendas, com algumas estruturas fortificadas para refúgio em tempos de guerra. Vários clãs judaicos tiveram um papel importante no assentamento, que, na época de Muhammad, foi dominado por duas tribos árabes.

Fora das cidades: Os beduínos

Ao largo das cidades comerciais e vilas agrícolas viviam os pastores do deserto (os *beduínos*) que não tinham um local de moradia fixo ou permanente. A palavra "árabe" aplicava-se originalmente apenas aos beduínos, e embora beduínos e habitantes das vilas às vezes entrassem em conflito, um também dependia do outro. De um modo geral, o beduíno valorizava o amor, a honestidade, a generosidade, a hospitalidade e a coragem na guerra e no amor; no entanto, na cidade comercial de Meca, os valores tradicionais beduínos estavam se desfazendo diante da busca individual por riqueza.

INDO MAIS FUNDO

O *clã*, composto de uma série de famílias estendidas, era a unidade social central da sociedade árabe, tanto assentada quanto nômade. Membros do clã afirmavam ancestralidade comum que remontava a várias gerações. Anciãos de famílias líderes escolhiam o chefe do clã — o *Shaykh* — que governava por consentimento e consulta. Acima do clã estavam as inconstantes federações tribais. Os clãs do deserto envolviam-se em incursões (*razzias*) uns contra os outros, ou contra vilas e caravanas, cujo propósito não era matar o oponente, mas obter escravos, mulheres, camelos, cavalos e outros espólios. Claro, a defesa da própria honra e da honra das mulheres do clã era importante.

Práticas religiosas árabes

O Islã diz que Deus, através do anjo Gabriel, chamou Muhammad para ser um profeta em 610. Esse chamado marca o início do Islã, o qual se refere à época anterior ao chamado de Muhammad como o *al-Jahiliyya* — o tempo da ignorância. A maioria dos árabes era *politeísta* (acreditava em muitos deuses). O santuário *Ka`ba* em Meca (veja o Capítulo 9) continha imagens de 360 deuses, incluindo seu deus chefe, Hubal. Alá era um deus distante a quem se recorria apenas em uma situação de crise. Mais importante para a vida diária eram três deusas normalmente consideradas por árabes pré-islâmicos como filhas de Alá — al-Lat, Manat e al-`Uzza — todas discutidas no Capítulo 3). Espíritos vagos habitavam cavernas, rochas, riachos e árvores, e espíritos jinn (veja o Capítulo 5) eram abundantes. Árabes politeístas não tinham expectativas de uma vida após a morte; em vez disso, o "destino", que era mais importante que os deuses, no final extinguiria tudo.

IMAGINANDO MUHAMMAD

Na arte ocidental — tanto a grande arte quanto a arte popular — os cristãos e os judeus frequentemente elaboram imagens mentais de como Moisés e especialmente Jesus se pareciam. O mesmo vale para budistas e confucionistas. Entretanto, quase em nenhuma fonte antiga há informações sobre em que se baseiam essas imagens. Em contraste, exceto por algumas representações de Muhammad em pinturas miniaturas persas (nas quais o rosto de Muhammad está em branco), os artistas muçulmanos não pintam ou fazem estátuas de Muhammad. Isso tem origem na proibição de fazer imagens de qualquer coisa viva (Deuteronômio 4:16–19) que consta na Bíblia, uma proibição aplicada mais estritamente no Islã à representação de Deus e Seu profeta Muhammad. A falta de representação pictórica é compensada por descrições textuais detalhadas da aparência de Muhammad. A seguinte descrição é baseada em várias das *hádices* sobre Muhammad coletadas por al-Tirmidhi (824 a 892) em seu *Shama'il*.

> *Muhammad era um tanto mais alto que uma pessoa de altura média. Seus ombros eram largos e seu cabelo grosso alcançava seus lóbulos. Ele tinha ossos grandes e tinha uma cabeça grande. Seu rosto era oval e seu aspecto não era nem leve nem pesado. Seu rosto brilhava mais do que a lua cheia. Ele tinha cílios longos e entre eles havia uma veia que inchava quando ele estava com raiva. Tinha olhos pretos e escuros e uma barba espessa. Seus dentes eram brancos e brilhantes. O selo da profecia [reconhecido pelo monge Bahira] estava entre seus ombros. Muhammad se inclinava para a frente quando andava.*

Contrastando com muitos filmes sobre Jesus produzidos por cristãos, há somente um longa-metragem sobre Muhammad: *The Message* (1977). Como se faz um filme sobre alguém sem representá-lo na tela? Em algumas cenas, Muhammad está fora do raio de ação da câmera. Em outras, está oculto atrás das lentes da câmera. Além disso, pode-se transmitir muito sobre uma pessoa concentrando-se nas figuras principais de sua vida.

Conforme a tradição islâmica, antes da época de Muhammad alguns indivíduos podem ter buscado uma alternativa religiosa ao politeísmo e tinham uma vaga noção de um único Deus. Os muçulmanos dizem que estavam retornando ao *monoteísmo* original (crença em um deus) de Abraão. A tradição islâmica chama um monoteísta de *hanif*. Diz-se que Muhammad, antes de seu chamado, foi um *hanif*. Como no caso de Meca, da poesia pré-islâmica e da vida de Muhammad em geral, a única evidência disso vem do Corão e das tradições islâmicas, e historiadores não muçulmanos naturalmente perguntarão, assim como fazem com qualquer evidência histórica, o quanto isso é preciso.

Outras práticas religiosas incluíam o Judaísmo e o Cristianismo. Alguns clãs judaicos viviam em Medina, no Iêmen e dispersos em outros locais. Cristãos, por outro lado, estavam localizados na periferia geográfica (em todo o estreito da Etiópia ficavam os cristãos monofisistas, enquanto nas regiões limítrofes ao norte, os cristãos nestorianos eram importantes[1]), e os comerciantes das caravanas de Meca encontraram esses cristãos. Nenhum grupo cristão, no entanto, tinha as visões *Trinitárias* ortodoxas (Deus como Pai, Filho e Espírito Santo). O *Zoroastrismo* era a religião oficial do Estado sassânida (Persa) que, ao lado de diversas ramificações foi muito difundido no atual Irã e partes do Iraque oriental. O Zoroastrismo é uma forma de dualismo ético, no qual um deus não criado do bem está em conflito direto com um deus do mal. Um pequeno número de zoroastrianos conhecidos como Parses (o nome dado à religião na Índia) sobrevive hoje em vários países, incluindo os Estados Unidos.

Contando a História de Muhammad

Agora que você conhece um pouco sobre o contexto histórico e religioso na época de Muhammad, recorro a uma versão islâmica tradicional da vida do profeta. Minha intenção não é tentar reconstruir o "Muhammad histórico", mas sim ajudar a vê-lo como os muçulmanos o veem e a apreciar por que ele é tão importante para os muçulmanos.

Crescendo

Muhammad pertenceu à tribo dominante de Meca, os coraixitas. A ancestralidade dos coraixitas recua várias gerações até Fihr, seu fundador. Antes de Fihr, a genealogia estende-se a Isma`il, o filho de Abraão, e daí a Adão, o primeiro homem. Numerosas gerações após Fihr, os coraixitas estabeleceram-se em Meca. O clã de Muhammad foi nomeado em homenagem a seu bisavô Hashim. O Hashim era um dos clãs menos importantes de Meca, mas como seu chefe era o guardião do *Ka`ba*, tinha prestígio considerável.

Muhammad nasceu por volta de 570 E.C., o "Ano do Elefante" (veja a Sura 105). A tradição relata que pouco antes do nascimento de Muhammad, um exército liderado pelo governador abissínio (moderna Etiópia) do Iêmen, estava prestes a conquistar Meca. A Abissínia na época governava o Iêmen. Ao aproximar-se da cidade, o elefante que liderava o exército supostamente recusou-se a avançar e curvou-se em direção à cidade, em reverência. Os muçulmanos acreditam que Deus livrou Meca devido ao nascimento iminente de Muhammad naquela cidade.

Como o pai de Muhammad, `Abd Allah, morreu durante uma viagem mercantil antes de seu nascimento, Muhammad foi criado por sua mãe, Amina, e seu avô, `Abd al-Mutalib, o chefe do clã. Como era tradicional entre os moradores árabes da cidade de Meca, Amina enviou seu filho para ser amamentado por uma mulher beduína chamada Halima. O povo de Meca acreditava que os beduínos preservavam valores

[1] NE: Dois grupos de cristãos que se opunham doutrinariamente. Os nestorianos afirmavam que em Jesus havia uma natureza humana e outra divina, enquanto para os monofisistas havia em Jesus apenas a natureza divina, a qual teria absorvido a humana.

árabes puros e que uma criança se beneficiaria do contato precoce com pessoas que viviam de acordo com esses valores.

Um dia, dois homens acercaram-se de Muhammad, cortaram seu peito e retiraram seu coração, removendo dele uma mancha preta. A tradição identifica esses dois homens como os anjos Gabriel e Mikhail (ou Miguel, na tradição judaico-cristã) e o evento é considerado como um milagre. A mancha preta representa a tendência humana ao pecado. Ao ter removida de si essa mancha, Muhammad foi protegido do pecado, de acordo com a crença desenvolvida mais tarde de que, apesar de ser apenas humano, Muhammad não tinha pecados. Depois disso, Halima levou Muhammad de volta para sua mãe. Quando Muhammad tinha seis anos, sua mãe Amina morreu e dois anos mais tarde também seu avô, deixando Muhammad aos cuidados de seu tio Abu Talib, que tinha sucedido o avô como chefe do clã e guardião de Muhammad.

A própria experiência de Muhammad como órfão — tendo perdido pai, mãe e avô — está refletida na preocupação das antigas revelações corânicas para com os pobres e incapazes, como na Sura 93:6–10:

TEXTO ISLÂMICO

> *Porventura, não te encontrou órfão e te amparou? Não te encontrou extraviado e te encaminhou? Não te achou necessitado e te enriqueceu? Portanto, não maltrates o órfão, nem tampouco repudies o mendigo.*

Certa vez, enquanto acompanhava seu tio em uma viagem mercantil, a caravana parou em Basra, no Iraque. Bahira, um monge cristão local, viu uma luz sobre a caravana e tomou isso como um sinal de que o profeta esperado estava entre os viajantes. Quando o jovem Muhammad finalmente foi levado até ele, Bahira procurou pelo "sinal da profecia" em suas costas, entre seus ombros, e o reconheceu como o profeta prometido nos livros sagrados que tinha em seu poder. Para os muçulmanos, esse incidente apresenta Muhammad como um cumprimento das expectativas cristãs, reconhecida como tal até mesmo por um monge cristão. O texto não diz o que precisamente era esse sinal — talvez um caroço ou uma marca especial de nascença.

Como seu pai morreu antes de ele nascer, Muhammad não recebeu herança. Khadija, uma viúva rica, cerca de 15 anos mais velha que Muhammad, contratou-o como supervisor de seus empreendimentos comerciais. O jovem a impressionou, e ela propôs casamento por volta de 595. Até sua morte, Khadija foi a única esposa de Muhammad. Ela deu à luz as quatro filhas de Muhammad e um ou mais filhos. De sua prole, apenas Fátima sobreviveu a ambos, sua mãe e seu pai.

Convocando o povo de Meca

Na visão muçulmana, a função de um grande profeta como Muhammad é dupla. Ele deve transmitir a palavra de Deus (o Corão, para os muçulmanos) para Seu povo. E deve conclamar todos a voltar a servir apenas a Deus e praticar a justiça, avisando-os da punição que enfrentarão no Dia do Julgamento caso não se comportem dessa maneira. De acordo com a tradição, insatisfeito com o politeísmo local, Muhammad ia periodicamente a retiros religiosos privados em uma caverna no Monte Hira, fora de Meca. Lá, em 610, quando Muhammad completara 40 anos de idade, em um dos dias ímpares dos últimos dez dias do mês do Ramadã (a noite do poder — *laylat al-qadr*), o anjo Gabriel apareceu e disse a Muhammad que ele era "o mensageiro de Deus" (ou seja, aquele que transmitiria o livro de Deus para Seu povo). Gabriel disse a Muhammad para recitar o livro. Inicialmente, Muhammad respondeu "Eu não posso recitar" (ou "O que devo recitar") enquanto tentava evitar a tarefa que Deus lhe havia confiado. A Sura 53:5–18 retrata Gabriel preenchendo o horizonte em qualquer direção que Muhammad se virasse, então, Muhammad finalmente cedeu.

Após essa experiência, Muhammad foi tomado pelo medo. Ele estava louco ou inspirado por um dos espíritos *jinn* (veja o Capítulo 5) como os poetas e adivinhos? Algumas pessoas pensavam isso de Muhammad quando ele, mais tarde, foi a público com sua mensagem. Mas Muhammad insistiu que não era nem poeta nem profeta. Sua esposa Khadija o consolou e sugeriu que os dois consultassem seu primo, Waraqa ibn Nawfal, que havia se tornado um cristão. Waraqa confirmou pelas escrituras que Muhammad era o profeta esperado trazendo a palavra de Deus aos árabes, que ainda não haviam recebido uma escritura própria.

TEXTO ISLÂMICO

Quais versos do Corão, os primeiros versos a serem revelados, Muhammad recebeu nessa ocasião? A maioria dos muçulmanos acredita que Muhammad recitou os versos de abertura da Sura 96, que diz (versos 1 a 5): "Lê, em nome de teu Senhor Que criou; criou o homem de algo que se agarra. Lê, que teu Senhor é Generosíssimo, Que ensinou através do cálamo, ensinou ao homem o que este não sabia."

Uns dois anos se passaram sem qualquer outra revelação, fato que deixou Muhammad bastante preocupado. Na Sura 93:3–4, Deus garante a Muhammad dizendo: "Que teu Senhor não te abandonou, nem te odiou. E sem dúvida que a outra vida será melhor, para ti, do que a presente." Ao longo do restante de sua vida, Muhammad continuou a receber as revelações que, quando reunidas, constituíram o Corão. A tradição muçulmana diz que Muhammad era analfabeto e, portanto, ele mesmo não poderia ter composto o Corão.

Inicialmente, Muhammad confinou sua missão a seu círculo imediato. Depois que Khadija aceitou que Deus havia indicado Muhammad como Seu profeta, seu menino escravo Zayd, seu primo `Ali (o filho de seu tio guardião Abu-Talib) e vários outros primos também se tornaram muçulmanos e reconheceram Muhammad como o profeta de Deus. Por alguns anos, o pequeno grupo de muçulmanos praticou quietamente sua nova fé, incluindo as orações matutinas diárias. Então, Deus falou a Muhammad para proclamar publicamente a mensagem do Islã. Abu Bakr, que seria o sucessor de Muhammad (*califa*), foi sua primeira conversão importante de fora do clã Hashim. A maioria dos convertidos restantes eram pessoas jovens, bem como alguns adultos de clãs menos influentes. A maioria das pessoas de Meca não aceitou a mensagem de Muhammad. Não acreditando na vida após a morte, eles não tinham razão para temer a ameaça da danação transmitida por Muhammad. Este indicou os sinais de Deus na criação como prova de que Deus acertaria as contas no julgamento final.

Enfrentando a oposição

À medida que Muhammad convertia mais de seus filhos e filhas, a oposição entre os árabes adultos cresceu. Em uma sociedade na qual a família e o clã eram tudo, a missão de Muhammad estava causando rupturas nas famílias. Muhammad estava agora colocando mais ênfase na adoração de apenas um deus (Sura 112; veja o Capítulo 3 sobre o episódio dos Versos Satânicos). Embora o tio de Muhammad, Abu-Talib, o protegesse, muitos convertidos não contavam com esse apoio e sua adesão ao Islã os colocava em perigo. Em cerca de 615, Muhammad enviou cerca de 80 homens muçulmanos e suas famílias para a Etiópia, cujo governante cristão concedeu-lhes refúgio (veja o Capítulo 4). Logo em seguida, o tio de Muhammad, Hamza, um de seus adversários mais ferozes, e `Umar (o futuro segundo califa, veja o Capítulo 2) converteram-se. Entre 616 e 618, preocupados com essas conversões, os principais clãs coraixitas forçaram um boicote aos clãs Hashim.

Em 619, a situação de Muhammad tomou um rumo contrário decisivo quando sua esposa, Khadija, e seu tio e protetor, Abu Talib, faleceram. Abu Lahad, outro tio e novo chefe do clã, se opôs a Muhammad (veja a Sura 111).

INDO MAIS FUNDO

A jornada noturna de Muhammad para Jerusalém (*isra*`) e a ascensão para o céu (*mi`raj*) ocorreram por volta do ano 620 (veja os Capítulos 9 e 13). A Sura 17:1 pode referir-se a esse incidente. O anjo Gabriel veio à noite e colocou Muhammad em um burro alado chamado Buraq que o carregou para Jerusalém. Amarrando Buraq a uma parede do antigo templo judaico da montanha, Muhammad então ascendeu aos céus do local onde Abraão quase sacrificou seu filho e o templo judaico um dia esteve. Após ter visto os tormentos do inferno, Gabriel guiou Muhammad ao longo dos sete céus, cada um dos quais era guardado por anjos. Em cada céu, diferentes profetas, como Adão, Moisés e Jesus, conheceram Muhammad. Finalmente, embaixo do trono de Deus, Gabriel não pôde ir além e Muhammad seguiu sozinho para a presença de Deus. Ao retornar para a Terra, Buraq levou-o de volta para sua cama, em Meca, na mesma noite.

Em 620, Muhammad encontrou-se com seis homens em peregrinação para Meca, vindos da cidade de Yatrib (mais tarde chamada Medina). Conflitos entre duas tribos árabes da cidade colocavam em perigo a prosperidade desse oásis agrícola. Eles estavam procurando um árbitro para manter a paz na comunidade e tinham ouvido sobre a confiabilidade de Muhammad. Na verdade, a reputação de honestidade de Muhammad lhe deu o apelido de al-Amin — o confiável. Junto aos clãs judaicos de Yatrib, eles também tinham ouvido sobre um profeta que logo apareceria, e pensaram que talvez Muhammad fosse esse profeta.

Depois, em 622, outro grupo de homens e mulheres de Yatrib, secretamente, encontraram Muhammad fora de Meca e assinaram um "Compromisso de Guerra" para aceitar Muhammad como árbitro da cidade e acolher seus seguidores.

Muhammad encorajou, mas não ordenou que os muçulmanos emigrassem para Medina, e alguns muçulmanos continuaram a viver em Meca. Os seguidores de Muhammad, cerca de 70 pessoas, partiram para Yatrib em pequenos grupos até que apenas `Ali, Muhammad e Abu Bakr sobraram daqueles que decidiram emigrar. Os oponentes de

Muhammad sentiram que era hora de se livrarem dele. Cada clã selecionou um homem jovem, e o plano era que, em conjunto, matariam Muhammad. Os Hashim, incapazes de se vingar com o sangue de todas as outras tribos, teriam que concordar em pagar uma compensação monetária assim que Muhammad fosse morto. Na noite marcada, `Ali ocupou a cama de Muhammad. O jovem que havia decidido matar Muhammad quando ele saísse de casa na manhã seguinte ficou surpreso quando viu `Ali sair no lugar de Muhammad. Um bando de homens perseguiu Muhammad e Abu Bakr. A tradição diz que os dois homens refugiaram-se em uma caverna. Deus fez uma árvore crescer do dia para a noite, bloqueando o ingresso na caverna, fazendo com que uma aranha tecesse uma teia cobrindo a entrada. Quando as forças perseguidoras pararam diante da caverna, deduziram pela árvore e pela teia que ninguém estava escondido lá dentro — era o que pensavam. Em 24 de setembro de 622, Muhammad e Abu Bakr chegaram a Medina (veja o Capítulo 9 para a chegada em Medina), para se unirem a `Ali três dias mais tarde.

SE LIGA!

Hijra (às vezes escrita hegirah – em português, hégira) é o termo para a emigração de Meca para Medina em 622. Essa data marca a data zero do calendário islâmico (veja o Apêndice A). Não confunda *hijra* com outro termo igualmente importante, *hajj* (a peregrinação exigida uma vez na vida para Meca que é discutida no Capítulo 9).

Estabelecendo a comunidade em Medina

Até estabelecer-se em Medina, o Islã era uma pequena seita religiosa existindo precariamente em meio a uma comunidade grande e hostil. Em Medina, os muçulmanos se tornaram a maioria e com essa alteração na situação, o tema das revelações corânicas mudou. Elas se tornaram mais longas e tinham menos esplendor poético que as primeiras suras. Os adeptos frequentemente lidavam com questões práticas que tinham que ser estabelecidas à medida que o Islã moldava uma nova comunidade. Anteriormente, a lealdade primária tinha sido à família e ao clã — e além disso à tribo — e conquanto essas lealdades continuassem importantes, a lealdade primária, na condição de muçulmano, voltou-se para a comunidade islâmica (*umma*). Reformas em áreas como casamento, herança e comércio foram instituídas.

Inicialmente, os chefes de clã mais importantes ainda tinham mais poder do que Muhammad. A comunidade inteira havia acatado Muhammad como árbitro, porém, nem todos aceitaram o Islã como sua religião. Permitia-se que pagãos permanecessem na cidade, desde que não conspirassem com a tribo coraixita de Meca.

Os muçulmanos na cidade eram divididos em dois grupos principais. Os imigrantes (*muhajirum*) incluíam tanto os que acompanharam Muhammad no hegirah de Meca para Medina quanto aquelas pessoas de Meca que emigraram mais tarde (mas antes da conquista de Meca em 630, que é discutida posteriormente nesta seção). Os ajudantes (*ansar*), aquelas pessoas de Medina que prometeram proteger Muhammad e que se tornaram muçulmanos, eram o outro grupo. Além disso, o Corão refere-se a um terceiro grupo: hipócritas que, externamente, fingiam apoiar Muhammad, mas, secretamente, opunham-se a ele.

Reconciliar os interesses de todos esses diferentes grupos não era uma tarefa fácil. Apenas uma pessoa de habilidades pessoais e políticas altamente desenvolvidas poderia ter feito isso, como Muhammad o fez. O relacionamento entre as partes foi regulado em um documento chamado a Constituição de Medina (veja o Box "Os termos da Constituição de Medina" para detalhes). Esse pacto estabeleceu direitos e obrigações recíprocos entre os vários grupos que, ao aceitarem seus termos, constituíram a comunidade política. Os muçulmanos consideram a Constituição de Medina como o documento político básico do Islã. Apoiadores da democracia islâmica também reivindicam esse documento como predecessor. Todavia, como a Constituição de Medina não era revelada divinamente, ela não legisla a forma de governo de Estados muçulmanos subsequentes.

Uma cronologia: 622 a 630

Oito anos se passaram entre a fuga de Meca para Medina, em 622, e a reentrada triunfal de Muhammad em Meca em 630, discutida na cronologia a seguir. Outros dois anos se passaram antes da morte de Muhammad em 632. O resumo a seguir apresenta os pontos altos desse período de dez anos.

- **623:** Após ser completada sua nova casa em Medina, Muhammad mandou buscar o restante dos membros de sua família, incluindo a mulher com quem havia casado após a morte de Khadija. Nessa época ele se casou com `A'isha, a filha bem nova de Abu Bakr (um de seus primeiros convertidos, a pessoa que fugiu com ele para Medina, e seu eventual sucessor) que havia ficado noiva dele em 620. Depois da morte de Khadija, `A'isha tornou-se a esposa favorita de Muhammad. Muhammad envolveu-se em uma série de outros casamentos, recebendo uma revelação que dava a ele dispensa especial para exceder o limite normal de quatro esposas para um muçulmano (veja o Capítulo 11). A maioria desses casamentos subsequentes foi para apoiar mulheres cujos maridos haviam morrido lutando pelo Islã.
- **624 (janeiro):** As suras do Corão reveladas em Medina dão cada vez mais ênfase às ligações com as tradições bíblicas. Originalmente, os muçulmanos rezavam voltados para Jerusalém. Em 623, Muhammad havia designado um etíope negro, um escravo liberto — Bilal — para fazer a chamada para a oração todas as manhãs do topo da casa mais alta. Enquanto liderava a comunidade na prece de sexta-feira, Muhammad recebeu uma revelação (Sura 2:39) e disse à congregação para se voltarem para Meca para orar, como os muçulmanos fazem desde essa ocasião. Também, originalmente, os muçulmanos faziam jejum no 10º dia do Muharram, o primeiro mês, de acordo com a tradição judaica. Agora, o Corão instituiu o mês do Ramadã como o período para jejuar (como descrito na Sura 2:182; veja o Capítulo 9).
- **624 (março):** A Batalha de Badr. Os muçulmanos de Medina, de acordo com o costume normal da sociedade árabe, enviaram grupos de ataque contra as caravanas mercantis de Meca. Uma revelação de Deus (Sura 2:217) até autorizou

os muçulmanos a se envolverem nessas incursões durante o mês sagrado do Rajab, quando o costume árabe proibia lutar. Depois de algumas incursões menores, Muhammad liderou uma força de mais de 300 homens contra uma caravana coraixita que retornava da Síria. A caravana tinha escapado antes que houvesse chegado socorro armado de Meca para confrontar os muçulmanos. Excedidos em número de três contra um, os muçulmanos obtiveram uma vitória surpreendente. A tradição diz que o próprio anjo Gabriel liderou os anjos em combate ao lado das forças de Muhammad contra os coraixitas. Entretanto, sua menor dimensão, em que 45 a 70 habitantes de Meca foram mortos, essa vitória em Badr demonstrou aos muçulmanos que Deus estava do lado deles (Sura 8:9).

» **625:** A Batalha de Uhud. Meca ainda estava determinada a dar um fim a Muhammad. Próximo a Medina, 3.000 componentes da infantaria e cavalaria de Meca — um grande exército para o lugar e época — atacou as forças de Muhammad, cerca de 1.000 homens. Setenta muçulmanos foram mortos na batalha, mas as forças de Meca não sedimentaram sua vitória. A essa altura, Muhammad expulsou de Medina dois dos principais clãs judaicos suspeitando de conspiração contra os muçulmanos.

» **627:** A Batalha de Ditch. Nessa oportunidade, o clã coraixita de Meca reuniu um exército de 10.000 soldados. Um convertido persa chamado Salman al-Farisi aconselhou Muhammad a cavar, como medida de proteção, uma vala em volta dos três lados expostos da cidade. Não habilitada ou equipada para cercos longos, as forças de Meca se retiraram após algumas semanas. Isso marcou o final das tentativas em larga escala das forças de Meca para subjugar Muhammad.

» **628 a 629:** O Tratado de Hudaybiyya levou 1.600 homens desarmados de Medina para uma tentativa de peregrinação a *Ka`ba* em Meca. Embora a *Ka`ba* tenha se tornado um santuário pagão, os muçulmanos acreditavam que a *hajj* havia sido estabelecida por Deus e realizada primeiramente por Abraão e seu filho Ismael. Os muçulmanos desejavam purificar o santuário de seus últimos elementos pagãos. Ainda que, na época, os peregrinos não pudessem entrar na cidade, Meca e Muhammad assinaram o Tratado de Hudaybiyya (Sura 48:27). O tratado estabelecia uma trégua de 10 anos e dizia que no ano seguinte os coraixitas sairiam temporariamente da cidade de Meca e permitiriam que os peregrinos muçulmanos entrassem. Essa peregrinação *`umra* (menor) ocorreu em 629.

LEMBRE-SE

O tratado forneceu um precedente importante para os muçulmanos fazerem tratados com não muçulmanos.

» **628 a 630:** Meca se rende. Nesse período, o tamanho da comunidade muçulmana em Medina dobrou, pois muitos clãs e tribos inteiras aceitaram o Islã. Aliados do clã coraixita foram acusados de quebrar os termos do Tratado de Hudaybiyya, então, em janeiro de 630, Muhammad marchou para Meca com um exército de 10.000 homens. A cidade rendeu-se sem luta. Muhammad limpou o *Ka`ba* dos ídolos que continha, mas mostrou misericórdia com os habitantes da cidade, executando apenas alguns poucos homens. As pessoas não foram forçadas a se converterem ao Islã, ainda que a maioria, no final das contas, o tenha o feito.

» **631:** O Ano das Delegações. No fim de 630, o primeiro exército muçulmano foi enviado para a área ao sul da Palestina, antecipando a expansão para além da Arábia. Tratados foram concluídos com os árabes cristãos lá — outro precedente para muçulmanos fazerem tratados com não muçulmanos. A maioria das tribos restantes da Arábia enviou delegados para Muhammad, aceitando o Islã e a liderança de Muhammad.

» **632:** A Peregrinação da Despedida e a Morte de Muhammad. O profeta guiou os peregrinos em uma peregrinação (*hajj*) para Meca. (O Capítulo 9 descreve a *hajj*.) Na planície de Arafat, fora de Meca, ele proferiu o que é conhecido como o sermão da despedida em que disse: "Seu Islã está completo." Nessa hora, Muhammad recebeu a Sura 5:4–5, a parte final do Corão a ser revelada. Pouco depois de seu retorno a Meca, ele sentiu-se mal. Em 8 de junho de 632, morreu nos braços de \`A'isha.

Naturalmente, a morte de Muhammad causou consternação. \`Umar (o futuro segundo califa) recusou-se a aceitar que Muhammad estivesse realmente morto. A essa altura, Abu Bakr (o sucessor de Muhammad) dirigiu-se aos reunidos em assembleia e disse: "Se alguém adora Muhammad, Muhammad está morto. Se alguém adora a Deus, Deus está vivo, é imortal."

OS TERMOS DA CONSTITUIÇÃO DE MEDINA

INDO MAIS FUNDO

A Constituição de Medina, com cerca de duas páginas de comprimento, lida com a maioria das preocupações urgentes da nova comunidade em vez de apresentar um sistema político integralmente desenvolvido. Entre os pontos contemplados por ela estão:

- Os judeus podem manter sua própria religião.
- Cada grupo é responsável por seus próprios assuntos internos.
- Todos são responsáveis pela defesa da comunidade de Medina contra qualquer ameaça externa.
- Um muçulmano não deve matar outro muçulmano nem ajudar um não muçulmano a matar um muçulmano.
- Conflitos internos devem ser levados a Muhammad, como profeta de Deus, para mediação.
- Muçulmanos são responsáveis pelos membros mais pobres da comunidade.
- Medina é um refúgio para os muçulmanos vindos de fora; contudo, não será aceita uma mulher que fugir para Medina contra os desejos de sua família.

Pensando Teologicamente sobre Muhammad

A biografia tradicional de Muhammad tem cerca de 600 páginas na tradução em inglês. Nem todos os muçulmanos estão familiarizados com cada detalhe, mas a maioria é sabedora dos eventos que mencionei nas seções anteriores neste capítulo. Essa biografia fala da contribuição de Muhammad na origem do Islã. No entanto, dizer o que Muhammad fez (ou o que os muçulmanos acreditam que ele tenha feito) não responde todas as perguntas sobre a compreensão muçulmana de Muhammad — o que você pode chamar de compreensão teológica de Muhammad em contraste à compreensão de seu papel histórico. Esta seção lida com o significado e a compreensão teológica de Muhammad. Depois, em uma seção adiante, observo o papel de Muhammad na devoção popular dos muçulmanos.

Mensageiro, profeta e selo dos profetas[2]

Com base no Corão, o Islã enfatiza três funções primárias de Muhammad.

- **Muhammad como um profeta (*nabi*):** Deus enviou algo como 124.000 profetas de acordo com uma tradição, e todos vieram para alertar as pessoas das consequências de seus pecados e fazê-los voltar a adorar apenas a Deus. Cerca de 28 profetas são nomeados no Corão, a maioria deles homens da Bíblia. Cinco profetas têm destaque: Muhammad (o "amado de Deus"), Abraão (o "amigo de Deus"), Moisés, Jesus e Noé.
- **Muhammad como o mensageiro *(rasul) de Deus:*** De acordo com a segunda metade da confissão muçulmana básica, a *shahada* (veja o Capítulo 4). Mensageiros vêm não apenas para alertar as pessoas, mas também para trazer uma revelação de Deus nova e corrigida — como fez Moisés (a Lei), Davi (os Salmos) e Jesus (os Evangelhos). Todos os mensageiros são profetas, mas a maioria dos profetas não são mensageiros.
- **Muhammad como o selo dos profetas:** Por *selo dos profetas*, os muçulmanos entendem Muhammad como o último profeta. Por que ele é o último? Porque traz a revelação completa de Deus, então, nenhum outro mensageiro é necessário. No início do Islã sunita, o *califa* (sucessor [do profeta de Deus]) assume o papel de Muhammad como líder político da comunidade muçulmana, mas não compartilhava da autoridade religiosa de Muhammad como profeta e mensageiro.

[2] N.E.: No Islã há dois tipos de profetas. Eles teriam a missão de divulgar a vontade divina dentre os homens. São 25 profetas (anbié) lembrados no Corão. No entanto, há aqueles que vieram com uma missão a mais, a eles foi revelada a mensagem de Deus, uma escritura. Esse profeta seria o "rasul", mensageiro de Deus. Moisés recebeu a escritura do Torá e Muhammad o Corão.

Comparando Muhammad a Jesus e Moisés

Como o papel de Muhammad no Islã se compara com o papel de Jesus no Cristianismo e o de Moisés no Judaísmo? Pode-se resumir isso dizendo que, da perspectiva muçulmana, o papel de Jesus e de Muhammad diferem consideravelmente, ao passo que Muhammad e Moisés têm um papel muito mais parecido. Claro, o Islã considera todos os três como profetas.

Muhammad e Jesus

Para os cristãos, Jesus é a *encarnação* (corporal) da palavra de Deus. Para os muçulmanos, Muhammad é apenas um homem. O Corão é a palavra eterna de Deus no Islã. Muhammad é a testemunha dessa palavra, assim como a Bíblia cristã é a testemunha de Jesus como a palavra de Deus para os cristãos. Assim, de um ponto de vista teológico, o Corão ocupa no Islã o mesmo papel que Jesus tem no Cristianismo, e Muhammad tem no Islã o mesmo papel que a Bíblia no Cristianismo (veja a Tabela 6-1). Jesus para os cristãos é uma figura salvadora divina. Para os muçulmanos, Muhammad não é um salvador.

TABELA 6-1 A Palavra de Deus no Islã e no Cristianismo

Item	Islã	Cristianismo
Palavra de Deus	Corão	Jesus
Testemunha para o Mundo	Muhammad	Bíblia

Muhammad e Moisés

O Corão retrata Moisés de um modo que enfatiza os papéis paralelos de Muhammad e Moisés. Em certo sentido, Muhammad é um novo Moisés (mas superior a ele). Muhammad e Moisés compartilham do seguinte:

- Profeta ético, enfatizando uma moral apropriada
- Profeta exemplar, um modelo a ser imitado
- Legislador
- Líder ritualístico
- Juiz/árbitro
- Chefe político da comunidade
- Líder militar do povo de Deus
- Intercessor para o povo perante Deus
- Místico[3] (aquele que tem um encontro pessoal único ou visão de Deus e fornece o modelo para místicos subsequentes)

[3] N.E.: A figura dos santos não existe no Islã, podemos chamá-los de místicos ou como se diz em árabe, "almas sagradas".

INDO MAIS FUNDO

MAIS POESIA EM HONRA DE MUHAMMAD

O *Burda* mais famoso é o de Muhammad al-Busiri (1213 a 1298). Cópias do poema estavam inscritas nas paredes, enquanto excertos dele eram usados como amuletos. O *Burda* de al-Busiri adquiriu um poder de bênção (*baraka*) próprio. Mais tarde, os poetas escreveram poemas nos quais reproduziam o texto do *Burda*, adicionando suas próprias linhas depois de cada linha do poema de al-Busiri.

Além disso, vários gêneros literários árabes e não árabes (particularmente do sul da Ásia) são prontamente utilizados para louvor do profeta, gêneros como a *qasida* (forma poética tradicional pré-islâmica de três partes), a *ghazal* (descrição do amado) e o *mathnawi* (longo poema composto em dísticos rimados). Outros gêneros, por definição, focam Muhammad: o *na`t* (poema em prosa de Muhammad enumerando suas qualidades) e o *maulud* (poema celebrando o aniversário de Muhammad, que é recitado ou cantado em muitas ocasiões).

Eis aqui um excerto da porção mais frequentemente recitada do *Burda*:

> Muhammad, líder dos dois mundos, e dos homens e dos jinn, e dos dois grupos, árabes e não árabes. Nosso profeta, que comanda o bem e proíbe o mal. Ninguém é melhor qualificado a dizer 'Não' ou 'Sim'. Amado por Deus ele é, cuja intercessão é esperada.

Vivendo segundo o excelente exemplo

A Sura 33:21 diz: "Tendes no mensageiro de Deus um excelente exemplo." Alguns cristãos dizem WWJD (sigla em inglês para "What would Jesus do?" — que em português seria "O que Jesus faria?") e tentam imitar a Cristo, mas essa imitação por parte dos cristãos empalidece frente a imitação de Muhammad pelos muçulmanos. Os muçulmanos obedecem porque aceitam Muhammad como o escolhido (*mustafa*, um dos epítetos mais comuns de Muhammad). Obedecer significa imitar as ações do profeta, considerar as palavras dele e aceitar como permissível aquilo a que ele deu sua aprovação.

Todas as ações de Muhammad são dignas de imitação: O que ele comeu, como limpou seus dentes, como arrumou a barba e seu amor por crianças e gatos. A imitação do profeta cria uma associação incrível a alguns aspectos da vida muçulmana por todas as culturas e explica por que um muçulmano de um país muitas vezes sente-se em casa em uma cultura muçulmana diferente.

Revendo os milagres de Muhammad

Em contraste com figuras como Eliseu e Jesus na bíblia, o Corão não atribui milagres a Muhammad. O povo de Meca pediu a Muhammad que fizesse milagres para evidenciar suas afirmações. Ele recusou, dizendo que o Corão era seu único milagre e até isso era milagre de Deus, porque Muhammad apenas repetia as palavras reveladas a ele.

Contudo, a fé popular quase sempre parece exigir milagres. Vários deles estão inclusos na biografia padrão de Muhammad do século VIII e poetas posteriores enfatizam milagres em seus poemas elogiando Muhammad. Para muitos desses milagres, o apoio foram citações do Corão, embora normalmente de passagens que têm outros entendimentos possíveis. Esses milagres incluem a abertura do peito quando Muhammad era uma criança, uma história sobre a divisão da lua em duas — "A Hora (do Juízo) se aproxima e a lua se fendeu", Sura 54:1— e a jornada noturna para Jerusalém e sua viagem através dos céus (Sura 17:1).

TEXTO ISLÂMICO

Mas muitos outros milagres de Muhammad são contados. Eis uma das minhas histórias milagrosas favoritas. Quando pregava, Muhammad originalmente encostava-se contra o tronco de uma palmeira. Quando um púlpito foi construído para que Muhammad pudesse pregar, a palmeira não era mais necessária, e ela suspirava, cheia de pesar, porque não mais experienciaria o toque da mão do profeta. Muhammad condoeu-se e fez com que a palmeira fosse trazida perante ele para aliviar seu pesar. Entre outros, esse milagre é relatado por Abu Nu`aim (948 a 1038), sufi e estudioso *hádice*, em seu *Proofs of Prophethood*.

Explorando a ausência de pecado em Muhammad

O início da teologia muçulmana esboça os atributos de um profeta: Ele deve ser verdadeiro, inteligente, honesto e deve proclamar a palavra de Deus. Mas isso não significa que um profeta não tenha pecados (*`isma*). Algumas passagens no Corão parecem sugerir que Muhammad não era alguém sem pecado: "Ele não te encontrou extraviado e te encaminhou?", diz Deus a Muhammad na Sura 93:7. Por que Muhammad deveria rezar por perdão se ele não tinha pecados?

Os primeiros teólogos muçulmanos discutiram essas considerações e alguns reconheceram que não obstante Muhammad poder ter cometido transgressões menores, era livre de pecados grandes e intencionais. Apesar disso, a visão muçulmana dominante é que Muhammad não tinha pecados. Ainda que apenas humano, era um humano perfeito.

Respeitando Muhammad como intercessor

De acordo com a Sura 2:255, Muhammad é o intercessor primário para os pecados dos humanos no Dia do Julgamento (veja o Capítulo 5). Muçulmanos vivos também invocam Muhammad em suas orações. Algumas ordens sufis usam fórmulas de intercessão como a ladainha em sua cerimônia *dhikr* (lembrança). Poetas também usam o tema de Muhammad como intercessor.

Muhammad como intercessor é intimamente ligado ao uso da *tasliya* — a fórmula de bênção sobre Muhammad. "Que Deus lhe dê bênçãos e paz" ocorre em muitas versões, incluindo uma falada ou escrita após cada citação do nome de Muhammad ("que a paz e bênçãos de Alá estejam sobre ele"). "Deus e Seus anjos abençoam o Profeta. Ó fiéis, abençoai-o e saudai-o reverentemente", diz a Sura 33:56.

Identificando-se Pessoalmente com Muhammad

Tendo visto o papel de Muhammad como fundador histórico do Islã e como os teólogos muçulmanos o entendem, um tópico importante remanesce. A maioria dos muçulmanos não é composta nem de historiadores nem de teólogos. Para muçulmanos comuns, Muhammad desempenha um papel importante em sua vida de devoção religiosa. Muhammad não é apenas uma figura do passado; em vez disso, é uma presença viva no cotidiano de todos os muçulmanos. Nesta seção, observo como os muçulmanos encaram Muhammad na fé popular, oração e devoção.

Nomeando Muhammad

Para os árabes, um nome contém a essência do que é nomeado. Naturalmente, muçulmanos dão atenção aos nomes de Muhammad. O nome Muhammad significa "digno de louvor". Na *caligrafia* (escrita ornamental), designs elaborados são feitos usando o nome de Muhammad. Outros nomes comuns de Muhammad incluem *Ahmad* (o mais digno de louvor), *al-amin* (o confiável), *al-habib* (amado de Deus) e *al-mustafa* (o escolhido). Assim como listas dos 99 nomes nobres (*asma' al-sharifa*) de Muhammad têm sido criadas analogamente às listas dos 99 nomes de Deus (veja o Capítulo 3), também elas variam um pouco quanto aos nomes que incluem.

Exaltando Muhammad na poesia

Uma vasta literatura poética tem em Muhammad sua temática. Hassan ibn Thabit foi uma espécie de poeta oficial durante a vida de Muhammad e, assim, modelo para poetas subsequentes conhecidos por poemas que louvam Muhammad. Outro poeta, Ka`b ibn Zuhair, escreveu originalmente poemas satirizando Muhammad. Por volta de 630 ou 631, ele compôs um poema no estilo tradicional *qasida* que terminou com uma expressão de esperança de que Muhammad o perdoaria. Muhammad ficou tão emocionado com a beleza do poema que jogou seu manto sobre os ombros de Ka`b, indicando ter aceitado o apelo. O poema de Ka`b, conhecido como o *Burda* (manto) ficou famoso e estimulou poemas subsequentes tendo mantos como mote.

Celebrando o aniversário de Muhammad

Embora condenada por movimentos puritanos, tais como os Wahhabi da Arábia Saudita, a celebração do aniversário de Muhammad (*maulid*) é uma grande celebração religiosa em muitos países muçulmanos e desempenha um grande papel na religiosidade popular (veja o Capítulo 10 para mais informações).

Preservando as relíquias de Muhammad

Assim como os budistas podem venerar o dente do Buddha e os cristãos a mortalha de Jesus (o Santo Sudário) e pedaços da cruz, as relíquias de Muhammad são importantes na devoção islâmica. As relíquias reivindicadas por vários santuários muçulmanos incluem fios da barba de Muhammad, o manto usado por ele, suas sandálias e impressões deixadas pelo pé de Muhammad.

Vendo Muhammad como a luz do mundo e o polo do universo

A tradição diz que, no nascimento de Muhammad, uma luz resplandecente iluminou o mundo. Essa tradição está vinculada à Sura 33:46, que fala de Muhammad como uma lâmpada brilhante. Na Sura 24:35, o "verso da luz" descreve Deus como a luz do cosmos (veja o Capítulo 3) e segue falando metaforicamente de uma lâmpada dentro de um nicho como o reflexo da luz de Deus. Naturalmente, os muçulmanos entendem Muhammad como sendo essa lâmpada.

Procurando pelo Muhammad Histórico

Frequentemente, um grande ponto de tensão entre muçulmanos e não muçulmanos diz respeito às atitudes em relação a Muhammad. O relato da vida de Muhammad que eu reconto neste capítulo (na seção "Contando a História de Muhammad") é principalmente uma versão resumida do relato tradicional aceito pela maioria dos muçulmanos e transmitido de geração em geração ao longo dos últimos 1.200 anos. Essa seção explica as fontes do relato tradicional e também alerta sobre algumas narrativas muçulmanas modernas da vida de Muhammad. Também discuto a abordagem da maioria dos estudiosos ocidentais não muçulmanos quanto ao estudo da vida de Muhammad.

Biografias tradicionais

O *Sirat Rasul Muhammad* de Ibn Ishaq (704 a 768) é a biografia tradicional de Muhammad. A biografia de Ibn Ishaq chega até nós em uma versão editada por Ibn Hisham na primeira parte do século IX. O texto está disponível em uma tradução em inglês por Guillaume, mas tem quase 700 páginas! Ibn Ishaq compilou sua biografia de *hádices* individuais (tradições sobre Muhammad). A outra principal fonte sobre a vida de Muhammad é uma parte da história de al-Tabari. Além disso, muitas coleções de *hádice* estão centradas especificamente em Muhammad. O Corão menciona Muhammad pelo nome apenas quatro vezes, então, se você tivesse apenas o Corão, saberia pouco sobre a vida de Muhammad.

INDO MAIS FUNDO

Naturalmente, a história de Muhammad foi contada e recontada diversas vezes em diferentes tempos e lugares. Nos séculos XIX e XX, surgiram algumas biografias menos tradicionais que mantinham a linha tradicional da história, mas foram escritas de tal maneira que ficassem mais atraentes para pessoas educadas no estilo ocidental. Tais biografias modernas podem subestimar os elementos milagrosos na história ou reinterpretá-los, ou, ainda, enfatizar, por exemplo, o papel de Muhammad como um reformador social que fornece um modelo para a sociedade atual. Entre as biografias modernas de ampla circulação, realizadas por autores muçulmanos, estão as de Syed Ameer Ali (1873, com revisões subsequentes), Muhammad Husain Haykal (1935), Taha Hussan (1933 a 1944) e Muhammad Hamidullah (1959).

Biografias não muçulmanas

Os mais respeitáveis estudos acadêmicos ocidentais sobre Muhammad, no século XX, tiveram uma abordagem bem conservadora. Tais estudiosos normalmente aceitaram o esboço básico da biografia tradicional, implementando-o com perspectivas adicionais de natureza histórica, econômica, sociológica e antropológica. Como os autores não eram muçulmanos, mesmo quando acreditavam que Muhammad havia sido inspirado, mantinham uma postura crítica — embora muitas vezes complacente — em relação a Muhammad. Esses historiadores não aceitaram automaticamente tudo o que a tradição relatou sobre Muhammad e nem sempre seguiram as razões tradicionais pelas quais os eventos ocorreram.

Bem distintos dessas principais releituras ocidentais das origens do Islã são os reexames efetuados por um punhado de estudiosos ocidentais que desafiaram toda a biografia de Muhammad, as visões tradicionais das origens do Corão e o início da história do Islã. Patricia Crone, John Wansbrough e Michael Cook apresentam uma reconstrução radical das origens do Islã, que essencialmente nega a validade histórica dos relatos muçulmanos tradicionais.

SE LIGA!

Os muçulmanos são sensíveis a tudo que levante dúvidas sobre Muhammad. O tipo de pergunta que qualquer calouro universitário faria em um trabalho a propósito de qualquer pessoa histórica pode ser considerada um insulto quando levantada sobre Muhammad. Claro, por definição, não muçulmanos não acreditam em tudo o que os muçulmanos relatam sobre Muhammad, tanto quanto não cristãos aceitam as crenças cristãs tradicionais sobre Jesus.

NESTE CAPÍTULO:

Abordando o Corão como escritura e como o livro de Deus

Ouvindo o Corão

Tendo uma ideia do estilo do Corão mesmo se você não lê árabe

Interpretando o Corão

Examinando a sura de abertura do Corão

Capítulo 7
O Livro: O Corão

Não se pode entender o Cristianismo ou o Judaísmo sem lidar seriamente com a Bíblia, ou o Confucionismo ou o Taoismo sem ler os *Analectos* (*Diálogos de Confúcio*) e o *Tao Te Ching* (*O Livro do Caminho e da Virtude*). Igualmente, não se pode entender o Islã sem examinar o Corão. Ainda assim, os não muçulmanos veem-se frente a um paradoxo. Os muçulmanos consideram o Corão como um trabalho perfeito em sua expressão e conteúdo. Não muçulmanos que conhecem o Corão apenas pela tradução frequentemente concordam com o historiador britânico Thomas Carlyle que, em 1841, descreveu o Corão como "um emaranhado confuso, bruto, mal-acabado de iterações infinitas, prolixidade, em suma, uma estupidez insuportável". (E lembre-se de que essas são as palavras de um homem que, comparado à maioria dos ocidentais, era solidário com Muhammad e o Islã.) Qual visão é a correta? Leia e decida por si próprio.

Uma das características das escrituras dos três maiores monoteísmos ocidentais (Islã, Judaísmo e Cristianismo) é que no centro de cada um está uma escritura contida em um único livro (na forma atual) que afirma ser a revelação de Deus. Todos os três alegam que cada um de seus livros é ou contém a palavra direta de Deus. No Islã, esse livro é o Corão, o qual os muçulmanos acreditam que Deus revelou a Muhammad em uma série de revelações ao longo de um período de 22 anos. Em contraste, os *Analectos* (*Diálogos de Confúcio*) e o *Tao Te Ching* não reivindicam terem sido revelados por um deus ou ser a palavra de um deus.

Apresentando o Corão

Muitas pessoas não sabem dizer o nome das escrituras do Budismo ou do Hinduísmo. A maioria, no entanto, não desconhece que o Corão é a escritura do Islã. Algumas pessoas até se referem ao Corão como "a Bíblia do Islã".

LEMBRE-SE

Interessante notar que a Bíblia vem de uma palavra grega para livro, e "o livro" é uma designação frequente, no Corão, da escritura do Islã.

O que é escritura?

A escritura de uma religião pode ser constituída de um ou de muitos livros. As pessoas que estudam religiões mundiais assinalam que muitas delas, se não todas, têm as seguintes características. (À medida que for lendo este capítulo, observe como muitas dessas características se aplicam ao Corão.)

- » O texto é de origem divina ou produto de uma inspiração.
- » O texto é tratado como sagrado, poderoso e inviolável.
- » O texto é considerado como autoautenticado.
- » O texto passa a ter autoridade para uma comunidade, fornecendo orientações para adoração, crença e comportamento.
- » O texto é fechado — nada pode ser adicionado ou tirado dele.
- » O texto fornece uma compreensão do sentido da vida.
- » O texto é uma base suficiente para a vida.
- » A religião tem procedimentos de como estudar e aplicar o texto.
- » Um grupo de pessoas (como os `ulama' ou estudiosos religiosos, rabinos, magos ou padres) tem responsabilidade primária para transmitir e interpretar o texto.

O básico do Corão

Você pode entender muito melhor qualquer livro sobre o Islã se tiver à mão um exemplar do Corão para consultar enquanto lê. O Corão tem cerca de 4/5 do tamanho do Novo Testamento. Talvez você não leia tudo em uma noite, mas certamente ele não é tão longo para levar uma semana para ser lido. O Corão é dividido em 114 unidades primárias, cada uma das quais é uma *sura*. (Os estudiosos não têm certeza sobre a origem da palavra "sura".) Você pode pensar nas suras como capítulos (como na Bíblia), mas se o fizer, pense nelas como capítulos, da mesma maneira que alguém se refere aos salmos individuais como capítulos do livro dos Salmos.

LEMBRE-SE

Cada sura é dividida em versos. A Sura 2, a mais longa, tem 286 versos. Várias suras (103, 108, 110) têm apenas três versos. Como a maioria dos não muçulmanos, eu me refiro a uma passagem específica por sura e verso ou número *aya*; por exemplo,

24:35. (Note que *aya* significa sinal; o Islã refere-se aos versos como sinais porque os muçulmanos consideram o Corão como o maior sinal de Deus.) Ouvir a sura e o verso ajuda qualquer pessoa não muito familiarizada com o Corão a encontrar uma passagem específica. Os muçulmanos tradicionalmente se referem às suras pelo nome, tal como a "abertura" (*al-Fatiha*) para a Sura 1 e a "vaca" (*al-Baqara*) para a Sura 2. Ocasionalmente, os nomes se relacionam ao conteúdo predominante de uma sura, como no caso da Sura 12, a Sura José. Mais frequentemente, o título é retirado de uma palavra rara ou de uma palavra que ocorre nas primeiras duas linhas. Como sinfonias musicais, pode-se lembrar da sura mais facilmente por nome do que por número.

Para o Islã, o Corão é a revelação ou encarnação básica de Deus no mundo. O Corão é a palavra falada de Deus em sentido literal (*kalam Allah*). Isso vai consideravelmente muito mais além do que a visão de alguns cristãos de que Deus ditou as palavras para a Bíblia. Todo o Corão é a palavra de Deus na primeira pessoa. Para os muçulmanos, o protótipo do Corão, chamado "*mãe do Livro*" *ou Livro matriz* (Sura 13:39), existiu eternamente no céu (veja o Capítulo 4) e, diferentemente da Bíblia, o Corão é uma réplica perfeita desse livro.

A maioria das pessoas, hoje, pensa na Bíblia primariamente como um livro. O Islã refere-se aos cristãos, judeus e, eventualmente, zoroastrianos (veja o Capítulo 5) como "pessoas do livro". Muhammad traz um livro árabe para as pessoas que anteriormente não tinham um livro (escrituras) próprio. No Cristianismo e no Judaísmo, o conceito de revelação como um livro se desenvolve ao longo de um certo período de tempo, assim como o próprio livro. Para o Islã, o conceito de revelação como um livro divino está presente desde o início.

Ouvindo o Corão

Sendo o Corão um livro, pode-se supor que a melhor abordagem é lê-lo. Quando se está viajando de automóvel, por exemplo, há a opção de "audiolivros", porém, ainda considero essa uma maneira conveniente, mas secundária de "ler" o livro, porque a maioria dos autores não escreve romances para serem consumidos via audição em vez de através dos olhos. Anteriormente à Reforma Protestante do século XVI, a maioria dos cristãos familiarizou-se com o conteúdo da Bíblia ouvindo partes dela lidas em voz alta nos cultos, ou por representações em imagens, estátuas e vitrais. As escrituras Vedas do Hinduísmo eram, primariamente, textos orais para recitar em vez de textos escritos para ler. Mesmo hoje, mais pessoas usufruem de adaptações cinematográficas de romances do que por intermédio da leitura do romance em si.

INDO MAIS FUNDO

A palavra Corão significa "a leitura" ou "a recitação". O verbo correspondente ocorre pelo menos 80 vezes no Corão e significa recitar, proclamar ou ler em voz alta. No que é frequentemente considerado como o chamado de Muhammad, na Sura 96:1–5, Gabriel diz a Muhammad para "recitar". Ele não diz a Muhammad que leia ou escreva. O verbo "dizer" ocorre em mais de 300 passagens. No Corão, várias formas da palavra "Corão" podem se referir a três coisas:

- O livro sagrado como um todo (esse é o uso normal da palavra)
- Uma revelação individual contida no Corão
- A recitação de parte ou do Corão completo

Quando Muhammad recebia uma nova revelação, precisava transmiti-la para seus seguidores. Como, segundo a tradição muçulmana, algumas revelações eram transcritas por escribas, pode-se pensar que ele dispunha de um escriba para fazer cópias do texto escrito e enviá-las para muçulmanos vivendo em outros lugares. Em vez disso, Muhammad enviava "recitadores" para transmitir a nova revelação oralmente, mimetizando o modo pelo qual ele havia originalmente transmitido para aqueles que estavam a seu lado. Ao recitar o Corão, um muçulmano realiza a palavra de Deus. Na palavra falada, Deus está presente, assim como para muitos cristãos Cristo está presente no pão e vinho consagrados.

O recém-nascido ouve pela primeira vez a linguagem do Corão quando o pai sussurra em seus ouvidos a *shahada* (testemunho de que Deus é o único Deus e Muhammad é Seu mensageiro). Desse momento em diante, a criança escuta o Corão frequentemente. Quando ele ou ela aprende a ler, o propósito primário é que a criança possa recitar as passagens do Corão necessárias para a oração requisitada (*salat*). Na *salat*, o muçulmano recita passagens do Corão em árabe sem o auxílio de um texto escrito.

Judeus e muitos cristãos têm um livro oficial de orações para uso durante o culto. Embora os muçulmanos possam comprar livros com coleções de orações para uso devocional, o Islã não tem um livro oficial de orações; na verdade, o Corão *é* o livro de orações do Islã. Como diz uma das *hádices*, "Em cada *salat*, existe uma recitação (do Corão)".

Conforme a criança cresce, sons do Corão estão por toda a parte. No rádio e na televisão, ela escuta leituras do Corão. Um muçulmano pode reunir-se com outros antes ou depois do serviço de oração de sexta-feira ao meio-dia para recitar o Corão. Nesses grupos, o muçulmano tem uma cópia do Corão em sua frente, mas ainda precisa recitá-lo em voz alta. Quando pega o ônibus para o trabalho ou um táxi para visitar os amigos, é tão provável que o motorista esteja escutando leituras corânicas quanto as mais novas canções populares.

Frases do Corão pontuam o discurso cotidiano, tal como *insha'allah* ("se Deus quiser"). Várias dessas frases são listadas no Apêndice B. Os muçulmanos recitam suras ou versos específicos em determinadas ocasiões em particular, incluindo as seguintes:

- A *Fatiha* (veja a Seção "Abrindo o Corão: A Fatiha", neste capítulo) é recitada em muitas oportunidades, tais como na conclusão de um contrato de casamento.
- As Suras 113 e 114, como proteção contra o mal.

» A Sura 26 no dia 15 do mês do *Sha`ban*, à noite, quando os destinos são determinados por Deus para o ano que virá.
» A *basmala*, que é recitada antes de refeições e como um ato de consagração antes de muitas outras ações. A *basmala* é a frase "em nome de Deus, o Clemente, o Misericordioso" que abre todas as suras exceto a Sura 9.
» A Sura 112, a Sura 2:225 (o verso do trono) e a Sura 24:35 (o verso da luz) em várias ocasiões.

LEMBRE-SE

A dominância do Corão falado em árabe é uma das principais características em comum compartilhada por todas as culturas muçulmanas, independentemente de suas línguas nativas. Ler o Corão sem recitá-lo em árabe é como tentar apreciar uma música apenas lendo sua partitura.

Tratando o Corão com Respeito

Não obstante a importância dada ao Corão oral, não pense que o Corão escrito é ignorado. Muito ao contrário, escrito ou oral, ele é tratado com o maior respeito. Muçulmanos fazem o seguinte com o Corão:

» Eles o mantêm em um local limpo e de honra. Enrolam-no em um tecido ou o colocam em uma caixa.
» Não colocam outras coisas acima ou sobre ele.
» Purificam-se antes de tocar ou recitar o Corão.
» Expressam verbalmente sua intenção (*niyya*) de recitar o Corão antes de começar a fazê-lo.
» Posicionam-se de frente em direção a Meca quando recitam.
» Antes de começar a recitar o Corão (e antes de recitar a *basmala* em outras ocasiões) buscam a proteção de Deus contra Satanás (veja a Sura 16:98 e 7:200–201) recitando o *ta`awwudh* — "Eu busco refúgio em Deus, de Satanás, o amaldiçoado (ou 'apedrejado')."
» Concluem sua recitação dizendo: "Deus, O Grande, falou a verdade."
» Oferecem uma oração voluntária (*du`a*) — um chamado ou pleito — para aceitação da recitação.

Reunindo e Organizando o Corão

Por um lado, Muhammad recebeu revelações individuais ao longo de sua vida. Por outro, o Corão atual é uma coleção organizada de muitas ou todas essas revelações. Como alguém passa das revelações individuais para o Corão como um livro integrado? Quando isso aconteceu? Com base em que princípios as suras foram compiladas? Há basicamente uma única tradição, de modo que o texto do Corão remete a Muhammad, ou houve versões das tradições?

Escrevendo o Corão

O texto escrito que subjaz ao Corão hoje foi, originalmente, um texto consonantal sem vogais. O alfabeto árabe da época tinha apenas 15 caracteres para 28 consoantes. Mais tarde, marcas especiais foram adicionadas para distinguir letras que parecem similares ou idênticas no árabe. Devido à ausência de vogais escritas e a possível confusão de consoantes, ninguém poderia pegar e ler uma cópia do antigo Corão escrito a não ser que já conhecesse o Corão oral. Quando, em 1924, os estudiosos egípcios estavam preparando o que se tornou a edição impressa padrão do Corão, eles primeiro consultaram a tradição oral viva. Mais tarde, as vogais foram adicionadas ao texto do Corão, e escritas em uma cor diferente de tinta para que o leitor entendesse que as vogais não integravam o Corão em si.

O texto inicial subjacente no Corão em uso atualmente foi dividido em linhas, mas não indicava os versos (*aya*). Em muitos casos, considerações estilísticas deixam claro onde no texto árabe um verso termina. Entretanto, em alguns casos, a divisão não é totalmente clara. A divisão de versos do texto egípcio de 1924 é usada, hoje, nos exemplares árabes do Corão. Textos tradicionais impressos (ou manuscritos) indicam divisões de versos com uma roseta, um ícone em forma de rosa entre os versos. Algumas traduções ocidentais seguem a divisão de versos de um estudioso do século XIX chamado Flügel, que difere, em alguns casos por até sete versos, da edição egípcia. Se você estiver buscando uma citação em uma tradução em inglês do Corão e não conseguir encontrar a passagem indicada, leia os sete versos anteriores e posteriores.

Pronunciando o Corão

O texto antigo formado só por consoantes foi objeto de pequenas mudanças de leitura. Imagine escrever "gosta" só com consoantes: gst. Você poderia ler "gst" como gosta, gasta, gesto, gosto, gestão e assim por diante. Até mesmo hoje em dia, os jornais árabes (e hebreus) são impressos sem vogais. O contexto normalmente deixa clara a leitura correta do Corão. Todavia, houve casos onde diferentes leituras eram igualmente possíveis. Diferentes tradições orais foram desenvolvidas propondo-se a como realmente ler o texto — em outras palavras, como preencher as vogais e acentos. Ao longo do tempo, uma versão mais completa da caligrafia árabe foi elaborada indicando vogais e acentos com marcas acima e abaixo das consoantes e, assim, os textos do Corão escrito começaram a incluir as vogais. Lembre-se de que apenas as consoantes são consideradas por muçulmanos como parte do texto revelado.

INDO MAIS FUNDO

Michael Cook, em seu livro *The Koran, A Very Short Introduction* (Oxford University Press, 2000), dá este simples exemplo. A Sura 1:4 diz: "Soberano do Dia do Juízo." O texto consonantal para "soberano" é "mlk". Se você pronunciar como "maliki" com um "a" longo, o significado é soberano. Se você pronunciar ou ler com um a curto, o significado é "rei".

Organizando o Corão

Como as suras são reunidas para compor o Corão? Você pode ver que depois da Sura 1, as maiores suras vêm primeiro. Em geral, as suras são dispostas em tamanho decrescente. Contudo, há muitas exceções a essa regra. Dou dois exemplos: Pela extensão (contando o número de linhas), a Sura 15 seria a Sura 40, e esta seria a Sura 22. Então, claramente, o comprimento não é tudo o que estava envolvido.

Vinte e nove suras são prefixadas com o que, em inglês, é chamado de "mysterious (or desconected) letters" (em português, "letras misteriosas [ou desconectadas]") — de uma a quatro letras do alfabeto árabe que ocorrem depois da *basmala*, mas antes do corpo da sura. Os muçulmanos as aceitam como parte da revelação original. Em alguns casos, as suras com as mesmas letras misteriosas são agrupadas. Por exemplo, as letras A (ou seja, `alif), L e R estão no início das suras 10 a15. Esse agrupamento pode ser uma das razões para algumas suras parecerem estar fora do lugar quando vistas em termos apenas de extensão. O que as letras significam? Ninguém concorda, e é por isso que são chamadas de letras misteriosas.

Compilando o Corão: A visão muçulmana

De acordo com a biografia tradicional, Muhammad recebeu seu chamado para ser um profeta em 610. Nessa ocasião (discutida no Capítulo 6), o anjo Gabriel transmitiu a Muhammad a primeira revelação, normalmente considerada como os versos de abertura da Sura 96. O Corão diz: "Nós o enviamos durante uma noite bendita" (Sura 44:3). "Enviamos" pode referir-se a Deus ter enviado todo o Corão, do sétimo céu para o céu mais baixo, em uma das noites ímpares do último terço do mês do *Ramadã*.

Ao longo do restante de sua vida, Muhammad continuou a receber revelações individuais. Apenas no caso de algumas das suras curtas, uma única revelação corresponde a uma sura inteira. Caso contrário, revelações individuais eram combinadas para formar as suras.

Alguns muçulmanos dizem que sempre que Muhammad recebia uma nova revelação, ele indicava onde deveria ser posicionada (ou seja, em que sura) e qual era a sequência adequada das suras. Embora o Corão não existisse como um livro físico único durante a vida de Muhammad, segundo esse ponto de vista Muhammad já havia determinado a estrutura do Corão. Uma típica tradução inglesa do Corão tem cerca de 500 páginas. Divida isso ao longo de 23 anos, do chamado à morte de Muhammad, e você chegará a cerca de duas páginas por mês ou 25 páginas por ano. Ou pegue os aproximadamente 6.200 versos, e isso representa pouco menos que um verso por dia. Claro, as revelações não vieram em um ritmo tão regular e não tinham todas o mesmo tamanho.

TEXTO ISLÂMICO

O que se segue é um sumário de várias tradições que relacionam a visão muçulmana comum de como as revelações individuais que Muhammad recebeu em sua vida foram coletadas em uma única versão autorizada do Corão. Dentro dos primeiros dois anos depois da morte de Muhammad em 632, `Umar (o futuro segundo califa) pediu com urgência a Abu Bakr (o primeiro califa) para consolidar o Corão, receando que os recitadores que preservavam o Corão morressem em batalha. Abu Bakr mandou chamar Zayd ibn Thabit. Zayd buscou as versões escritas preservadas de revelações individuais — algumas escritas em pedra, outras em folhas de palmeira e outras em ossos. Ele também coletou e escreveu partes do Corão que foram preservadas apenas "nos corações dos homens". Zayd passou os resultados de seu trabalho, que estava em páginas separadas, para Abu Bakr, que os repassou para `Umar ao morrer. `Umar, por sua vez, os deu a sua filha Hafsa (uma viúva de Muhammad) quando morreu. Esse foi o primeiro Corão escrito completo de acordo com a tradição. Durante o reinado de `Othman, o próximo (terceiro) califa, um general do exército chamado Hudhayfa foi até `Othman. Ele estava preocupado que grupos diferentes do exército tivessem diferentes versões do Corão. `Othman mandou buscar as páginas do Corão que estavam em posse de Hafsa. E ordenou que o mesmo Zayd ibn Thabit chefiasse um comitê para organizar as folhas em um livro, resolvendo quaisquer diferenças de leituras. `Othman enviou cópias desse Corão para quatro das grandes cidades muçulmanas. Todas as outras cópias escritas do Corão (total ou parcial), ele mandou queimar.

O que o relato tradicional lhe conta?

- A história claramente tem o propósito de legitimar a versão `otamânica do Corão, a versão que é a base para o Corão utilizado pelos muçulmanos atualmente. Aceitando ou não a historicidade do relato de sua origem, o texto do Corão usado hoje é normalmente considerado como o texto de `Othman ou a versão de `Othman.
- O relato indica que mesmo depois de Abu Bakr, diferentes versões do Corão circulavam na época de `Othman.
- Quando da morte de Muhammad, o Corão não existia como um único manuscrito.
- O texto do Corão foi finalizado em forma escrita muito mais rapidamente do que ocorreu com os textos bíblicos.

Quão completo é o texto presente do Corão? Enquanto alguns muçulmanos shia'as acreditam que o texto corânico recebido omite algumas passagens sobre `Ali e seus descendentes, a maioria dos muçulmanos concorda que nele consta a maioria das revelações que Muhammad recebeu durante sua vida. A tradição diz que os seguintes princípios guiaram o processo de coleção:

- A revelação foi escrita na presença de Muhammad. Em outras palavras, nenhum relato de segunda mão foi incluído.
- Pelo menos duas testemunhas ouviram Muhammad recitar cada revelação específica.
- Todas as revelações que Muhammad recebeu foram incluídas. Nada foi omitido, exceto por algumas passagens que Deus explicitamente anulou (veja a Seção "Os versos revogados" neste capítulo).

Compilando o Corão: A visão de estudiosos não muçulmanos

Alguns estudiosos ocidentais não muçulmanos basicamente aceitam o relato da consolidação do texto do Corão sob `Othman. Em contraste com a visão muçulmana, esses estudiosos apontam evidências de que outras versões continuaram a circular por várias centenas de anos:

- » Comentaristas corânicos e juristas ocasionalmente utilizavam citações provenientes de versões não `Ohtmânicas do Corão vários séculos depois de `Othman.
- » A própria tradição muçulmana refere-se a pelo menos outras quatro versões anteriores do Corão. A tradição muçulmana diz que `Othman destruiu essas versões, mas textos de cerca do ano 800 protestam sobre o uso da versão de Ibn Mas`ud, indicando que ao menos essa versão ainda estava em circulação.
- » Os primeiros textos de qualquer parte do Corão que havia sido preservada datam do fim do século VII e início do século VIII. Inscrições de alguns versos do Corão gravadas no grande santuário, a Cúpula da Rocha em Jerusalém, datam dos anos 691 e 692. Em 1972, vários manuscritos antigos contendo partes do Corão foram descobertos no Iêmen. Esses manuscritos, datando provavelmente do início do século VIII, se não um pouco antes, em alguns lugares têm textos levemente diferentes de passagens específicas da versão de `Othman. Os textos iemenitas também registram uma maneira diferente de escrita de algumas palavras, e alguns fragmentos que contêm o fim de uma sura e o começo de outra sugerem que, em alguns casos, a sequência de suras pode ser diferente da versão de `Othman.

Os muçulmanos, com frequência, reagem com desdém a visões como essas, e muitos deles se ofendem com os estudiosos que colocam tais argumentos, considerando essa visão como outro exemplo dos ataques ocidentais ao Islã. Os muçulmanos acreditam que o Corão é uma cópia totalmente precisa do livro divino. Estudiosos ocidentais, como Michael Cook, não pensam assim. O que surpreende não são as versões do texto do Corão, mas o fato de existirem poucas, especialmente comparando com os textos das Bíblias judaica e cristã. Surpreendente mesmo não é que o texto ainda não havia sido consolidado na época de Muhammad, mas que foi definido na forma escrita tão cedo quanto foi, e transmitido tão precisamente — novamente, em contraste com a Bíblia.

Compilando o Corão: Uma visão radical

No Capítulo 6, menciono a abordagem radical do início da história islâmica efetuada por Crone, Cook e Wansbrough. Wansbrough enfocou o Corão e sua história usando as técnicas de análise desenvolvidas em estudos bíblicos modernos. Crone e Cook ofereceram uma reconstrução das origens islâmicas em radical desacordo com as visões tradicionais. Por exemplo, a emigração (*hijra*) original não foi de Meca para Medina, mas da Arábia para Jerusalém. Lembre-se, este é apenas um ponto em uma reconfiguração total das origens islâmicas.

INDO MAIS FUNDO

DATANDO AS SURAS

Mesmo que as suras não estejam organizadas cronologicamente, pode alguém, contudo, datá-las? Muitas tradições muçulmanas falam da "ocasião da revelação" de passagens específicas no Corão. Infelizmente, essas tradições às vezes discordam entre si e, de modo geral, estudiosos ocidentais não acham que elas têm muito valor quanto a datas.

Ainda assim, ambos os estudiosos, muçulmanos e não muçulmanos, concordam que, com base no conteúdo e estilo, pode-se determinar quais suras pertencem ao período de Meca (610 a 622) e quais ao período de Medina (622 a 632) da vida de Muhammad (veja o Capítulo 6). Como uma única sura pode conter mais de uma revelação, algumas suras de Meca podem conter uma seção que seja uma revelação do período posterior em Medina.

E quais são esses critérios de estilo e conteúdo que ajudam a distinguir entre as suras de Meca e de Medina? As suras mais curtas, mais poéticas e líricas pertencem principalmente ao período de Meca. As suras mais longas, mais prosaicas e detalhadas pertencem ao período de Medina. No primeiro período, Muhammad foi principalmente um pregador, lidando com um público amplamente não convencido. Em Medina, Muhammad foi estadista e legislador, lidando com uma comunidade composta primariamente de muçulmanos e com questões de preocupação prática para aquela nova comunidade. Você pode encontrar várias listagens muçulmanas e não muçulmanas das suras em ordem cronológica em uma tabela no fim de *Introduction to the Qur'an* (Edinburgh University Press, 1970) de W.M. Watt e R. Bell.

Em relação ao Corão, essa visão radical sugere que ele surgiu no século VIII encerrando a parte inicial da história do Islã, e que foi apressadamente reunido para fornecer uma "história de salvação", uma história sagrada, da nova religião e Estado muçulmanos. Por esse ponto de vista, o Corão, que contém material de diferentes períodos e fontes, fornece evidências para o século VIII, mas não muitas para a época das origens muçulmanas. Para Wansbrough, a razão de não existir prova física do Corão antes da construção da Cúpula da Rocha (cerca de 691) é porque o Corão ainda não existia.

Com certeza se entende que tais visões aborreceriam muitos muçulmanos comuns que não são estudiosos. Até Michael Cook em seu *The Koran: A Very Short Introduction* (Oxford University Press, 2000) tem agora uma visão muito mais moderada das origens corânicas. Toby Lester dá uma excelente apresentação popular das questões em seu artigo "What is the Koran?" publicado na edição de janeiro de 1999 do *The Atlantic Monthly*. Você pode encontrar considerações mais detalhadas de algumas dessas questões no *Discovering the Qur'an* (SCM Press, 1996), de Neal Robinson.

O Estilo do Corão

Agora, passo da discussão de como o Corão passou a existir em seu formato atual para considerações quanto ao estilo do Corão. Para um não muçulmano, o Corão frequentemente parece estranho e difícil de entender. Um leitor pode se perguntar por que razão os muçulmanos louvam tanto sua beleza, quando um leitor ocidental pode achá-lo tedioso e repetitivo. Como ele impacta corações e mentes dos muçulmanos? O efeito do Corão em um muçulmano é devido tanto a como ele apresenta sua mensagem quanto ao conteúdo dessa mensagem.

O Corão como discurso evocativo

O Corão não é um livro organizado por conteúdo e cronologia. Pense nas suras do Corão como análogos a um conjunto de sermões de um pastor ou rabino proeminente ou discursos de uma figura política importante. Parte do impacto desses sermões e discursos resultam da repetição. Pense em um gerente de vendas tentando entusiasmar sua equipe ou um treinador inflamando seu time antes de um jogo. Um editor poderia tentar agrupar esses discursos, mas isso seria uma estrutura secundária, não intrínseca aos discursos originais. Lembre-se de que o Corão também é feito de comunicações orais destinadas a evocar respostas.

O Corão faz contato com seu público através do som, imagens visuais e conteúdo. Ele apela à imaginação, emoções e mente. Ao revelar o Corão, Muhammad está tentando estabelecer uma conexão com o povo para movê-lo à ação e fixar sua atenção no locutor máximo (Deus). Gestos corporais e entonação teriam tido um papel crucial no estilo de Muhammad e acentuavam mudanças de modo e assunto. Esses gestos e dicas vocais não são preservados no texto escrito.

A maioria das pessoas está acostumada a um discurso linear. Elas esperam ou uma progressão cronológica ou uma organização tópica, em que A leva a B, que leva a C. A tecnologia da computação, com sua rede de hiperlinks, oferece às pessoas de hoje a opção de uma leitura de texto não linear. A natureza não linear do Corão frequentemente torna o livro difícil de seguir para um não muçulmano que não viveu com o Corão a vida inteira. O Corão é como uma montagem de diferentes imagens ou um caleidoscópio, no qual elementos diferentes continuamente se repetem, mas em diferentes arranjos. O Corão raramente dá a "história completa" em um lugar. Moisés é mencionado em muitas passagens, mas, para entender, o leitor de qualquer passagem já deve saber algo da história de Moisés a partir de menções individuais a Moisés.

O idioma do Corão

O idioma do Corão não é o árabe normal dos dias de Muhammad. Alguns sugerem que o idioma corânico deriva de um tipo de linguagem da alta literatura utilizada e compreendida por toda a Arábia na época. Assim como Shakespeare e a Bíblia do

Rei Jaime tiveram uma influência formativa no inglês, o árabe do Corão assumiu um papel decisivo no desenvolvimento do árabe.

A linguagem do Corão não é a prosa normal ou a poesia normal. Quando se considera que alguns dos contemporâneos de Muhammad disseram que ele foi um poeta, um profeta, um louco ou um mágico, parece que estavam tendo dificuldade para encaixar o idioma do Corão em uma categoria reconhecida de discurso. A linguagem corânica usa uma forma de prosa rimada e ritmada.

Em muitas traduções do Corão, sem nem mesmo ler o texto, é possível notar que ele é formatado como poesia. Ainda que as linhas não tenham uma métrica fixada ou um número de sílabas estabelecido, você pode ver claramente um padrão que é mais como poesia do que prosa. A linguagem corânica faz uso extensivo de assonância na qual as linhas de uma unidade finalizam todas com o mesmo som.

DICA

Mesmo sem compreender, se você quiser captar algo do efeito do som do Corão nos muçulmanos, ouça algumas suras sendo recitadas. Melhor ainda é ouvir a recitação enquanto segue uma transliteração impressa do árabe. O *Approaching the Qur'an: The Early Revelations* (White Cloud Press, 1989) de Michael Sells inclui transliterações de diversas suras curtas, bem como um CD de recitações que lhe permite fazer exatamente isso.

A inimitabilidade do Corão (*i`jaz*)

Diz a tradição que Muhammad era analfabeto e sem instrução. Assim, o Corão é um milagre que Muhammad não poderia ter produzido sozinho. Em vários pontos do Corão, Muhammad desafia aqueles que duvidaram de sua inspiração para produzir dez suras (11:13) ou até mesmo uma sura (10:38) comparável ao Corão. Ninguém pôde fazer isso. Daí se desenvolveu o conceito do *i`jaz* (inimitabilidade, significando "não pode ser imitado") do Corão.

Subsequentemente, estudiosos muçulmanos, tais como os teólogos do século XI Baqillani e al-Jurjani, tentaram definir em que constituía o *i`jaz* do Corão. Eles enfatizaram a escolha e o arranjo das palavras (*nazm*). Se alguém muda as palavras, ou as mantém e muda a organização, o significado se altera.

A consideração do *i`jaz* levou a avanços significativos na compreensão da eficácia retórica do Corão — por que teve tanto efeito nas mentes e corações dos muçulmanos ao longo dos séculos. Estudiosos modernos — muçulmanos e não muçulmanos — estão começando a utilizar técnicas modernas de análise literária para avançar na compreensão do Corão e produzir traduções mais aprimoradas. Alguns escritores islâmicos do século XX, como Sayyd Qutb, tentaram articular um Islã que falasse mais convincentemente ao mundo moderno. Além das conquistas artísticas do Corão, Sayyd Qutb apontou para as profecias sobre o futuro, a sábia legislação que é válida tanto hoje quanto na época de Muhammad, e a antecipação do conhecimento científico moderno sobre o homem e o universo.

Elementos temáticos recorrentes no Corão

Além de analisar a estrutura das palavras e as sentenças no Corão, você também pode observar os elementos componentes das várias suras. Neil Robinson, em seu livro *Discovering the Qur'an, A Contemporary Approach to a Veiled Text* (Trinity Press International, 1997) fala de seis *registros* ou modos de discurso que formam as suras individuais.

- Passagens direcionadas contra oponentes pagãos em Meca e subsequentemente contra os "hipócritas" em Medina
- Sinais testemunhando, por exemplo, o poder de Deus de ressuscitar os mortos
- Comunicações a Muhammad, incluindo Seu chamado
- Sinais que indicam o fim do mundo e o julgamento final
- Material para estabelecer a verdade da mensagem e seu mensageiro
- Narrativas, como os relatos dos primeiros profetas que alertaram seu povo da destruição iminente se não mudassem sua maneira de proceder

Segundo Robinson, blocos de materiais nesses seis modos de discurso combinam-se para construir suras inteiras. O que aparece em uma primeira leitura como uma série de unidades não relacionadas pode agora ser entendido como uma unidade coerente. Claro que a lista de Robinson dos modos de discurso não é a única maneira de analisar os elementos recorrentes; por exemplo, alguns tipos comuns adicionais de material incluem juramentos, passagens legislativas e parábolas.

Um bom número de outras pessoas tentou organizar o conteúdo do Corão sob certos temas. A. A. Islahi, um estudioso contemporâneo sul-asiático do Corão, divide-o em sete seções, cada uma com um tema primário diferente:

- Lei
- Religião abraâmica (significando Judaísmo, Cristianismo e Islã — todas as quais afirmam descender do Abraão bíblico — veja o Capítulo 16)
- A luta entre verdade e falsidade
- A prova da condição de Muhammad como mensageiro
- A unidade de Deus (a ênfase monoteísta de que Deus é um, sem filhos, pais ou cônjuge)
- O julgamento
- Alertas para infiéis

Tais arranjos do Corão de acordo com conteúdo podem ajudar um leitor não muçulmano, mas não correspondem à estrutura do Corão.

O problema de mudar de perspectivas no Corão

Posicionando-se a leste, observe uma montanha coberta de neve. Então, mova-se para o sul e terá dela uma perspectiva diferente. Reúna as diferentes perspectivas e você terá uma visão mais completa e mais rica da montanha. Mudanças em pessoa, número e tempo são chamadas *ilitifat* em árabe. Essas mudanças produzem efeitos retóricos específicos. "Nós" transmite uma imagem majestosa e transcendente de Deus. "Eu" promove uma imagem mais pessoal de Deus. O árabe, como o hebraico, tem dois tempos primários. Um indica uma ação completa e outro uma ação incompleta, em vez de tempos passado e futuro, como no português. É comum uma mudança de tempo verbal no meio de uma passagem. O sujeito gramatical também se alterna entre "Eu" e "Nós", ou até mesmo "Ele" e vários substantivos como "o Senhor" dentro da mesma unidade de texto. Os muçulmanos consideram essas várias mudanças como uma das riquezas do Corão.

Interpretando o Corão

O Islã tem uma longa tradição de comentar sobre sua escritura. Isso é chamado *tafsir*, de um verbo que significa "explicar". As interpretações começaram com Muhammad respondendo a perguntas de seus seguidores. Por exemplo, `A'isha (a jovem esposa de Muhammad) ouviu-o dizer "Quem é chamado para prestar contas será punido". `A'isha desafiou Muhammad citando a Sura 84:8 — "De pronto será julgado com doçura" — implicando um julgamento menos duro sobre os pecadores.

O processo de interpretação do Corão

Um comentário tradicional começa na Sura 1:1 e em seguida avança através do Corão verso por verso. O autor cita o verso completo, quebra-o em frases e então comenta cada uma delas. Esse procedimento dá um sentido ao que palavras individuais e frases significam, mas frequentemente não permite uma interpretação geral do texto integral. O autor explica qualquer palavra obscura e pontos de gramática, observa a ocasião da revelação caso exista uma tradição relevante, inclui comentários pertinentes sobre a passagem de Muhammad, ou seus companheiros, ou seus sucessores, e usa outras passagens do Corão para ajudar a explicar o verso que está discutindo. Ele pode apontar as implicações legais ou rituais da passagem ou discutir questões filosóficas e teológicas cabíveis. O estudioso também pode fazer observações retóricas. Ele não explicará a passagem à luz de seu contexto histórico ou tentará relacionar a seu próprio tempo. A obra de 39 volumes de al-Tabari (século X) é um dos comentários mais importantes. Al-Tabari distingue entre versos que todo mundo pode entender, versos que apenas Deus pode entender, e versos que o leitor pode entender apenas porque foram explicados por Muhammad.

Interpretação exotérica e esotérica

O que descrevi até agora nesta seção é a interpretação exotérica (*zahir*), que lida com o significado literal, de "superfície", do texto. No passado, muitos muçulmanos sugeriram que o texto tinha níveis adicionais de significados ocultos ou esotéricos. A interpretação *ta'wil* lidava com essa camada mais profunda de significados. Entre os estudiosos sunitas, os mais literais rejeitavam o *ta'wil*, mas outros reconheciam a legitimidade de tal interpretação e diziam que o próprio Corão frequentemente sinalizava quando um significado mais profundo era a chave para o texto. Os intérpretes sufis (místicos) minimizavam o significado literal em favor de uma interpretação alegórica, com a intenção de iluminar a significância espiritual do texto. Intérpretes shia'as enfatizavam um significado interior (*batin*) passado de `Ali para os *imames* shia'as que, diferentemente dos intérpretes sunitas, poderia fornecer novas interpretações dos textos. Para sufis e shia'as, esse significado interior era, com frequência, mais relevante que o significado exterior do texto.

Os versos revogados

O conceito de *revogação* (*naskh*) diz que Deus revelou alguns versos do Corão que, posteriormente, anulou (revogou). A revogação provou-se especialmente útil ao lidar com duas situações.

- » Casos em que dois versos diferentes do Corão entravam em conflito um com o outro.
- » Ocasiões nas quais a lei islâmica baseada na tradição e nos costumes conflitava com afirmações do Corão.

INDO MAIS FUNDO

A base corânica para o conceito de revogação são três passagens (Suras 2:106; 22:52; 16:106) no qual *naskh* ou um sinônimo é usado para indicar um verso que foi removido por Deus ou substituído por outro. A Sura 22:52 é normalmente usada para referir-se ao episódio dos versos Satânicos (veja o Capítulo 3) no qual a passagem sobre as três deusas foi revelada a Muhammad por Satanás e não por Deus (Sura 53:19). Deus anulou essa revelação mais tarde. Do século VIII ao século XI, estudiosos fizeram listas dos versos revogados e de revogação. O tratado mais antigo preservado relaciona 42 versos revogados, mas esse número elevou-se até um máximo de 238 passagens revogadas listadas em um livro do século XI.

A forma mais comum de revogação é quando Deus anulava a regra, mas o verso em si permanece no Corão. Comparando três versos que falam sobre beber vinho ilustra como o conceito de revogação é aplicado. A Sura 16:67 menciona o vinho acompanhando a comida como um presente de Deus. A Sura 2:219 diz que do vinho vem tanto o bem quanto o mal, mas que o mal supera o bem. A Sura 4:43 alerta aos crentes para não irem para as orações se estiverem bêbados. A Sura 5:90 diz que o vinho e apostas são trabalhos de Satanás. Claro, isso tudo depende da suposição de que o Corão seja inteiramente consistente consigo mesmo (não pode dizer uma coisa em um lugar e uma coisa contrária em outro lugar) e nas datas corretas das passagens.

Usando o Corão na Vida Cotidiana

Muitas crianças muçulmanas aprendem a ler através do estudo do Corão. Quando elas crescem, ouvem recitações corânicas no rádio e na televisão. Para onde quer que olhem, elas veem versos do Corão escritos em estilo artístico. Esta seção observa esse aspecto do Corão na vida cotidiana dos muçulmanos comuns.

Educando através do Corão

Antes da introdução de um sistema de educação moderno regulado pelo Estado, baseado em um modelo europeu, a educação formal começava com instruções de leitura do Corão mais ou menos aos sete anos de idade. Hoje, esse padrão de escolas locais corânicas para crianças frequentemente coexiste com os sistemas educacionais estatais. E em países islâmicos, as escolas estatais incorporam educação religiosa e árabe em seus currículos. Lembre-se de que o árabe não é a língua nativa da maioria das crianças muçulmanas.

Em um exemplo típico, em uma vila do oeste africano um grupo de jovens estudantes se reúne em volta do professor, munidos com blocos para escrever, caneta, tinta e exemplares do Corão. O professor começa com os dois primeiros versos do Corão, ensinando o nome e a pronúncia de cada nova letra à medida que ocorrem, até que todas as 28 letras tenham sido aprendidas. Então, o aluno passa a combinar as letras com as diferentes vogais, usando passagens das Suras 105 a 111 além da Sura 1. Em seguida, os estudantes combinam as sílabas para formar palavras para que possam repetir os primeiros dois versos da Sura 1. Até agora, isso é tudo leitura e recitação do Corão. Então o aluno aprende a escrever. Primeiro ele traça um esboço das letras individuais seguindo o exemplo dado pelo professor. Em cada estágio o professor o corrige. Quando tiver aprendido a ler, recitar e escrever, ele terá coberto cerca de 1/4 do Corão. Uma minoria de alunos que perseveram até o fim (quatro anos ou mais) são capazes de recitar e escrever o Corão inteiro. Esse grande feito é marcado com uma cerimônia de graduação e presentes ao aluno e ao professor.

Recitando o Corão

A recitação do Corão (*taliwa*) é uma arte, cuja performance é altamente honrada nos países muçulmanos, os quais conferem uma bênção (*baraka*) tanto ao recitador quanto ao ouvinte. Uma pessoa que memoriza todo o Corão pode usar o título honorário de *hafiz*, aquele que preserva o Corão em seu coração.

Em teoria, qualquer muçulmano disposto a investir tempo e esforço pode memorizar o Corão. Recitá-lo de forma bonita, no entanto, é uma forma de arte. Em muitos países muçulmanos, competições de recitação do Corão são grandes eventos. Como, tomando como exemplo o que ocorre nos EUA, em uma liga esportiva ou um concurso de soletração, os vencedores no nível local seguem para uma competição distrital e então nacional. Tais competições são especialmente bem organizadas na Indonésia.

Algumas pessoas obtêm uma classificação profissional como recitadores corânicos, apresentando-se em eventos públicos e privados. Elas gravam CDs e suas recitações são transmitidas pelo rádio e pela televisão. Recitadores corânicos egípcios em particular têm uma reputação enorme e são considerados modelos a seguir.

Reproduzindo o Corão: Caligrafia

A reprodução do Corão por escrito é tão importante quanto a recitação oral do Corão. A caligrafia é uma das duas maiores formas de arte (ao lado da arquitetura) da cultura islâmica. Tal como a recitação profissional, a caligrafia é uma habilidade profissional de elevado prestígio que requer anos de prática para dominar. Apenas na China a caligrafia alcança a mesma perfeição que tem no mundo muçulmano.

Você pode encontrar dois tipos iniciais de estilos caligráficos, embora ao longo do tempo muitos outros tipos tenham evoluído:

- *Kufic* é uma caligrafia mais quadrada, angular, pesada e formal.
- *Naskhi* é uma caligrafia mais alongada, arredondada e cursiva.

Versos escritos do Corão são usados em muitos contextos:

- Eles enfeitam as paredes de mesquitas e outros prédios religiosos.
- O manto cobrindo o *Ka`ba*, o santuário sagrado do Islã em Meca, tem uma faixa de versos corânicos próxima do topo.
- Versos curtos com conteúdo apropriado são afixados na entrada de escolas, hospitais e outros edifícios.
- Certos versos e suras são inscritos para serem usados como um tipo de amuleto de boa sorte para afastar a doença e o mal.
- Embora desaprovado por estudiosos conservadores, persiste em alguns distritos a prática de escrever uma passagem e então dissolver a tinta da página com uma solução líquida que é engolida a título de poção curativa.

Abrindo o Corão: A *Fatiha*

Para lhe dar uma ideia da sensação interior provocada por um comentário corânico, concluo este capítulo com uma breve discussão sobre a *Fatiha* (Sura 1, a "abertura"). Diz-se que a *Fatiha* é equivalente a todo o Corão e, de longe, é a sura mais comumente recitada. Além de sua recitação 17 vezes por dia como parte das orações diárias, os muçulmanos recitam a *Fatiha* em muitas outras ocasiões, tais como quando contratos são assinados, em nome de uma pessoa morta quando visitam seu túmulo e para ajudar a curar uma pessoa doente (ela também é chamada de "a sura da cura"). Quando a *Fatiha* foi revelada, a tradição diz que o Demônio chorou. "Que Deus abra para você" é usado como uma fórmula de oração encurtada.

A *Fatiha* tem três partes: invocação, seguida pela afirmação e terminando com a petição. Ela tem um padrão de som claro no qual os versos terminam em "im" ou "in" (em árabe). Cada linha não recuada corresponde a um verso. A Sura 15:87 refere-se aos "sete versos frequentemente repetidos" do Corão que muitos entendem referir-se aos sete versos da *Fatiha*:

TEXTO ISLÂMICO

Em nome de Deus, o Clemente, o Misericordioso
Louvado seja Deus, Senhor do universo,
Clemente, o Misericordioso,
Soberano do Dia do Juízo.
Só a Ti adoramos
    e só de Ti imploramos ajuda!
Guia-nos à senda reta,
À senda dos que agraciaste,
    não à dos rancorosos,
    nem à dos transviados.

A *Fatiha* é a única sura na qual a *basmala* (a frase que começa com "em nome de Deus") é considerada uma parte integral da sura em vez de um prefácio a ela. Como se diz que a *Fatiha* é equivalente a todo o Corão, então a *basmala* é equivalente a toda a Fatiha. Os dois atributos traduzidos aqui como "o Clemente, o Misericordioso" vêm, ambos, da palavra árabe para útero e aponta para o cuidado de Deus com a humanidade ser como a preocupação de uma mãe por seu filho. O primeiro atributo é usado apenas para Deus, enquanto o segundo é usado para Deus e as pessoas, que devem tentar emular os atributos de Deus.

O verso dois é a fonte da interjeição comum, *al-hamdulillah* (louvado seja Deus). A sintaxe é nominal em vez de verbal, o que significa que o verso não diz "louve a Deus" ou "pode louvar a Deus" mas afirma um fato ("o louvor é para Deus"). Na segunda parte desse verso, *universo* inclui tudo o que não é Deus e, assim, implica Deus como o criador de tudo o que existe.

LEMBRE-SE

Como Deus, sozinho, está no início, então, no verso 4, ele existe sozinho quando o mundo chega ao fim no Dia do Julgamento. O adorador é citado no verso 5 e Deus é tratado pessoalmente ("você" em contraste às referências nominais a Deus nos versos 1 a 4). "Adoração" é também a palavra para "servo". "Nós" substitui o crente em uma comunidade de crentes. Uma pessoa submete-se a Deus (lembre-se de que "muçulmano" significa aquele que se submete a Deus) e, em retorno, Deus o ajuda em tempos de necessidade.

"Senda reta" (verso 6) é uma metáfora usada para a religião islâmica. Uma senda reta é uma estrada pavimentada, em contraste com um caminho estreito e áspero. Estradas pavimentadas são raras no deserto. "Guia-nos" prepara o leitor para a Sura 2, onde no verso 2 o Corão é chamado de orientação para o crente.

O verso 7 conclui contrastando os destinos do crente e do infiel. Assim, "dos que agraciaste" remete àqueles a quem Deus abençoou por causa de sua fé e submissão. Note que o verso não fala de Deus estar com raiva do infiel. Diz que a raiva está sobre eles porque saíram do caminho (estão extraviados).

Ao encerrar a leitura da *Fatiha*, deve-se dizer "Amém".

INDO MAIS FUNDO

TAJWID: TÉCNICAS DE *TALIWA*

A Sura 73:4 recomenda recitar o Corão vagarosa e distintamente. Ao longo dos séculos, técnicas específicas de recitação corânica foram desenvolvidas. *Tajwid* ("fazendo bonito") refere-se às regras ou ciência da recitação. *Tajwid* também pode referir-se à recitação corânica geral ou especificamente a uma forma mais elaborada de recitação.

Duas formas básicas de recitação são usadas:

- *Murattal* é a forma mais conservadora e menos melódica de recitação. É usada em contextos de adoração. Lenta, esforça-se para obter o máximo de clareza (*tartil*) ao articular o texto. Assim, *murattal* é próxima à forma usada em estudos, mas com um aspecto mais de entoação.
- *Mujawwad* tem estilo mais melódico e ornamental de recitação. O executante mostra suas habilidades e um estilo específico. A recitação *mujawwad* não é usada em um contexto de adoração e pode até soar como um canto. Mas não se deve "cantar" o Corão em uma linha melódica predeterminada.

O *tajwid* não inclui apenas as regras da recitação em si, mas também outras exigências impostas ao recitador, por exemplo, como e quando recitar ou não, e como abordar a recitação com a atitude adequada.

NESTE CAPÍTULO:

Entendendo as *hádices*: tradições sobre Muhammad

Revendo a *shari`a*: A lei islâmica

Capítulo 8

Tradição e Lei Islâmica

Todas as religiões enfatizam crenças e ações, mas todas elas diferem na ênfase colocada em cada uma. Enquanto o Cristianismo enfatiza a crença (creia em Jesus e obtenha a vida eterna), o Islã dá realce às ações (submeta-se a Deus vivendo a vida de acordo com as orientações de Deus e no Dia do Julgamento você entrará no paraíso). O paralelo mais próximo à ênfase que o Islã confere à *shari`a* (lei) está no Judaísmo. Ambos desenvolvem uma literatura a partir de suas escrituras (a Bíblia e o Corão) da qual derivam decisões legais sobre questões não abordadas explicitamente na escritura. De fato, muitos estudiosos acreditam que o meio de argumentação legal no Islã foi fortemente influenciado pela já desenvolvida tradição do estudo jurídico judaico. O Hinduísmo também atribui uma ênfase maior à lei, o Código de Manu sendo um dos mais antigos e importantes livros legais. O Código de Manu e outros textos similares são parte do que é chamado de O Caminho dos Trabalhos (*Karma Marga*), em contraste ao Caminho da Devoção e ao Caminho do Conhecimento — os outros dois caminhos principais para a salvação ou libertação no Hinduísmo. Em contraste com o Judaísmo, no qual o conteúdo da lei e o método de estudo jurídico são similares ao Islã, na lei hindu o conteúdo é fundamentalmente diferente daquele da lei islâmica. O Confucionismo também se preocupa com como as pessoas devem agir, mas sua lei (ou talvez seja melhor dizer conselho) nessa área deriva não de uma revelação, mas da razão e experiência humanas.

DICA

ENTENDENDO A TRADIÇÃO: SUNA OU HÁDICE?

Você pode ter dificuldades em entender a distinção entre os termos *suna* e *hádice*, ambos normalmente traduzidos como "tradição". Eis a diferença:

- A *suna* de Muhammad é a totalidade do que o profeta fez e disse. *Suna* não é uma forma de literatura ou escrita.
- A *hádice* é um relato individual do que ele fez ou disse. *Hádice* é uma forma literária.

Mas como se sabe o que ele fez ou disse? Bem, conhece-se a *suna* de Muhammad pelas *hádices* transmitidas sobre ele. Coleções de *hádices* constituem o registro escrito da *suna de Muhammad*. Assim, a *suna* é logicamente anterior às *hádices,* tal como as tradições de família de alguém (ou escola ou organização social) são anteriores a qualquer relato oral ou escrito dessas tradições.

A palavra suna tem o significado básico de "prática costumeira ou comportamento modelo". Antes do tempo de Muhammad, cada tribo ou clã vivia conforme seus costumes. Por fim, a suna da umma (comunidade) muçulmana substituiu a suna das tribos. Como os contemporâneos de Muhammad o conheceram em primeira mão, a suna também incluiu os costumes da primeira e segunda gerações. Porém, gradualmente, com o passar do tempo afastando-os cada vez mais da época de Muhammad, os muçulmanos começaram a entender a suna como referindo-se primariamente à tradição de Muhammad (em vez da tradição de toda a comunidade), como atestado nas hádices. A Sura 33:21 reflete esse posicionamento em relação a Muhammad quando diz: "Realmente, tendes no Mensageiro de Deus um excelente exemplo."

O oposto de *suna* é inovação (*bid`a*). Para alguns, inovação na religião é equivalente a heresia. Mas no Islã, inovação pode ser boa ou ruim. A boa inovação permite que os muçulmanos vivam uma vida islâmica mais autêntica. Más inovações envolvem abandono de crenças e padrões estabelecidos na tradição e no Corão. Assim, seja a inovação boa ou má, é mais uma questão de como o estudioso vê a questão do que algo intrínseco à inovação em si. Por exemplo, juristas concordam que a celebração do aniversário de Muhammad (o *maulid*)[1] era uma inovação, o que significa que não é mencionada no Corão nem relatada nas tradições que supostamente vêm de Muhammad e da primeira geração de muçulmanos. Para o jurista conservador do século XIV, Ibn Taymiyya, a celebração *maulid* foi uma inovação ruim, enquanto para o importante teólogo do século XI, al-Ghazali, a *maulid* foi uma inovação boa (veja o Capítulo 10 para mais sobre *maulid*).

[1] N.E.: Maulid, em árabe, significa Nascimento. A data comemorativa é Maulid al-Nabi, ou seja, o Nascimento do Mensageiro.

ENTENDENDO A HISTÓRIA DA HÁDICE

INDO MAIS FUNDO

Na época do califa `Umar II (governou entre 717 e 720), os muçulmanos estavam preocupados em preservar *hádices* para as futuras gerações. `Umar comissionou o historiador al-Zuhri para colecionar e escrever as *hádices*. Subsequentemente, o esforço de reunir todas as tradições de Muhammad ganhou impulso. Estudiosos de *hádices* viajaram longa e amplamente para reunir as tradições adicionais. Regras elaboradas foram desenvolvidas para proteger a transmissão das *hádices*.

No Islã, a primeira prioridade é determinar a ação adequada. Este capítulo detém-se em como o Islã determina o que é a lei de Deus (*shari`a*). Uma vez que Muhammad era o mensageiro do Corão e a melhor testemunha do caminho que Deus ofereceu à humanidade, as tradições em relação a Muhammad são, depois do Corão, a fonte primária de determinação da vontade de Deus. Assim, antes de examinar a lei islâmica, discuto a prática costumeira de imitar Muhammad (*suna*) como determinado através dos estudos das tradições (*hádices*).

Imitando Muhammad

O slogan "WWJD" ("What would Jesus do?", que em português significa "O que Jesus faria?"), que pergunta como Jesus reagiria em uma situação semelhante, resume um movimento popular no Cristianismo norte-americano recente. Mas ao perguntar WWJD, ninguém sugere que um cristão deve modelar todos os aspectos de sua vida em Jesus. O cristão não tenta comer a mesma comida com que Jesus se alimentou ou dormir do mesmo lado do corpo sobre o qual Jesus dormiu.

Entendendo as duas partes de uma hádice

Hádice é uma palavra árabe que significa discurso ou relato. O termo *hádice* designa qualquer tradição passada oralmente para outros sobre o que alguém disse ou fez. Quando o Islã era recente e se espalhava com rapidez, os companheiros de Muhammad compartilhavam com pessoas recém-convertidas seu conhecimento do que Muhammad dizia ou fazia. As pessoas de vastas comunidades muçulmanas, como Marrocos e Indonésia, em sua peregrinação a Meca (veja o Capítulo 9), trocavam *hádices* umas com as outras. O compartilhamento entre estudiosos durante a peregrinação ainda ocorre, mas a era de reunir mais hádices se foi há muito tempo.

Hádices consistem de duas partes.

- **Isnad, Parte I:** A primeira parte é a corrente de pessoas que passaram o relato (*isnad*) adiante. Se alguém me diz algo sobre alguém, quero conhecer a fonte de sua informação, porque a informação não é melhor que sua fonte.
- **Matn, Parte II:** A segunda parte é o conteúdo real (*matn*) do relato. Você pode pensar no *isnad* como a introdução e no *matn* como o corpo de uma *hádice*.

LEMBRE-SE

Um *isnad* típico é: "Bukhari, do muçulmano ibn Ibrahim de Hisham de Yahya ibn `Ikrima de Ibn `Abbas." Então, segue-se uma história sobre Muhammad condenando os homens que agem como mulheres e vice-versa (o *matn*).

INDO MAIS FUNDO

LOCALIZANDO AS ORIGENS DA LEI ISLÂMICA

Quando o Islã era algo novo e em rápida expansão, os primeiros califas viram-se diante da necessidade de organizar o Estado. Não havia, ainda, uma classe de juristas e nenhuma teoria da qual se poderia derivar leis em conformidade com o Islã. Naturalmente, os quatro califas perfeitos (veja a Seção com esse nome no Capítulo 2) fundamentaram-se em Muhammad e no Corão enquanto tomavam suas decisões. Mas, muitas das decisões legais tiveram que ser feitas em uma base *ad hoc* (expressão latina que significa "para esta finalidade").

Em decorrência, o califa não tinha como lidar, sozinho, com todas as questões legais e disputas. Então, os primeiros califas omíadas delegaram algumas de suas responsabilidades legais para um juiz islâmico (*qadi*), que normalmente provinha de uma classe de estudiosos islâmicos (*`ulama*). Os casos que iam até o *qadi* tratavam principalmente de herança, status pessoal, propriedade e transações comerciais.

Ao longo do tempo, os *qadis* adquiriram várias funções não judiciais, incluindo administrar relações de confiança (*waqfs*), credenciar e executar testamentos, tutela de menores e imposição da moral pública. Além do *qadi*, outro escritório religioso foi o *muhtasib*, às vezes traduzido como "regulador de mercado". Enquanto o *qadi* lidava com disputas que eram levadas até ele, o *muhtasib* iniciava a ação. Esses oficiais verificavam pesos e cunhagem, revisavam a qualidade e os preços de produtos e mantinham um olho aberto para casos de cobrança de juros, algo contrário à lei islâmica. Eles também faziam as pessoas comparecerem aos serviços de oração, preocupavam-se com o reparo das mesquitas e dos muros da cidade e supervisionavam a limpeza das ruas. No século XX, o cargo de *muhtasib* havia, praticamente, desaparecido.

Em meados do século VIII, a emergente classe erudita dos *`ulama* assumia cada vez mais importância. Ela estava se autoperpetuando e não dependia de nomeação governamental, e eles se tornaram especialistas na lei islâmica. Esses eruditos engajaram-se tanto na derivação de novas decisões judiciais quanto no desenvolvimento da teoria legal. Os estudiosos que derivaram novas decisões judiciais eram chamados de *mujtahids* ("aqueles que exercem a si mesmos", da mesma palavra árabe que *jihad*).

Revelando o conteúdo de uma hádice

DICA

Uma *hádice* contém ao menos um dos quatro tipos principais de elementos:

- Algo que Muhammad fez
- Algo que Muhammad disse
- Algo que aconteceu na presença de Muhammad
- Palavras de Deus para Muhammad que não estão no Corão (*hádice qudsi*)

Há uma outra maneira de ver o conteúdo das *hádices*, como segue:

- Material do tipo história que preenche informações sobre a vida de Muhammad, ou figuras antigas (por exemplo, o José bíblico) que não estão presentes no Corão.
- Material de ordem legal em que Muhammad interpreta e aplica o Corão ou, caso contrário, dá orientações específicas para questões rituais e de lei.
- Material do tipo pregação que fornece motivação para viver de acordo com os valores islâmicos.

Coletando as hádices

A biografia tradicional (*sirat*) de Muhammad (veja o Capítulo 6) foi uma compilação dos primeiros dois tipos de *hádices*. Os muçulmanos que desejam imitar a vida de Muhammad até os mínimos detalhes valem-se desses relatos.

INDO MAIS FUNDO

As primeiras coleções de *hádices* foram organizadas de acordo com o acompanhante de quem a *hádice* se originava. Mais tarde, utilizou-se uma organização tópica. Em termos de autoridade, essas coleções ficam atrás somente do Corão em ordem de importância no Islã. Os muçulmanos citarão *hádices* específicas para apoiar crenças e práticas islâmicas particulares, tanto quanto o fazem com o Corão. Por exemplo, Bukhari 24:13 refere-se a uma *hádice* no Livro 24, Capítulo 12 da coleção de *hádices* de al-Bukhari. Além da coleção de Bukhari, você provavelmente encontrará referências às coleções de *hádices* compiladas por Abu Da'ud, al-Nasa'i, al-Tirmidhi e Ibn Majah (todos eles famosos estudiosos de *hádices* dos séculos VIII e IX). Os shia'as têm suas próprias coleções de *hádices* (veja o Capítulo 12 para fatos e informações relevantes sobre essa linha de muçulmanos e suas próprias tradições). A coleção típica contém vários milhares de *hádices*. Você pode comprar CDs contendo as coleções principais ou consultá-las em vários sites muçulmanos na internet (veja o Apêndice C).

Revendo as 40 tradições

TEXTO ISLÂMICO

As principais coleções de hádices continham milhares delas. Algo mais simples era necessário para tornar as hádices disponíveis para muçulmanos comuns, e assim alguns estudiosos fizeram pequenas coleções do que eles consideravam as hádices mais importantes. Possivelmente a mais popular, e ainda em uso atualmente para instruir jovens muçulmanos, está a coleção 40 traditions of al-Nawawi (1233 a 1277). Como exemplo, eis cinco hádices das 40 de al-Nawawi. Como é comum para hádices, entende-se que são de Muhammad estas palavras:

» "O que declarei proibido para você, evite; o que lhe ordenei fazer, cumpra com o máximo que for capaz."
» "Não se enraiveça."
» "Onde não há prejuízo não há represália."

ESTÁGIOS DA CONSOLIDAÇÃO DA LEI ISLÂMICA[2]

Você pode traçar cinco estágios no início do desenvolvimento da lei islâmica:

1. **Primeiro, o conhecimento jurídico centrava-se nas cidades de Kufa (Iraque) e Medina.**

   A opinião pessoal e o costume local ditavam a lei.

2. **Na metade do século VIII, cada vez mais atenção era dirigida à base textual da lei islâmica.**

   Referências extensas para as palavras e ações de Muhammad não eram possíveis até existirem as coleções de *hádices*, e elas ainda não existiam nessa época.

3. **Ao final do século VIII e começo do século IX, as quatro Escolas legais[3] (*madhhabs*) surgiram, ao lado de uma nova compreensão das fontes (raízes) da lei.**

   No século X e além, os juristas escreveram livros lidando em detalhes com aspectos teóricos de cada uma das raízes da lei.

4. **Depois de "fechar a porta do *ijtihad*" no final do século X, *muftis* podiam emitir opiniões legais (*fatwas*)[4] sobre questões não cobertas anteriormente em normas jurídicas.**

   Muftis eram juristas (*mujtahids*) altamente especializados dentro de uma Escola legal específica. *Fatwas* (consultas legais) podiam ser requeridas por indivíduos para orientação privada ou pelo juiz como auxílio para tomar uma decisão judicial.

Muhammad ibn Idris al-Shafi`i (767 a 820) é considerado o fundador da lei islâmica e a pessoa responsável por estabelecer o conceito de quatro raízes da lei.

[2] N.E.: A lei islâmica é conhecida por "sharia".

[3] N.E.: A jurisprudência muçulmana é orientada por cinco escolas: Hanafi, Maliki, Sha-fi´i, Hambali, estas de orientação sunita e a Ja´afari de orientação shia'a.

[4] N.E.: A fatwa pode ser entendida, ainda, como decreto.

- "Quem quer que aja com inimizade em relação a um amigo meu, contra ele eu certamente declararei guerra."
- "Deus tem, por minha causa, suportado os erros e esquecimentos da minha comunidade."

Avaliando as hádices

À medida que o tempo foi passando, as tradições atribuídas a Muhammad se multiplicaram. Os estudiosos muçulmanos reconheceram que nem todas as hádices eram historicamente precisas. Em alguns casos, pessoas sinceras haviam apenas cometido erros honestos ao passar as palavras que elas acreditavam terem sido de Muhammad embora não o fossem. Algumas inventaram hádices que atribuíram a Muhammad para apoiar uma posição específica em lutas teológicas ou políticas da época (séculos VIII a IX). Os estudiosos de hádices desenvolveram critérios para determinar o quão provável era que qualquer hádice específica fosse válida (significando que ela retroagia até Muhammad). Esses estudiosos classificaram as hádices em três categorias em ordem decrescente conforme a probabilidade de serem verídicas:

- **Sólida (*sahih*):** Quase certamente verdadeira.
- **Boa (*Hassan*):** Bem possivelmente verdadeira.
- **Fraca (*da`if*):** Não pode ser considerada verdadeira a menos que confirmada por outras tradições.

Como os estudiosos de *hádices* determinaram a validade de uma tradição? Eles examinaram principalmente o *isnad* (o rol de pessoas que passaram o relato adiante), considerando pontos como:

- Avaliação do caráter do transmissor. Ele tinha uma boa idoneidade moral? As outras tradições dessa pessoa eram confiáveis?
- Um vínculo específico da corrente de transmissão era logicamente possível? Duas pessoas adjacentes na corrente realmente relacionaram-se em suas vidas adultas para que uma pudesse ter repassado a informação para a outra? Houve evidência de que elas estavam no mesmo lugar ao mesmo tempo?
- Existiram múltiplas correntes de transmissão? Se sim, isso foi muito mais forte do que uma tradição com apenas uma única linha de transmissão.
- A tradição ocorreu nas coleções de Bukhari e na muçulmana (as duas principais coleções).

INDO MAIS FUNDO

Alguns estudiosos ocidentais (incluindo Goldziher, Schacht e Coulson) consideram muitas das *hádices* como constructos sem valor histórico. Esses estudiosos apontam para *anacronismos* no texto (alusões a disputas no interior do Islã após o tempo de Muhammad, e a lugares e pessoas de períodos posteriores a Muhammad). Eles argumentam que não é possível separar as *hádices* válidas das não válidas. Eles sustentam que os *isnads* detalhados eram adicionados mais tarde às *hádices* antigas e, portanto, o criticismo ao *isnad* não estabelece a historicidade das tradições.

Usando hádices em tempos mais modernos

Alguns muçulmanos reformistas dos séculos XIX e XX utilizaram as hádices em apoio a várias propostas de modernização ou como suporte às propostas tradicionalistas visando restaurar o Islã a como era em sua origem. Esses reformistas podem utilizar uma hádice positivamente para apoiar a prática atual, argumentando, por exemplo, que as tradições mostram que Muhammad permitia que mulheres frequentassem as mesquitas. Isso é citado como contraposição àqueles que desencorajaram a participação de mulheres nos serviços da mesquita.

Eis um exemplo. Riffat Hassan, uma estudiosa islâmica feminista contemporânea, examinou seis *hádices* que haviam sido tomadas no Islã como base para apoiar a ideia de que mulheres são inferiores aos homens. Todas as seis mencionam a criação da mulher a partir de uma costela do homem, várias indo ainda mais longe e dizendo que ela é criada da ponta curvada da costela (a parte mais fraca). Três das *hádices* são da coleção de Bukhari e três da coleção muçulmana, as duas coleções mais importantes, o que sugere que são hádices "sólidas" (as de alta probabilidade de serem verdadeiras). Em um exame mais próximo, Hassan aponta que todas as seis *hádices* voltam em seus *isnads* (as correntes de transmissão, lembra-se?) até um contemporâneo ("companheiro") de Muhammad chamado Abu Hurairah. O proeminente jurista do século VIII Abu Hanifa não considera Abu Hurairah como um transmissor confiável de *hádices*. Portanto, Hassan conclui, essas seis tradições são "fracas" em vez de "sólidas" e não deveriam ser usadas para corroborar um papel subordinado para as mulheres. A implicação do argumento é que as palavras não retroagem realmente a Muhammad, mas representam um preconceito contra mulheres introduzido na cultura muçulmana depois da época de Muhammad.

Compreendendo a Lei de Deus

A Sura 5:48 diz que Deus "enviou a cada povo uma *shari`a* e um caminho aberto". No uso não religioso, *shari`a* era o caminho até um poço d'água. Aplicado à religião, no entanto, *shari`a* é o caminho da vida e as leis reveladas divinamente que definem esse caminho.

Shari`a* é o plano de Deus para viver e organizar a sociedade, e as comunidades muçulmanas estão estruturadas de tal maneira que executam a *shari`a e permitem que os muçulmanos vivam segundo ela.

Desde o início do Islã, os muçulmanos tentaram viver suas vidas de acordo com a *shari`a*. Para saber qual era o plano de Deus, espera-se que um muçulmano busque primeiro o Corão. No entanto, apenas cerca de 500 a 600 versos de um total de 6.219 versos no Corão contêm procedimentos legais, e a maioria de tais versos referem-se a rituais e adoração. O material legal no Corão frequentemente aborda áreas onde o Islã diferia dos costumes existentes entre os árabes na época em que o Corão foi escrito: Esses costumes incluíam regras de herança ou proteção de crianças do sexo feminino. Mas em muitas áreas, o Corão fornece relativamente pouca orientação legal explícita.

Extirpando as quatro raízes da lei (*usul al-fiqh*)

Fiqh é distinto de *shari`a*. *Fiqh* é a atividade humana que determina o que é a lei de Deus. *Fiqh* é a lei islâmica em seus aspectos teóricos e em sua aplicação prática. Diferentes Escolas de interpretação legal desenvolveram-se no Islã, cada qual com seus próprios principais estudiosos de *fiqh*, escolas e normas sobre diferentes questões. O Islã refere-se a essas Escolas como *madhhabs* (*madhhab* significa, literalmente, "caminho"). (Veja a Seção "Legalizando: As Escolas da lei (madhhab)" neste capítulo para discussão sobre Escolas da lei.)

DICA

Para não confundir a Escola de lei (madhhab) com o uso ordinário de escola para designar uma instituição educacional (madrassa), eu uso Escola (com "E" maiúsculo) para Escola de lei. Cada Escola de lei tem suas próprias madrassas, que é uma escola teológica (religiosa) ou seminário, e eu soletro essas escolas com "e" minúsculo.

As quatro raízes da lei islâmica, como articuladas por al-Shafi`i (também discutido no Box "Estágios da consolidação da lei islâmica") são:

» **O Corão:** Em diversos pontos o Corão diz: "Obedece a mim e obedece a meu Profeta." "Obedecer a mim (Deus)" significa obedecer a quaisquer comandos oriundos da palavra de Deus, que é o Corão.

» **A tradição (*suna*) de Muhammad:** Malik (veja o tópico "Escola Maliquita", mais tarde, neste capítulo) supôs que o costume local de Medina era a tradição de Muhammad porque o profeta viveu ali. Mas com a emergência das coleções de *hádices*, al-Shafi`i argumentou que um texto escrito válido (ou seja, no Corão ou nas *hádices*) deveria existir antes que qualquer tradição de Muhammad pudesse servir como fundamento para uma decisão legal.

» **Consenso (*ijma`*):** Em uma tradição comumente citada, Deus diz a Muhammad que nunca permitirá que sua comunidade permaneça unânime no erro. Al-Shafi`i entendeu o consenso como ocorrendo na comunidade muçulmana inteira. Mas como determinar o consenso de todos os muçulmanos? Por causa da impossibilidade do consenso muçulmano, estudiosos subsequentes entenderam *ijma`* como sendo a posição consensual dos estudiosos qualificados de uma geração e Escola em particular. Uma vez alcançado, o consenso em certo assunto passa a ser um terceiro texto escrito, ao lado do Corão e da *suna*.

» **Analogia (*qiyas*):** Al-Shafi`i acreditava que, como Deus forneceu na *shari`a* um guia para toda a vida humana, deve ser possível estender (por analogia) a aplicabilidade do material legal no Corão e na *suna* em outros casos. Por exemplo, al-Shafi`i aponta para as injunções corânicas para rezar voltado na direção de *Ka`ba*, o santuário sagrado em Meca. A maioria dos muçulmanos, ao orar, não consegue realmente ver o *Ka`ba*, então, devem usar a razão para determinar a direção correta. De maneira similar, os juristas podem usar a razão para estender os casos cobertos pelo Corão e pela *suna*.

SE LIGA!

A analogia não se aplica aos rituais religiosos. Nenhum princípio racional explica por que Deus disse aos muçulmanos para rezarem cinco vezes e não dez vezes por dia. Os muçulmanos também são cuidadosos ao usar o raciocínio analógico para determinar as penalidades adequadas aplicáveis a uma ação contrária à lei islâmica.

Além das quatro raízes da lei acordadas, algumas Escolas usam princípios adicionais. Embora a lei islâmica, para alguém de fora, possa de início parecer rígida e inflexível, a aplicação das quatro raízes e dos princípios suplementares muitas vezes a tornam menos rigorosa (existem exceções óbvias como o Talibã no Afeganistão).

- ***Istihsan* (preferência judicial, literalmente "buscando o bem") é usado pelos Hanafistas.** Preferência judicial significa que o juiz (ou jurista) tem o discernimento, quando existem duas maneiras possíveis de tomar uma decisão, para exercer seu julgamento (preferência) ao optar por aquela que promoverá o bem comum.
- ***Istislah* (literalmente "buscando o que é correto") é um princípio aprovado pelos Maliquitas similar ao *istihsan* na decisão que, contanto que não contradiga o Corão e as *hádices*, deve promover o bem-estar público e privado.** Assim, esse princípio assemelha-se mais ao espírito da lei no Corão e nas *hádices* do que com o texto da lei.
- ***Istishab* diz que supõe-se que uma situação existente no passado continua até o presente na ausência de evidência contrária.** A maioria das Escolas usa tal princípio quando relevante. Por exemplo, suponha que uma pessoa desapareça e nunca mais se saiba dela. Para a lei de herança, supõe-se que ela esteja viva até que se esgote seu tempo de vida considerado normal.
- ***Ibaha* ("permissibilidade") é associado aos Hanbalitas.** Supõe-se que atos que não contradizem o Corão e a *suna* são legítimos. Por exemplo, os hanbalitas permitem que uma mulher inclua em um contrato de casamento uma cláusula pela qual seu marido não pode se casar com outras mulheres.
- ***Urf* é uma exceção, feita com base no costume local, por alguns estudiosos das Escolas Hanafita e Maliquita.** Por exemplo, um contrato legal requer aceitação oral de ambas as partes. Mas o juiz poderia reconhecer a aceitação escrita do contrato se esse fosse um costume local.
- ***Darura* ("necessidade") é um princípio especial estabelecido pela analogia com a Sura 2:239 e associado com Abu Hanifa, mas não limitado apenas à Escola Hanafita.** Por exemplo, um soldado em uma batalha deve desmontar de seu cavalo para prosseguir com o ritual de oração? O Corão diz que não. Durante o período em que ele está na defesa da fé, é imperiosa a necessidade de permanecer montado e pronto para lutar, então, ele pode orar de seu cavalo. Um exemplo moderno: Ainda que a lei islâmica, em teoria, devesse ser aplicada a todas as situações, a necessidade exige que as nações muçulmanas modernas ajam com base na lei internacional em relação aos outros Estados soberanos.

Legalizando: As Escolas da lei (madhhab)[5]

Todo muçulmano vale-se de uma das Escolas da lei como seu guia em questões jurídicas. *Madhhab* significa literalmente "direção" e, às vezes, é traduzida como seita ou rito.

SE LIGA!

As Escolas não são denominações religiosas. Independentemente do ramo do Islã a que se pertença (veja a Parte 4 deste livro), cada muçulmano adere a uma das Escolas. Cada Escola tem um corpo de textos-chaves aceitos e cultiva uma ligação forte entre professor e aluno.

A maioria dos shia'as segue a escola Ja`farite, associada com o sexto *imame* shia'a (veja o Capítulo 12 para mais sobre os shia'as). Nesta seção, discuto as quatro Escolas sunitas que existem hoje.

LEMBRE-SE

Escola Hanifita

Abu Hanifa (700 a 767) era o neto de um escravo liberto do Afeganistão. Ele nasceu em Kufa e morreu em Bagdá, assim, trabalhou no Iraque. Viajava muito, e recusou-se a tomar partido nas lutas políticas entre as famílias Omíada e Abássida pelo controle do Estado islâmico (veja o Capítulo 2). Ele foi um dos primeiros a articular princípios gerais que servissem de guia para os estudiosos tomarem decisões de ordem legal. Enfatizava a analogia (*qiyas*) e utilizava casos hipotéticos para fazer observações. A Escola Hanifita é a mais tolerante das quatro Escolas Sunitas, em parte por seu uso de "preferência jurídica" (*istihsan*) para moderar decisões difíceis.

A Escola Hanifita foi a Escola oficial dos Impérios Abássida e Otomano (veja o Capítulo 2). Essa Escola, de longe a maior Escola de lei sunita atualmente, é dominante na maioria das regiões que foram governadas por esses dois impérios, com exceção do Irã e da Arábia Saudita. O Irã, como um país shia'a, segue a escola Ja`farite e a Arábia Saudita segue a Escola Hanbalita (veja o tópico "Escola Hanbalita", posteriormente, neste capítulo). O Afeganistão, boa parte da Ásia central e a maioria do sul da Ásia também seguem a Escola Hanifita.

DICA

Recordar qual Escola legal é dominante em cada país é mais fácil se você lembrar das áreas onde a escola Hanifita não é dominante.

Escola Maliquita

Malik ibn Anas (716 a 795) passou a maior parte de sua vida em Medina. Seu *al-Muwatta'* (livro do caminho suave), o primeiro livro de lei islâmica, combinava uma coleção de decisões legais com as tradições de Muhammad. Malik também favorecia os costumes legais de Medina e utilizava *istislah* (consideração do bem público) e analogia. Quando o Califa Harun al-Rashid pediu a Malik para ir até Bagdá ensinar seus filhos, Malik respondeu: "O conhecimento não viaja, viaja-se até ele."

A Escola Maliquita é predominante no oeste e noroeste da África, e relevante no sul do Egito, Sudão, Bahrein e Kuwait.

---

5 N.E.: O autor citou apenas as escolas da jurisprudência de orientação sunita. A escola ja´afari é de orientação shia'a. Fundada pelo Imame Jaafar al-Sadik. Segue as orientações dadas por Muhammad e do Imame Ali ibn Abu Taleb e seus descendentes, os Imames da linhagem do profeta, o imamato Ahlul al-Bayt. Esta predomina no Irã, no entanto há na Síria e no Líbano.

Escola Shafi`ita

A sistematização das quatro raízes da lei islâmica efetuada por al-Shafi`i é discutida na seção "Extirpando as quatro raízes da lei (usul al-fiqh)", anteriormente, neste capítulo. Ele rejeitou o uso Hanifita da preferência jurídica e o uso Maliquita dos costumes de Medina (a menos que confirmado por *hádices* escritas).

A Escola Shafi`ita é dominante no baixo Egito, no sul da Arábia, leste da África, Malásia, Indonésia e é encontrada na Ásia central e em partes da região da montanha de Cáucaso, como no Daguestão.

Escola Hanbalita

Ibn Hanbal (780 a 855), o fundador da mais conservadora das quatro Escolas sunitas, é conhecido por resistir aos esforços de al-Ma'mun para impor crenças Mu`tazilitas (veja o Capítulo 4). Ele sobreviveu à prisão e tortura para emergir como um herói dos tradicionalistas.

DICA

O conservadorismo hanbalita mostra-se evidente em sua classificação do Corão sobre a *suna*. Essa Escola diz que a tradição profética não deve ser utilizada para "revogar" um verso do Corão (veja o Capítulo 7). Ibn Hanbal foi mais além do que al-Shafi`i em limitar tanto a razão quanto a analogia, mas, em alguns casos, seu uso de *ibaha* (permissibilidade) tornou a posição hanbalita mais flexível que a de outras Escolas. Ibn Taymiyya (1263 a 1328) foi um importante jurista hanbalita em Damasco cujo trabalho influenciou sobremaneira o movimento conservador Wahhabi na Arábia e movimentos islâmicos dos séculos XX e XXI (veja o Capítulo 18).

Embora a influência dos hanbalitas continue forte, a lei hanbalita hoje é dominante apenas na Arábia Saudita, Qatar e Omã.

Tomando uma decisão

Tomar uma decisão legal é algo mais complexo do que simplesmente decidir que uma ação é legal ou ilegal; em vez disso, há, entre esses extremos, categorias intermediárias. A lei islâmica também lida com a questão de penalidades no caso de atos ilegais e dispõe de algumas técnicas para evitar decisões legais que criem dificuldades indevidas.

Observando as cinco categorias de ação

Na lei islâmica, todas as ações se enquadram em uma de cinco categorias.

- **Ações obrigatórias (*fard* ou *wajib*)** são divididas em duas espécies: aquelas (como a oração) que são exigidas de todo muçulmano, e aquelas (como lutar em defesa do Islã ou comparecer a um funeral) que algumas pessoas cumprem em nome da comunidade inteira.
- **Ações recomendadas (*mustahabb* ou *mandub*)** são meritórias, mas não exigidas. Caridade voluntária e monogamia são exemplos.

» **Ações neutras (*muba*)** não têm consequências morais ou legais. O Corão e a *suna* não discorrem sobre essas ações.

» **Ações desencorajadas (*makruh*)**, como o divórcio, devem ser evitadas. Nenhuma penalidade é imposta, entretanto, e elas não manterão um muçulmano fora do paraíso.

» **Ações proibidas (*haram*)** são o oposto das ações obrigatórias. Por exemplo, casar-se com uma parente próxima do sexo feminino é vetado.

Avaliando as penalidades

SE LIGA!

O Islã sofre pesadas críticas em decorrência de algumas de suas penalidades mais rigorosas (*hudud*) provenientes do Corão, tais como condenar um homicida à morte, cortar a mão de um ladrão e punir com açoites por determinadas ações. *Hudud*[6] é o termo árabe para esses crimes e suas punições ordenadas pelo Corão. Uma tradição diz para "evitar punições *hadd* [forma singular de *hudud*] por qualquer dúvida". Essa tradição está dizendo que deve-se impor penalidades *hudud* apenas como último recurso.

A execução dessas penalidades tem muitas condicionantes. Por exemplo, o Corão impõe uma penalidade de 100 chicotadas por adultério na Sura 24:2, mas também exige quatro testemunhas do ato sexual de penetração em um caso de adultério, e não é provável que elas sejam encontradas. A Sura 24:2 também acrescenta "a não ser que se arrependam", o que pode anular a penalidade se a pessoa que cometeu o crime se arrepender. Sobre cortar a mão de um ladrão, a Sura 5:48 também tem uma cláusula de arrependimento. O juiz deve também considerar o valor dos itens roubados e se existiram circunstâncias atenuantes. Se um muçulmano está passando fome sem ter culpa própria e rouba, a comunidade local que falhou em mitigar sua fome é tão culpada quanto ele e a penalidade não é imposta. Verdade, alguns países muçulmanos reinstituíram e ocasionalmente executam as penalidades *hudud*, mas o que provavelmente está envolvido é alguma versão da política de "repressão ao crime" por parte de um político muçulmano em vez de uma devoção genuína e fidelidade à lei islâmica.

Fechando a porta da ijtihad

No final do século X, os juristas sentiram que todas as principais questões legais haviam sido decididas. Eles disseram que a "porta da interpretação" (*ijtihad*) estava fechada e dali em diante os muçulmanos tinham que consultar decisões passadas coletadas nos livros das várias Escolas da lei (*taqlid*).

Os governantes determinavam qual Escola de lei aplicar em seus países, enquanto os indivíduos escolhiam que Escola de lei seguir em suas vidas pessoais. A maioria seguia a Escola que era dominante onde viviam. Quando casos legais que não foram abordados em leis antigas surgiam, um juiz, ou governante, ou indivíduo, pede a opinião de um

[6] N.E.: A palavra Hudud significa fronteiras, limites, seu singular é had e significa, no conceito corânico, punição.

mufti (consultor legal) sobre o caso. O *mufti* emite uma *fatwa*. Outros indivíduos qualificados podem fornecer opiniões contrárias, mas a decisão tinha que ser baseada nas "quatro raízes da lei". Decisões tomadas depois de fechada a porta não fazem parte do consenso de uma Escola e não podem servir como base para uma nova decisão.

SE LIGA!

Ibn Taymiyya e alguns outros hanbalitas rejeitaram o conceito de fechar a porta.

TEXTO ISLÂMICO

Eis um exemplo de *fatwa*. O Império Otomano tinha um Grande Mufti que era um alto oficial do governo. Um dia, o Grande Mufti foi consultado sobre se as autoridades locais deveriam forçar uma vila sem uma mesquita a construir uma. Sua resposta, a *fatwa*, foi "Sim", e a *fatwa* citou os decretos do início do governo e a importância do chamado para oração no Islã.

DICA

Conseguir uma *fatwa* é mais fácil hoje do que no passado. É só ligar 1-800-95-FATWA, ou ir a vários sites como `www.fiqhcouncil.org` e fazer uma pergunta. Eu não estou brincando! Claro, a pessoa respondendo com a *fatwa* pode ou não ser um jurista muçulmano qualificado e a *fatwa* pode ou não ser válida.

Contornando a lei

Dentro do Islã sunita, qualquer uma das quatro Escolas constitui um corpo de lei válido, mesmo discordando uma da outra. Como uma Escola pode ser rígida em uma questão enquanto outra é mais tolerante, selecionando e escolhendo (*takhayyur* significa seleção) entre as diferentes decisões das quatro Escolas, uma pessoa ou governo ganha flexibilidade considerável.

O conceito de emendar (*talfiq*) vai mais além do que a ideia de seleção. Em uma questão específica, ao combinar parte de uma decisão de uma Escola com parte de uma decisão de outra Escola, uma pessoa ou governo pode conseguir uma nova decisão legal que não se coaduna com qualquer decisão anterior. Por exemplo: A lei hanifita diz que uma mulher cujo marido desapareceu deve esperar até o fim da duração esperada de sua vida antes de poder casar novamente. Na Escola maliquita a decisão do período de espera é de apenas quatro anos. Adotando a parte da decisão maliquita sobre o período de espera em um país governado pela lei hanifita, o país evita impor um período de espera maior do que ela provavelmente viveria em relação a uma mulher cujo marido a abandonou.

Outra técnica utilizada por juristas hanifitas e shafi`itas é o *hiyyal* (truque) — uma prestidigitação legal usada para evitar a intenção clara de uma passagem do Corão. Por exemplo, para comerciantes que compram e vendem bens cuja operacionalização é caracterizada por longos períodos de tempo, a proibição de usura (juros) foi um problema nos tempos antigos, e é atualmente ainda mais, porque os muçulmanos devem trabalhar em um mundo econômico capitalista. Se alguém precisa de uma hipoteca para comprar uma casa ou de um grande empréstimo empresarial, os juros normalmente estão envolvidos. Advogados muçulmanos, através de uma linguagem legal complicada, são capazes de fazer contratos que realizam o propósito dos juros sem tomar a forma de juros.

Reformando a lei

Muitas das questões que o Islã enfrentou ao longo dos últimos duzentos anos têm a ver com a lei. Junto ao governo colonial da maioria dos países muçulmanos veio a lei ocidental, o conceito de um corpo de leis sistematicamente organizado (códigos legais) e o conceito de legislação. Os códigos legais ocidentais vieram a prevalecer na maioria das áreas legais, com a lei muçulmana permanecendo válida principalmente em áreas como a lei de família.

LEMBRE-SE

No pensamento ocidental, a legislação legal deriva da vontade do povo. O Islã tradicional não tem necessidade de uma legislação porque a lei é o plano imutável de Deus. A aprovação humana não é requerida para a lei de Deus.

Depois que países muçulmanos alcançaram a independência do governo colonial, eles adotaram o modelo de Estado-nação ocidental. Várias soluções foram formuladas quanto a reconciliar a lei muçulmana com a lei moderna de Estados:

- Selecionar (*takhayyur*) e remendar (*talfiq*) são práticas dos muçulmanos que acreditam que a aderência exclusiva a uma única Escola legal é inadequada atualmente.
- Alguns defendem o uso cada vez maior dos "princípios subsidiários" da lei como *istislah* (buscando o bem comum) como uma maneira de aplicar a lei muçulmana para situações modernas.
- Juristas tradicionais dizem que o problema foi causado pelo abandono da lei muçulmana tal como era nos séculos XI a XIV. Se os muçulmanos retornassem à situação que existia antes da intrusão do ocidente, os problemas seriam resolvidos.
- Alguns reformistas muçulmanos dizem que o problema era a classe erudita em si. O Islã não deveria retornar ao consenso legal clássico como existia na época de fechar a porta da *ijtihad*. Em vez disso, deveriam voltar ao Islã das primeiras três gerações e estar dispostos a fazer novas decisões legais, baseadas no Corão e nas *hádices*.
- Alguns reformistas modernistas defendem distinguir os princípios básicos imutáveis do Corão e das *hádices* da aplicação específica desses princípios na cultura da época de Muhammad. Situações contemporâneas exigem novas aplicações dos princípios básicos. Por exemplo, a Sura 4:3 diz que um homem pode tomar até quatro esposas mas apenas se ele as tratar igualmente. A Sura 4:129 diz que um homem é incapaz de tratar várias esposas igualmente. Os modernistas, como a figura fundadora da reforma islâmica no Egito, Muhammad `Abduh (1849 a 1905), argumentam que essas duas afirmações juntas significam que o Corão é contra a poligamia. Recapitulando: Um homem pode ter mais de uma esposa se ele as tratar igualmente. Mas nenhum homem pode tratar múltiplas esposas igualmente. Portanto, nenhum homem pode ter mais de uma esposa.

Desde 1970, muitos países muçulmanos moveram-se em direção a dar um papel mais central para a lei islâmica. Em alguns deles, isso corresponde apenas a uma declaração de que a lei do Estado é baseada na shari`a. Outros propõem que um conselho de juristas islâmicos aprove quaisquer leis consideradas pelo Estado como não estando em conflito com a lei islâmica. E outros ainda querem ir mais além e fazer um esforço mais sistemático para tornar a lei islâmica a lei básica do Estado.

O Islã, hoje, enfrenta outras questões legais ainda a serem resolvidas:

» Como a lei islâmica se relaciona à lei moderna internacional em que a mesma lei se aplica às relações internacionais de todos os países?

» Como os princípios dos direitos humanos universais (segundo os quais cabem a todas as pessoas certos direitos fundamentais, independentemente de religião, classe, raça, gênero ou grupo étnico) devem ser reconciliados com a lei islâmica tradicional, que limita alguns desses direitos? (Veja o Capítulo 17.)

LIVROS DE *FIQH* E *FATWA*

Juristas produziram dois tipos de livros básicos:

- O primeiro lida com teoria. O *Risala* de al-Shafi`i é um exemplo inicial, enquanto o *Mustafa* de al-Ghazali é o trabalho clássico. Esses trabalhos lidaram com tópicos como as cinco categorias, as quatro raízes da lei mais quaisquer fontes adicionais, e as regras para derivar novas regulamentações das fontes.

- O segundo grupo de livros é chamado de literatura das regras. Trabalhos desse tipo incluem tanto um sumário prático de decisões em diferentes áreas quanto uma seção teórica mostrando que o trabalho está em conformidade com os procedimentos de sua Escola e concorda com o Corão e a *suna*. O sumário prático contém duas seções básicas: A primeira lida com obrigações para com Deus (basicamente adoração e rituais), enquanto a segunda trata das obrigações para com outras pessoas. Essa segunda seção normalmente se ocupa da lei de família, lei comercial, lei de terras, lei criminal e penalidades, e procedimentos judiciais. Trabalhos subsequentes incluem sumários dos livros de regras para referência mais fácil e podem também incluir comentários anteriores de livros de regras fundamentais de uma Escola em particular.

Depois que a porta da interpretação foi fechada, livros similares forneceram coleções de *fatwas* emitidos por *muftis* (juristas) de uma Escola em particular, assim como trabalhos mais teóricos lidando com as qualificações para ser um *mufti* e os deveres e procedimentos de tomada de decisão de um *mufti*.

3

Familiarizando-se com a Vida Cotidiana Muçulmana

NESTA PARTE...

Conheça os Cinco Pilares, que são as exigências básicas de ritual e adoração para um muçulmano.

Veja ritos do Islã como: a observância do aniversário de Muhammad e as cerimônias que acompanham o nascimento, casamento e morte.

Descubra costumes e exigências, tais como o que um muçulmano pode comer ou deve vestir.

Observe a ética muçulmana, incluindo algumas questões específicas — ética sexual, casamento e família, medicina e justiça social.

NESTE CAPÍTULO:

Entendendo a *shahada* — o testemunho de fé muçulmano

Familiarizando-se com a *salat* — oração islâmica

Conhecendo as mesquitas — locais islâmicos de adoração

Observando a *saum* durante o *Ramadã* — um mês de jejum

Capítulo 9

Os Cinco Pilares da Adoração: Fundamentos do Islã

Em toda religião, adeptos ou não dessa fé imediatamente se lembram de certos fundamentos, como a Roda do Dharma no Budismo e os Dez Mandamentos no Judaísmo e Cristianismo. Algo similar, chamado de Cinco Pilares da Adoração (*arkan al-`ibada*), existe no Islã. Assim como ocorre na estrutura de um edifício moderno, os pilares nos grandes prédios antigos constituíam-se na base e suporte estrutural. Analogamente, os Cinco Pilares representam os fundamentos em que se assenta o Islã. Em contraste com os Pilares da Fé (Capítulos 3 e 4) que especificam cinco crenças muçulmanas essenciais, os Cinco Pilares da Adoração relacionam os cinco atos básicos de adoração. Este capítulo explica esses Cinco Pilares — como cada um deles é chamado e quais práticas envolvem. Também falo sobre o que é às vezes chamado de sexto pilar, *jihad* — normalmente traduzido por luta ou guerra santa.

LEMBRE-SE

Os Cinco Pilares da Adoração não estão listados juntos em algum lugar no Corão. Detalhes quanto à observância dos pilares não foram totalmente fixados até depois da morte de Muhammad (veja o Capítulo 5), embora os pilares sejam considerados como implícitos nas práticas de Muhammad e seus companheiros. Além do mais, não fique surpreso em encontrar leves variações na sequência em que os pilares são mencionados. Você pode encontrar duas frases alternativas para designar os Pilares da Adoração. O Islã também se refere a eles como os Pilares da Religião (*arkan al-din*) e, em português, a frase *Pilares do Islã* é frequentemente usada. Apenas perceba que (cinco) Pilares da Adoração, Pilares da Religião ou Pilares do Islã referem-se, todos, à mesma coisa, algo diferente dos Pilares da Fé.

DICA

Pense nos Cinco Pilares como o mínimo que significa ser um muçulmano crente e praticante. Imagine uma pessoa que foi recentemente convertida ou está pensando em se converter ao Islã. Ela diz a si mesma: Como começo a viver minha vida de muçulmano? Em que devo acreditar? O que devo fazer? Por onde começo? Os Cinco Pilares da Adoração fornecem àquele que se inicia na religião um modelo e uma estrutura simples para a vida dali em diante. Os pilares são como uma lista básica que auxilia a trilhar o *caminho correto* (*al-sirat al-mustaqim*, um dos termos corânicos para o modo de vida muçulmano). Cada pilar é direto e cada muçulmano pode responder, por si, se ou em que medida está cumprindo cada exigência. Claro, os pilares são apenas um começo. Cada um deles é uma porta de entrada para uma compreensão mais profunda e maior espiritualidade conforme se cresce na fé.

Purificação: Preparando-se para a Adoração

Na maioria das religiões há uma distinção entre sagrado e profano (ou seja, o secular). O sagrado é qualquer coisa que pertença a Deus ou àquilo que seja sagrado ou máximo na religião. O profano tem a ver com a vida e os assuntos cotidianos. Frequentemente, os crentes pensam que quando entram em contato com o sagrado (ou seja, com Deus nas religiões monoteístas), devem estar em um estado de pureza física e espiritual. Como as ações rituais o levam a um contato mais próximo de Deus, deve-se estar em um estado de pureza anterior à performance de atos de adoração como a oração (*salat*) e a peregrinação a Meca (*hajj*). Ações que tornam alguém ritualisticamente impuro não são necessariamente ações inferiores ou imorais. Assemelha-se a como as pessoas costumavam se vestir (e muitas ainda o fazem) para ir à igreja. Para tal, jeans e bermudas não eram tidos como inapropriados, mas o eram quando envolvidos com a adoração formal. O Hinduísmo e o Judaísmo também colocam muita ênfase na pureza ritual e compartilham muitos, mas não todos, dos mesmos conceitos do que torna uma pessoa ou coisa impura e como remover a impureza. Embora ausentes nos Cinco Pilares da Adoração, as coleções muçulmanas de tradições (*hádices*) incluem uma seção separada sobre purificação como parte do material que trata de adoração e ritos. Uma tradição diz que "A purificação é metade da fé".

Removendo as impurezas

Se uma pessoa está em estado de impureza ritual, antes de tocar no Corão árabe, orar (*salat*) ou começar a peregrinação ritual, ela deve fazer um ritual menor de limpeza (chamado *wudu'*) ou, para impurezas rituais maiores, tomar um banho ritual (*ghusl*). Na maioria das orações diárias, apenas o *wudu'* é necessário. O *wudu'* é um ritual separado com uma sequência de ações e palavras prescritas. Os muçulmanos usam água corrente ou derramada para lavar as partes do corpo, tais como antebraços, boca e orelhas. As mesquitas dispõem de uma fonte ou alguma outra fonte d'água (por exemplo, torneiras e bacias) para o *wudu'* em um pátio interno ou do lado de fora. Nas religiões por todo o mundo, a água é o meio mais comum de purificação.

DICA

Sem água, sem problema! A intenção é o que conta. Na Arábia há muita areia e pouca água. Então, na hora da oração, em um lugar sem água, os muçulmanos podem dar palmadinhas com areia ou terra em suas mãos e depois continuar a sequência de movimentos com as mãos e orações para realizar o *wudu'*.

Fontes de impureza

Você provavelmente pode adivinhar que os estudiosos islâmicos dedicaram muita atenção em especificar minuciosamente o que causa maior ou menor impureza, assim como detalhar os rituais de limpeza (wudu' e ghusl) para remover essas duas categorias de impureza. Alguns exemplos de causas de maior impureza ritual são ejaculação, menstruação, parto e contato com um cadáver. Entre os exemplos de causas de menor impureza ritual figuram tocar sua genitália, perda de consciência, micção e sono profundo. Em geral, condições médicas crônicas, como incontinência, não tornam uma pessoa ritualmente impura. A maioria das coisas que tornam alguém impuro no Islã são as mesmas de outras religiões que enfatizam a purificação. Normalmente, qualquer fluido ou emissão corporal, qualquer coisa a ver com morte ou associada com relação sexual são poluentes em muitas religiões. A morte, porque Deus é o senhor da vida. A perda de sangue, por se tratar de uma emissão do corpo e porque o sangue é um símbolo de vida na maioria das culturas. O sono é poluente no Islã principalmente como precaução — enquanto dorme você pode ter poluído a si mesmo, então, a purificação é recomendada depois de dormir. Contato com certos animais — porcos e cachorros — são fonte de impureza.

Conceitos de pureza e impureza também têm um papel em outras áreas do Islã. Um dos nomes para a circuncisão de um recém-nascido é purificação (*tahara*). A mão e o pé direitos são considerados puros, e a mão esquerda, impura. Assim, a pessoa deve entrar na mesquita (uma área sagrada) com o pé direito, comer com a mão direita, mas limpar-se com a mão esquerda. Antropólogos como Mary Douglas contribuíram enormemente para a compreensão da função de pureza e poluição nas religiões.

TENTE DIZER A *SHAHADA*

Ao convocar Muhammad para ser um profeta e, ao mesmo tempo, revelar-lhe a parte inicial do Corão (veja os Capítulos 5 e 6), o anjo Gabriel disse a Muhammad para recitar e não simplesmente ler. A palavra do Corão entoada na adoração mexe com as emoções e reverbera na alma de um muçulmano da mesma maneira que um antigo hino familiar pode mover cristãos, mesmo quando não conseguem lembrar de toda a letra.

Para começar a apreciar a importância da palavra falada no Islã, tente memorizar e repetir a *shahada* em voz alta em árabe: *ashhadu al-la ilaha illa-Llah, wa ashhadu anna Muhhammadar-rasul Allah*. Não se preocupe! Repetir a *shahada* não o transformará em muçulmano a não ser que essa seja sua intenção. Todos os atos rituais no Islã exigem que primeiro se afirme conscientemente a intenção (*niyya*) de realizar o ato para que ele seja válido.

Shahada (Primeiro Pilar): Testemunhar

Muitas religiões condensam a essência de sua fé em um tipo de afirmação simples e direta. Ao mesmo tempo, tais afirmações ou testamentos incorporam profundos significados que podem ser desenvolvidos mais à frente. Assim é o testemunho da fé (conhecido como shahada) no Islã. A afirmação — "Eu testemunho que há somente um Deus único e poderoso e eu testemunho que Muhammad é mensageiro de Deus" — resume o que significa ser um muçulmano. O Capítulo 3 discute esse ideal de unicidade de Deus e o Capítulo 5 fala sobre a designação de Muhammad como o mensageiro de Deus. Em contraste com diversas outras religiões, judeus e cristãos concordam que "há somente um Deus único". A afirmação básica do Judaísmo, o Shema (Deuteronômios 6:44–45) e a abertura do Credo dos Apóstolos no Cristianismo expressam o mesmo pensamento. Similares à shahada em termos de função estão as três afirmações de refúgio do Budismo ("Eu me refugio no Buddha, me refugio no ensinamento, me refugio na comunidade de monges budistas").

INDO MAIS FUNDO

Ao fazer essa afirmação com a intenção de tornar-se um muçulmano, uma pessoa realmente se torna muçulmana. Os muçulmanos dizem que a pessoa retorna ao Islã (o termo "reverter" é usado). Eles acreditam que todas as pessoas foram originalmente muçulmanas, tendo se submetido a Deus na época da criação de Adão.

LEMBRE-SE

Com uma leve variação, a *shahada* é dita em muitas outras ocasiões também. Por exemplo, o pai sussurra a *shahada* na orelha de seu recém-nascido. A *shahada* corresponde, idealmente, às últimas palavras ouvidas por um muçulmano moribundo. Aqueles que carregam em procissão o corpo do falecido em um funeral também podem recitá-la. Ela forma a base do chamado para a oração, e cada adorador a repete no final de cada uma das cinco orações diárias — veja a Seção "Salat (Segundo Pilar): Orar".

VAMOS LÁ, GENTE, VAMOS LÁ! E O JIHAD?

Jihad, normalmente traduzido como "guerra santa" no Ocidente, é às vezes incluído como um sexto pilar nas discussões sobre obrigações religiosas (*ilbadat* significa serviço ou adoração). Dentro do Islã, você pode encontrar diferentes explicações de *jihad*, muitas vezes em conflito uma com a outra. Todos concordam que, sendo ou não um dos pilares, o *jihad* é necessário. É consensual que a própria palavra significa "batalhando" ou "lutando" e é usada em alguns lugares do Corão sem conotação militar. Mas, em outros textos, *jihad* inclui conflitos, e certamente a guerra em nome de Deus é proeminente na tradição islâmica. Você pode descobrir mais sobre o *jihad* no Capítulo 17, onde me detenho em algumas concepções erradas sobre o Islã.

LEMBRE-SE

A *shahada* afirma que ser um muçulmano não é uma questão privada entre o crente e Deus. Em vez disso, um muçulmano é obrigado a dar testemunho de sua submissão a Deus e testemunhar a de outros. Em outras palavras, o Islã envolve a obrigação de envolver-se com o que os cristãos chamam de evangelização (no Islã, é conhecido como *da`wa*). Claro, recitar a *shahada* é a única maneira de testemunhar a fé. Um muçulmano pode desistir da vida e morrer como um mártir do Islã. Tal mártir é chamado de *shahid*, o que significa testemunha, da mesma raiz da palavra árabe *shahada*.

Salat (Segundo Pilar): Orar

A oração ritual no Islã, chamada *salat*, segue uma sequência prescrita de palavras recitadas com determinadas posturas corporais, constituindo-se na maneira mais importante de adorar a Deus no Islã. A *salat* diária é tão importante para o Islã que em algumas línguas, se alguém quer saber se uma pessoa é muçulmana, pergunta "Você cumpre a *salat*?" em vez de perguntar "Você é religioso?" ou "Você acredita em Deus?" Outros rituais de adoração são importantes, mas ocorrem em intervalos de tempo muito mais espaçados — uma vez por ano, ou até mesmo uma vez na vida. Mas como um muçulmano interrompe o que estiver fazendo para rezar cinco vezes ao dia, ele é lembrado constantemente de colocar Deus antes de todas as preocupações. *Salat*, na condição de um ritual de oração fixo, difere da *du`a*, que é uma oração voluntária em que a pessoa escolhe qual oração usar. *Salat* não é simplesmente uma expressão da fé muçulmana, embora naturalmente o seja. *Salat* também é um meio pelo qual a fé de um muçulmano é moldada e aprofundada, como realmente é a oração na maioria das religiões.

Quando orar

Como os muçulmanos sabem quando fazer as cinco orações diárias? O tempo preciso varia de acordo com a localização geográfica e a época do ano. Em um país muçulmano, há um chamado para a prece indicando o momento. Ele soa por cima dos telhados e é tão característico que gruda na mente de um turista não muçulmano. Em países não muçulmanos, tabelas impressas, programas de computador e sites muçulmanos fornecem os horários precisos de oração para qualquer local e data. As cinco orações diárias são:

- » Oração matinal, logo antes do alvorecer (dois ciclos de oração).
- » Oração do meio-dia (quatro ciclos de oração).
- » Oração do meio da tarde (quatro ciclos de oração).
- » Oração do crepúsculo (três ciclos de oração).
- » Oração noturna, entre uma hora antes do pôr do sol e a meia-noite (quatro ciclos de oração).

Em algumas circunstâncias, duas das *salats* diárias podem ser combinadas. *Salats* perdidas podem ser cumpridas privadamente. Modificações podem ser aceitáveis devido a situações como doença ou por estar no transporte público. Mulheres menstruadas não fazem a *salat* porque está impura devido ao sangue menstrual, assim como um homem está impuro após uma emissão seminal (veja a Seção "Purificação: Preparando-se para a Adoração" neste capítulo).

Além das cinco *salats* prescritas a cada dia, os muçulmanos realizam *salats* voluntárias adicionais e *salats* especiais nos dois dias festivos principais (no fim do mês do *Ramadã* e durante a *hajj*), em funerais e outras ocasiões especiais.

Todos os muçulmanos observam as cinco orações diárias? Claro que não, assim como nem todos os cristãos vão à igreja uma vez por semana. Entretanto, com o surto de religiosidade nos últimos 25 anos no mundo muçulmano, encontra-se uma porcentagem maior de muçulmanos observando rigorosamente as cinco orações diárias (assim como os Cinco Pilares da Adoração) do que seria o caso no passado. Se a necessidade impedir uma pessoa de realizar uma das orações, Deus compreende, aceita sua intenção e permite que compense a oração mais tarde.

TEXTO ISLÂMICO

A biografia tradicional de Muhammad explica por que os muçulmanos oram cinco vezes por dia. Ela diz que na época da jornada noturna de Muhammad para Jerusalém e ascensão ao trono de Deus (veja o Capítulo 5), Deus instruiu Muhammad que os muçulmanos devem orar 50 vezes por dia. Em seu caminho de volta, Muhammad encontrou Moisés, e este lhe perguntou quantas orações Deus havia decretado. Moisés disse que as pessoas não seriam capazes disso e falou a Muhammad para voltar e pedir a Deus para reduzir o número. Isso aconteceu várias vezes até que o número diminuiu para cinco, ocasião em que Muhammad ficou muito envergonhado de pedir a Deus para uma redução maior. Deus disse a Muhammad que o muçulmano que faz cinco orações por dia terá a recompensa por fazer 50 orações.

Onde os muçulmanos oram?

Os muçulmanos podem realizar a *salat* em quase qualquer lugar. Na hora apropriada, as pessoas param o que estiver fazendo e voltam-se em direção a Meca, que é o centro religioso do cosmos muçulmano no que é agora a Arábia Saudita. A direção a Meca é chamada de *qibla*.

Mesquitas são planejadas para que uma parede, a *parede qibla*, esteja defronte a Meca. No interior da mesquita, uma área na parede *qibla* — frequentemente um recesso arqueado semicircular — designa a direção a Meca e, assim, a posição a alinhar-se para a oração. Esse recesso é o *mihrab*, ou nicho de oração.

Antes de uma *salat*, as pessoas descalçam seus sapatos. Se não estiverem em uma mesquita, elas desenrolam um tapete de oração sobre o qual realizam a *salat*. Normalmente o tapete de oração exibe a Grande Mesquita de Meca, a principal mesquita sagrada do Islã. Caso a pessoa não disponha de um tapete de oração, espalhar jornais também servirá.

Embora possam orar sozinhos, os muçulmanos preferem realizar a *salat* na presença de outros fiéis. Muçulmanos alinham-se em fileiras ordenadas, enquanto uma pessoa fica na frente e serve como *imame* (ou seja, líder de oração). De acordo com a ênfase geral sobre a liderança masculina em arenas públicas — uma tradição que algumas mulheres muçulmanas discordam e dizem não ter base no Corão — uma mulher pode agir como líder de oração para outras mulheres, mas não para homens.

Chamando à oração (*adhan*)

Cada hora de prece é anunciada com uma chamada típica, conhecida como *adhan*. Se você já visitou um país muçulmano ou assistiu a um documentário sobre o Islã na TV, terá ouvido a *adhan* mesmo que não a reconheça como tal. No passado, cerca de 15 minutos antes do horário designado para a oração, o *muezzin* (a pessoa que faz a chamada para a oração) subia ao *minarete*, uma torre alta que normalmente adorna ou é adjunta à mesquita, como um campanário pode adornar uma igreja. De lá, ele recitava a chamada.

Os muezzins ainda existem, mas hoje o chamado é frequentemente efetuado por uma transmissão gravada, mediante alto-falantes localizados no minarete ou no topo de um edifício de muitos andares. Dentro da mesquita, o chamado é repetido de uma forma variante (a *iqama*), terminando com as palavras, "a oração está estabelecida" para indicar o verdadeiro começo do ritual da *salat*.

TEXTO ISLÂMICO

Como a *adhan* é um dos textos islâmicos mais frequentemente recitados, você pode ficar interessado tanto na versão em português quanto no original árabe. A Tabela 9-1 mostra quatro frases, repetidas um número variável de vezes, que formam a *adhan*.

TABELA 9-1 Quatro Frases Que Formam a Adhan

Tradução em Português	Frase Falada em Árabe
Deus é o Maior (recitada quatro vezes — esta frase é chamada de *takbir*).	Allahu Akbarthis
Eu testemunho que não há outra divindade além de Deus.	Ashhadu al-la ilaha illa Llah
Eu testemunho que Muhammad é o mensageiro de Deus.	Ashhadu anna Muhammadar-rasulu-Llah
Venha para a oração (duas vezes).	Hayya `al-s-salah
Venha para a salvação (duas vezes).	Hayya `ala-l-falah
Deus é grande	Allahu Akbar
Não há outro deus além de Deus.	La ilaha illa-Llah

Antes da oração da manhã, os sunitas inserem "orar é melhor que dormir", no final, antes de "*Allahu Akbar*". Os shia'as acrescem "venha para o melhor dos trabalhos" e os shia'as duodecimanos incluem uma referência a `Ali no final da *adhan*. Você pode descobrir mais sobre as diferenças entre sunitas e shia'as no Capítulo 12.

Fazendo a primeira *rak`a* (reverência)

Dependendo de qual dos cinco tempos de oração está envolvido, o verdadeiro ritual de oração consiste em dois a quatro ciclos de reverências (*rak`as*) — uma sequência de movimentos prescritos e palavras que os acompanham. No decorrer da realização das cinco orações diárias, um crente completa um mínimo de 17 *rak`as*. Em uma *salat* congregacional dirigida por um *imame* (líder de oração), muito dos que os adoradores individuais recitam é dito silenciosamente ou em uma voz muito baixa. Embora possa haver variações menores das posturas corporais e no que é falado, cada *rak`a* inclui os seguintes passos (precedidos com cada indivíduo tendo explicitamente declarado a intenção de realizar a *salat*):

1. **Em pé, parado, com os pés levemente afastados, a pessoa levanta as mãos até a altura da cabeça e, com as palmas viradas para fora e para frente diz a *takbir* em voz alta. Movendo suas mãos para baixo e para os lados, pronuncia a primeira Sura (*Fatiha*) e uma outra passagem do Corão.**

   Essa primeira posição termina com outra *takbir*.

2. **Curvando-se, com as mãos nos joelhos, o adorador diz três vezes: "Glória a Deus Todo-Poderoso."**

3. **Novamente em pé, ele diz, "Deus ouve aqueles que O louvam. Ó nosso senhor, Todos os louvores são para Ti", terminando com outra *takbir*.**

4. **O adorador se prostra, sua testa tocando o chão e, com ambas as mãos espalmadas no chão, diz (três vezes): "Louvado seja o meu Senhor, o Altíssimo; os louvores sejam para Ele", terminando com uma *takbir*.**

   Depois de anos fazendo a *salat*, uma pessoa pode adquirir uma marca visível na testa, que é considerada uma indicação de sua religiosidade.

MINARETES

Como o *mihrab*, ou nicho de oração, o minarete não era parte integrante das primeiras mesquitas, mas se tornou uma característica usual no fim do primeiro século muçulmano. Muitas regiões têm estilos distintos de minaretes, tais como o estilo quadrado da Síria omíada ou a fina e alta espiral característica dos turcos otomanos (você pode ler sobre os omíadas e os otomanos no Capítulo 2). Ao se familiarizar com esses estilos e observar uma imagem do minarete de uma mesquita tradicional não identificada, você pode até adivinhar a parte do mundo muçulmano em que a mesquita está localizada. Um minarete famoso em Marrocos foi construído para permitir ao *muezzin* subir até o topo de burro — um predecessor funcionalmente equivalente a um elevador.

5. **Ele se senta com seu pé e perna esquerda dobrada sobre ele e sua perna direita reta do joelho para o pé com os dedos tocando o chão e o calcanhar para o alto (isso parece mais complicado do que é).**

   Alguns muçulmanos pronunciam uma curta petição pelo perdão dos pecados e todos pronunciam outra *takbir*.

6. **Para completar a *rak`a*, o adorador faz uma segunda prostração e retorna à posição sentada.**

Tentar descrever o ritual da *salat* sem fazê-lo soar seco e artificial é como tentar descrever a sequência de ações envolvidas quando você cumprimenta alguém com um aperto de mão. Quando eu estendo minha mão? Espero a outra pessoa estender a dela primeiro? Como aperto a mão dos outros? Que palavras acompanham tudo isso? Mas você aperta mãos sem ter que pensar nos detalhes e isso também é verdadeiro para os muçulmanos fazendo a *salat*. Eles podem completar uma *rak`a* em poucos minutos, sem pensar nos detalhes.

Conquanto uma descrição escrita possa, de certa forma, soar rígida, você encontra alguma flexibilidade na prática. As crianças podem estar presentes e movendo-se por ali. Algumas pessoas chegam depois do começo da primeira *rak`a* e compensam silenciosamente ou repetem a *rak`a* perdida no final da *salat*.

DICA

Para apreciar a *salat*, você deve observá-la. Muitas mesquitas nos Estados Unidos, e em alguns outros países, disponibilizam de bom grado seus serviços a não muçulmanos, abraçando-os (literalmente!) de modo cordial antes e depois, e dando o melhor de si para ajudá-los a se sentirem confortáveis. Ligue para a mesquita primeiro e pergunte sobre comparecer. Você provavelmente será acomodado na parte dos fundos (ou com as mulheres, se for uma mulher) e ficará livre para observar, mas não se espera que você participe. Porém, como muito do que é dito é feito em tom inaudível, será preciso mais ajuda para captar tudo o que acontece. Um vídeo instrucional ou programa em CD (veja o Apêndice C para fontes) destinados primariamente a novos convertidos ao Islã pode ser a melhor maneira de compreender os detalhes da *salat*.

Acrescentando *rak`as* adicionais e orações voluntárias

Lembre-se de que cada uma das cinco orações diárias envolve dois a quatro *rak`as*. Antes do segundo e qualquer *rak`a* subsequente, o crente fica em pé, pronuncia uma *takbir* e começa o próximo ciclo. No final da segunda e da última *rak`a*, uma saudação estereotipada (*tahiyya*) pede as bênçãos de Deus sobre Muhammad. No fim de todos os ciclos de uma *salat*, o adorador se senta e recita o testemunho (*tashahhud*), seguido pela invocação da bênção sobre Muhammad e Abraão. Após uma oração final pela paz, ele retorna sua cabeça ao centro e em seguida à esquerda dizendo "que a paz esteja sobre você" (*al-salamu `alaykum*). De acordo com a crença popular, ele está se dirigindo não apenas à pessoa em qualquer um de seus lados, mas também aos anjos que o vigiam enquanto ora. Isso conclui a *salat* formal e obrigatória.

Frequentemente, o adorador, então, recita várias orações pessoais individuais (*du`a*), levanta-se e diz *al-salamu `alaykum* para as pessoas próximas. Ele pode então fazer duas *rak`as* adicionais voluntárias.

Um exemplo de uma oração voluntária no fim de uma *salat* é:

TEXTO ISLÂMICO

"Não há outro deus exceto Deus, o Único. Ele não tem parceiros. A Ele pertence a soberania e a Ele pertence o louvor. Ele é todo-poderoso sobre tudo. Ó Deus! Ninguém pode negar aquilo que você dá e ninguém pode dar aquilo que você nega. A grandiosidade do grande não prevalecerá contra você."

Claro, orações voluntárias também são usadas em muitas outras ocasiões. Naturalmente, as orações atribuídas a Muhammad são populares, tais como esta antes de ir para a cama:

> "Todos os louvores pertencem a Deus que forneceu descanso a meu corpo, restaurou minha alma para mim e permitiu-me lembrar-me Dele."

Jum`a: Reunindo-se para a oração congregacional de sexta-feira

Em cidades muçulmanas, às sextas-feiras, toda a comunidade se reúne em uma grande mesquita designada para a *salat* comunal de sexta-feira ao meio-dia (*jum`a*), em vez de comparecer às mesquitas dos bairros às quais estão acostumados durante o resto da semana. Certamente, em cidades muito grandes, várias mesquitas são necessárias para acomodar aqueles que comparecem aos serviços de sexta-feira.

Ao entrar na mesquita, o crente normalmente realiza duas *rak`as*. Antes da performance da *salat*, o *imame* ou outro indivíduo capacitado sobe alguns degraus da escada do púlpito (*minbar*), localizado à direita do nicho de oração. De lá ele faz um sermão (*khutba*). Alguns púlpitos são elaboradas obras de arte esculpidas. Em mesquitas mais modestas, o *imame* fica em pé atrás de uma bancada simples. O sermão utiliza uma passagem específica do Corão e explica um ponto de crença ou conduta. Em Estados muçulmanos, o sermão inclui, tradicionalmente, uma bênção sobre o governante. Todas as confrarias, escritórios e locais de trabalho muçulmanos fecham durante o serviço de sexta-feira, mas reabrem pelo restante do dia após o término do serviço.

O texto do Corão a seguir (Sura 62:9–10) fornece a base escritural para o serviço de oração comunal de sexta-feira:

TEXTO ISLÂMICO

"Ó fiéis, quando fordes convocados para a Oração da Sexta-feira, recorrei à recordação de Deus e abandonai vossos negócios; isso será preferível, se quereis saber. Porém, uma vez observada a oração, dispersai-vos pela terra e procurai as graças de Deus, e mencionai muito Deus, para que prospereis."

INDO MAIS FUNDO

Se você comparecer a um serviço de sexta-feira em uma mesquita nos Estados Unidos, o sermão pode parecer relativamente simples em comparação à retórica elaborada muito comum em sermões típicos em igrejas cristãs. No entanto, o serviço de sexta-feira em um país muçulmano fornece uma grande oportunidade de mobilizar as pessoas, seja em apoio ao governo ou contra ele. Por essa razão, o governo pode manter controle rígido sobre as mesquitas, incluindo a nomeação do *imame.*

A mesquita (*masjid*)

A arquitetura e a caligrafia são as duas formas de arte mais importantes no Islã. Grandes realizações arquitetônicas incluem palácios (por exemplo, o Alhambra na Espanha), a Cúpula da Rocha em Jerusalém e os santuários funerários (por exemplo, o Taj Mahal). Mas o maior esforço, naturalmente, se dá na construção de mesquitas. *Masjid*, a palavra árabe para mesquita, significa "lugar de prostração", enfatizando a oração ritual como a atividade central de adoração. Qualquer área aberta que não seja ritualmente impura pode ser usada como um local de oração e referido como uma *masjid.*

TAKBIR: INVOCANDO DEUS

Você pode ter reconhecido que as fórmulas da *shahada* partem do chamado à oração. A *takbir*, "*Allahu Akbar*" é outra parte repetida da chamada. Os muçulmanos frequentemente usam essa frase exclamatória em uma variedade de contextos. Embora seja normalmente traduzida como "Deus é Grande", uma tradução mais literal é "Deus é o Maior".

Em reuniões muçulmanas, um locutor pode pedir para a audiência responder com uma *takbir*, da mesma maneira que, nos EUA, uma líder de torcida incita o público a responder com um grito de escola. Em outras vezes, a *takbir* serve como uma expressão vocal de devoção da mesma maneira que alguns cristãos interpõem "louvado seja Deus" em seu discurso.

O plano de uma mesquita clássica deriva da primeira casa de Muhammad em Medina. Do lado leste de um grande pátio existiam quartos para as esposas de Muhammad. No lado sul, duas fileiras de pilares suportavam um teto que fornecia sombra para abrigar-se do quente sol árabe. O teto reto, os pilares, o pátio e a área coberta, orientadas em direção a Meca, tornaram-se o típico plano inicial de uma mesquita. Somente mais tarde, depois da conquista do Irã, a estrutura abobadada entrou na arquitetura islâmica e veio a ser usada para mesquitas. Eis uma lista dos traços característicos de uma grande mesquita, embora nem todas sejam encontradas em todas elas:

- Parede *qibla* com nicho de oração (*mihrab*) de frente para Meca
- Púlpito (*minbar*) à direita do *mihrab*
- Minarete
- Fonte ou outra instalação para purificação
- Salão de oração
- Fixação de iluminação elegante pendurada sobre a área de oração central
- Espaço arquiteturalmente separado para mulheres

Uma mesquita não tem bancos ou cadeiras (exceto talvez nos fundos para os incapacitados). Outras estruturas podem ser associadas com uma mesquita ou incorporadas na própria mesquita, tais como escolas para crianças pequenas, *madrassas* para treinamento maior em estudos islâmicos e casas de repouso para viajantes.

As mesquitas são variadas. Em algumas partes da África, o serviço de sexta-feira pode ser feito em uma grande área aberta fora da mesquita. Em certos países ocidentais, nos quais o Islã é relativamente novo, as mesquitas podem ser prédios de igrejas adaptados ou instalações de confrarias cujas fachadas avançam pouco para o lado de fora para indicar que são mesquitas.

Como se dá com os minaretes, (veja o Box "Minaretes", anteriormente neste capítulo), regiões diferentes do mundo muçulmano têm seu próprio estilo característico de arquitetura de mesquita. Isso inclui se o exterior típico é revestido de tijolo, pedra, adobe, azulejo ou algum outro material. A Figura 9-1 mostra a Mesquita Azul em Istambul (topo) e a Mesquita al-Aqsa em Jerusalém (embaixo), que é a terceira mais importante mesquita sagrada no Islã.

INDO MAIS FUNDO

Você nunca vê imagens humanas (ou divinas) em mesquitas. Você não encontrará vitrais ou murais com cenas do Corão ou estátuas de anjos, Muhammad ou outras figuras-chaves do Islã. Contudo, muitas mesquitas são elegantemente decoradas com designs executados em azulejo, estuque e tijolo. O tema de design mais importante são os versos do Corão, frequentemente reproduzidos tão artisticamente e de forma tão abstrata que mesmo alguém fluente em árabe pode ter dificuldade em lê-los. Tiras ou faixas de caligrafia corânica podem alternar com faixas de desenhos geométricos abstratos ou padrões de flores, folhas e ramos (chamados *arabescos*).

Foto por Murat Taner/Getty Images

Foto por Dan Porges/Getty Images

FIGURA 9-1: Dois estilos de mesquitas.

A PRIMEIRA MESQUITA ISLÂMICA

A biografia tradicional de Muhammad relata a seguinte história. Quando Muhammad chegou pela primeira vez em Medina, várias famílias proeminentes queriam que ele se hospedasse com elas. Muhammad, no entanto, deixou a questão para Deus. Montado em seu camelo, deixou o animal ir para onde queria. Por fim, o camelo foi até uma casa pertencente a dois órfãos com uma área aberta usada para secar tâmaras. O camelo ajoelhou-se, mas Muhammad não apeou. O camelo afastou-se por uma curta distância, mas depois retornou ao mesmo ponto e, exausto, deitou-se no chão. Muhammad desmontou e entrou na casa. O guardião dos órfãos foi pago pela casa e pelo terreno, e Muhammad e os outros começaram a construir sua casa, que também serviu como a primeira mesquita.

INDO MAIS FUNDO

A proibição de imagens remonta ao mandamento "não fazer imagens" da Bíblia judaica (Êxodo 20:4; Deuteronômio 4:15–18). Em contraposição, imagens divinas têm um papel importante no Budismo e no Hinduísmo. No Islã, a proibição de imagens é aplicada de modo absoluto às mesquitas, mas nem sempre à decoração de prédios não religiosos. Relacionada a essa proibição está a ausência de qualquer arte islâmica comparável à tradição de arte representativa no Ocidente. Você não verá Rembrandts e Monets no Islã. Todavia, uma tradição de ilustração de textos não religiosos em manuscritos persas é altamente desenvolvida como forma de arte.

Zakat (Terceiro Pilar): Ajudar os Necessitados

Toda religião incentiva a doação, como forma de caridade de seus membros para apoiar as necessidades do serviço religioso, social e educacional. No Islã, tal doação é institucionalizada como a *zakat*, uma taxa obrigatória que todo muçulmano paga anualmente. Embora os detalhes possam ser complicados, a taxa básica é de 2,5% de todos os ganhos líquidos e rendimentos de propriedades produtivas. Contribuições em espécie compreendem gado e colheitas. A *zakat* não é cobrada sobre alojamento e sobre posses pessoais básicas necessárias. Se a propriedade "zakatável" está abaixo de um certo mínimo (chamado de *nissab*), uma pessoa não paga a *zakat*. Uma definição de *nissab* é o valor correspondente a três onças de ouro, que em dezembro de 2002 valiam cerca de US$1.026. Sites muçulmanos e publicações ajudam o crente a entender sua obrigação com a *zakat*. Para um exemplo, vá para `www.soundvision.com/Info/life/zakatcalc.asp`. A mesquita local e diversas organizações muçulmanas podem agir como canal para receber e distribuir a receita com a *zakat*. A *zakat* é usada para ajudar pobres e enfermos, propagar a fé islâmica, resgatar prisioneiros, ajudar viajantes, libertar escravos muçulmanos, ajudar devedores e defender o Islã.

Muitas passagens do Corão e das hádices exaltam atos de caridade. A Sura 2:267 diz:

TEXTO ISLÂMICO

> *Ó fiéis, contribuí com o que de melhor tiverdes adquirido, assim como com o que vos temos feito brotar da terra, e não escolhais o pior para fazerdes caridade.*

Consta que Muhammad disse que "o homem que esforça-se em nome da viúva ou do pobre é como aquele que luta no caminho de Alá, ou aquele que fica acordado à noite (para orações) e jejua durante o dia". (Bukhari 69.1). Outra *hádice* conta de uma prostituta cujos pecados foram perdoados por Deus porque ela tirou seu sapato e amarrou seu lenço de cabeça nele para tirar água de um poço e dar a um cachorro que estava prestes a morrer de sede (Bukhari 6.6).

LEMBRE-SE

Contribuições voluntárias adicionais (*sadaqa*) são recomendadas como atos de caridade e devoção. Essas doações não cumprem a obrigação com a *zakat*. Além disso, muçulmanos ricos muitas vezes estabelecem e adotam fundações de caridade, seja através de doações ou por testamento. Como muitas fundações filantrópicas nos Estados Unidos hoje, essas fundações são frequentemente dedicadas a propósitos específicos, como suporte de *madrassas* (escolas islâmicas), mesquitas e hospitais; assistência a albergues de viajantes; e ajuda aos pobres.

Saum (Quarto Pilar): Refletir e Jejuar

O Islã normalmente não recomenda o ascetismo extremo ou abnegação. Deus criou o mundo físico e o corpo humano para serem apreciados. A salvação não vem por negar-se necessidades físicas, como sexo e comida. Entretanto, o mundo físico deve ser desfrutado com moderação.

Originalmente, o jejum acontecia no 10º dia do *Muharram*, o primeiro mês do ano muçulmano. Esse é ainda um dos dias de jejum voluntário. Após a comunidade estabelecer-se em Medina, e antes da morte de Muhammad, o *Ramadã* foi revelado como o mês do jejum. *Ramadã* (cujo nome literalmente significa "grande calor" ou "calor abrasador") é o nono mês do calendário muçulmano. Como em todos os meses, o *Ramadã* começa no pôr do sol depois da primeira visão da lua nova (*hilal*) no fim do mês anterior, *Sha`ban*.

INDO MAIS FUNDO

O início de um novo mês quando surge uma lua nova é a razão pela qual o crescente da lua é o símbolo visual mais comum do Islã, e frequentemente coroa os tetos das mesquitas. Bandeiras dos países muçulmanos também podem incorporar uma lua crescente.

A determinação precisa do início do mês é crucial apenas para o *Ramadã* e para o mês seguinte, *Shawwal*, porque o jejum compreende o tempo entre o começo e o fim do mês. Os muçulmanos, que na era medieval foram mais longe que o Ocidente em termos de observação astronômica, há tempos sabem que a data da lua nova pode ser astronomicamente calculada. Contudo, o costume de uma constatação visual por uma testemunha confiável ainda é usado para determinar o começo e o fim do mês.

Nos Estados Unidos, um comitê composto por representantes de várias organizações muçulmanas recebe observações relatadas da lua nova, verifica esses relatos e então anuncia o começo e o fim do *Ramadã*.

DICA

Você pode querer cumprimentar seus amigos muçulmanos no início do mês desejando-lhes *Ramadã Mubarak* (um *Ramadã* abençoado) e eles responderiam com *Ramadã Karim* (um generoso *Ramadã*).

Do alvorecer ao crepúsculo

Durante o *Ramadã*, os muçulmanos jejuam do alvorecer (a hora em que uma faixa branca pode ser primeiramente distinguida de uma faixa escura na luz da manhã) até o crepúsculo. O jejum inclui:

- Não comer
- Não beber
- Não ter relações sexuais
- Não fumar

Os especialistas legais islâmicos entram em detalhes consideráveis sobre quais ações constituem ou não uma violação do jejum. Por exemplo, uma pessoa não deveria tomar medicações orais durante o dia, mas pode receber injeções. Mulheres grávidas e que amamentam, e pessoas permanentemente debilitadas ou mentalmente doentes não precisam jejuar. Várias pessoas podem protelar o jejum durante uma parte do *Ramadã*, mas devem compensar os dias perdidos no ano seguinte. Mulheres menstruando, enfermos e viajantes em uma jornada longa podem ou devem adiar o jejum, mas compensar os dias perdidos no ano seguinte. Crianças começam a jejuar gradualmente, aumentando o período de observância até que sejam capazes de cumprir o mês inteiro de jejum. Se uma pessoa conscientemente quebra o jejum, ela deve adicionar um dia de jejum ao final do *Ramadã*.

A fidelidade da observância varia. Em alguns países muçulmanos, o Estado ou grupos voluntários tentam forçar todos os muçulmanos a observarem o jejum em público (isso não se aplica a turistas). Entretanto, na privacidade de sua casa, alguns são mais rígidos na observância do que outros.

Um dia no Ramadã

As observâncias do *Ramadã* variam levemente de cultura em cultura, mas o seguinte é típico. Os muçulmanos quebram o jejum o mais rápido possível no pôr do sol (lembre-se de que a noite começa no pôr do sol). Muçulmanos fazem a refeição principal mais tarde da noite com talvez uma refeição final leve no início das horas que antecedem o amanhecer antes que o jejum da manhã seguinte comece. Uma pessoa não deve empanturrar-se à noite para compensar o que não comeu durante o dia. A noite é um período de relaxamento, visita, oração e recitação corânica. O

Corão impresso divide o texto em 30 seções para facilitar a leitura de todo o Corão durante o *Ramadã*. O som do Corão sendo recitado permeia o ar noturno. Indivíduos devotos podem realizar a *salat* voluntária de 20 *rak`as*, às vezes depois da quinta oração prescrita do dia. Alguns vão a mesquitas à noite, especialmente durante os últimos dez dias do mês. Em um dia ímpar desses dez dias — mais comumente mencionado como sendo o 27º dia do *Ramadã* — a *Lailat al-qadr* (Noite do Poder) ocorreu quando a primeira revelação corânica chegou a Muhammad. A recitação do Corão durante o *Ramadã* revive o recebimento do Corão.

TEXTO ISLÂMICO

A Sura 2:183–185 diz: "Ó fiéis, está prescrito a vós o jejum, tal como foi prescrito a vossos antepassados, para que temais a Deus. — Jejuareis determinados dias [...] O mês de Ramadã foi o mês em que foi revelado o Corão, orientação para a humanidade."

Os muçulmanos começam a jejuar cada dia anunciando sua intenção (*niyya*) de observar o jejum. Durante o dia, as atividades normais não são interrompidas. Não se trata de um feriado ou retiro religioso. Mas, como é de se esperar, o ritmo de vida é mais lento. Como o calendário muçulmano é lunar, ao longo de um certo número de anos o *Ramadã* ocorre durante todas as estações do ano. No frio do inverno, o período diurno de jejum é mais curto e menos oneroso que no calor do verão, quando pode exceder 18 horas.

DICA

Se você estiver planejando uma viagem de trabalho para um país muçulmano, tente evitar o mês do *Ramadã* ou, pelo menos, esteja ciente de que poderá não realizar sua tarefa tão rápido como em qualquer outro período.

O significado do "saum" durante o Ramadã

É comum que, para os ocidentais, transpareça apenas o aspecto literal das observâncias muçulmanas e, assim, podem não perceber que isso se trata somente de um ponto de partida. Uma maneira de ver a relevância da *saum* e o mês do *Ramadã* é destacar três níveis de significado:

» **O nível literal:** Não comer, beber, fumar ou fazer sexo.

» **O nível moral:** Enquanto jejua, o crente evita outros pecados, como mentir, caluniar e ser tomado pela ira, que podem anular a eficácia do jejum do dia e exigir a adição de outro dia de jejum. Por intermédio do jejum, ele experiencia a privação que os pobres sofrem ao longo do ano, tornando-se mais sensível e responsivo a seus apuros.

» **O nível espiritual:** Ao afastar-se das distrações durante o jejum, os muçulmanos entram em harmonia com Deus como realidade máxima. Os muçulmanos sentem uma proximidade com Deus durante o *Ramadã* que é mais intensa do que em outros períodos do ano.

A observância do *Ramadã* é uma fonte de bênçãos e não um período de provação. A tradição diz que durante o *Ramadã* os portões do céu estão abertos e os portões do inferno são fechados com Satanás acorrentado. Jejuar durante o *Ramadã*, portanto, é 30 vezes melhor do que em qualquer outra época. O grande teólogo muçulmano al-Ghazali disse que jejuar no *Ramadã* corresponde a 1/4 da fé.

`Id al-fitr (celebração de encerramento do jejum)

À medida que a noite do 29º dia do *Ramadã* se aproxima, os muçulmanos aguardam ansiosamente para ver se a lua nova é avistada, sinalizando o fim do *Ramadã* e o começo de um dos dois grandes festivais do Islã: *`id al-fitr* (o outro grande festival é o sacrifício durante a celebração da peregrinação). Essa época de comemoração dura três dias. As pessoas participam de uma *salat* especial com sermão na mesquita no primeiro dia. Os muçulmanos fornecem uma *zakat* (*zakat al-fitr*) adicional diretamente aos pobres. Costumes locais incluem ir a cemitérios, visitar amigos, trocar pequenos presentes e preparar e compartilhar comidas especiais.

DICA

Durante o *`id al-fitr*, você pode cumprimentar seus amigos muçulmanos com *Eid Mubarak* (abençoado *`id*) e ser saudado de volta com *Eid Karim* (generoso *`id*). Para enviar um cartão eletrônico de *`id*, vá até `www.soundvision.com`.

Hajj (Quinto Pilar): Fazendo a Peregrinação para Meca

Mesmo as pessoas que desconhecem por completo o Islã veem Meca como sinônimo para um objetivo máximo a ser alcançado. A peregrinação dura do 8º ao 12º dia do Dhul-hijja que é o 12º e último mês do ano muçulmano. Muitos peregrinos dirigem-se para as cidades sagradas com vários meses de antecedência para passar um longo tempo nelas. Devido às condições seguras de viagem e ao moderno transporte aéreo, mais de dois milhões de pessoas cumprem a *hajj* todos os anos. Cuidar dos peregrinos — comida, alojamento, guias, translados, até mesmo instalações de saneamento e banheiros — é um enorme desafio logístico para o governo saudita.

Requer-se de cada muçulmano que faça a peregrinação uma vez em sua vida, se estiver capacitado. Os muçulmanos não fazem dívidas ou sacrificam o bem-estar material de suas famílias para realizar a viagem. Não é surpresa, portanto, que ir em *hajj* dá prestígio ao indivíduo, que pode então usar o título honorífico de *hajji* (*hajja*, no caso de uma mulher).

TEXTO ISLÂMICO

A peregrinação era importante desde os primeiros dias do Islã, como ilustrado na Sura 22:27, 29, que diz: "E proclama a peregrinação às pessoas; elas virão a ti a pé, e montando toda espécie de camelos, de todo longínquo lugar ... Que logo se higienizem, que cumpram seus votos e circundem a antiga Casa [a *Ka`ba*]."

DICA

Se você não é muçulmano, pode ainda ter a oportunidade de observar as práticas muçulmanas, tais como a *salat* e a observância da *saum* no *Ramadã*. Entretanto, nunca será capaz de ir a Meca ou Medina para ver a *hajj* pessoalmente. A área em volta dessas duas cidades é sagrada e proibida (*haram*) a não muçulmanos. Felizmente, nada sobre a *hajj* em si é segredo. Vários vídeos lhe permitem experienciar indiretamente a *hajj*. Um vídeo amplamente distribuído é o relato da rede norte-americana de televisão ABC para seu noticiário noturno *Nightline*, sobre a *hajj*, narrado e fotografado por Michael Wolff e uma equipe de fotógrafos muçulmanos da ABC (veja o Apêndice C).

O centro da Terra

LEMBRE-SE

Por que Meca e a *hajj* são tão importantes para o Islã? Meca já era um santuário de peregrinação árabe relevante nos tempos pré-islâmicos e importantes elementos do ritual *hajj* remontam a uma época anterior à de Muhammad. Inicialmente, devido à guerra entre a jovem comunidade muçulmana em Medina e a cidade de Meca, os muçulmanos foram impedidos de fazer a peregrinação. Quando os muçulmanos conquistaram Meca em 630, o primeiro ato foi retirar da *Ka`ba*, o antigo santuário de Meca, suas muitas estátuas pagãs. Logo antes de falecer, em 632, Muhammad fez sua peregrinação de despedida a Meca. Essa peregrinação se constitui no modelo definitivo para a realização subsequente da peregrinação.

INDO MAIS FUNDO

A *Ka`ba* (literalmente, "cubo") tem um formato cúbico cujas paredes medem por volta de 10,5 m em dois dos lados e uns 12 m nos outros dois, e cerca de 15 m de altura. Ele é recoberto por um manto preto decorado com uma faixa com versos do Corão bordados em ouro. Essa cobertura é renovada todos os anos. Uma pedra negra sagrada (cerca de 27 x 38 cm) em uma estrutura prateada é colocada a cerca de 1,5 m do chão no canto sudeste da *Ka`ba*. À esquerda da Pedra Negra, no centro da parede leste está a porta de entrada que leva até a *Ka`ba* vazia. No centro da *Ka`ba* está o lugar para o qual fica-se de frente durante a oração. Uma vez no interior da *Ka`ba*, pode-se orar em qualquer direção. A Grande Mesquita (*al-masjid al-Haram*) engloba a *Ka`ba*, que permanece com seu pátio central aberto.

Segundo o Corão, Adão construiu a primeira *Ka`ba*. Mais tarde, Abraão e seu filho Ismael a reconstruíram. Ao realizar a *hajj*, os muçulmanos não apenas reencenam a peregrinação final de Muhammad, mas também relembram os eventos associados a Abraão. Uma *hádice* (tradição) diz que a Pedra Negra veio dos céus e Adão a colocou na primeira *Ka`ba*. Mais tarde, o anjo Gabriel retirou a pedra do esconderijo e deu-a a Abraão para colocá-la na *Ka`ba* reconstruída. Outra tradição diz que a pedra era originalmente branca, mas ficou negra por causa dos pecados da humanidade. A *Ka`ba* também é chamada de casa de Deus e acredita-se ser uma réplica da casa de Deus no sétimo céu, onde o trono de Deus está localizado. Adoradores, ao circular em volta da *Ka`ba*, imitam os movimentos dos anjos ao redor do trono de Deus.

LEVE-ME À *HAJJ* PONTUALMENTE

Antes da II Guerra Mundial, 10.000 pessoas, ou menos, faziam a peregrinação todos os anos. A jornada não só levava muito tempo, mas era muitas vezes fisicamente e economicamente perigosa devido aos ataques de bandidos e extorsões de pedágios nas caravanas peregrinas a caminho de Meca. Muitos dos que faziam a viagem nos tempos pré-modernos paravam ao longo do caminho por períodos extensos. Estudiosos de terras distantes ficavam em Meca e em Medina por meses ou anos, trocando ideias com outros estudiosos. Em muitas jornadas *hajj* levava-se dois anos para chegar lá e outro tanto para voltar para casa.

Hoje, estima-se que 10% dos muçulmanos vivos irão, a partir de algum ponto, sair em peregrinação, e essa proporção pode aumentar. Embora o governo saudita exerça um controle rígido sobre a peregrinação e o número de peregrinos admitidos de vários países, a *hajj* permanece sendo uma grande oportunidade de interação entre pessoas de várias partes do mundo muçulmano.

TEXTO ISLÂMICO

A biografia do século VIII de Muhammad, de autoria de Ibn Ishaq, relata que quando a *Ka`ba* foi reconstruída em cerca de 605 — cinco anos antes do chamado de Muhammad para ser um profeta — a discussão entre os clãs pela honra de colocar a pedra negra em seu lugar quase levou a uma guerra civil. Pediu-se a Muhammad, em face de sua reputação de justo, para resolver a disputa. Ele colocou a pedra em um manto e disse a cada chefe de clã para agarrar uma ponta do manto e, assim, todos juntos, carregar a pedra até a parede da *Ka`ba*. Muhammad, então, recolocou a pedra em seu lugar no canto da parede.

Os dias de peregrinação

Na ocasião da *hajj*, os muçulmanos inscrevem-se em uma agência de turismo religiosa em seu país natal e formam um grupo. Na Arábia Saudita, a cada grupo é atribuído um guia que os ajuda a realizar as várias atividades da *hajj*, o que pode ser confuso para um muçulmano que fale pouco árabe e esteja em peregrinação pela primeira vez.

Consagrando-se: Ihram

Os peregrinos dão início à *hajj* quando interrompem sua vida normal e entram em estado de consagração (*ihram*). A maioria dos peregrinos chega ao aeroporto de Jidá e entram em *ihram* lá, se ainda não o fizeram no avião ou nos aeroportos de origem. Primeiro, eles realizam uma grande purificação (*ghusl*), que envolve lavar totalmente o corpo. Então, os peregrinos afirmam a intenção de realizar a *hajj*. Homens colocam duas vestimentas totalmente brancas, uma cobrindo o corpo da cintura para baixo e outra caída sobre o ombro direito e presa na cintura. Não há prescrição de roupa para mulheres. Elas cobrem o cabelo, mas não usam véu, joias ou perfume. Como costuras e itens de couro não são permitidos, os peregrinos usam sandálias de plástico e cintos desse material para dinheiro e documentos. Com isso, já não é mais possível dizer pela aparência quem é rico e poderoso, e quem é pobre: Todos estão como iguais diante de Deus. Enquanto no estado de consagração, não é permitido aos muçulmanos cortar os cabelos ou unhas, ou ter relações sexuais. Nessa ocasião os peregrinos pronunciam a oração chamada de *talbiya*, que eles repetem diversas vezes durante a semana seguinte: *labbayk allahumma labbayk* ("aqui estou, meu Deus, aqui estou"). A tradição atribui essa oração a Abraão quando ele instituiu o ritual da peregrinação.

Circulando a Ka`ba: Tawaf e `umra

Depois da purificação e entrada em Meca, os peregrinos circulam em volta da *Ka`ba* sete vezes no sentido anti-horário. Esse movimento é chamado de *tawaf* e expressa a unidade de Deus (*tawhid*). Todos tentam tocar a Pedra Negra, mas a maioria tem que se contentar em fazer um gesto em direção à pedra. Para que não se pense que os muçulmanos estão adorando a pedra, uma *hádice* relata o que disse o califa `Omar: "Eu sei que você é apenas uma pedra que não tem o poder de fazer bem ou mal. Se eu não tivesse visto o profeta beijando você, não a beijaria." Seguindo o *tawaf*, os peregrinos oferecem uma oração pessoal em um ponto entre a Pedra Negra e a porta da *Ka`ba*.

Na estação de Abraão alguns passos a nordeste, os peregrinos realizam uma *rak`a salat* dupla. Ali Abraão ficou enquanto construía a *Ka`ba*. Em seguida, os peregrinos bebem do poço de Zamzam. Como sua mãe, Hagar, ia de lá para cá buscando água a fim de que ambos não morressem de sede, o pequeno Ismael bateu seu calcanhar no chão e a água aflorou aos borbotões (soando, onomatopeicamente, como *zam*). Os peregrinos levam pequenas garrafas dessa água para casa. Hoje, eles descem um lance de escadas até uma galeria onde a água tratada flui através de várias torneiras. Finalmente, os peregrinos caminham e correm (*sa'y*) sete vezes entre os dois pequenos montes de Safa e Marwa, em memória da busca por água de Hagar. Desde a reconstrução da mesquita em 1970, esse percurso de pouco mais de 270m localiza-se dentro da parede nordeste da mesquita.

INDO MAIS FUNDO

As atividades mencionadas até agora, se realizadas fora da temporada da *hajj*, constituem a `*umra* (que significa peregrinação menor), que é um ato de devoção, mas não o cumprimento da *hajj*. Se não estão em *hajj*, a essa altura os peregrinos encerram o estado de consagração.

A GRANDE MESQUITA

Mesmo no Corão, o termo *masjid* aplica-se a qualquer lugar onde Deus é adorado. O termo não é limitado a locais muçulmanos e não precisa ser um prédio. A Grande Mesquita foi construída por `Omar, o segundo califa (sucessor de Muhammad) e foi expandida e reconstruída várias vezes daí em diante. A forma essencial da atual estrutura remonta à reconstrução otomana cuja direção coube ao famoso arquiteto Sinan no século XVI. A única grande reforma e expansão subsequente ocorreu na década de 1970 sob o Rei Faisal e reteve o máximo possível da estrutura otomana. A mesquita acomoda, atualmente, até um milhão de pessoas e é 20 vezes maior que Basílica de São Pedro em Roma.

Ficando em pé em `Arafat: Wuquf

Antes do cair da noite, os peregrinos partem para a vila de Mina, a cerca de 8km de Meca, onde pernoitam. Alguns continuam e passam a noite na planície de `Arafat, uns 19km a sudoeste de Meca. No dia seguinte, o nono do mês, entre o meio-dia e o pôr do sol, eles permanecem em pé, durante todo ou ao menos parte desse período, na planície de `Arafat ou abaixo do "monte da misericórdia", lugar em que Muhammad deu seu sermão em sua peregrinação de despedida. Uma nebulização (spray de água) proporcionada por dispositivos montados no topo de altos postes ajuda a reduzir a temperatura na planície de `Arafat. O ato de ficar em pé em `Arafat representa uma antecipação do Dia do Julgamento, quando algumas tradições dizem que os muçulmanos que completaram a hajj aparecerão em suas vestimentas de hajj. Esse dia é o auge da experiência da peregrinação.

Sacrificando: `Id al-adha

Depois do pôr do sol, no 9º dia do mês, ocorre o transbordamento ou corrida. As massas de peregrinos voltam correndo para Mina e Meca, passando a noite em Muzdalifah. No dia seguinte, os peregrinos reúnem 49 ou 70 pedregulhos (não menores que um grão-de-bico ou maiores que uma avelã) e partem para Mina. Lá, arremessam sete pedregulhos no maior dos três pilares. Isso relembra o incidente em que Abraão foi chamado por Deus para sacrificar seu filho Ismael. O nascimento de Isaque foi uma recompensa a Abraão por estar disposto a obedecer a ordem de Deus de sacrificar Ismael. (Na Bíblia, Gênesis 22, é o filho mais novo Isaque que seria sacrificado em vez de Ismael.) A tradição relata que Satanás chamou por Ismael três vezes, tentando-o a fugir do sacrifício. O jogar das pedras representa a rejeição à tentação de Satanás. Detalhes da tentação variam nas tradições, algumas das quais incluem também a tentação de Abraão e da mãe de Ismael, Hagar.

ESTATÍSTICA E LOGÍSTICA DA *HAJJ*

Aqui estão algumas estatísticas interessantes sobre a *hajj*, conforme a edição de maio/junho de 2002 da revista *Saudi Aramco World*. De um ponto de vista logístico, a *hajj* tornou-se um dos eventos anuais mais surpreendentes. Em 2002, 2.371.468 peregrinos (45% dos quais eram mulheres) participaram, comparados aos 294.000 peregrinos em 1965. Eles chegaram em 6.226 voos ao aeroporto de Jidá, onde embarcaram em 15.000 ônibus.

A taxa de $275 para o visto *hajj* incluía guias, hospedagem em tendas, transporte local e a água Zamzam. Em Mina, 43.200 tendas hospedaram uma média de 40 peregrinos cada. As tendas dispunham de instalações completas, incluindo eletricidade, banheiros e um sistema de refrigeração que utiliza o vapor d'água. Estavam a serviço dos peregrinos 2.100 guias, 26.500 funcionários encarregados de organizar as multidões, 14.000 coletores de lixo e 3.300 barbeiros (para trabalharem na desconsagração). Mais de um milhão de cabras e ovelhas (cada uma custando $131,57) foram sacrificadas.

A essa altura, ou a qualquer momento do 12º dia do mês, o sacrifício de *`id al-Adha*, o grande *`id*, é realizado em Mina. No 10º dia do mês, os muçulmanos por todo o mundo realizam o mesmo sacrifício. O cumprimento tradicional é o mesmo que para o *Ramadã: Eid Mubarak*. Uma cabra (ou uma ovelha, camelo ou vaca) é sacrificada em memória do carneiro fornecido a Abraão por Deus como um sacrifício em lugar de seu filho. O chefe da família realiza o sacrifício na maneira especificada e compartilha a carne com vizinhos e com os pobres. Como lidar e distribuir todo o excesso de carne resultante da observância em Mina é um grande desafio logístico para o governo saudita.

Assim como Abraão estava disposto a sacrificar a Deus o que lhe era mais precioso, assim todo muçulmano deve estar disposto a sacrificar tudo por Deus. Qualquer um que morrer durante o curso de sua jornada *hajj* é um mártir que ingressará imediatamente no paraíso.

O estado de consagração chega ao fim, simbolizado pelo raspar da cabeça (apenas os homens) ou cortando uma mecha de cabelo. Os peregrinos removem suas roupas de peregrinação e voltam às suas atividades normais (exceto quanto às relações sexuais). Eles retornam a Meca para circular pela segunda vez a *Ka`ba* (*tawaf al-ifada*). Se deixaram de fazer o *tawaf* ao chegar ou o fizeram sem correr entre Safa e Marwa, eles fazem o *tawaf* agora.

Terminando a peregrinação

Os últimos três dias da *hajj*, o 11º, 12º e 13º dias do Dhul-hijja, são chamados de *Dias de Secar Carne*. A cada dia, aqueles que permaneceram arremessam sete pedregulhos em cada um dos três pilares de Mina. Uma rampa moderna de dois andares acomoda o grande número de pessoas envolvidas.

Os peregrinos podem finalizar a peregrinação no 12º dia. Durante esse período, uma nova cobertura é colocada na *Ka`ba*. Antes da partida final de Meca, os peregrinos normalmente circulam uma terceira vez a *Ka`ba* (*tawaf al-wada*), significando a circulação da despedida, e oferecem uma prece de despedida: "Ó Senhor, não faça dessa a minha última visita à sua casa e concede-me a chance de voltar aqui repetidamente."

Excursionando em Medina (*al-ziyarah*)

Depois que a *hajj* estiver encerrada, a maioria dos peregrinos deseja visitar (*al-ziyarah*) o túmulo do profeta em Medina, onde a tradição sugere lugares para ir e orações para recitar. Muçulmanos mais puritanos, como os wahhabis, que controlam a prática islâmica na Arábia Saudita, desencorajam qualquer coisa que possa levar à adoração de um humano, incluindo visitas aos túmulos dos místicos ou até mesmo à sepultura de Muhammad. Apesar da proibição sobre visitas aos túmulos dos místicos, os wahhabis são incapazes de impedir a visitação ao túmulo de Muhammad. Como Meca, uma área sagrada (*haram*) aberta apenas para muçulmanos cerca essa que é, em termos de importância, a segunda cidade sagrada e a segunda mesquita sagrada (*masjid an-Nabi* ou *al-masjid al-Sharif*) do Islã. Seguindo a tradição pela qual os profetas são enterrados no lugar onde morrem, Muhammad foi sepultado no quarto de sua esposa favorita, `A'isha, em cujos braços faleceu. Os três primeiros sucessores de Muhammad, Abu Bakr, `Omar e `Othman, também estão enterrados lá.

DICA

AONDE IR ANO QUE VEM?

Muitas pessoas fazem a *hajj* ou a *`umra* (peregrinação/circunvolução menor) mais de uma vez. Mas você pode encontrar outras peregrinações voluntárias no Islã:

- **Jerusalém:** Jerusalém é uma importante cidade de peregrinação para o Cristianismo, Islã e Judaísmo, e também o pomo de discórdia em várias épocas entre essas três grandes fés monoteístas. É a terceira mais importante cidade sagrada do Islã. O nome árabe de Jerusalém é *al-Quds* (a Sagrada). A *mesquita al-aqsa* (a mesquita mais distante) é, na ordem de importância, a terceira mesquita sagrada no Islã. Ela e o santuário de `Omar (a Cúpula da Rocha) estão localizados na área do santuário (*haram al-sharif*, o nobre santuário), cuja plataforma foi construída pelo Rei Herodes ao renovar o templo judaico no século I A.E.C. Além de ser sagrada para muçulmanos por causa de sua associação com Jesus, Davi, Salomão, Abraão e os profetas judeus, a cidade também é sagrada por identificar-se como sendo o destino de Muhammad em sua jornada noturna (*al-isra'*). Peregrinos e turistas visitando a Cúpula da Rocha podem ver a impressão feita por sua pegada enquanto ele ascendia (*al-mi'raj*) através dos céus (como observado na Sura 17:1–3).
- **Túmulos dos místicos[1]:** Embora considerado como nada ortodoxo pelos wahhabis e grupos similares, a peregrinação aos túmulos dos místicos muçulmanos desempenha um papel importante para muitos muçulmanos. Alguns desses santuários são apenas de importância local, mas outros atraem peregrinos de todo o país ou região e envolve vários dias de celebrações rituais. Tais festivais anuais normalmente acontecem no aniversário do místico ou na data de sua morte, que é seu renascimento no céu (veja o Capítulo 10).
- **Especial para shia'as:** Muçulmanos shia'as observam a *hajj* como um dos Cinco Pilares da Adoração. Todavia, para muitos shia'as, uma visita aos santuários associados com a morte e enterro dos *imames* pode ser igualmente ou mais importante. O mais importante desses locais de peregrinação shia'a são Karbala, onde ocorreu o martírio de Hussein, o neto do profeta, em 680, e o santuário de `Ali at Nataf. Ambos situados no Iraque (veja o Capítulo 12).
- **Explorando a si mesmo:** Embora os sufis observem a *hajj*, como fazem com todos os Cinco Pilares da Adoração, alguns dão ênfase ao significado espiritual da *hajj* a ponto de dizer que a *hajj* mais significativa é a interna que um sufi faz para aproximar-se de Deus.

Provavelmente, a peregrinação mais conhecida dos norte-americanos é a de Malcolm X. Como consequência de sua *hajj* em 1964, Malcolm X abandonou o separatismo racial da Nação do Islã ao experimentar a reunião de negros, brancos e asiáticos como iguais durante a *hajj*. Sua experiência é narrada na *Autobiografia de Malcolm X* (Editora Record, 1965) assim como em um filme de Spike Lee, *Malcolm X* (1992).

[1] N.E.: Alguns locais sagrados foram destruídos pelos wahabis sauditas; 98% desde 1985, de acordo com a Islamic Research Foundation Heritage, dos locais históricos do Islã foram destruídos pela ortodoxia do islã saudita. Cabe lembrar que a casa da primeira esposa do Profeta, Khadijja, foi destruída para, em seu lugar, serem construídos banheiros públicos. A casa do primeiro califa, Abu Bakr, foi demolida para em seu lugar ser edificado o Hotel Hilton.

NESTE CAPÍTULO:

Celebrando o aniversário de Muhammad e outros rituais anuais

Marcando grandes pontos de transição na vida

Observando a etiqueta e os costumes religiosos adequados

Conquistando o espaço ritual feminino no Islã

Capítulo 10

Observando Outros Rituais e Costumes Religiosos

Os estudiosos da religião frequentemente fazem uma distinção entre o que alguns chamam de Grande Tradição e Pequena(s) Tradição(ões). A Grande Tradição é o que os livros sagrados de religião ensinam e o que os corpos religiosos oficiais determinaram ser crenças e práticas religiosas adequadas. No passado, a Grande Tradição de uma religião específica era normalmente o que os líderes religiosos oficiais — sejam estudiosos, padres, monges ou rabinos — diziam que era. Como resultado, até recentemente, a Grande Tradição também era a religião como vista de uma perspectiva masculina, porque a maioria daquelas posições de liderança eram ocupadas por homens. Em contraste, a Pequena Tradição é a religião como vivida pelas pessoas comuns. A religião da Pequena Tradição inclui crenças e práticas populares ou folclóricas, muitas das quais não são autorizadas nas escrituras e que podem estar em conflito com a versão oficial da Grande Tradição. A Pequena Tradição também, usualmente, inclui muitas práticas religiosas femininas e fornece às mulheres um caminho para a expressão religiosa (e exercício de liderança religiosa) negada a elas pela Grande Tradição.

ENCONTRANDO MAIS INFORMAÇÕES SOBRE O ISLÃ POPULAR

Como descobrir mais sobre o Islã popular (em contraposição aos bem documentados ensinamentos oficiais)? Não é uma tarefa fácil. Uma disciplina acadêmica foi desenvolvida ao longo das últimas várias gerações para estudar a cultura popular. A religião popular é parte da cultura popular e pode ser estudada da mesma maneira. Esses estudiosos recorrem, em primeiro lugar, não às escrituras da religião, mas a tradições orais, relatos incidentais (cujo tópico real pode ser alguma outra coisa), e poesia e escritas devocionais. A antropologia fornece outra grande fonte de informações sobre religião. Os antropólogos vão a cidades e vilas, ficando por lá muitos anos fazendo "estudos de caso". Eles observam o que realmente está acontecendo e realizam entrevistas orais aprofundadas. Basicamente, os antropólogos tentam coletar dados brutos, algo muito parecido com o modo de agir de cientistas tradicionais. Um passo além é dado quando os antropólogos tentam dar sentido aos dados configurando uma estrutura interpretativa. O antropólogo não se restringe somente às explicações sobre o que está ocorrendo vindas do povo, mas está atento a quaisquer outras. Embora não sejam antropólogos treinados, algumas pessoas que viveram ou viajaram extensivamente por países muçulmanos nos últimos séculos registraram por escrito suas observações, e seus trabalhos se constituem em informações extremamente valiosas. Um deles, frequentemente citado, é o livro de E. W. Lane, *Manners and Customs of the Modern Egyptians* (American University em Cairo Press, reimpresso em 2002), publicado pela primeira vez em 1836 e baseado em um período de cinco anos vividos em um país muito como um nativo viveria.

Você pode recorrer a muitos lugares para conseguir dados sobre a religião oficial. Infelizmente, conseguir uma visão geral do Islã popular como um todo é muito mais difícil. Lembre-se de como os antropólogos trabalham. Eles fazem um trabalho de campo intensivo em uma única vila ou grupo de vilas. Idealmente, se estudos suficientes foram efetuados, o antropólogo ou outro estudioso de religião pode combinar esses estudos para produzir uma visão geral do Islã popular. Muito mais trabalho e muito mais estudo são necessários para chegar ao ponto de uma descrição ampla do Islã popular. Um recurso útil são as seções de artigos islâmicos abordando a religião folclórica e o ano religioso islâmico na *The Enciclopedia of Religion* (MacMilan Publishing, 1987). Outra visão geral útil está no Capítulo 14 de *An Introduction to Islam* (MacMillan Publishing Company, 1994) de Frederick Denny.

Por diversas vezes neste capítulo, uso exemplos de Marrocos simplesmente porque é lá onde alguns dos estudos antropológicos mais extensos foram realizados. Uma fonte muçulmana útil, em inglês, do ponto de vista da lei islâmica (em vez do esforço de descrever o que as pessoas realmente fazem) é *The Lawful and the Prohibited in Islam* (American Trust Publications) de Yusuf al-Qaradawi.

SE LIGA!

Tenha em mente o seguinte enquanto lê este capítulo:

- A extensão pela qual essas práticas são observadas, e como são observadas, varia amplamente de uma cultura muçulmana para a outra, de um país para o outro e de uma época para outra.
- Práticas também variam de acordo com educação, classe social, estabelecimento rural ou urbano, devoção individual e idade.
- Descrever o que as pessoas realmente fazem é mais difícil do que descrever o que os ensinamentos da religião oficial dizem que elas "deveriam" fazer. Enquanto a religião oficial estabelece suas crenças e práticas claramente, a informação não é tão facilmente disponível na religião popular da Pequena Tradição.
- Alguns teólogos muçulmanos e juristas opõem-se a algumas das práticas associadas ao Islã popular porque acreditam que tais práticas não são apoiadas pelo Corão e a prática (tradição) da primeira geração de muçulmanos. Com frequência, têm surgido no Islã movimentos que visam eliminar práticas populares, algumas das quais podem ser provenientes de outras religiões e do Islã preexistente.

Rituais Vinculados ao Calendário Anual

Os Cinco Pilares da Adoração (veja o Capítulo 9) são mais centrais do ponto de vista da religião oficial do que outros rituais religiosos, tais como a celebração do aniversário de Muhammad e ritos de passagem. Nesta seção, eu observo outras celebrações rituais ligadas ao calendário anual, centrando-me na celebração do aniversário de Muhammad e de outras figuras relevantes na história do Islã. Ainda que não requisitados pela lei islâmica (e até mesmo enfrentando a oposição de certos muçulmanos conservadores), alguns desses rituais são tão importantes para muitos muçulmanos como são os Cinco Pilares.

A HISTÓRIA DO *MAULID*

Logo depois da morte de Muhammad, os muçulmanos começaram a fazer peregrinações à casa em Medina onde ele morreu. Mas não até 170 anos mais tarde, no entanto, quando a mãe do califa (o governador muçulmano) Harun al-Rashid restaurou sua casa de nascimento como um lugar de visitação. Os governantes fatímidas do Egito (909 a 1171) foram os primeiros a transformar o aniversário de Muhammad em uma grande celebração.

Uma das primeiras descrições detalhadas de um *maulid* é a patrocinada pelo governo abássida no Iraque em 1207. O escritor descreve procissões de tochas, cantos, sermões, poemas e presentes. No final do século XIII, o festival *maulid* havia se tornado um grande evento no Egito e espalhou-se de lá para a maior parte do mundo muçulmano.

Celebrando o aniversário de Muhammad

Os historiadores não conhecem a data de aniversário dos fundadores da maioria das religiões pré-modernas. Contudo, depois de alguns séculos, a celebração do aniversário do fundador torna-se importante em religiões como o Confucionismo, Cristianismo e Islã (mas não para o Judaísmo). O Cristianismo, por fim, fixou o aniversário de Jesus em 25 de dezembro (o aniversário das divindades Mitra e Hélio adoradas pelas legiões romanas), e o Islã fixou o aniversário de Muhammad em 12 de Rabi`a al-Awwal, o terceiro mês do ano islâmico. Segundo a tradição, Muhammad também morreu na mesma data.

Maulid al-nabi é o nome dado tanto para o aniversário de Muhammad quanto para a celebração do aniversário, que é um feriado oficial na maioria dos países muçulmanos, exceto na Arábia Saudita. (A grafia de *maulid*, que significa "aniversário", varia de país para país: *mawlid*, *mulud*, *milad* e *mevlut*.) Essa cerimônia tornou-se muito popular, rivalizando com os dois `*ids* (veja o Capítulo 9).

Elementos típicos na celebração do "maulid"

Embora os detalhes variem enormemente, uma celebração típica de *maulid* pode envolver os seguintes elementos:

- Um festival de múltiplos dias, culminando nas duas noites do 11º e 12º dia do mês.
- Uma atmosfera estilo quermesse, com tendas, entretenimento e doces especiais.
- Em tempos recentes, alguns governos tiraram a ênfase da atmosfera de quermesse e promoveram o festival como uma época de inspirar-se moralmente na vida de Muhammad.
- Procissões com luzes, recitações e canções.
- Recitações do Corão, orações e poemas sobre Muhammad.
- Uma associação com cerimônias *dhikr* sufis (veja o Capítulo 13).

Muitos países têm seus próprios costumes *maulid*. Em Marrocos, uma criança é considerada felizarda se nascer durante o *maulid* e, assim, pode ser chamada de Mauludiyya. O *maulid* também é uma boa época para circuncidar meninos. As pessoas em alguns países celebram com um banquete e presenteiam os pobres.

Os poemas narrativos maulud

Recitações *maulud* são a característica distintiva da celebração do *maulid*. *Mauluds* são composições especialmente poéticas, e também em prosa, celebrando o nascimento de Muhammad. Um *maulud* pode ser composto por uma variedade de gêneros literários, tais como o *qasida* e o *mathnavi* (veja o Capítulo 6). Um *maulud* típico contém os seguintes elementos:

- » Invocação de abertura e louvor a Deus.
- » A criação da "luz de Muhammad" (veja o Capítulo 6).
- » Informações variadas, como a ancestralidade de Muhammad.
- » Anúncio da concepção de Muhammad para sua mãe, Amina.
- » Um relato de seu nascimento e os milagres que ocorreram na época.

Mauluds podem incluir incidentes da vida de Muhammad, especialmente a ascensão ao céu. Outros poemas em louvor a Muhammad, tais como o *Burda* de al-Busiri, são frequentemente recitados (veja o Capítulo 6). Poemas *maulud* também são recitados como parte de rituais de circuncisão, ao comemorar a morte de um ente querido e durante as cerimônias *dhikr* sufis (veja o Capítulo 13). A recitação transmite uma bênção (*baraka*) sobre o recitador e o ouvinte. Gravações de *maulud* por cantores profissionais são populares.

TEXTO ISLÂMICO

Dois exemplos relatando a concepção e o nascimento de Muhammad ilustram o tipo de embelezamento lendário da história que ocorre na literatura popular. Há no relato do nascimento o tom das histórias populares do nascimento de Buda. O primeiro exemplo é de um *maulud* turco muito popular, o *mevlud-i sheriff*, escrito por Suleyman Chelebi na Turquia (por volta de 1400). No poema, três damas divinas, incluindo a mãe de Jesus, conversam com a mãe de Muhammad sobre o nascimento vindouro. Quando a hora do nascimento se aproxima, Amina fica com sede e recebe uma xícara de limonada divina para beber. Um cisne branco conforta Amina, a mãe de Muhammad, das dores de parto tocando as costas dela com sua asa. Um *maulud* de certa forma popular, especialmente na África, é de al-Barzanji, juiz islâmico do século XVIII, em Medina. Seu relato original em prosa foi traduzido em muitas línguas e transposto em forma de poesia. A versão em prosa fala sobre como, na noite em que Muhammad foi concebido, as frutas das árvores amadureceram e estas se aproximaram das pessoas para que colhessem seus frutos. Animais falavam eloquentemente em árabe sobre a criança que Amina havia concebido. Esses milagres (e muitos outros relatados nos *mauluds*) enfatizam a futura grandiosidade de Muhammad, em contraste com a visão das primeiras tradições e teólogos de que o único milagre de Muhammad era a transmissão que fizera do Corão. Para imaginar o efeito de tal poesia e celebração sobre muçulmanos comuns, pense no efeito emocional sobre os cristãos da música e letras de várias canções de Natal. Veja também o Capítulo 6 sobre Muhammad, e o *And Muhammad is His Messenger* (University of North Carolina Press, 1985), de Annemarie Schimmel, para um melhor entendimento da veneração a Muhammad no Islã, incluindo um capítulo sobre as celebrações *maulid* e poesia *maulud*.

Condenando as celebrações maulid

Ibn Taymiyya, um jurista do século XIV, condenava a celebração como uma inovação ilegítima (*bid'a*) e os conservadores wahabbi modernos a baniram da Arábia Saudita.

Outros declararam o *maulid* uma inovação digna. Os que se opõem o fazem pelas seguintes razões:

- O Corão e as *hádices* genuínas não mencionam a celebração.
- A cerimônia beira a adoração, sendo que Muhammad é apenas um homem.
- As cerimônias mostram influências cristãs.
- A celebração encoraja excessos emocionais.
- No *maulid* se observa a mistura imprópria de mulheres e homens.

Honrando os místicos

Um místico islâmico, que é chamado de "amigo (*wali*) de Deus", pode ser honrado de várias maneiras. Mais de 300 festivais de místicos ocorrem somente no Egito. Um dos *maulids* (no sentido genérico de "aniversário") melhor documentado é aquele de Sayyid Ahmad al-Badawi, o fundador da ordem sufi Ahmadiyya no Egito, cujo *maulid* de outono atrai muito mais de um milhão de peregrinos.

LEMBRE-SE

Embora nem o Corão nem as primeiras *hádices* mencionem *walis* como místicos, o conceito é bem estabelecido. A Sura 10:63 diz: "Certo que os diletos de Deus jamais serão presas do temor, nem se atribularão."

Além dos wahhabis, alguns modernistas islâmicos e secularistas também atacaram a admiração por místicos como sinais de superstição islâmica. Então, com a urbanização e o aumento dos níveis educacionais, alguns santuários estão atualmente desertos, e em alguns festivais de místicos, ao contrário do que ocorria anteriormente, há pouca presença de público. Porém, os místicos continuam a florescer no Islã. Certos festivais para místicos atraem de 10.000 a 50.000 devotos por dia.

Em alguns casos, locais associados aos místicos eram sagrados antes do país ou grupo de pessoas aceitar o Islã. Na Indonésia, cobras sagradas (nagas) derivadas do Hinduísmo guardam as entradas de alguns santuários. No sul da Ásia, os místicos muçulmanos competiam com místicos hindus por prestígio e poder milagreiro.

Reverenciando os túmulos dos místicos

Na visitação em honra de místicos islâmicos, se houver necessidade, estabelece-se um elaborado ritual. Ao entrar no santuário, os muçulmanos se aproximam do túmulo do místico e o tocam, oferecem uma oração e depois afastam-se a certa distância. Tais suplicantes, que em sua maioria tendem a ser mulheres (veja a Seção "Observando os Rituais Femininos, mais tarde, neste capítulo), buscam socorro junto ao místico, por exemplo, para curar doenças, infertilidade, ajudar um filho em seus exames, mediar problemas conjugais ou resolver dificuldades financeiras. Elas juram presentear o místico se a súplica for atendida, mas não adiantam nenhum pagamento.

UMA CARTILHA SOBRE OS TÚMULOS DOS MÍSTICOS

Os túmulos dos místicos podem estar na cidade congestionada ou fora, no campo. De fato, uma visita a um santuário distante do coração da cidade pode se constituir em um dia de folga ou de retiro sem um propósito religioso explícito. O túmulo típico de um místico (*qubba*, que significa "domo") consiste em uma cúpula no topo de um tambor octogonal em cima de um pequeno prédio quadrado, mas alguns são bem mais elaborados e incluem mesquitas, quartos de dormir e outras instalações. O túmulo pode ter um zelador permanente ou ser cuidado por descendentes do místico (alguns são, até, mantidos através da doação de fundos, chamados *waqf*). Em áreas rurais de alguns países, tem-se a visão do túmulo de um místico não importa onde se esteja. De fato, o antropólogo Dale Eickelman calcula que, em Marrocos, existe um santuário a cada 6 km^2 (ou um para cada 150 pessoas).

A grande ocasião de visitar o túmulo de um místico é a celebração do *maulid* do místico — ou, em alguns casos, sua data de falecimento, que é referida como seu casamento (*urs*). Em uma peregrinação (*ziyara*) para o túmulo de um místico, circula-se em volta dele assim como o peregrino *hajj* circula em torno do *Ka`ba* em Meca (veja o Capítulo 9). Recitações do Corão, sermões, orações, presentes, comida e cerimônias *dhikr* sufis (veja o Capítulo 13) ocorrem durante o *maulid*.

Descobrindo quem é místico

A palavra "santo", significando pessoa sagrada, é específica do Cristianismo. Mas muitas religiões têm o equivalente, e em português aplica-se o termo "místico" também para referenciar indivíduos carismáticos sagrados de outras religiões. Diferente do Catolicismo Romano, não há no Islã nenhum procedimento oficial de *canonização* (o ato solene de santificação de um indivíduo). Alguém se torna místico quando o povo o trata como um místico. Isso normalmente acontece após o falecimento da pessoa, mas a linha é um tanto confusa entre uma pessoa viva sagrada com carisma perceptível ou "poder" (ou *baraka*, significando "bênção") e a morte de outra que tinha os mesmos atributos. O místico deve ter visões, ser iletrado, realizar milagres, ser um não conformista ou engajar-se em comportamento eclesiástico. Tanto homens quanto mulheres podem ser místicos.

No Islã, Moisés, Daniel e Elias são místicos, assim como algumas figuras heroicas da história islâmica. Um santuário a Ayyub é um dos mais importantes na Turquia. Contemporâneo de Muhammad e o homem que portava a bandeira do exército, caiu morto sob os muros de Constantinopla em um ataque fracassado à cidade em 669. Diz a lenda que os otomanos foram inspirados à vitória em sua conquista de Constantinopla em 1453 por uma luz emanando do túmulo de Ayyub. De modo similar, os nove muçulmanos que introduziram o Islã na Indonésia são considerados como místicos.

A maioria dos fundadores sufis (veja o Capítulo 13) são considerados místicos, mas certamente nem todos os místicos são sufis. No xiismo (veja o Capítulo 12), as famílias dos *imames* assumem o lugar dos místicos no Islã sunita (o Islã sunita é a maneira mais popular de praticar o Islã). Alguns sugerem que a prática da peregrinação ao túmulo do Aiatolá Khomeini indica que ele adquiriu o status de místico.

INDO MAIS FUNDO

No século IX, al-Tirmidhi, autor de uma das seis coleções de referência de tradições islâmicas (*hádices*), escreveu o primeiro trabalho muçulmano definitivo sobre santidade. Seu trabalho veio em uma época em que os místicos haviam se tornado importantes no Islã e, assim, os estudiosos começaram a abordar a questão. Muitos crentes islâmicos não estavam preocupados com as opiniões dos estudiosos. Para tais pessoas comuns, as histórias dos místicos tornaram-se um gênero literário popular e uma inspiração para sua fé. Manuais foram elaborados visando as peregrinações para os túmulos dos místicos. Escritores sufis (místicos) desenvolveram teorias sobre a hierarquia dos místicos.

Conforme a crença islâmica, Muhammad era o selo (o último) dos profetas enviado por Deus. Alguns indivíduos afirmaram ser o "selo dos místicos", implicando serem o último dos místicos de Deus. Um deles foi al-Tijani (1737 a 1815); fundador de uma das principais ordens sufis modernas no oeste e noroeste da África, afirmou que o próprio Muhammad (em uma visão) o havia encarregado como o selo dos místicos e o fundador de uma nova ordem sufi.

Revendo outros rituais

Na lista a seguir, descrevo algumas observações rituais de menor importância do que aquelas relatadas no Capítulo 9 ou das mencionadas nas seções anteriores deste capítulo. Note que eu discuto rituais shia'as e sufis específicos (o *dhikr* e o *sama*) nos Capítulos 12 e 13, respectivamente.

- ***`Ashura'*:** Antes da instituição do jejum do *Ramadã*, os muçulmanos faziam jejum no *`ashura'*, e os sunistas, hoje, podem observar o *`ashura'* como um jejum voluntário. A tradição diz que o *`ashura'* é também o dia em que Adão e Eva foram expulsos do paraíso e que Noé saiu da arca passado o dilúvio. Em alguns países, o *`ashura'* é associado a visitas aos túmulos dos mortos. Em Meca, a porta que se abre para o interior do *Ka`ba* vazio, o mais sagrado dos santuários do Islã em Meca, é aberta no *`ashura'*.
- **O décimo quinto de *Sha`ban*:** A tradição diz que no 15º dia do *Sha`ban* (o oitavo mês), a árvore do paraíso chacoalha. O nome de cada pessoa viva está inscrito em uma folha. Se a folha cair, a pessoa morrerá no ano seguinte. Orações especiais e a Sura 36 são recitadas depois do pôr do sol. No sul da Ásia e Indonésia, as cerimônias para os mortos são realizadas nesse dia. Essa também é a data da entrada de Muhammad em Meca em 630 (veja o Capítulo 6).
- **Vigésimo sétimo dia do *Rajab*:** Essa data marca a jornada noturna de Muhammad a Jerusalém e ascensão ao céu (discutida no Capítulo 6). Muitos muçulmanos celebram o dia com procissões e preces.

» **Outros dias especiais:** Vários países muçulmanos celebram os dias de seus místicos especiais e também outros eventos da vida de Muhammad. Os muçulmanos turcos celebram a concepção de Muhammad por Amina no começo do *Rajab*. Os shia'as celebram o nascimento de `Ali no 13º dia do *Rajab*. Já os iranianos celebram o dia de ano-novo persa pré-islâmico (*nawruz*) por 12 dias no equinócio da primavera. Nesse mesmo dia, Deus criou Adão, Abraão destruiu os ídolos pagãos e Muhammad escolheu `Ali como seu sucessor.

Transições Marcantes da Vida

Muitas religiões, inclusive o Islã, alegam ser um modo de vida completo. Quando a religião permeia toda a vida, a maioria dos principais eventos e transições da vida, como nascimento, casamento e morte (frequentemente chamados de *ritos de passagem*), têm significância religiosa e são marcados por rituais religiosos.

Recém-nascidos

Assim como em outros países, em alguns países islâmicos a gravidez e o período entre a gravidez e o nascimento podem ser marcados por celebrações, visitas e alimentos especiais. Começo com o primeiro evento principal no ciclo da vida, o nascimento de uma criança e rituais associados. Esse acontecimento, como se dá com todos os rituais do ciclo da vida, pode ser marcado por cerimoniais adicionais inerentes à cultura local não conectados intimamente com o Islã. Por exemplo, entre a tribo Iorubá na Nigéria, muitos pais muçulmanos conduzem um rito antigo de nomeação designado para garantir à criança uma entrada segura no mundo, assim como uma cerimônia islâmica em separado para a nomeação. Também no Islã, a nomeação e os outros eventos são destinados a acolher a nova criança na comunidade muçulmana e garantir proteção contra qualquer mal que possa ameaçá-la nessa primeira grande transição de vida.

LEMBRE-SE

No nascimento, o pai fala o primeiro (*adhan*) e o segundo (*iqama*) chamados para oração (veja o Capítulo 9) nas orelhas direita e esquerda da criança. O pai é encorajado a mastigar a polpa de uma tâmara e colocar um pouco na boca da criança porque, como várias tradições relatam (sem explicar o motivo), Muhammad fez isso quando seus filhos nasceram. Amigos trazem pequenos presentes e a Sura 1, a *Fatiha* (veja o Capítulo 7), é recitada na presença da criança.

O nascimento é marcado por celebrações. Durante esses primeiros dias da vida da criança, os pais podem recitar fórmulas especiais e buscar amuletos para garantir que os *jinns* do mal (veja o Capítulo 5) não prejudiquem a criança.

Recebendo um nome

O pai escolhe o nome da criança consultando a mãe e outros parentes. Ele pode nomear a criança no nascimento, mas a nomeação ocorre normalmente quando a criança tem uma semana de vida. Nesse meio tempo, os pais podem chamar a criança de Muhammad ou Fátima (o nome de uma das filhas de Muhammad).

Qual nome o pai dará à criança? Nomes compostos que indicam uma relação próxima com Deus são populares — tais como Abadallah (servo de Deus). Também altamente recomendados estão quaisquer nomes ligados a Muhammad e sua família, incluindo Muhammad (ou qualquer dos outros nomes comumente usados para Muhammad, como Ahmad) e `Ali (o marido de Fátima) para meninos, e Fátima para meninas. Os muçulmanos shia'as tendem a favorecer nomes dos membros das 12 famílias imames (veja o Capítulo 12). Nomes não associados ao Islã são permitidos, mas movimentos modernos de reforma islâmica encorajam o uso de nomes árabes que têm significado islâmico específico. Em decorrência, tais nomes se tornaram cada vez mais populares em países não árabes como Indonésia e Estados Unidos. Na cultura árabe, uma pessoa normalmente recebe vários nomes — alguns são incorporados ao longo da vida — que são conectados e indicam informações importantes sobre o indivíduo, posicionando-o em um contexto social (veja o Box "Entendendo os nomes muçulmanos").

DICA

ENTENDENDO OS NOMES MUÇULMANOS

Para um não muçulmano, nomes muçulmanos podem ser confusos, pois um indivíduo pode ter muitos nomes. Este texto tenta esclarecer a questão. Normalmente, o povo muçulmano tem cinco tipos diferentes de nomes, alguns dos quais carregam desde o nascimento e outros que vão sendo incorporados mais tarde na vida. Ao se dar o nome completo de uma pessoa, a sequência abaixo é normalmente seguida, mas não é algo invariável.

- O *ism* é o nome de nascimento que o pai dá à criança, como já descrito. O *ism* é equivalente ao nome pessoal dos ocidentais e, como observado, pode ser um nome não muçulmano.
- Quando as pessoas têm seu primeiro filho[1], adquirem outro nome (o *kunya*), que pode preceder o *ism*, na forma Abu Talib (pai de Talib) ou Umm Fatima (mãe de Fátima). Normalmente, você se dirige a uma pessoa por esse nome.
- O *nasab* indica o pai ou mãe da pessoa na forma Ibn `Ali (filho de `Ali) ou Bint `Ali (filha de `Ali). O nome pode voltar mais de uma geração (filho de A, que é filho de B, e assim por diante). Mais recentemente, pode-se simplesmente justapor o nome do filho e do pai e dispensar o "Ibn" e "Bint": "Ahmed `Ali" para Ahmed, o filho de `Ali.

[1] N.E.: Nos países árabes, aplica-se apenas aos nomes de filhos homens.

- O *laqab* inclui muitos tipos diferentes de nomes e apelidos honoríficos, como "o surdo" ou "o padeiro" (mas esses nomes são sempre em árabe).
- O *nisba* usualmente indica o lugar de onde a pessoa é originária. Pode também indicar ligações tribais ou conexões com uma Escola legal (como, "o hanbalita").

Os cinco nomes listados acima representam um costume árabe tradicional. Imagine que você quer procurar em uma enciclopédia alguma pessoa de realce na história islâmica. Infelizmente, não existem regras determinando sob qual desses cinco nomes a pessoa é listada. Você pode simplesmente ter que tentar vários dos nomes da pessoa para encontrar a entrada, que é normalmente o nome pelo qual aquele indivíduo veio a ser mais comumente conhecido. Em países como os Estados Unidos, onde os sobrenomes são uma exigência legal, o povo muçulmano têm sobrenomes, talvez determinados quando eles (ou seus pais ou avós) preencheram os formulários de imigração ou cidadania[2]. Uma vez estabelecido, permanece como o nome da família assim como ocorre com qualquer um, e é dessa forma que estarão relacionados na lista telefônica. De fato, devido ao respeito pelos pais de alguém, deve-se normalmente manter o nome da família mesmo convertendo-se ao Islã. Muitos convertidos em países ocidentais receberão nomes pessoais árabes, embora isso não seja obrigatório. Alguns muçulmanos afro-americanos receberam diferentes nomes de família porque consideram seu nome de família original como um nome escravo, o que talvez remeta aos proprietários de escravos seus ancestrais.

Todos os muçulmanos seguem o costume de nomeação básica de realizar o chamado à oração na orelha da criança e recitar a *Fatiha*. Mais detalhes dependem do país, de quem está presente na cerimônia (além do pai, da mãe e da criança), como os participantes estão vestidos e se um banquete ou refeição especial está envolvida. Por exemplo, em Marrocos, tanto a mãe quanto a criança vestem roupas especiais e seus rostos, mãos e pés são decorados com designs de hena (tinta cosmética marrom-avermelhada).

Oferecendo em sacrifício

O sacrifício *`aqiqa*, relembrando o sacrifício do filho de Abraão (afinal não consumado), frequentemente ocorre quando se dá o nome à criança de uma semana de idade. Apenas os hanbalitas dizem que esse é um ritual obrigatório, mas outros ramos das leis islâmicas o recomendam, especialmente para meninos.

A título de sacrifício, são oferecidas duas ovelhas ou cabras para um menino e uma para uma menina — caso os pais possam arcar com isso. Alguns dos animais são

[2] N.E.: No Brasil, ocorreu processo semelhante ao americano. Muitos imigrantes tiveram seus sobrenomes traduzidos para o português ou ainda, acrescentavam o nome do vilarejo ou cidade ao qual pertenciam. No entanto, essa prática não se aplicava apenas aos imigrantes muçulmanos, mas também aos cristãos.

doados aos pobres. Além disso, pais ricos podem cortar o cabelo da criança, pesá-lo e doar aos pobres ou a uma fundação de caridade uma quantidade equivalente de prata, ou outras formas de dinheiro ou objetos de valor.

Circuncidando (*khitan*)

A circuncisão não é mencionada no Corão, mas é quase universal entre os homens muçulmanos, embora apenas a Escola legal shafi`ita ordene a prática para ambos os sexos. A circuncisão masculina — a remoção do prepúcio do pênis — é baseada na crença compartilhada com os judeus de que Abraão, o ancestral em comum de judeus e muçulmanos, circuncidava seus filhos (veja o Gênesis 17). A circuncisão também ocorre em outras culturas, como o antigo Egito. Em árabe, o rito é chamado de purificação (*tahara*), apontando para uma de suas funções. Os estudiosos muçulmanos também podem associar a circuncisão (masculina e feminina) com controle (não a eliminação) das paixões do eu inferior (chamado de *nafs*).

A idade para a circuncisão de meninos varia entre o nascimento até cerca de 15 anos, dependendo do país. Em alguns lugares ela é feita no momento do nascimento ou na infância, e funciona no contexto mais amplo dos rituais que acompanham tais eventos. Provavelmente mais comum é a circuncisão por volta dos seis a sete anos de idade, quando o menino está prestes a começar a assumir suas responsabilidades religiosas participando da *salat* (oração islâmica). Em países como Java (parte da Indonésia) e Iêmen, a circuncisão é um ritual da chegada da idade (puberdade) quando a criança tem entre 10 e 12 anos. Nesses casos, a circuncisão pode estar vinculada ao fato de os meninos terem completado a recitação do Corão na escola corânica. Ainda em outros países, a circuncisão é feita alguns anos mais tarde e funciona como uma preparação para o casamento e participação completa, como adulto, na comunidade. Às vezes, é pretexto para uma grande celebração com roupas especiais, comidas e procissões. Em alguns países, vários meninos podem compartilhar a mesma celebração de suas circuncisões. Entre os muçulmanos modernos, a circuncisão é mais frequentemente uma ocasião familiar privada. A circuncisão é recomendada, mas não exigida, para homens convertidos ao Islã.

Para as meninas, a circuncisão nunca foi marcada por grandes celebrações. A circuncisão feminina (também chamada de *clitoridectomia*) pode variar da remoção de uma pequena porção do prepúcio do clitóris para sua remoção integral, a *labia minora* (lábios menores), e porções da *labia majora* (lábios maiores). A circuncisão feminina é comum no alto Egito, Sudão, Somália, Etiópia, oeste da África, sudeste da África, sul da Arábia e partes da Indonésia. Pelos dados disponíveis, a circuncisão feminina nessas áreas (tal como a circuncisão masculina) parece ser um costume anterior ao advento do Islã e, assim, não se originou devido a influências islâmicas.

INDO MAIS FUNDO

Com base na tradição segundo a qual Muhammad aconselhava não cortar uma mulher severamente (na circuncisão), certas autoridades muçulmanas desencorajam inteiramente a circuncisão feminina alegando que Muhammad permitiu, mas não recomendou a prática; alguns dizem que a forma mínima é recomendada, mas não obrigatória; alguns dizem que é exigida, e outros ainda dizem que não é permitida porque a mutilação do corpo é contra a lei islâmica. Até em um mesmo país, um grupo pode praticar a circuncisão feminina e outro, não. Uma campanha mundial surgiu contra a "mutilação genital feminina".

Ficando adulto

Uma maneira de definir a *chegada da idade* (maturidade) no Islã é dizer que esse é o ponto em que uma criança torna-se responsável por realizar os Cinco Pilares da Adoração (veja o Capítulo 9). Geralmente, nessa época, a criança deverá observar as regras regulando o contato e a separação entre os sexos. Todavia, o Islã não tem um ritual de chegada da idade adulta aceito universalmente, se comparado à cerimônia do *bar/bat mitzvah* no Judaísmo. Em alguns países, a circuncisão (dependendo da idade na qual é feita) ou as cerimônias celebrando a conclusão do aprendizado para recitar o Corão inteiro funcionam como cerimônias da chegada da idade adulta.

Casando

Como no caso dos outros ritos de passagem, existem muitas variações sobre como o casamento é celebrado. Os requisitos mínimos envolvendo quem pode se casar, e as exigências para um contrato de casamento e dote[3] (acordo quanto a um presente nupcial do marido à noiva) são seguidos por todos os muçulmanos, contanto que não haja conflito com a lei local. Por exemplo, homens muçulmanos não devem se casar com mais de uma esposa onde a poligamia é ilegal. Além desse mínimo, como ocorre em outros ritos de passagem, existem muitas variações em termos de como uma esposa é selecionada e considerando as várias cerimônias, que podem começar com o contrato e ser concluídas com um banquete após a consumação do casamento.

Espera-se que os muçulmanos se casem, e o Corão e as *hádices* (tradições) encorajam o casamento precoce. O homem e a mulher devem ser sexualmente maduros e o homem deve ser capaz de sustentar sua esposa financeiramente. Falando em termos práticos, um homem típico estaria no final da adolescência e a mulher com a mesma idade ou vários anos mais nova, embora casamentos mais precoces ocorram. O casamento não é baseado no amor romântico, mas sim em considerações como ancestralidade, propriedade, o grau de religiosidade do parceiro proposto, e os benefícios para ambas as famílias. Antes de assinar o contrato de casamento, o casal pode ter encontros estando presente um acompanhante, mas o encontro em si não é requerido. Embora os homens muçulmanos possam desposar mulheres de outros "povos do livro" (basicamente, cristãs e judias), as mulheres muçulmanas devem casar-se com homens muçulmanos para garantir que os filhos sejam criados como muçulmanos. A lei islâmica também proíbe o casamento entre parentes próximos. Em países nos quais os muçulmanos são uma pequena minoria da população, as organizações muçulmanas fornecem serviços de casamenteiros via internet, e pode-se fazer anúncios matrimoniais em revistas islâmicas.

[3] N.E.: O dote faz parte do pacto nupcial no casamento islâmico. Há o dote pré-nupcial, um presente para a noiva e para a festa e o pós-núpcias, neste caso, apenas se houver o divórcio. Assim, a mulher não recebe uma pensão mensal, pois o dote funciona como uma indenização.

Aos olhos da lei

O casamento no Islã é um contrato legal, não um sacramento religioso. Legalmente, o matrimônio depende de um contrato (*nika*) que inclui o seguinte:

» É assinado pelo pai ou guardião da noiva na presença de duas testemunhas. Isso ocorre normalmente antes da noite do casamento propriamente dito.

LEMBRE-SE

O pai ou guardião da noiva age em nome da mulher nas negociações matrimoniais. As Escolas legais divergem quanto ao guardião impor suas escolhas à noiva, mas atualmente, nos países islâmicos, prevalece a exigência de que o pai ou guardião da noiva ajam de conformidade com os interesses dela. Mulheres adultas têm mais voz na escolha de um marido do que as mulheres mais novas. No século XX, alguns Estados muçulmanos estabeleciam idades mínimas para o casamento (por exemplo, 18 e 16 para o homem e para a mulher, respectivamente) e exigiam registro oficial do casamento.

» O pagamento do noivo de um presente à noiva fundamenta-se na Sura 4:4. Sem esse *dote*, o casamento é inválido. O presente pode ser especificado no contrato. Ainda que, normalmente, o dote seja quitado antes da consumação do casamento, o contrato pode permitir pagamentos parcelados. O dote permanece como propriedade da esposa para fazer o que desejar, mas em algumas circunstâncias pode-se esperar que ela compre móveis para a casa. O dote pode consistir de dinheiro ou bens. A tradição diz que os presentes nupciais não devem ser excessivamente extravagantes, embora devam ser comparáveis ao que outras noivas de nível social semelhante recebem. A tradição relata Muhammad aprovando coisas como um par de sandálias ou um punhado de farinha no caso de um casal de poucos recursos.

Aí vem a noiva: A cerimônia

As tradições islâmicas concordam que Muhammad fez elogios à realização de uma celebração de casamento ou um banquete, embora isso não seja exigido pela lei islâmica. Essa é a única maneira de cumprir o requisito de que um casamento aconteça em público. Além disso, os costumes variam amplamente, mas em algum ponto normalmente envolvem uma festa com música, dança, banquete e, talvez, recitações corânicas. Celebrações de casamento (uma ou mais) podem estar vinculadas à assinatura do contrato, a busca da noiva para a casa do noivo, a noite da consumação do casamento e um banquete de casamento dentro de dois dias depois da cerimônia. Seja qual for a forma como é organizada, essa é uma ocasião alegre para o casal, as famílias e a comunidade. Nesses eventos a separação normal de homens e mulheres é observada. Luas de mel não são um costume muçulmano tradicional e alguns dizem que os muçulmanos em países ocidentais não devem adotá-lo. Outros, reconhecendo que os costumes de casamentos no Islã comumente combinam exigências islâmicas com costumes locais não veem nada de errado em uma lua de mel.

DICA

Uma pessoa convidada para uma celebração de casamento é obrigada a aceitar o convite.

Tomando muitas esposas

Você provavelmente ouviu dizer que homens muçulmanos podem ter até quatro esposas. No entanto, nos dias de hoje, exceto entre algumas realezas tradicionais, poucos homens muçulmanos têm mais de uma esposa. Em partes da África onde a poligamia era tradicional antes do Islã, ela permanece existindo.

Para Muhammad, o divórcio é a mais desprezível das coisas que Deus, contudo, permite. Ninguém é estigmatizado por se casar com uma pessoa divorciada, embora a tradição diga que é melhor escolher um par que não seja divorciado. Houve casos na história muçulmana de homens abusando do direito ao divórcio. Atualmente, nas situações em que alguns homens muçulmanos abusam, casando-se com meninas jovens, tribunais e reformas legais em vários países muçulmanos tentam prevenir tal prática. Os muçulmanos diriam que, hoje, os homens norte-americanos são mais propensos a ter múltiplas esposas — uma em seguida da outra — do que os homens muçulmanos (veja o Capítulo 11).

O casamento como uma passagem da chegada da idade

Em certa medida, para os homens, mas muito mais ainda para mulheres, o casamento é o equivalente ao ritual de chegada à idade adulta em muitas sociedades tradicionais muçulmanas. As mulheres deixam suas casas e assumem as tarefas tradicionais reservadas às mulheres, como cuidar da casa e gerar filhos.

Em alguns países, o nascimento — até mais que o casamento ou a circuncisão — marca a transição da mãe para a vida adulta. Como em muitas culturas pré-modernas, em alguns países muçulmanos, restrições especiais e purificações marcam a integração da nova mãe na sociedade (veja o Capítulo 9 em relação às exigências de purificação conectadas com a perda de sangue). Purificações especiais podem ser exigidas da mãe. Mães (e crianças), em alguns casos, podem passar por um período de reclusão — primeiro em seus quartos, sem contatos afora a família imediata, depois na casa, com contatos amplos permitidos durante esse período. Novamente os detalhes do isolamento e da purificação após o nascimento variam, e não são especificados na lei islâmica tradicional.

Batendo na porta da morte

Como os crentes devem lidar com a morte, o evento e seu significado, é uma questão presente em todas as religiões. Enquanto, em outros ritos de passagem, o Islã tem-se disposto, tradicionalmente, a incorporar costumes locais ou, pelo menos, ignorá-los sem objeção, quando se trata da transição final — morte — sua postura é bem menos propícia a concordar com práticas da cultura local. A morte no Islã é o ponto onde tudo se junta e determina o destino eterno da pessoa. A morte é natural, mas é ainda um evento momentoso. Crenças e rituais para encarar a transição devem ser tratadas de uma maneira estritamente islâmica (veja o Capítulo 5 para mais sobre crenças islâmicas sobre o que acontece na morte). Portanto, no Islã, há uma uniformidade maior nos rituais associados com a morte do que com quaisquer outros ritos de passagem.

Morrendo

Quando a morte é iminente, um muçulmano é colocado sobre seu lado direito, o primeiro testemunho ("não há outro Deus além de Alá") é sussurrado em sua orelha e a Sura 36 é recitada, incluindo o verso 12, que diz: "Nós [Deus] ressuscitaremos os mortos, e registraremos suas ações e seus rastros", e também "E a trombeta [anunciando o Dia do Julgamento] será soada, e ei-los que sairão de seus sepulcros e se apressarão para seu Senhor".

Preparando para o enterro

TEXTO ISLÂMICO

Como a morte é natural, nenhum esforço anormal deve ser feito para fazer com que pareça que a morte não ocorreu realmente. Tradicionalmente, os cadáveres não eram embalsamados, embora, como em outras questões, aqui também os muçulmanos seguem exigências legais locais. Como o corpo será literalmente ressuscitado, a cremação não é permitida. Parentes do mesmo sexo do falecido colocam o corpo virado na direção de Meca e purificam-no três vezes com sabão, água e perfumes. Esses atendentes envolvem completamente o corpo em tecidos brancos (três para homens; cinco para mulheres). Se o falecido tiver feito a peregrinação para Meca, suas roupas de peregrinação (veja o Capítulo 9) podem ser usadas como invólucro. Um ritual especial de oração para o morto (salat al-janazh) é realizado na mesquita, em casa ou em uma casa funerária.

Enterro

O enterro ocorre no dia da morte, se possível. Em um país muçulmano, uma procissão segue pelas ruas, com quatro homens carregando o esquife. Estranhos são encorajados a juntar-se à procissão por uma curta distância.

Às vezes, carpideiras (mulheres que lamentam o luto em voz bem alta) são contratadas, embora essa prática seja desaprovada por juristas.

O túmulo é fundo o bastante para proteger de animais selvagens e ocultar odores. Os caixões são permitidos, mas não normalmente usados a não ser que sejam exigidos legalmente. Um nicho é esculpido em um lado do túmulo, onde o cadáver é colocado voltado em direção a Meca. Se a primeira parte da *shahada* ("não há outro Deus além de Deus") não foi dita enquanto a pessoa estava morrendo, ela é falada nesse momento. Alguém pode proferir um breve discurso no túmulo e os enlutados recitam a *Fatiha*. O nicho é selado, os enlutados jogam três punhados de terra sobre o túmulo e a procissão parte. Eles podem parar e recitar a *Fatiha* mais uma vez depois de 40 passos para auxiliar o falecido que já está sendo interrogado pelos anjos Munkar e Nakir (veja o Capítulo 5).

Depois do enterro

A tradição islâmica recomenda uma simples marcação no túmulo com o nome do falecido e alguns versos do Corão. Todavia, isso não impediu marcações de túmulo bem elaboradas e mausoléus de serem erigidos. Visitar o túmulo do morto é recomendado, especialmente no quadragésimo dia depois da morte.

O luto continua por três dias para a maioria dos amigos e da família, embora as viúvas o observem por quatro meses e dez dias.

Observando Costumes Cotidianos

A religião como um modo de vida inclui não apenas as práticas rituais obrigatórias e a observância dos ciclos da vida. Em vez disso, qualquer ato adequadamente feito pode ter significado religioso, incluindo as ações mais mundanas e triviais. O que os incrédulos devem considerar como condutas, costumes ou até superstições também adquire significado religioso. Comer — tanto o modo como a quantidade — tem significado religioso em muitas culturas. A vestimenta pode também ter significado religioso. Você pode reconhecer alguns judeus hassídicos (místicos) por seus casacos pretos e longos, e chapéus com aba de pele. Nos Estados Unidos, em estados como Pensilvânia, Ohio e Indiana, você reconhece instantaneamente os Amish por seu modo de vestir que parece ter saído dos Estados Unidos rural de 200 anos atrás. As pessoas reconhecem uma foto de um Yogi indiano pelas roupas que ele veste, e o turbante usado por todos os homens Sikhs (uma religião do sul da Ásia) os torna instantaneamente reconhecíveis.

Por que as pessoas religiosas seguem esses costumes? O personagem principal no musical *Um Violinista no Telhado* (um retrato da vida em uma vila judaica no século XIX na Europa oriental) responde, quando perguntado sobre as tradições de sua vila. A resposta é simples e, ainda assim, frustrante: tradição. Eles fazem, porque seus pais e mães faziam dessa forma, tal como seus avós antes deles. Tradições ajudam a marcar o limite entre membros e não membros do grupo.

Para o Islã, há uma resposta adicional: o modelo do profeta Muhammad. Quando um muçulmano tenta determinar a maneira adequada de se comportar, ele verifica se há informações sobre como Muhammad fazia (ou dizia). Esta seção o introduz aos costumes e condutas muçulmanas, alguns dos quais são ordenados pela lei islâmica (alimentos permitidos e não permitidos, por exemplo) e outros que são uma questão de tradição.

Encontrando alimento para a mente

A maioria dos alimentos é permitida, com as três principais restrições a seguir:

» A Sura 2:173 diz: "Ele [Deus] só vos vedou a carniça [significando que não foram mortos ritualmente], o sangue, a carne de suíno e tudo o que for sacrificado sob invocação de outro nome que não seja de Deus." O Judaísmo tem proibições similares, porém, em contraste com os judeus, os muçulmanos podem comer mariscos. Especialmente na China, onde o porco é crucial para a cozinha chinesa, evitar alimentar-se dele é uma prática que distingue claramente chineses muçulmanos de chineses não muçulmanos. Os muçulmanos, judeus e outros estudiosos tentaram oferecer razões lógicas para evitar comer carne de porco (por exemplo, perigos para a saúde se o cozimento for insuficiente), mas, basicamente, chega-se à questão de pureza e da palavra de Deus. Muitas culturas têm tabus com comidas — cachorro, gato e (geralmente) cavalo nos Estados Unidos. Evitar certos alimentos é uma maneira, de acordo com antropólogos, de formar uma identidade de grupo (ou religião). Os muçulmanos são descendentes de Abraão e simplesmente assumiram a proibição suína da tradição judaica.

» Não ingerir bebidas alcoólicas.

» Não consumir o sangue ou animais que não foram apropriadamente abatidos. (O processo é muito parecido ao abate *kosher* no Judaísmo.) O esôfago, traqueia e artérias são cortadas rapidamente na garganta (enquanto se pronuncia o nome de Deus) para que o sangue seja drenado rapidamente do corpo do animal.

LEMBRE-SE

Os muçulmanos podem comer alimentos *kosher* quando o alimento *halal* (permitido) estiver indisponível, porque alimentos kosher seguem um padrão ritual ainda mais rígido do que os alimentos halal.

Para muçulmanos em um país não muçulmano, como os Estados Unidos, estar certo de que alimentos processados não foram contaminados com subprodutos de porco ou álcool é difícil. Alguns sites para muçulmanos fornecem informações detalhadas sobre a condição de vários alimentos nos Estados Unidos, incluindo os de lanchonetes fast-food[4].

Tradicionalmente, os muçulmanos comem com a mão direita, com ou sem utensílios, precedendo a refeição com a basmala al-Rahman al-Rahim ("em nome de Deus, o Misericordioso, o Caridoso"). Muçulmanos podem comer nas casas de não muçulmanos, supondo, claro, que a refeição não seja porco assado com vinho tinto! Os juristas islâmicos debatem se os muçulmanos podem comer ou trabalhar em restaurantes que servem vinho.

EVITANDO O MAU-OLHADO

LEMBRE-SE

Muito antes do advento do Islã, os árabes frequentemente atribuíam sua falta de sorte a alguém tendo lançado um *mau-olhado* sobre eles. Em particular, tal como com as bruxas no mundo ocidental, mulheres velhas e solteiras eram consideradas como tendo o poder do mau-olhado. Feitiços e *amuletos* (de boa sorte) ajudavam a evitar o poder do mau-olhado bem como danos causados por *jinns* (espíritos malignos, veja o Capítulo 5). Outro meio (sem dúvida também de origem pré-islâmica) de contra-atacar o efeito do mau-olhado era esticar uma mão, com a palma virada para frente e os cinco dedos abertos. Apesar de que crenças e práticas assim eram bem periféricas à teologia muçulmana e não encontradas no Corão, elas continuaram no Islã, da mesma maneira que as práticas folclóricas o fazem em muitas religiões.

[4] N.E.: No Brasil, já há locais e restaurantes que vendem alimentos "halal".

Vestindo-se para o papel

É esperado dos muçulmanos que observem uma boa higiene, que sejam limpos e vistam-se modestamente. Ambos os sexos podem usar perfumes, porque odores agradáveis são muito apreciados no Islã. Não se deve comer alho antes de sair em público. Como de costume, muito disso baseia-se em tradições referentes ao que Muhammad vestia ou o que dizia sobre roupas. A Sura 7:26 diz: "enviamo-vos [Deus] vestimentas, tanto para dissimulardes vossas vergonhas [nudez], como para vosso aparato" (veja também a 7:31), claramente afirmando a orientação básica de estar vestido de maneira atraente, mas modesta (homens e mulheres). Falas tradicionais de Muhammad alertam contra vestir-se de modo extravagante simplesmente para impressionar outros, e proíbem especificamente a seda e o ouro para os homens enquanto os permite (com moderação) para mulheres. Outra fala de Muhammad é: "Limpe-se, pois o Islã é limpeza." Claro, nada nessas exigências para vestimenta e higiene adequada é exclusivo do Islã, e nem devem ser, porque no Islã se diria que vestimenta e comportamento adequados cabem a todas as pessoas.

DICA

Contudo, os estilos de roupa são únicos em cada país, e homens muçulmanos podem vestir roupas tipicamente ocidentais, ou um casaco esportivo no estilo ocidental sobre uma túnica ou roupa tradicional. Abaixo, descrevo o que um homem ou mulher muçulmanos comuns tradicionais vestiriam. Membros dos movimentos islâmicos (assim como alguns muçulmanos no ocidente) adotam roupas similares para enfatizar sua identidade como muçulmanos. Embora você veja homens e mulheres vestidos como descrito nos pontos a seguir em lugares como o sul da Ásia e o oeste da África, você vê outros homens e mulheres vestidos com roupas que os ocidentais não identificariam imediatamente como vestes muçulmanas.

Roupas para homens e mulheres diferem, como a seguir:

- **Mulheres:** Saia longa ou calças folgadas; camisa solta de mangas compridas que não é ajustada na cintura; cobertura de cabeça sobre o pescoço ou ombros. Algumas culturas islâmicas dizem que o Islã exige que a mulher se cubra inteiramente, da cabeça aos pés, incluindo o rosto, mas outras discordam (veja o Capítulo 11 em relação ao véu e às passagens corânicas-chaves relacionadas ao véu).
- **Homens:** Túnica de mangas compridas sobre calças largas ou um vestido longo e solto. Eles também usam um chapéu na cabeça e mantêm barba e bigode aparados. No Império Otomano (turco), o chapéu (chamado de fez) tinha o formato de um cilindro com uma borla. O aparato de cabeça árabe beduíno, tal como a do Presidente Arafat da OLP (sigla em português da Organização para Libertação da Palestina), e turbantes, são outras coberturas de cabeça tradicionais.

  O fundador da Turquia moderna, Ataturk, baniu os véus (para mulheres), assim como os *fez* para os homens.

Cuidando de suas condutas

Uma tradição atribuída a Muhammad diz: "A boa educação é uma parte da fé." Ser um muçulmano é agir de forma humana, adequada, em contraste ao modo como outras criaturas (conformes à sua própria natureza) se comportam. Assim, os muçulmanos têm toda uma categoria de trabalhos literários sobre condutas apropriadas. Ofereço três exemplos modernos do manual *Morals and Manners in Islam: A Guide to Islamic Adab* (Islamic Book Trust, 2000) de M. I. al-Kaysi.

» Seja rápido em agradecer a alguém, dizendo "Que Deus o recompense bem". De acordo com a tradição, Muhammad disse: "Aquele que não agradece às pessoas não agradece a Deus."

» Não tente segurar um espirro, que é uma bênção de Deus. Quando uma pessoa espirra, ela deve dizer, *al-hamdu lilah* ("Louvado seja Deus").

» Misericórdia e bondade devem caracterizar todos os aspectos do tratamento de animais.

» Em geral, o pé, mão e lado direito são favorecidos em todas as ações positivas como comer, beber, segurar o Corão, apertar as mãos, colocar roupas e sapatos. Lembre-se disso quando interagir com conhecidos muçulmanos. Isso pode parecer discriminatório para canhotos e provavelmente não tem uma explicação lógica além do fato de que, em muitas culturas, "direito" é associado com ações positivas e "esquerdo" com negativas. Também poderia ser o contrário. O ponto básico parece ser distinguir, mesmo que por gestos corporais, quais coisas são puras e quais são impuras (lembrando que impuro não significa "mau").

Observando os Rituais Femininos

As mulheres foram tradicionalmente excluídas ou restringidas em sua participação nos principais rituais religiosos do Islã, incluindo ir à mesquita (algumas áreas da mesquita podem ser fechadas para mulheres). Nos Estados Unidos, enquanto a separação entre mulheres e homens ainda é a norma na mesquita, as mulheres têm um papel crucial nas atividades da mesquita. Além disso, na *hajj* (veja o Capítulo 9), as mulheres participam em pé de igualdade com os homens.

INDO MAIS FUNDO

Como as mulheres não participam com a mesma intensidade que os homens no "Islã oficial", muitas mulheres muçulmanas criaram seus próprios substitutos. As mulheres são protagonistas em vários ritos de passagem, como a circuncisão e o casamento. Mais mulheres do que homens visitam os túmulos dos místicos, onde as mulheres são livres para declarar seus próprios interesses e desejos. Por exemplo, uma mulher estéril pode visitar o santuário e orar a Deus para ter um filho. Como parte dessa prece, ela faz um voto de retornar e louvar a Deus e a Muhammad quando seu pedido for atendido. Aqui, o voto refere-se a uma promessa formal feita a Deus pela crente, mas não tem nada a ver com votos mais formais de castidade ou pobreza como os monges budistas e freiras católicas romanas fazem. No xiismo (veja o Capítulo 12), uma mulher com um filho doente pode prometer patrocinar um jantar ritual para suas amigas mulheres se seu filho for curado. No jantar, as mulheres ouvem sermões e leituras, e também visitam e compartilham preocupações religiosas.

Em lugares do Egito e do Sudão, as mulheres são proeminentes em cerimônias *zar*, que lidam com causas e curas para doenças mentais e físicas. *Zar* refere-se tanto à mulher possuída quando à cerimônia para curá-la. Alguns sufis (místicos — veja o Capítulo 13) são mulheres, tais como a lendária mística sufi medieval Rabi`a. Além disso, figuras sufis-chaves, como Ibn Arabi, reconheciam suas professoras mulheres. Nesta seção, menciono apenas alguns exemplos de como as mulheres abriram seu próprio caminho ritual no Islã, entre os que variam muito, de país para país e, até mesmo, de cidade para cidade.

Enquanto alguns movimentos tradicionalistas simplesmente querem empurrar as mulheres de volta às sombras, outros movimentos islâmicos envolvem mulheres (muitas das quais profissionais graduadas) ativamente de diversas maneiras. No Irã de hoje, ainda que se exija das mulheres, quando em público, que usem o *chador* que as cobre totalmente da cabeça aos pés, vigora também a permissão a elas de servir no parlamento e no governo. (E eu suspeito que a mudança no papel de uma mulher islâmica entre 1950 e 2050 será muito maior do que qualquer mudança ocorrida entre 1200 e 1950.)

NESTE CAPÍTULO:

Entendendo o que significa "ética"

Descobrindo fontes e princípios da ética muçulmana

Distinguindo entre ética racionalista, ética teísta e ética do caráter

Abordando algumas questões éticas específicas sob uma perspectiva islâmica

Capítulo 11
Ética Muçulmana: Vivendo a Boa Vida

Na maioria dos livros de introdução ao Islã, discussões de questões morais e éticas estão distribuídas por todo o texto e eu sempre me vejo confuso. Então, neste capítulo, reúno informações básicas, considerações teóricas e questões práticas da ética muçulmana.

O Corão mistura as obrigações em relação a Deus e as obrigações em relação aos companheiros humanos. Alguns manuais de introdução à ética muçulmana para uma pessoa leiga misturam morais e conduta. Por exemplo, reprimendas para dormir sobre seu lado direito e não mentir ocorrem no mesmo livro. Portanto, neste capítulo, quando eu falar de ética, me refiro a deveres relativos às outras pessoas e consigo mesmo — moral social e pessoal.

Todas as religiões colocam ênfase na ética. Eu uso o exemplo dos ensinamentos de Confúcio, que forma a base para éticas subsequentes não apenas na China, mas em todo o leste da Ásia. A principal preocupação de Confúcio era como as pessoas deveriam conduzir-se em suas relações umas com as outras para que a sociedade funcionasse para o benefício de todos. Confúcio ofereceu muitos conselhos morais específicos e acreditou que certos absolutos morais existissem — coisas que as pessoas, em virtude de serem humanas, sabem (ou deveriam saber) fazer ou não fazer. O mais importante para Confúcio que específicos fazer e não fazer era construir um caráter moral, que ele defendia ser o que distinguia a natureza humana da natureza de outros seres. Para ele, uma pessoa de caráter adequado normalmente agirá de maneira moral instintivamente, sem ter que receber ordens para isso. Essa pessoa, segundo Confúcio, terá uma influência positiva no caráter de outras sem ser corrompida por alguém de caráter inferior. Confúcio também enfatizou a modéstia nas ações — não ir a extremos. E, finalmente, a ética confuciana era hierárquica, definida no que são chamados os cinco relacionamentos — entre cônjuges, entre pais e filhos, entre irmãos (irmãos e irmãs), com outras pessoas e entre governante e governado. Cada um desses relacionamentos é recíproco, significando que ambos os lados têm algumas obrigações compartilhadas um com o outro, havendo também obrigações específicas de um dos lados do relacionamento. Por exemplo, o filho tem a obrigação de respeitar e cuidar dos pais.

O Islã concordaria com quase tudo na descrição acima da ética confuciana. De fato, a maioria das religiões concorda amplamente sobre os ditames morais sobre o que fazer ou deixar de fazer. Qual religião, por exemplo, diz que é correto matar, trair, mentir, oprimir os pobres, cometer adultério, roubar ou agir duramente com seus pais? As religiões também compartilham visões similares sobre traços de personalidade desejáveis e indesejáveis — as virtudes e os vícios — por exemplo, ser generoso e não ser sovina; ser modesto e não ser presunçoso. A principal diferença entre o Confucionismo e o Islã é que a ética deste se fundamenta na revelação divina — a palavra de Deus.

LEMBRE-SE

Apesar da distinção que alguns éticos ocidentais fazem entre ética (teoria) e moral (orientações práticas), neste capítulo eu uso os dois termos como sinônimos.

Revendo os Pontos Iniciais da Ética Muçulmana

Os humanos são feitos à imagem de Deus, e essa configuração inclui capacidades morais e intelectuais. De acordo com a Sura 33:72, Deus ofereceu a "confiança" aos céus, à Terra e às montanhas. Eles ficaram com medo e a recusaram. Apenas os humanos estavam dispostos a aceitá-la. Em outras palavras, a moralidade é um atributo unicamente humano e, assim, é um elemento central no Islã. Em contraste, os anjos não podem pecar e, consequentemente, não fazem escolhas morais. (Satanás é uma única exceção, veja o Capítulo 5.) A ação moral nem sempre vem facilmente, já que Satanás e os espíritos malignos (*jinn*) estão sempre tentando as pessoas a cometerem o mal. De acordo com o Islã, as pessoas têm a habilidade de escolher o bem e evitar o mal.

Os princípios da ética muçulmana

O Corão tem um forte impulso ético. Por exemplo, ele contém a condenação do povo de Meca por sua opressão aos pobres (veja a Sura 107:3) e aos órfãos (veja a Sura 17:34; 93:9) e por trapacear no comércio (veja a Sura 17:35). Na lista a seguir, transcrevo o que considero os seis princípios básicos da ética muçulmana:

» Cada ação tem um significado moral. Talvez a frase citada mais frequentemente por éticos muçulmanos venha da Sura 3:104, onde é dito aos muçulmanos que eles são um povo que deveria conclamar todos a praticar o bem e a fazer o que é certo, e proibir o errado e desonroso. Esse princípio de chamar para "fazer o bem e proibir o mal" é uma luz guia. "Regras" específicas são importantes, mas é necessário conhecimento para aplicar as regras (ou o princípio geral de "fazer o bem" em casos específicos).

» Ações morais são aquelas que resultam em justiça (*`adl*, veja a Sura 4:58). Em circunstâncias concretas, uma ação pode envolver tanto consequências boas quanto ruins, então, deve-se escolher a ação que maximizará o bem e minimizará o mal, resultando no maior grau de justiça, segundo o proeminente jurista do século XIV, Ibn Taymiyya.

» Fé e trabalhos são, ambos, requeridos. A Sura 2:25 diz: "Anuncia (ó Muhammad) aos crentes que praticam o bem, que obterão jardins abaixo dos quais correm os rios." As escolhas morais que se faz são sérias, pois têm peso na determinação do destino final de cada um — para o paraíso ou para o inferno.

» Intenções são tão importantes quanto ações (como acontece também para atos de adoração). A sinceridade é crucial. O trio "coração, língua e ação" é frequentemente mencionado. Todos concordam que não é suficiente defender ações morais (a ação da língua) e agir de maneira diferente. Uma ação feita apenas para uso externo, diz o Islã, não é nem de perto tão boa quanto uma que venha do coração. Algo que vem do coração será acompanhado de palavras e ações. Se as circunstâncias impedem a realização da ação, ainda assim o compromisso de coração é considerado bom.

» Quando se trata de fazer o que é moralmente correto, ter o caráter adequado (consistindo de virtudes como sabedoria, preocupação com a justiça, modéstia e evitar vícios como o desejo, cobiça e raiva) é tão importante quanto seguir um conjunto de regras. Na maioria das situações, as pessoas agem instintivamente, de acordo com seu caráter básico, em vez de apenas consultar um conjunto de regras. O grande teólogo do século XII, al-Ghazali, escreveu extensivamente sobre a importância de cultivar a virtude e evitar a inclinação ao vício. A Sura 5:105 diz: "Ó fiéis, resguardai vossas almas, porque se vos conduzirdes bem, jamais poderão prejudicar-vos aqueles que se desviam."

» Os extremos devem ser evitados; siga o caminho do meio, o caminho do equilíbrio. Não se deve ser arrogante ou exaltar a si mesmo aos olhos dos outros. A Sura 31:18–19 diz: "E não vires o rosto às gentes, nem andes insolentemente pela Terra, porque Deus não estima arrogante e jactancioso algum. E modera teu andar e baixa tua voz, porque o mais desagradável dos sons é o zurro dos asnos."

Textos ilustrativos

De acordo com a tradição, Muhammad disse: "Ninguém entre vocês é um crente até que deseje para seus irmãos e irmãs o que deseja para si mesmo." Isso é similar à Regra de Ouro, versões da qual ocorrem no Judaísmo, Cristianismo, Confucionismo e na maioria das outras fés.

TEXTO ISLÂMICO

Por outro lado, no Islã não há os Dez Mandamentos, embora vários textos corânicos resumam as exigências morais básicas. A Sura 23:3–11 diz: "Crentes são aqueles [...] que desdenham a vaidade; que são ativos em pagar a zakat; que observam a castidade, exceto para seus cônjuges ou cativas, nisso não serão reprovados. Mas aqueles que se excederem nisso serão transgressores. Os que respeitarem suas obrigações e seus pactos, e que observarem suas orações, esses serão os herdeiros. Herdarão o Paraíso, onde morarão eternamente." A Sura 70:22–35 tem uma lista similar de ações boas e ruins.

Muhammad sumarizou algumas das ações morais de um muçulmano em seu sermão de despedida na peregrinação a Meca em 632. Junto à adoração e outras obrigações, ele incluiu as seguintes instruções morais:

- Restituir qualquer propriedade pertencente a outros.
- Não machucar ninguém.
- Não cobrar juros sobre dinheiro emprestado a outros.
- Os maridos devem tratar bem suas esposas, já que juntos são parceiros.
- Não ser amigo de pessoas de mau caráter.
- Não cometer adultério.

Fontes para orientação ética

INDO MAIS FUNDO

Como em qualquer religião, além das ordens éticas específicas nas escrituras, existem outros recursos para conhecer as orientações éticas no Islã:

- O Corão é, naturalmente, a fonte primária, com suas leis explícitas e princípios morais.
- As tradições (*hádices*) dão orientação com base nas palavras e ações de Muhammad.
- Utilizando-se da analogia e de outros meios de argumentação, o saber jurídico islâmico deriva diretivas morais adicionais com base no Corão e nas *hádices*.
- Virtudes árabes pré-islâmicas, como honra, coragem, lealdade, hospitalidade, autocontrole e persistência, continuam a ser importantes no Islã.
- Certas pessoas da história islâmica, como os quatro califas perfeitos e Fátima (veja o Capítulo 2), constituem-se em modelos importantes.

- Reflexão filosófica sobre questões de justiça e ética pelos mutazilitas (veja o Capítulo 4) e outros ajudou a refinar questões éticas.
- Trabalhos gregos sobre ética, traduzidos para o árabe, são outra fonte.
- Os atributos e nomes de Deus (veja o Capítulo 3) representam um modelo para os muçulmanos imitarem em suas ações uns com os outros. Tais nomes incluem: o gentil, o grato, o justo, o doador, o imparcial, o carinhoso, e outros que implicam comportamentos éticos.
- O sufismo (veja o Capítulo 13) cultiva um conjunto de valores éticos, incluindo humildade e pobreza.
- Trabalhos *adab* (etiqueta, condutas) foram escritos para várias profissões e para muçulmanos comuns, e ainda existem atualmente. Dois exemplos são os manuais de conselhos para reis sobre como governar, e para médicos sobre como cuidar dos pacientes. Em trabalhos de literatura (também chamados *adab*) encontram-se mais exemplos morais.

Lidando com pecados, maiores e menores

Alguns pecados são mais sérios que outros. Da mesma forma que outras religiões, o Islã reconhece graduações de gravidade nos pecados. Pecados sérios são aqueles que são mais propensos a levarem a pessoa ao inferno no Dia do Julgamento. Para os muçulmanos, para quem esta vida é só um prelúdio do que virá após a morte, a distinção entre pecados mais e menos graves é muito importante.

O teólogo do século XII, al-Ghazali, fornece um bom exemplo de como o Islã organizou os pecados em diferentes categorias (embora outros teólogos possam expressar as distinções de modo um tanto diferente):

- Os pecados de primeira ordem são a incredulidade em Deus (*kufr*) e a idolatria (*shrik*, ou seja, associar qualquer outra coisa com Deus ou adorar outros além de Deus, veja a Sura 4:48). Esses dois pecados são frequentemente considerados imperdoáveis e dão à pessoa uma estada permanente no inferno ou, dependendo da graça de Deus, por um longo tempo.
- Em seguida, por ordem de gravidade, vêm os pecados contra a vida e a família (por exemplo, assassinato e adultério).
- Os pecados integrantes da terceira categoria incluem apropriação indevida de propriedade. Talvez pecados da segunda e terceira classificações façam um muçulmano passar algum tempo no nível mais alto (ou, pelo menos, mais dolorido) do inferno, mas se forem crentes sinceros em Deus enquanto viverem, eles ao final irão para o paraíso.
- A quarta categoria é genérica, incluindo consumir álcool e mentir. Apesar de relevantes, esses não impedem que o crente vá para o paraíso no Dia do Julgamento.

Aplicando a Ética a Questões Práticas

O que os muçulmanos pensam sobre as principais questões morais de hoje? O restante deste capítulo aborda situações morais específicas. Como em qualquer cultura, a opinião de especialistas sobre elas varia amplamente. Alguém pode dizer a você qual é a posição islâmica em alguma questão, sem nem mesmo sugerir que outros estudiosos muçulmanos possam ter uma visão completamente diferente do problema. Não espere que todos os muçulmanos concordem com qualquer questão moral complicada mais do que você e seus amigos o fazem. No restante do capítulo, tento dar a você uma noção de onde os muçulmanos estão nessas questões, mas não espere que eles digam amém a minha afirmação da posição muçulmana em qualquer questão específica.

SE LIGA!

Lembre-se de que meus comentários sobre questões específicas representam a posição de éticos islâmicos a propósito daquilo que as pessoas deveriam fazer. Eu não tento descrever, como um antropólogo ou sociólogo faria, como os muçulmanos comuns realmente devem se comportar.

Entendendo a Ética Sexual[1]

Falando honestamente, quem não pensa em sexo quando pensa em ética? A ética se ocupa com o modo pelo qual as pessoas se relacionam umas com as outras, e uma vez que a relação sexual é a mais íntima das interações humanas, a área sexual tem um papel importante na maioria das discussões sobre ética. Para um não muçulmano, a ética sexual muçulmana provavelmente pareceria bem puritana. Sexo é bom, mas é para ser expressado apenas dentro de limites cuidadosamente prescritos.

- **A relação sexual é um presente de Deus e é algo bom.** O Islã não acredita que uma vida *celibatária* (sem relações sexuais ou casamento) é uma vida mais santa. Os cristãos supõem que Jesus foi um celibatário por toda a vida e ficam chocados se alguém sugere o contrário. Os monges budistas não se casam (com algumas exceções no budismo japonês) e alguns homens hindus, no quarto e último estágio da vida (aquele do *sannyasin*), largam a casa e a esposa para dedicar-se inteiramente a alcançar a libertação. Judeus, confucionistas, taoistas e muçulmanos não compartilham essa atitude de que casamento e relações sexuais podem interferir na jornada religiosa. Para os muçulmanos, como qualquer outra ação realizada com moderação e atitude certa, as relações sexuais podem ser consideradas como um ato de adoração e devem ser precedidas de oração.
- **As relações sexuais causam impureza ritual.** Deve-se realizar a grande purificação ritual depois de uma relação ou na manhã seguinte, antes de se envolver na oração ritual (sobre isso e o próximo ponto, veja o Capítulo 9). As relações sexuais envolvem emissões corporais e todas as emissões corporais exigem purificação antes de atos de adoração.

[1] N.E.: "A Sexualidade no Islã". Bouhdiba, Abdelwaha. Editora Globo.

- **A relação sexual não é permitida durante a menstruação, em parte porque o contato com o sangue exige purificação.**
- **A impotência é um problema médico para ser lidado pelos melhores médicos.** Então, o uso do Viagra é permitido se não levar a uma exigência sexual insensata sobre a esposa. Tendências libidinosas devem ser controladas e, portanto, o Viagra não seria utilizado por um homem sexualmente saudável para aumentar o apetite sexual.
- **A masturbação (os textos contemplam somente a masturbação masculina) é considerada indesejável (Sura 23:5–7).** Entretanto, não fica claro se o verso 7 realmente se refere à masturbação. A Escola legal hanbalita (veja o Capítulo 8) permite a masturbação para evitar o cometimento da fornicação ou adultério quando o homem não consegue se casar. A educação e a independência financeira tardia frequentemente levam ao casamento tardio, enquanto a saúde e a nutrição levam a uma maturidade sexual precoce. Isso apresenta um desafio óbvio para o Islã com suas penalidades legais severas contra o sexo fora do casamento.
- **A despeito das penalidades legais por "fornicação", as culturas muçulmanas têm mostrado tolerância em relação a relações sexuais masculinas pré-nupciais com mulheres.** As relações sexuais pré-nupciais por mulheres, no entanto, são fortemente condenadas e trazem desgraça severa à família. (Eu nunca entendi como funciona a matemática para uma sociedade que tolera sexo pré-nupcial da parte de homens jovens, mas não de mulheres jovens.) O sexo pré-nupcial por uma mulher muçulmana pode levar até a uma *morte por honra*, em que, em alguns casos, até uma mulher que foi estuprada é considerada ter envergonhado a família, e um membro masculino da família pode matá-la para redimir a honra familiar. Mortes por honra são contrárias à lei islâmica, contudo, às vezes acontece em alguns países muçulmanos.
- **A prostituição é algo moral e legalmente errada no Islã.** Todavia, existem prostitutas nas sociedades muçulmanas. A Sura 24:33, aliada a várias tradições (*ahadith*) condenam forçar escravas mulheres a servirem como prostitutas (talvez para benefício financeiro de seus donos).

INDO MAIS FUNDO

No Islã shia'a duodecimano, uma forma de casamento temporário (*mut`a*) é legal. O contrato de casamento especifica por quanto tempo o casamento durará (de horas até 99 anos) e qual será o pagamento. A esposa não tem direito a herança, mas os filhos de tal casamento são legítimos e herdam. Muçulmanos sunitas consideram o *mut`a* como equivalente à prostituição. A Sura 4:26 é citada tanto por sunitas quanto por shia'as, os primeiros lendo as palavras cruciais como "presente de consolação" (dado a mulheres divorciadas) e os shia'as como "casamento temporário". Mesmo os sunitas reconhecem, e as tradições confirmam, que Muhammad originalmente permitiu o casamento temporário para homens muçulmanos em campanha militar ou jornadas comerciais de longa duração. Os sunitas argumentam que essa era uma concessão às fraquezas humanas, sendo os casamentos temporários melhor opção do que o adultério. Os sunitas dizem que Muhammad proibiu mais tarde o casamento temporário e comparou a situação a beber álcool que (com restrições) foi originalmente permitido, mas proibido mais tarde no Corão (de acordo com a interpretação normal). Os shia'as atribuem o veto ao casamento temporário não a Muhammad, mas a `Omar, o segundo califa (sucessor de Muhammad). Os shia'as não reconhecem `Omar como um sucessor legítimo porque ele não descendia de Muhammad e, portanto, não reconhecem sua proibição do casamento temporário como obrigatória para os shia'as.

» **Sexo anal é errado.** O Islã ensina que alguns atos são contrários às intenções de Deus como manifestadas na ordem da criação — um conceito similar ao que no ocidente é às vezes chamado de "lei natural". Para os éticos muçulmanos, a relação vaginal entre um homem e uma mulher é natural, enquanto a relação anal não é.

» **A homossexualidade é errada porque é contrária à intenção de Deus e porque é explicitamente condenada no Corão e nas *hádices*.** Na Sura 26:165–175, Ló condena a homossexualidade masculina do povo de Sodoma. A Sura 4:16 aparentemente se refere à homossexualidade masculina e diz que homens envolvidos devem ser punidos, mas não diz qual é a punição. Algumas *hádices* recomendam apedrejar pessoas culpadas de prática homossexual com base na destruição de Sodoma e Gomorra por Deus, que ocorreu através de uma chuva de pedras. Entretanto, enquanto a Escola legal hanbalita impõe penalidades severas para atos homossexuais, a Escola hanifita não o faz. (Na Malásia, um país muçulmano, o primeiro-ministro usou uma acusação de homossexualidade para prender o vice-premier, a quem ele via como uma ameaça política.) A homossexualidade é ilegal em países muçulmanos, mas é frequentemente tolerada se praticada discretamente. Então, você não encontrará muitos bares abertamente gays em países muçulmanos, mas existem alguns.

LEMBRE-SE

Há muito pouco sobre lesbianismo no Corão, nas *hádices* e nos registros históricos. A maioria dos muçulmanos diria que os relacionamentos sexuais lésbicos são pecaminosos. O travestismo e o cross-dressing (termo relacionado às pessoas que vestem roupas ou adereços associados ao sexo oposto) também são condenados segundo os éticos muçulmanos. Os papéis sexuais devem ser claramente distinguidos e qualquer coisa que confunda a distinção é errada.

» **A pornografia é condenada porque excita intencionalmente em vez de conter o desejo, e também porque degrada as mulheres.** Em um livro frequentemente citado, *The Lawful and the Prohibited in Islam* (American Trust Publications, sem data), Yusuf al-Qaradawi explica que, como princípio geral, o Islã proíbe qualquer coisa que possa levar ao pecado. Pornografia e ações menos explícitas que possam causar excitação sexual (como danças misturadas — ou seja, de um homem com uma mulher) são, portanto, proibidas a título de salvaguarda contra possível adultério ou relação sexual ilícita (do ponto de vista muçulmano).

» **Métodos de contracepção modernos (outros que não o aborto) são geralmente aceitos no Islã.** Ter uma família grande demais para cuidar adequadamente é uma razão legítima para usar contracepção; com isso, nos últimos 50 anos a taxa de natalidade em vários países muçulmanos caiu dramaticamente. Muitos muçulmanos conservadores, no entanto, se juntaram aos católicos romanos em oposição às recomendações da conferência sobre população das Nações Unidas realizada no Cairo na década de 1990. Os muçulmanos opuseram-se à imposição de controle governamental da natalidade e suspeitaram de uma conspiração ocidental para reduzir o número de muçulmanos.

- **A inseminação artificial da esposa com o esperma do marido é normalmente permitida, embora alguns não concordem.** Contudo, o uso do esperma de outro homem no caso da esterilidade do marido é considerado adultério. A barriga de aluguel também é ilegal sob a lei islâmica. De acordo com a lei, uma criança nascida de uma barriga de aluguel é considerada ilegítima.
- **O Islã condena fortemente o uso do sexo para vender produtos.** Você não verá, em países muçulmanos, mulheres seminuas exibindo automóveis em um showroom ou homens reclinados vestidos apenas com cuecas Calvin Klein em cartazes de rua.

Delineando a Ética em Relação ao Casamento e Família

Uma música de Frank Sinatra de 1955, escrita por Sammy Cahn e Jimmy Van Heusen, intitulada "Love and Marriage", diz que tais coisas são ligadas uma à outra como cavalo e carruagem. Se quiser um, terá que ter o outro. Como a discussão a respeito de sexo na seção anterior deixa perfeitamente claro, sexo e casamento, com certeza, devem caminhar juntos no mundo muçulmano.

- **O casamento no Islã é um contrato social com sanção divina (Sura 25:54).** Uma celebração de casamento é altamente recomendada e quase sempre ocorre, mas a exigência religiosa crucial é o contrato negociado pelo homem e pelo representante masculino da mulher, e assinado na presença de duas testemunhas (veja o Capítulo 10). O casamento secreto é contrário à prática islâmica porque o casamento é um evento público (o banquete de celebração o torna público). Embora uma ligação romântica precedente não seja uma base para o casamento, o amor é importante no casamento. A Sura 30:21 diz que o casamento é um dos sinais da preocupação de Deus com a humanidade, e que Deus "colocou o amor e o carinho" entre o marido e a mulher.
- **O casamento é encorajado em uma idade precoce — da metade ao fim da adolescência.** Como se espera que o homem sustente a mulher, as realidades da vida moderna, com a educação estendendo-se antes de um emprego de período integral, podem levar a um casamento de certa forma tardio (veja o Capítulo 10).
- **O Islã sanciona a poligamia.** Alguns modernistas islâmicos dizem que o Corão prefere a monogamia, mas permitiu a poligamia em virtude das condições iniciais da comunidade muçulmana. O marido pode ter até quatro esposas, mas deve tratá-las igualmente. "Tratar igualmente" refere-se ao sustento financeiro das esposas, não a amá-las igualmente. Espera-se que os muçulmanos vivendo em países não muçulmanos que proíbem a poligamia obedeçam a legislação do país hospedeiro. Alguns países muçulmanos têm limitado ou até banido a poligamia (a Tunísia é um deles).

As mulheres só podem ter um marido, e a maioria dos homens muçulmanos, hoje em dia, tem apenas uma mulher. Em alguns casos, a esposa pode incluir no contrato de casamento uma cláusula que proíbe o marido de ter outra esposa.

» **O adultério é um dos crimes mais severos.** O Corão menciona uma punição de 100 chibatadas (Sura 24:2), mas uma *hádice* (tradição) apoia a morte por apedrejamento. A *hádice* é normalmente considerada como tendo suplantado (ou revogado) a punição corânica. entretanto, garantias processuais fazem com que a sentença raramente seja executada. Na Nigéria, vários tribunais estaduais em regiões muçulmanas ao norte do país impuseram a pena de morte por apedrejamento. O presidente, um muçulmano, interveio ativamente para tentar prevenir essa imitação dos procedimentos de lei muçulmanos. Uma acusação falsa de adultério é punida com 80 chibatadas (Sura 24:4) e, assim, conforme o Corão, é quase tão ruim quanto o próprio ato de adultério.

» **O divórcio (*talaq*), de acordo com uma *hádice* bem conhecida, é a ação permitida mais detestável no Islã.** O Corão recomenda a reconciliação com a ajuda de mediadores (Sura 4:35). Um marido pode se divorciar de sua esposa basicamente dizendo "eu me divorcio de você" durante cada um dos três meses seguintes. Depois da primeira e da segunda vez, o casal pode se reconciliar. Durante os três meses, a esposa continua a viver em sua casa (do marido e da mulher), e o marido continua a sustentá-la financeiramente durante esse período (veja a Sura 65:1). Após a terceira vez, o divórcio é definitivo e o casal não pode se casar novamente, a não ser que a mulher tenha tido outro casamento (e divórcio) no intervalo (esses detalhes são especificados na Sura 2:228–232, 236–237). Mais tarde, o costume passou a aceitar dizer as três vezes em uma só ocasião. Esse divórcio rápido foi legalmente permitido, mas não recomendado e prestou-se ao abuso pelo marido. A legislação moderna em alguns países muçulmanos protege a esposa de divórcio arbitrário pelo marido.

Para uma esposa divorciar-se do marido é difícil. A base para o divórcio por uma esposa inclui o abuso e o não sustento pelo marido, impotência, libertinagem, abandono, doença crônica, insanidade ou sua conversão para outra religião. No caso do divórcio, a mulher normalmente pode manter seu dote.

» **O marido é responsável pelo sustento da esposa (Sura 4:34).** A esposa é responsável por cuidar das crianças e administrar a casa. Se ela cumprir essas tarefas, pode ter um emprego fora de casa. Qualquer renda que ela tenha é dela, para que faça o que quiser; ela não precisa contribuir com as despesas básicas da família. Em países onde a reclusão total de mulheres (confinamento em uma área da casa onde homens sem parentesco não podem vê-las) é praticada (como no Talibã do Afeganistão), oportunidades de emprego obviamente serão muito limitadas. No entanto, ao longo da história muçulmana e na maioria dos países muçulmanos, muitas mulheres tiveram várias ocupações.

» **Apesar da forte ênfase igualitária do Islã, a família patriarcal é considerada a norma divina.** Todo mundo se submete a Deus. Os cidadãos se submetem ao governante. A esposa se submete ao marido e os filhos se submetem aos pais. A mutualidade é encorajada entre marido e esposa, e o marido normalmente defere à esposa as questões pertencentes à casa e educação de crianças pequenas.

Ainda assim, se uma diferença de opinião surge e uma decisão deve ser tomada, o marido tem a palavra final (veja a Sura 4:34, que fala das mulheres corretas sendo obedientes a seus maridos).

» **Filhos são uma alegria.** Os filhos devem honrar seus pais e os pais devem tratar cada um de seus filhos igualmente, a não ser que existam situações extenuantes, como ter um filho deficiente. Uma *hádice* diz: "Tema a Deus e trate seus filhos com igual justiça." Os pais são responsáveis por satisfazer as necessidades básicas da criança — comida, roupas, abrigo, treinamento religioso e educação.

  Pais devem mostrar amor e afeição a seus filhos, como é relatado o comportamento de Muhammad com seus filhos. O Islã supõe que mães demonstrarão amor. Em um famoso ditado, Muhammad diz que "O paraíso está aos pés da mãe." Em outra *hádice*, pergunta-se a Muhammad: "A quem devo mostrar bondade?" Ele respondeu: "Sua mãe, depois sua mãe, depois sua mãe e então vem seu pai e depois seus parentes em ordem de parentesco."

» **A lei islâmica não permite a adoção legal (Sura 33:4–5), na qual a criança adotada tem os mesmos direitos de herança que os outros filhos.** Se uma criança fica órfã, é dever da família estendida cuidar dessa criança. Um homem sem filhos pode receber e cuidar de um órfão. Ele pode deixar para a criança até 1/3 de seu patrimônio, mas a criança não herda como um filho legítimo o faria.

» **Filhos crescidos cuidam de seus pais idosos e mostram respeito a eles.** De acordo com a Sura 17:23: "Não diga a eles palavras desdenhosas nem os tenha repulsa, mas lide com eles com palavras respeitosas." O mesmo respeito deve ser estendido a todos os idosos, como Muhammad disse: "Nenhum jovem honrará um homem velho por causa de seus anos sem Deus nomeando alguém para honrá-lo quando ficar velho."

» **A família estendida é moralmente responsável pelas dívidas de um membro da família que é pobre sem culpa própria ou pelas dívidas deixadas para trás por um membro da família que morreu.** Entretanto, a família estendida não é legalmente responsável por aquelas dívidas e não pode ser forçada a pagá-las.

O papel da mulher

DICA

O status das mulheres no Islã é um dos pontos que mais chamam a atenção dos ocidentais e realmente ofende a muitos deles, que sentem que as mulheres são pessoas de segunda classe no Islã. Eu compartilho dessas preocupações, mas também concordo com críticos muçulmanos que apontam que até 100 a 150 anos atrás, as mulheres tinham mais direitos legais e econômicos em muitos países muçulmanos do que tinham nos países ocidentais. Além disso, tanto estudiosos muçulmanos quanto ocidentais concordam que na época da origem do Islã, as estipulações corânicas sobre as mulheres marcaram um avanço nos direitos legais, sociais e econômicos das mulheres, em comparação ao que existia antes do Islã. Uma visão que compartilho é que a posição das mulheres subsequentemente declinou em regiões do mundo islâmico não devido ao Corão, mas essencialmente contradizendo a intenção do Corão.

- **O Islã alega que tem uma política separada, mas igual em relação às mulheres.** Curiosamente, alguns escritores hindus afirmaram o mesmo sobre o Hinduísmo e, como no caso do Islã, argumentam que as percepções ocidentais de um tratamento injusto de mulheres no Hinduísmo (ou no Islã) devem-se à falta de apreciação dos papéis complementares de mulheres e homens, e do alto nível de respeito com as mulheres. Tendo crescido no sul dos EUA onde supostamente o tratamento separado, mas igual dos negros era a regra (escolas separadas, bebedouros separados e assim por diante), eu permaneço suspeito de qualquer afirmação de separado, mas igual.
- **As mulheres têm os mesmos direitos e deveres religiosos que os homens.** Elas devem, porém, permanecer em partes separadas das mesquitas e não podem liderar uma congregação em oração se um homem estiver presente, em função da crença de que os homens assumem o papel de liderança em áreas públicas assim como as mulheres o fazem na área doméstica. (Sufis são a exceção porque o misticismo ajuda a dispensar tais limites sociais.)
- **Crianças do sexo feminino devem ser bem-vindas.** Como crianças do sexo masculino eram preferidos na Arábia pré-islâmica (veja a Sura 43:17), crianças do sexo feminino eram frequentemente mortas (veja a Sura 81:8–9). O Corão condena essa prática. Tradições proféticas dizem que um muçulmano deve alegrar-se tanto com o nascimento de uma filha quanto de um filho. Todavia, casos de infanticídio feminino, sem dúvida, continuaram e, em muitas sociedades (China, por exemplo), famílias muçulmanas tradicionais continuam a alegrar-se com o nascimento de um filho e a considerar o nascimento de uma filha como um fardo, independentemente do que sua religião diz.
- **Uma filha recebe apenas metade da herança de um filho.** Muçulmanos dizem que isso é justo porque o filho tem que sustentar a ele e à esposa, enquanto a filha pode fazer o que desejar com sua herança e, ademais, ganha o dote.
- **O Corão (Sura 2:221; 60:10) proíbe explicitamente uma mulher muçulmana de casar-se com um homem não muçulmano, mas permite que um homem muçulmano se case com uma mulher não muçulmana.** A preocupação é para prevenir um muçulmano de deixar o Islã. A suposição é de que uma mulher é mais propensa a adotar a religião de seu marido do que o contrário.
- **Mulheres devem usar véus.** O texto corânico específico se aplica às esposas de Muhammad (Sura 33:53). Dois outros textos (Sura 24:31–32; 33:60) falam das mulheres muçulmanas cobrindo suas partes privadas e seus seios e usando um manto quando fora de casa. A interpretação extrema é de que a mulher deve cobrir-se completamente do topo da cabeça aos pés, incluindo o rosto. Muitas mulheres muçulmanas entendem os textos apenas determinando vestir-se modestamente e cobrir suas mãos, mas não necessariamente seus rostos.

INDO MAIS FUNDO

Obviamente, as exigências de vestimentas para mulheres é uma área controversa no Islã. Ao longo dos séculos, a cobertura da cabeça e os estilos de véus para mulheres muçulmanas têm variado consideravelmente. Você pode ter visto imagens de mulheres no Irã, Arábia Saudita e Afeganistão usando roupas que as cobrem da cabeça aos pés, talvez apenas com fendas para enxergar. Essa vestimenta pode ser única ou várias. *Abaya*[2], *chaddor*[3] e *burqa*[4] não são sinônimos exatos, mas todas são vestes parecidas com mantos que cobrem o corpo inteiro. O *khimar* é uma cobertura de cabeça que se estende para baixo até os seios e pode ser combinada com o *jilbab*, que cobre o resto do corpo. O *hijab* é o termo geral para um véu de qualquer tipo que deixa ou não o rosto fora de vista. Para afirmar sua identidade islâmica, muitas mulheres cujas mães ou avós rejeitaram o véu, agora voltaram, em cidades como Cairo, a usá-lo.

» **Opiniões em relação à reclusão de mulheres variam amplamente.** Conservadores radicais dizem que as mulheres devem permanecer reclusas em casa, mulheres devem sair (incluindo viajar) apenas com seus maridos ou outros membros masculinos da família e ambientes de trabalho e escolas devem ser sexualmente segregados. (A Arábia Saudita tem um shopping moderno só para mulheres.) Mas na maioria dos países muçulmanos, você vê muito mais mulheres em público do que essa visão sugere.

Ética médica

INDO MAIS FUNDO

A medicina sempre foi uma profissão honrada em países islâmicos: Jesus, considerado um profeta islâmico, é reverenciado por suas curas. O Corão diz: "Aquele que salva a vida de um indivíduo é como se tivesse salvado a vida de uma população inteira (Sura 5:32)." Coleções de *hádices* têm seções sobre medicina.

Na medicina, o principal imperativo moral é promover a saúde e a vida:

» **A medicina deve promover a vida.** Tanto o suicídio quanto a eutanásia são condenados no Islã (Sura 4:29). A esterilização é normalmente proibida. Não se deve orar pela morte porque Deus determina a hora da morte. Por outro lado, os médicos não devem usar meios extraordinários de prolongar a vida além de seu fim natural.

» **O Islã não percebe conflito entre ter fé em Deus e usar a melhor ciência e tratamento médico para curar doenças.** De fato, as pessoas devem fazer o melhor de seus esforços em qualquer empreendimento, incluindo a medicina e ainda assim, em última análise, depender e deixar o resultado à vontade de Deus. As culturas islâmicas deram grandes contribuições para os cuidados médicos em áreas como hospitais, clínicas gratuitas, atendimento a doentes mentais e uso da musicoterapia. Manuais foram elaborados para ajudar as pessoas a evitar charlatães médicos (veja o Capítulo 19).

[2] N.E.: Abaya é uma túnica, uma peça inteira, cobrindo o corpo da mulher, pois a silhueta feminina não fica exposta.

[3] N.E.: O Chador é usado no Irã, sendo obrigatório após a Revolução Islâmica. Uma grande capa preta.

[4] N.E.: A Burca virou símbolo das mulheres afegãs durante o regime talibã. Tem uma rede sobre os olhos, permitindo que através dela, a mulher possa ver.

» **Algumas autoridades islâmicas permitem transplantes de órgãos.** Mas outras autoridades, no entanto, se opõem a elas porque consideram os transplantes uma mutação do corpo que tem implicações em relação ao corpo ressuscitado no Dia do Julgamento.

» **O aborto é proibido (Sura 17:41) exceto para salvar a vida da mulher.** Um feto tem direitos de herança. O Islã tradicional estabeleceu movimentos fetais aos quatro meses, então, o aborto depois dos quatro meses é assassinato.

Já os hanbalitas admitem o aborto até esse ponto. Durante a guerra da Bósnia, um *mufti* egípcio (um estudioso da lei islâmica) emitiu um *fatwa* (opinião legal) permitindo uma mulher bósnia muçulmana estuprada por soldados sérvios a abortar uma gravidez dentro do período de quatro meses.

Justiça econômica e social

O Corão enfatiza questões de justiça social (Sura 4:135). Muhammad disse: "Aquele que luta em nome de uma viúva e uma pessoa pobre é como aquele que luta no caminho de Deus." Qual a posição da ética muçulmana nessa área?

» **Não tenha um estilo de vida de ostentação.** Um muçulmano não deve comprar o carro mais caro ou viver em uma casa como se fosse um palácio. Homens não devem usar ouro, prata ou seda, embora as mulheres possam usar joias.

» **A propriedade, em última análise, pertence a Deus.** Deve-se trabalhar duro e tentar prosperar economicamente. Se obtiver sucesso, em vez de comprar um Rolls Royce, deve-se prover os pobres.

» **Seja honesto em transações comerciais.** Use pesos e medidas honestas. Muhammad disse que quando vender uma mercadoria no mercado, você deve colocar a de pior qualidade no topo para não enganar o comprador. Isso é o equivalente a dizer, hoje em dia, que não se deve embalar o bife no supermercado para que toda a gordura e pedaços fiquem debaixo da carne magra.

» **Evite o comunismo ateu e o capitalismo materialista desenfreado.**[5] O comunismo, contrário ao Corão, não reconhece os direitos de propriedade privada. Ao mesmo tempo, o capitalismo ocidental, com seu individualismo exacerbado, não estabelece limites aos direitos da propriedade, indo ao outro extremo. Com a queda da União Soviética e o capitalismo rasteiro da China comunista, o Islã parece ser o único sistema político socioeconômico que oferece uma alternativa ao capitalismo.

Muçulmanos frequentemente dizem que enquanto o capitalismo glorifica a competição, a economia islâmica promove a cooperação. Tudo deve prosperar, em vez de alguns prosperarem à custa dos outros. Desde a década de 1930, os

---

[5] N.E.: No Corão e em nenhuma hadith há referências a esses dois sistemas econômicos, pois são bem posteriores ao Islã.

muçulmanos têm defendido e tentado desenvolver os detalhes de um sistema econômico islâmico.

O Corão rejeita explicitamente a usura, a cobrança de juros por um empréstimo. Funcionar em uma economia capitalista sem cobrar e pagar juros é difícil. O primeiro banco islâmico foi fundado em 1975, e bancos islâmicos (que não cobram juros sobre empréstimos, nem pagam juros sobre depósitos) estão presentes agora em vários países. Alguns bancos ocidentais até estabeleceram divisões islâmicas. Além disso, você pode agora investir em fundos mútuos que investem em empresas que não violam princípios islâmicos. Índices como o Índice de Mercado Islâmico Dow Jones, estabelecido em 1999, acompanham ações apropriadas para investidores islâmicos.

- **Cuidar dos pobres.** Movimentos revivalistas[6]/islamistas modernos como a Irmandade Muçulmana no Egito têm programas de serviço social, tais como serviços de saúde e alívio a vítimas de desastres, usualmente mais eficazes e responsivos do que os serviços fornecidos por agências do governo.
- **Um muçulmano não pode escravizar outro muçulmano e deve tratar os escravos humanamente.** Faz menos de um século desde que a escravidão legalizada foi finalmente eliminada de todos os países. Algumas pessoas sugerem que, em algumas áreas remotas, a escravidão, na verdade, ainda acontece, e que ela é especificamente permitida no Corão com algumas restrições. Libertar um escravo muçulmano é um ato meritório. Embora Estados muçulmanos, na atualidade, proíbam a escravidão, em teoria a escravidão é possível sob a lei muçulmana atual.

Questões políticas

Orientações éticas restritas estabelecem os deveres do governante de um Estado islâmico. Por causa do medo de divergência dentro da comunidade islâmica, a lei islâmica teve muito mais a dizer sobre os deveres dos cidadãos (o que o Estado pode exigir do cidadão) em comparação aos direitos dos cidadãos (o que o cidadão pode esperar do Estado). Fazlur Rahman, um estudioso paquistanês que lecionou por 20 anos na Universidade de Chicago, lista quatro direitos fundamentais que o Estado legítimo deve garantir: vida; religião; ganho e propriedade; e honra pessoal e dignidade. Como as nações muçulmanas debatem, atualmente, sobre o que constitui um Estado islâmico, há muito a ser feito para desenvolver a ética política islâmica moderna.

SE LIGA!

Apenas o abandono formal do Islã pelo governante justifica revoltar-se contra o Estado. Claro, isso é teoria e, na realidade, as revoltas foram e são comuns.

[6] NT: O revivalismo, um fenômeno sociocultural que ocorreu muitas vezes ao longo da história universal, procura resgatar princípios e tradições, como é o caso recente de países islâmicos.

Outras questões éticas

Além das questões colocadas na seção anterior, aqui se discute algumas outras, de caráter variado:

- **Álcool, drogas e apostas são proibidas no Islã.** Essas atividades satisfazem os vícios da cobiça e obscurecem as faculdades mentais.
- **O Islã tradicionalmente desaprova a arte representacional por considerá-la um esforço de duplicar o trabalho criativo de Deus.** A estatuária é proibida devido ao seu uso em adoração pagã. Brinquedos de crianças são uma exceção porque Muhammad não tinha objeções à sua filha `A'isha brincando com bonecas. Assim, você encontra bonecas islâmicas anunciadas nos Estados Unidos para os pais de meninas muçulmanas comprarem em substituição às bonecas Barbie.

  Há um misto de opiniões em relação à arte bidimensional. Épicos e histórias ilustradas floresceram no Irã, Turquia, Ásia central e sul da Ásia. As ilustrações também são usadas em trabalhos médicos e científicos.

  Fotografias, filmes e programas de televisão são aceitáveis (mas não por todos os muçulmanos) por envolverem reprodução mecânica de uma imagem real e não a criação de uma imagem por um artista. Claro, os muçulmanos muitas vezes têm objeções a filmes e programas ocidentais em razão de seu conteúdo imoral.
- **A ética ecológica é um campo relativamente novo na ética muçulmana.** Os países muçulmanos participam de conferências das Nações Unidas que lidam com questões ecológicas, como a poluição. Os humanos podem usar os recursos da Terra para o benefício da humanidade, mas têm responsabilidade como vice-regentes de Deus (*califas*) de não prejudicarem os sistemas ecológicos. Os muçulmanos também chamam a atenção para textos relacionados a poupar as árvores da destruição durante uma guerra.
- **Outro foco recente da ética muçulmana são os direitos dos animais.** Conforme preceitua o Islã, os animais são colocados na terra para uso humano, mas nem por isso devem ser expostos a abusos ou sofrer desnecessariamente. Tampouco devem ser castrados ou esterilizados. O Islã proíbe o uso de animais para prática de tiro ao alvo ou esportes, como touradas e brigas de galo. Os animais devem ser respeitados e cuidados. O Islã desencoraja manter cães domésticos, todavia, Muhammad era um amante de gatos.

4

Reconhecendo a Diversidade entre os Muçulmanos

NESTA PARTE...

Conheça outras formas de Islã, incluindo o xiismo duodecimano e vários dos grupos shia'as setimanos (ismaelitas), além de outros grupos que começaram como seitas islâmicas e se transformaram em religiões independentes.

Veja o que é o Sufismo, que surgiu para suprir a necessidade de uma experiência religiosa mais profunda e um contato mais íntimo com Deus.

Veja um pouco sobre o Islã nos EUA e no Brasil

NESTE CAPÍTULO:

Descobrindo os eventos fundadores do Islã shia'a

Conhecendo os 12 *imames*

Referindo-se à adoração shia'a

Entendendo a teologia, a lei e a interpretação corânica shia'a

Observando os shia'as em relação aos muçulmanos sufis e sunitas

Capítulo 12
Shia'as

Como os sunitas constituem de 84% a 90% da população muçulmana, a maioria das imagens do Islã pelos ocidentais é baseada no Islã sunita. Os shia'as são mencionados quando se fala a respeito da revolução iraniana e reféns na embaixada americana em Teerã ou no Líbano. Ironicamente, enquanto muitos norte-americanos associam xiismo a terrorismo e fundamentalismo, historicamente os shia'as têm sido muito mais abertos à mudança do que o Islã sunita. (Por exemplo, a república iraniana moderna é algo inteiramente novo na história shia'a.)

Neste capítulo, centro-me no xiismo em geral e no xiismo duodecimano — conhecido também como *Imame* ou *Ithana-Ash`ari*, o termo árabe para xiismo duodecimano. Os outros dois ramos do xiismo são os *Ismaelitas* (*"setimanos"*) e os *Zaiditas.* A maioria dos shia'as de hoje são shia'as duodecimanos, que traçam a linha de seus líderes religiosos (*imames*) começando por `Ali e terminando com o 12º da linha, que desapareceu no século IX. Shia'as zaiditas e shia'as ismaelitas derivam seus nomes da aceitação de uma pessoa distinta do *imame* designado na 5ª e 7ª gerações, respectivamente. Os shia'as zaiditas, atualmente o menor dos grupos shia'as, é também o que mais se aproxima do Islã sunita de várias maneiras. O xiismo ismaelita deu origem a muitos grupos ismaelitas diferentes ao longo do tempo, muitos dos quais produziram doutrinas e práticas bem esotéricas quando comparadas com o xiismo duodecimano ou o Islã sunita. Veja os Capítulos 2 e 14 para saber mais sobre o xiismo ismaelita e zaidita.

Localizando e Contando Muçulmanos Shia'as

Mais de 100 milhões de shia'as constituem de 10% a 16% da população muçulmana em todo o mundo. Números consideráveis de shia'as vivem no:

- **Irã:** 89% a 92% (cerca de 60 milhões)
- **Iraque:** 60% a 65% (cerca de 14 milhões, concentrados no sul)
- **Líbano:** 30% a 35% (um milhão, no sul e no vale do Beqa'a)
- **Bahrein (no Golfo Pérsico):** 70% (mais ou menos 200.000)
- **Iêmen:** 30% a 40% (aproximadamente cinco milhões de shia'as zaiditas)
- **Azerbaijão (na região da Cordilheira do Cáucaso):** 75% (cerca de cinco milhões)
- **Arábia Saudita:** 5% (por volta de um milhão)
- **Kuwait:** 30% (cerca de meio milhão)
- **Paquistão:** cerca de 20% (aproximadamente 128 milhões centralizados na região de Panjabe)
- **Regiões específicas da Índia, incluindo a Caxemira:** 15% de muçulmanos indianos (uns 23 milhões)
- **Afeganistão:** 12% (por volta de 5,5 milhões)
- **Síria e Turquia:** 10% a 20% (incluindo Drusos, Alauitas e Alevitas, que normalmente não querem ser classificados como shia'as)

Muçulmanos shia'as também vivem em muitos países ocidentais para os quais emigraram no último século.

Mantendo a Fé na Família

Shia'a significa "partido (de `Ali)". `Ali, o primo mais novo de Muhammad, cresceu na casa de Muhammad e casou-se com a filha do profeta, Fátima. `Ali ocupou a cama de Muhammad na noite em que este deixou Meca para ir à Medina. `Ali carregou a bandeira muçulmana quando capturaram Meca em 630. Ele agiu como representante de Muhammad em Medina quando o profeta estava ausente em sua última campanha militar no norte da Arábia, também em 630.

O princípio shia'a básico é que o chefe da comunidade muçulmana deve ser um descendente de Muhammad. Os três primeiros califas (veja o Capítulo 2) não eram governantes legítimos na opinião dos shia'as. Para os shia'as, `Ali era um *imame* ou líder espiritual (e político) desde a morte de Muhammad em 632 até seu próprio falecimento em 661, em vez de apenas pelo período de 656 a 661 durante o qual, de acordo com o reconhecimento sunita, `Ali governou como o quarto califa. Embora `Ali e seus apoiadores tenham expressado as reivindicações de `Ali como califa desde o início, ele não procurou impor essas afirmações à força quando foi ignorado na seleção. De acordo com a crença do xiismo tardio, Deus impôs os anos de governo ilegítimo (632 a 656) para separar os verdadeiros crentes dos hipócritas.

Todas as tradições muçulmanas honram `Ali e representam-no favoravelmente. No Islã shia'a, `Ali é um muçulmano perfeito. Ele é frequentemente referido como o "Comandante dos Fiéis" em lugar de seu nome. Fala-se que ele é o mestre da língua árabe e um homem jovem, valente como Apolo e guerreiro. Na iconografia muçulmana, `Ali é representado pela espada de duas pontas[1] de Muhammad que ele recebeu como sucessor do profeta.

Designando `Ali como sucessor de Muhammad[2]

TEXTO ISLÂMICO

Conforme a tradição, quando Muhammad retornou de sua jornada noturna para Jerusalém (veja o Capítulo 7), ele joga seu manto sobre `Ali e Fátima. Para os shia'as, isso significou um sinal de que `Ali seria o sucessor de Muhammad. Mais importante é uma *hádice* sobre a peregrinação de despedida para Meca em 632, quando Muhammad recebeu uma revelação designando `Ali como seu sucessor. Muhammad adiou tornar isso público até os peregrinos pararem no oásis de Ghadir Khumm na volta para Medina. Deus então lhe disse para tornar pública essa designação. É assim que os shia'as entendem a Sura 5:67, quando diz: "Ó Mensageiro, proclama o que te foi revelado por teu Senhor." Muhammad reuniu o povo e disse: "Aquele cujo mestre eu sou, `Ali é também seu mestre." Ele então fez com que todos os presentes se aproximassem e reconhecessem `Ali. Releituras subsequentes embelezam a história.

O entendimento shia'a do imame

DICA

Embora o Islã sunita use o termo *imame* para o líder de oração, no xiismo o *imame* é o líder da comunidade. Ele combina as lideranças política e religiosa, assim como Muhammad o fez. Diferente dos profetas, um *imame* não recebe novas revelações, mas obtém orientação dos anjos e tem um conhecimento único das escrituras. O *imame* é responsável por administrar os pilares da oração, o jejum *saum*, coletar as taxas *zakat*, supervisionar a peregrinação, expandir e defender o domínio do Islã, executar a lei islâmica e interpretar o significado do Corão.

[1] N.E.: Essa espada era chamada de Zulfikar, hoje é o símbolo do Islã shia'a.

[2] N.E.: Nenhum filho homem de Muhammad sobreviveu à vida adulta. Assim, para os princípios da Arábia Pré-Islâmica significava não ter herdeiros. No entanto, na Revelação no rio Ghadir, Muhammad designou `Ali como sucessor. Além dessa designação, `Ali era casado com Fatima al-Zahra, filha de Muhammad, e com ela tinha filhos homens, Hassan e Hussein. A elite de Meca não aceitou que `Ali fosse o sucessor. Recorrendo aos princípios da Arábia Pré-Islâmica e o conselho dos líderes de Meca designou Abu Bakr como primeiro califa. Surgia assim a cisão entre shia'as e sunitas.

O *MAHDI* E O *IMAME* ESCONDIDO

O *Mahdi* é aquele que virá futuramente, nos dias finais. Ele derrotará o mal, dará o castigo correspondente e governará um mundo ideal no qual todos se submeterão a Deus. A paz e a justiça prevalecerão e a pobreza será eliminada (veja o Capítulo 5). Os estudiosos sunitas eram frequentemente reticentes quanto a essas expectativas populares de uma figura messiânica. O *Mahdi* não é mencionado no Corão, nas duas principais coleções sunitas de *hádices* ou por al-Ghazali.

No Islã sunita, a ideia do *Mahdi* é muitas vezes combinada com a ideia de um restaurador provisório da fé (*mujaddid*), que surge no final de cada século. Vários movimentos políticos reformistas, especialmente na África, foram conduzidos por indivíduos afirmando ser o *Mahdi*. Entre eles, Ibn Tumart (1077 a 1130), fundador do califado Almóada no noroeste da África; Usman dan Fodio, fundador do califado Sokoto no norte da Nigéria (cerca de 1800); e o fundador do movimento sufi Sanusi que estabeleceu o Estado da Líbia. Em 1881, Muhammad Ahmad ibn `Abd Allah proclamou-se *Mahdi* e fundou a nação do Sudão, baseado nas ideias Mahdi de restauração do Islã como era inicialmente em Medina.

O xiismo duodecimano não aplica o termo *Mahdi* aos primeiros 11 *imames*. O 12º *imame* escondido é Muhammad al-Mahdi. Ele está vivo na Terra, mantém conexões com os profetas no céu, e um dia retornará como *imame* e Mahdi. Assim, no xiismo, o conceito do Mahdi se mescla ao do *imame* oculto.

Cada profeta tem 12 deputados (*walis*) segundo a doutrina duodecimana desenvolvida do *imame*. `Ali é o *wali* para o qual Muhammad ensinou o significado esotérico do Corão. `Ali também escreveu o Corão conforme ditado por Muhammad. A cópia de `Ali do Corão está de posse do *imame* escondido, que a revelará quando retornar.

Na sequência, alguns conceitos shia'as básicos relacionados aos imames:

- Como `Ali e seu filho Hussein, todos os *imames* foram martirizados, exceto o 12º *imame*. Assim, a família de `Ali é conhecida como a casa da tristeza. Como os shia'as deixaram de auxiliar Hussein no dia de Karbala (veja a Seção "O martírio de Hussein em Karbala", neste capítulo), o sofrimento e o arrependimento pelo pecado desempenham um grande papel na fé shia'a.
- Os *imames* suportam de boa vontade seus sofrimentos em nome dos crentes. No Dia do Julgamento, os *imames* e Fátima (a filha de Muhammad) intercederão perante Deus em nome dos fiéis shia'as. A tristeza de Fátima com a morte de Hussein é similar à tristeza de Maria com a morte de Jesus.
- Como Muhammad designou `Ali como seu sucessor, cada *imame* subsequente, agindo sob inspiração divina, designa (*nass*) seu sucessor.

- O *imame* não tem pecado e é infalível (`*isma*). Ele também conhece os significados internos (ocultos) e externos das escrituras e outros livros secretos.
- É necessário haver um *imame* visível ou escondido, caso contrário o mundo deixa de existir. Segundo a doutrina da ocultação (*ghayba*), o *imame* pode retirar-se, mas permanece vivo como líder da comunidade muçulmana. O 12º *imame* é o oculto — o de maior ocultação sob a proteção de Deus para voltar apenas no fim dos tempos como o *Mahdi*, que ao retornar estabelecerá a justiça.
- A dissimulação (*taqiyya*) ou encobrimento significa que, para evitar a perseguição, às vezes deve-se ocultar sua identidade shia'a, e um *imame* shia'a pode submeter-se a um governante ilegítimo, assim como `Ali submeteu-se aos três primeiros califas.
- O conhecimento esotérico dos textos (*batin*) é acessível à elite espiritual, que é capaz de ir além dos significados literais da escritura.
- O sofrimento dos *imames* é uma grande injustiça. A preocupação do xiismo pela justiça (`*adl*) e sua crença de que o *imame* oculto estabelecerá, quando retornar, uma ordem mundial justa, faz o xiismo ser atraente para grupos revolucionários e utópicos.

Revendo Dois Eventos Fundacionais do Xiismo

O martírio de `Ali e de seu filho Hussein são os dois eventos fundacionais na história sagrada única do xiismo.

A traição e o martírio de `Ali

`Ali foi suspeito de cumplicidade no assassinato de `Othman, o terceiro califa. Embora nomeado como o quarto califa por um conselho legítimo, `Ali enfrentou desafios a seu governo ao longo de seu curto califado (556 a 561). `Ali nomeou e enviou um substituto para o sobrinho de `Othman, Mu`awiya, como governador da Síria. Mu`awiya[3] recusou-se a entregar o cargo e os exércitos opositores encontraram-se no verão de 657 em Suffin, no alto do Rio Eufrates (na presente Síria). Para evitar a derrota, os soldados de Mu`awiya grudaram páginas do Corão em suas armas e chamaram para mediação. `Ali aceitou. Mu`awiya interpretou a decisão da mediação como validando sua reivindicação e assumiu o papel de califa em Jerusalém em 660. No mês de janeiro seguinte, `Ali foi assassinado por um carijita que sentiu que `Ali havia traído a causa de Deus aceitando uma mediação humana. Assim, `Ali foi o primeiro dos *imames* martirizados. Seu local de enterro em Najaf (no Iraque) tornou-se o primeiro local sagrado shia'a. Ao cavarem sua cova, foi encontrada uma inscrição

[3] N.E.: Mu`awiya era governador da Síria e primo de `Othman. Após o assassinato de `Ali, Mu`awiya foi aclamado califa, fundando a dinastia Omíada (661–750). Sendo sucedido por seu filho Yazid.

supostamente deixada pelo Noé bíblico que indicava que esse seria o local do enterro de `Ali. A essa altura, o xiismo ainda era essencialmente um movimento político relativamente menor. Desenvolvimentos subsequentes levaram à transformação do xiismo como uma forma alternativa da religião islâmica.

O martírio de Hussein em Karbala

Depois da morte de `Ali, seu filho mais velho, Hassan, foi proclamando *imame*, e a seguir califa, pelos apoiadores de `Ali. Transcorridas as negociações iniciadas por Mu`awiya, Hassan renunciou à sua reivindicação do califado na mesquita em Kufa, o principal centro de apoio shia'a. Hassan recebeu de Mu`awiya uma pensão generosa e terras. Ele viveu pacificamente o restante de sua vida em Medina e não se envolvia politicamente. (O *imame* atual é sempre o governante legítimo dos muçulmanos, mas pode escolher aceitar o governo ilegítimo de outro.) Hassan morreu entre 670 e 680 e está enterrado no cemitério de al-Baqi` em Medina, um local sagrado para shia'as e sunitas. Os shia'as afirmam que ele foi envenenado por sua esposa por instigação de Mu`awiya, mas muitos historiadores acreditam que Hassan morreu de causas naturais.

Mu`awiya faleceu na primavera de 680, tendo designado seu filho Yazid como seu sucessor, ou próximo califa, estabelecendo assim a dinastia dos Omíadas. Shia'as provenientes de Kufa procuraram Hussein, o irmão mais novo de Hassan, em Medina, e lhe pediram para assumir o califado e derrubar Yazid. Hussein enviou um primo para investigar a situação em Kufa. Confiando em garantias que lhe foram dadas de que a população de Kufa o apoiaria, Hussein partiu em direção a Kufa em setembro com cerca de 50 apoiadores e membros da família. O governador Yazid no Iraque, que monitorava o caminho do grupo, matou os líderes apoiadores em Kufa. Quando Hussein e sua comitiva aproximavam-se de Kufa, uma patrulha do exército os forçou a recuar. Apesar das promessas de apoio, nenhum dos shia'as de Kufa juntou-se a Hussein[4].

O palco estava montado para o encontro do "exército" de menos de 100 pessoas de Hussein, com um exército omíada muito maior em Karbala, ao noroeste de Kufa. Impedidos de alcançar o Rio Eufrates e sedentos ao extremo, o grupo de Hussein não resistiu. Hussein morreu na batalha.

A morte de Hussein em Karbala é o evento-chave da elevação do xiismo à condição de movimento religioso e tem muito a ver com o sentido de sofrimento, justiça negada e martírio que permeia o xiismo. A teologia shia'a diz que Hussein partiu de boa vontade em direção ao que ele sabia que seria sua morte, como um ato de redenção pelos pecados dos muçulmanos — algo como a morte de Jesus para os pecados dos cristãos. A cada ano, os shia'as revivem os dez dias de *Muharram* muito como

[4] N.E.: Yazid mandou seu exército atacar Hussein, sua família e seus soldados antes que alcançassem o Rio Eufrates, quando iam em direção a Kufa. O cerco durou os 10 primeiros dias do 1º mês do calendário muçulmano, o mês de Muharram.

os cristãos revivem os eventos da última semana da vida de Jesus. Eis a sequência daqueles dias:

- » Dias 1 a 3: Fracassam as negociações em Karbala quando Hussein recusou-se a reconhecer a reivindicação de Yazid ao califado.
- » Dia 4: Martírio de Hurr al-Tamimi, o comandante da cavalaria de Yazid, que passou para o lado shia'a.
- » Dia 5: Martírio dos dois jovens filhos da irmã de Hussein, Zaynab.
- » Dia 6: O filho mais velho de Hussein, `Ali al-Akbar, morre nos braços de seu pai. O filho pequeno de `Ali, `Ali al-Ashghar, morreu quando uma flecha penetrou sua garganta.[5]
- » Dia 7: A notícia da morte de `Ali na batalha chegou em meio à festa de noivado do sobrinho de Hussein, que ocorria em uma tenda que havia sido erguida para celebrar o casamento.
- » Dia 8: Ambos os braços do meio-irmão de `Ali, al-`Abbas, são cortados quando ele tenta pegar água do Eufrates.
- » Dias 9 e10: Na batalha final, Hussein e seus soldados são mortos. O local de enterro de Hussein no campo de batalha torna-se um importante destino de peregrinação.

A cabeça cortada de Hussein foi levada ao califa em Damasco.[6] Ela foi enterrada no pátio da mesquita omíada de lá, segundo uma tradição, ou no santuário de Hussein no Cairo, de acordo com outra, tornando ambos os locais importantes para os shia'as. As mulheres e crianças sobreviventes, incluindo sua irmã Zaynab, foram levadas para o califa Yazid, que as tratou com respeito e permitiu que retornassem a Medina. Yazid também deu permissão a `Ali Zayn al-Abidin, um filho de Hussein que estava de cama, doente, na hora da batalha, para que voltasse a Medina, onde morreu por volta do ano 713.

Pós-escrito: A marcha dos penitentes

O líder shia'a em Kufa repreendeu a si mesmo e a outros shia'as por terem falhado em se posicionarem ao lado de Hussein em Karbala. Para expurgar seus pecados, em novembro de 684, eles partiram em uma marcha da morte com rostos enegrecidos, lamentando sua culpa. No dia seguinte, pararam no campo de batalha de Karbala, e as tropas omíadas atacaram e os mataram. A lamentação e a autopunição são elementos da observância da `ashura que remetem a esse evento de arrependimento coletivo.

[5] N.E.: De acordo com as narrativas sobre a Tragédia da Karbala, conta-se que Hussein fora pedir água para o seu bebê e o levou consigo quando uma flecha atingiu a criança ainda no colo de seu pai. (Fonte: Al-Khazraji. Sheikh Taleb Hussein. A revolução do imame al-Hussein (a.s) — motivos, fato e resultados.)

[6] N.E.: Hussein foi decapitado pelos soldados de Yazid e sua cabeça levada para Damasco como prova de sua morte.

Seguindo a Linha dos 12 Imames[7]

A narrativa religiosa básica do xiismo duodecimano continua até a ocultação do 12º *imame* em 874. Desenvolvimentos importantes na história shia'a ocorrem após essa data no período Abássida tardio, e a seguir com a fundação do Irã como o Estado shia'a duodecimano em 1501.

Xiismo sob os Omíadas

INDO MAIS FUNDO

`Ali Zayn al-Abidin foi sucedido por seu filho, Muhammad al-Baqir (676 até cerca de 733), como o quinto *imame*. Al-Baqir viveu e morreu em Medina sem envolvimento político. Mais tarde, entre 739 e 740, o meio-irmão mais novo de al-Baqir, Zayd, desapontado com a aquiescência de al-Baqir ao governo omíada, liderou algumas centenas de shia'as de Kufa em outra revolta fútil. Zayd foi morto em 740, mas seu filho Yahya fugiu para o leste do Irã onde seus esforços para reunir os shia'as contra os omíadas resultou em sua morte em 743. Os zaiditas, que reconhecem Zayd em vez de al-Baqir como o quinto *imame*, formam um dos três ramos do xiismo (veja o Capítulo 14).

Apesar de permanecer politicamente sem envolvimento, o sexto *imame*, Ja`far al-Saqid (699 a 765), estabeleceu o xiismo em uma base firme como movimento religioso. Sua Escola de lei é a Escola shia'a oficial duodecimana[8] e é reconhecida por sunitas como a Escola de lei legítima, junto daquela dos shia'as zaiditas.

Xiismo sob os Abássidas

A revolta Abássida que derrubou os Omíadas em 750 aproveitou-se do ressentimento espalhado pelas revoltas shia'as fracassadas de 740 a 743. Abul `Abbas al-Saffah, um descendente do tio de Muhammad, al-`Abbas, tornou-se califa no lugar de um descendente de `Ali. Os governantes abássidas mantiveram o *imame* shia'a sob estreita vigilância, que foi deixado em paz contanto que permanecesse alheio à política. Os shia'as se tornaram uma minoria relevante da população da recém-fundada capital abássida na cidade de Bagdá.

LEMBRE-SE

Com a morte de Ja`far, uma disputada sucessão levou a uma separação na linha de *imames*, com os ismaelitas (ou xiismo "setimano") reconhecendo Muhammad como o sétimo *imame*, o sucessor designado do filho de Ja`far, Ismael, que morreu antes de Ja`far (veja o Capítulo 14).

---

[7] N.E.: Os 12 Imames são todos conhecidos como Ahul al-Bait (a família sagrada). A saber: `Ali Ibn Abi Talib; Hassan Ibn `Ali; Hussein Ibn `Ali; `Ali Zain al-`Abidin; Muhammad al-Baqir; Ja`afar al-Sadiq; Musa al-Kazim; `Ali al-Rida; Muhammad al-Jawed; `Ali al-Hadi; Hassan al-`Askari; Muhammad al-Mahdi.

[8] N.E.: A denominação da escola de Jurisprudência chama-se Ja`afarie.

A maioria dos shia'as reconheceu o filho mais velho sobrevivente de Ja`far, Musa al-Kazim (745 a 799), como o sétimo *imame*. O califa abássida levou Musa para Bagdá onde ele poderia ser monitorado de perto. Musa e o nono *imame*, Muhammad al-Jawad (810 a 835), foram enterrados em um cemitério ao norte de Bagdá. Esse local, conhecido como *al-Kazimiyya*, é outro santuário shia'a. O califa abássida al-Ma'mun designou o oitavo *imame*, `Ali al-Rida, como seu pretenso herdeiro. Se ele realmente tinha intenção de continuar com isso é incerto. Al-Rida morreu (818) antes de al-Ma'mun, e a tradição shia'a novamente atribuiu sua morte, assim como a de seu pai, aos califas. Al-Rida é o único *imame* enterrado no Irã (em Masshad, no leste do Irã).

A irmã de al-Rida, Fatima al-Ma`suma, foi visitar seu irmão no Irã, sentiu-se mal e morreu, sendo sepultada na cidade de Qom[9], que havia sido assentada pelos refugiados shia'as em 712. Qom tornou-se um importante local de peregrinação e, muito mais tarde, o principal centro de erudição shia'a no Irã. Os califas levaram o 10º e 11º *imames* para Samarra, a nova capital, onde eles viveram sob supervisão abássida. Seus túmulos em Samarra também se tornaram locais sagrados shia'as.

LEMBRE-SE

O 11º *imame*, al-Hassan al-Askari, morreu em 873 não deixando nenhum herdeiro homem conhecido. O xiismo duodecimano afirma que al-Askari tinha um filho de quatro anos, informação não tornada pública. Esse filho, Muhammad al-Mahdi, é o 12º, o *imame* oculto, que um dia reaparecerá como *imame* e Mahdi. De 874 a 941, durante a ocultação menor (*ghayba*), os shia'as acreditavam que esse *imame* oculto mantinha contato com a comunidade shia'a através de uma sucessão de quatro mensageiros (*safirs*). Em 941, a "ocultação maior" teve início. O 12º *imame* ainda está vivo e aparece em sonhos. A ausência do imame criou questões de como a comunidade shia'a deveria ser conduzida até seu retorno. O 12º *imame* oculto é o "chefe de Estado" oficial no Irã moderno.

A essa altura, o califa abássida era uma pessoa representativa e o comando real era exercido por militares poderosos com títulos como *vizir* ou *sultão*. A família Buyid assumiu esse papel de 945 a 1055. Os Buídas eram shia'as — primeiramente, zaiditas, depois, mudaram para Ithna-Asharis, porque o 12º *imame* havia entrado em ocultação e não havia, portanto, um líder comum para desafiar sua autoridade. Sob eles, embora não tenham tentado impor o xiismo na maioria sunita, a prática religiosa e a erudição shia'a floresceram. As populações shia'as se expandiram a oeste para Damasco e a leste para o Irã. Hoje, os shia'as são uma minoria de muçulmanos, porém, no fim do século X, um observador de fora poderia ter pensado que o xiismo estava prestes a se tornar dominante. Buídas, Fatimidas dominando o Egito e várias dinastias shia'as menores governavam, juntas, a maioria do mundo muçulmano, incluindo as cidades sagradas de Meca e Medina. Mas esse estado de coisas não perduraria.

---

[9] N.E.: Qom está na rota da peregrinação shia'a, pois ali se encontra o maior centro de estudos teológicos shia'as.

O Irã se torna um Estado shia'a duodecimano

O Império Abássida caiu para os mongóis pagãos em 1258. Os mongóis que se estabeleceram em áreas muçulmanas, gradualmente converteram-se ao Islã sunita. Ao longo de vários séculos seguintes, a situação era de instabilidade política. A maioria dos Estados descentralizados era governada por dinastias sunitas, ainda que algumas áreas tenham caído sob controle shia'a. No século XV, surgiu no Azerbaijão uma ordem missionária militar sufi ligada ao xiismo ismaelita. Apoiado por algumas tribos turcas, seu poder estendia-se das áreas que iam do norte do Irã ao leste da Turquia. Seu líder, Isma`il, alegava descender de Musa al-Kazim, o sétimo *imame* e também afirmava ser o *Mahdi*. Isma`il foi o fundador da dinastia safávida iraniana (1501 a 1722) que governou Irã e Iraque e fez do xiismo duodecimano a religião oficial. Como os shia'as ainda eram uma minoria no Irã, estudiosos árabes foram trazidos dos centros shia'as do Líbano, Iraque e Caxemira para implantar o xiismo entre o povo e atuar como líderes religiosos e teólogos nas *madrassas* ou seminários em Meshed, Nishapur e, mais tarde, Qom. Um oficial do governo supervisionou os líderes religiosos, nomeando juízes, líderes de oração e autoridades religiosas regionais.

INDO MAIS FUNDO

Embora os governantes safávidas pudessem reivindicar autoridade religiosa como descendentes do sétimo *imame*, isso não era verdadeiro para os governantes do Qajar (1796 a 1925) e Pahlavi (1925 a 1979). O relacionamento entre o Estado iraniano e o "establishment" religioso shia'a sempre foi tenso. O clérigo shia'a era financeiramente independente e a maioria dos locais sagrados shia'as e centros intelectuais ficavam no Iraque, fora do controle iraniano. Antes de 1979, o "establishment" religioso não aspirava ao governo de fato. Seus membros cooperavam com o Estado se os interesses coincidiam, e opunham-se a ele quando isso não acontecia. O melhor exemplo de oposição bem-sucedida ao governo é o boicote ao tabaco de 1891. O governo havia concedido aos britânicos o monopólio do fumo por um longo prazo. Isso ameaçou a subsistência dos mercadores locais, que tradicionalmente apoiavam os estudiosos shia'as. Houve, então, a emissão de um *fatwa* (decreto ou decisão legal) contra fumar tabaco. Sem ninguém fumando, o monopólio do tabaco tornou-se inútil e o governo foi forçado a cancelar a concessão.

No século XX, o Estado iraniano secularizou a educação, os tribunais aboliram o véu e o chador (vestimenta) das mulheres, e permitiu o uso de roupas ocidentais para os homens. Essas ações, ameaçadoras para os interesses religiosos, explicam por que a minoria de líderes shia'as como Khomeini tornaram-se politicamente ativos em seus esforços para derrubar o Estado (veja o Capítulo 18).

Adorando à Maneira Shia'a Duodecimana

Na maioria no que diz respeito à crença, lei e ritual, shia'as e sunitas têm as mesmas posições. As seções seguintes revelam as maneiras pelas quais os shia'as diferem dos muçulmanos sunitas.

Lembrando de Hussein na `ashura'

LEMBRE-SE

Para um forasteiro, as celebrações *`ashura'* são o aspecto mais distinto da adoração shia'a duodecimana. Durante os primeiros dois meses do ano muçulmano, mas especialmente durante os primeiros dez dias do primeiro mês (*Muharram*), os eventos de Karbala são reencenados. A celebração inclui:

- Lamentação e vestir-se com roupas escuras.
- Choros de "Ya, Hussein".
- Enegrecimento do rosto e do corpo.
- Construção de tendas, púlpitos e estruturas especiais (*tekyeh* ou *hoseyniyyeh*). Azulejos decorativos nos *tekyehs* ilustram episódios de Karbala.
- Implorar por água (recordando a sede em Karbala).
- Bater com os punhos no peito. As camisas dos homens, que abrem para o lado em vez de para frente e para baixo, facilitam expor o peito.
- Automutilação por homens com facas, correntes e lâminas de barbear nos últimos três dias. Postos de primeiros socorros cuidam dos ferimentos dos participantes.[10]

No Irã, a cerimônia integralmente desenvolvida tem três partes:

- **Recitação pública dos eventos de Karbala (*rawzah-khvani* significa "recitação do jardim"):** A sequência típica é uma elegia fúnebre em honra a Muhammad, seguida das histórias e canções sobre Hussein apresentadas pelo cantor *rowza*, e terminando com o entoar das lamentações pelo público. A recitação mais famosa é a "Jardim dos Mártires" (*Rawdat al-shuhada'*). O público é envolvido ativamente e os locutores podem fazer paralelos entre Karbala e os eventos e governos atuais.
- **Procissões percorrem as ruas, remetendo, pelo menos, ao século X:** Algo semelhante ao que ocorre, nos EUA, no Dia de Ação de Graças (um feriado religioso muito celebrado) ou na parada do Rose Bowl (festival que faz parte dos festejos de início de um novo ano), com vários carros alegóricos preparados e carregados por diferentes grupos e associações. Os caixões representam

[10] N.E.: Tanto no Irã quanto no Líbano as mutilações, como cortar a testa, são proibidas nas procissões. No entanto, alguns fiéis desobedecem a determinação legal. Além disso, em algumas localidades no sul do Líbano, encenações reproduzindo o martírio de Hussein é realizado.

os mártires de Karbala, estandartes em mastros representam os *imames*, e o cavalo branco de Hussein, que também é a montaria na qual o *imame* escondido cavalgará quando retornar, aparece na procissão.

» **Reconstituições dramáticas (*ta`ziya*, da palavra árabe para luto):** Essas performances dramáticas de larga escala foram desenvolvidas nos séculos XVIII e XIX. Trata-se de um "teatro de arena" em que atores, plateia e produtor interagem. Os atores, representando Hussein e sua tropa, vestidos em verde e com os roteiros nas mãos, entoam seus papéis. Os vilões omíadas, vestidos em vermelho, proferem suas falas. O clímax se instaura quando Hussein é envolvido em sua mortalha. O Estado iraniano da década de 1920 baniu as performances *za`ziya* em sua proposta de modernização, e alguns estudiosos se opuseram a certos aspectos das celebrações. Desde 1979, as celebrações no Irã reviveram, embora sejam menos elaboradas do que aquelas do século XIX. Versões mais limitadas do evento são observadas por shia'as no Iraque, Líbano e Azerbaijão. As celebrações `ashura' dos shia'as duodecimanos indianos e paquistaneses incluem récitas e procissões, mas não as performances dramáticas.

Fazendo a peregrinação para os túmulos dos imames

Similar à celebração de aniversários dos místicos sufis e à peregrinação aos santuários são as peregrinações aos túmulos dos 11 imames, todos, exceto um, localizados no Iraque. Normalmente, túmulos são recobertos por cúpulas douradas. A principal celebração acontece na data de morte do imame e não em sua data de nascimento. Como o 12º imame ainda está vivo, ele não tem túmulo, e seu aniversário é celebrado no 15º dia do Sha`ban. Muitos dos santuários têm doações enormes e um grande complexo de construções. Assim como uma pessoa que completou a hajj é chamada de hajji, alguém que completa uma peregrinação a um grande santuário shia'a adquire um título comparável. Uma pessoa enterrada em um desses locais sagrados não é interrogada pelos anjos Munkar e Nakir quando colocada no túmulo.

A peregrinação também é feita aos túmulos de descendentes de *imames* e aos túmulos de alguns dos mais conhecidos estudiosos religiosos. Como no Islã sunita, os descendentes de Muhammad (os sharifin — pessoas nobres) são especialmente honrados e podem usar o título *sayyid* (senhor) e usar turbantes pretos.

Algumas diferenças nos rituais shia'as

INDO MAIS FUNDO

As diferenças entre os sunitas e os shia'as em rituais compartilhados são menores, mas ainda os distinguem. Algumas diferenças são:

» Na chamada para a adoração, os shia'as adicionam "Eu afirmo que `Ali está próximo" e quando se prostram, podem tocar suas cabeças em um pedaço de argila de Karbala.

» Os shia'as combinam a segunda oração diária com a terceira, e a quarta com a quinta, para que façam três orações rituais por dia.
» Na *hajj* para Meca, os shia'as fazem um círculo a mais em volta da *Ka`ba*.

Pensando como Shia'as

Os shia'as desenvolveram suas próprias marcas de lei, teologia, filosofia, interpretação textual e liderança religiosa islâmica.

A lei religiosa shia'a (*shari`a*)

A Escola de lei shia'a duodecimana é chamada de Escola Ja`farita em homenagem ao sexto imame, que é considerado seu fundador. Com um imame vivo presente, este fazia interpretações divinamente inspiradas e infalíveis da lei divina. Enquanto o imame estiver escondido, as duas primeiras fontes da lei são as mesmas que para os sunitas: o Corão e as hádices. Os shia'as têm quatro coleções principais de tradições (hádices); a mais velha foi coletada por al-Kulayni (século X). Essas coleções diferem das coleções sunitas por conter tradições adicionais relacionadas a `Ali e por incluir tradições (dizeres e ações) dos imames. Um grupo chamado de Ashkaris era literalista rígido e acreditava que um shia'a comum não deveria depender de opinião erudita, mas apenas do Corão e das hádices. Seus rivais, os Usulis (da palavra para "raiz" como em "raízes da lei"), prevaleceram e perseguiram os Ashkaris. Os Usulis usam a razão (`aql) para aplicar e estender a lei, contanto que o resultado não contradiga o Corão e as hádices. Para os shia'as, a "porta da ijtihad (interpretação)" nunca foi fechada. Em contraste com o Islã sunita, as decisões dos primeiros juristas não eram obrigatórias para a geração presente de estudiosos e crentes, embora, pela razão, eles possam alcançar as mesmas decisões legais.

Três áreas (excluindo a ritual e os imames) nas quais a lei shia'a difere da lei sunita são:

» Os irmãos de um pai morto não têm parte na herança.
» Os direitos da mulher são mais fortemente protegidos em relação ao casamento e ao divórcio.
» O *mu`ta* (casamento temporário) é permitido sob a lei shia'a (com base na Sura 4:24). Parece que o principal propósito era fornecer uma saída sexual para o homem quando estivesse fora de casa. No contrato, há fórmulas fixadas, um dote é especificado, e um período de tempo é determinado, após isso o casamento acaba. A mulher não herda e o marido não é obrigado a sustentá-la. Qualquer filho fica com o pai.

O clero shia'a: Os *mulás*

Os muçulmanos comumente dizem que o Islã não tem clero. Cada crente posta--se perante Deus sem a necessidade de intermediários humanos. Isso é verdadeiro se, por clero, entende-se "padres". No entanto, a afirmação de ficar diretamente perante Deus pode ser feita por muitos cristãos protestantes. O sentido mais geral de clero é designar uma classe profissional de líderes religiosos em uma tradição religiosa particular. No xiismo, a posição dos líderes religiosos é relativamente próxima ao que a maioria dos ocidentais considera um clero profissional. *Mulla* (aportuguesado para mulá) é um termo comum para um líder religioso no Islã shia'a. Com a ocultação do 12º *imame*, os mulás gradualmente assumiram as tarefas do *imame* em sua ausência.

Além dos impostos governamentais e religiosos prescritos no Islã sunita, uma taxa religiosa shia'a especial é chamada de "quinta" (khums). Todos os shia'as contribuem com 1/5 de seus rendimentos para o imame. Essa taxa é baseada na Sura 8:41, que os sunitas interpretam como aplicada apenas a espólios de guerra, mas os shia'as interpretam mais amplamente como uma taxa sobre rendimentos. Metade dessa quantia é a parte do imame, e metade visa sustentar os sayyids (descendentes de Muhammad). Na ausência do imame oculto, os mulás assumiram a tarefa de coletar e distribuir essas somas substanciais, que são usadas para educação, bem-estar e o avanço da religião. Os shia'as podem pagar sua "quinta" ao mulá de sua escolha. Um mulá de vila manterá um 1/3 da taxa para uso local e enviará 2/3 para um mulá de classificação mais alta. Doações e a taxa "quinta" explicam a habilidade do clero shia'a de permanecer independente do Estado.

O xiismo tem uma hierarquia de líderes religiosos. Os candidatos ingressam no grau mais baixo como um mulá simples, completando o treinamento apropriado em uma instituição religiosa e sendo certificado pelos *mujtahids* (significando literalmente "aquele que luta", são reconhecidos como aqueles qualificados para interpretar questões da lei religiosa). O avanço para os dois níveis superiores se dá por consenso e reconhecimento. O título *hujjat al-islam* aplica-se ao clero nos níveis intermediários. Um estudioso nesse nível é um *mujtahid*. Ele tem seguidores além daqueles do lugar em que mora. No topo da hierarquia está a "fonte de imitação" (*marja` al-taqlid*), alguém que pode também ser chamado de *ayatolla* (sinal de Deus) — em português, aiatolá — ou "grande ayatolla". O número de pessoas no nível superior é relativamente baixo, mas não é fixado. Às vezes, uma pessoa é reconhecida como o shia'a superior "fonte de imitação" de sua época. Um leigo escolhe um *marja`* como a "fonte de imitação", cujas decisões aceita (imita).

Filósofos e teólogos shia'as

Estudiosos shia'as eram mais abertos ao pensamento filosófico do que era atribuído aos estudiosos sunitas mais tradicionais. Os shia'as tendiam a aceitar visões Mu`tazilitas do Corão criado e permitiam um papel maior do livre arbítrio humano, duas posições mu`tazilitas rejeitadas pela ortodoxia sunita. Entre os teólogos/filósofos shia'as de destaque, os seguintes são os mais importantes:

» Al-Tusi (995 a 1067) compilou duas das quatro principais coleções de *hádices* duodecimanas e escreveu trabalhos fundamentais em ética, teologia e interpretação corânica.

» Al-Shurawardi (1154 a 1191) é o fundador de uma perspectiva filosófica conhecida como *movimento Ishraqi* (iluminismo). Ele disse que, na criação, as almas são presas na carne e esquecem sua origem divina. A luz de Deus (iluminação) pode inspirar alguém a buscar a reunião com Deus além da morte. Seu trabalho foi muito influente no início do Irã safávida.

» Mulla Sadra (1571 a 1640) é o filósofo/místico/teólogo mais influente do Irã. Ele combina elementos de Aristóteles, Ibn Sina, Suhrawardi e outros em sua própria visão de mundo, enfatizando que o ser máximo é encontrado em diferentes graus em todas as coisas existentes. As pessoas avançam espiritualmente através de quatro estágios. No Dia do Julgamento, a alma se reunirá com um corpo etéreo e os dois se tornarão um.

» Muhammad Baqir Majlisi (1628 a 1699) era o líder shia'a religioso de classificação mais alta do Irã em sua geração. Seu trabalho mais conhecido é o *Bihar al-anwar* (Oceano de Luz), uma coleção massiva de tradições proféticas. Majlisi estabeleceu o curso futuro do xiismo duodecimano, tanto em seus ataques ao sunismo e ao sufismo quanto em sua ênfase em ficar de luto por imame Hussein e visitar os túmulos dos *imames*. Além de seus trabalhos em árabe, ele escreveu muitos livros em persa visando fortalecer a dedicação do povo ao Islã shia'a.

Ao interpretar o Corão, os shia'as duodecimanos colocaram ênfase igual no exotérico (sentido literal) e no esotérico ou significado oculto (*batin*). As muitas camadas de significado oculto são completamente conhecidas pelos *imames* os quais são o "Corão falado", em contraposição ao Corão escrito, chamado de "Corão silencioso". A interpretação esotérica (*ta'wil*) revela muitas referências no Corão a `Ali, Hussein e os *imames*. Por exemplo, o significado oculto de "sinais" na Sura 3:1 e 41:53 refere-se aos *imames*. Ou, em referência a Abraão e o sacrifício de seu filho na Sura 37:107, a tristeza de Abraão sobre o futuro sofrimento de Hussein, ao ser instado por Deus para fornecer um animal sacrificado no lugar do filho de Abraão. Os sofrimentos de José, Moisés e Jesus preveem o sofrimento e o sacrifício de Hussein.

INDO MAIS FUNDO

A filosofia e teologia shia'a ismaelita é muito mais esotérica do que a do xiismo duodecimano. Uma visão ismaelita típica é que a história é dividida em sete períodos. Cada período começa com um profeta que dá a revelação e a lei para aquele período. O profeta é auxiliado por um deputado (*wali*) que interpreta o significado secreto do ensinamento do profeta para uma elite interna. Esse significado secreto (*batin*) permanece constante por todos os períodos. O significado espiritual interior é mais importante que o significado externo (*zahir*). Em algumas teologias ismaelitas, esse intérprete se torna mais importante que o próprio profeta. O intérprete é seguido por seis *imames* e então o próximo ciclo começa. Muhammad e `Ali são o profeta e o intérprete do 6º período (como Jesus e Pedro foram os do 5º período, e Moisés e Arão antes disso). O 7º *imame* depois de Muhammad está escondido e retornará como o Mahdi para instituir o 7º e final período da história (veja o Capítulo 14).

Interagindo: Shia'as, Sufis e Sunitas

A seção final deste capítulo discute por que o sufismo (misticismo islâmico) é principalmente fundamentado no Islã sunita e por que, às vezes, existem conflitos entre muçulmanos shia'as e sunitas.

Shia'as e sufis

O fundador da dinastia safávida pertenceu à ordem shia'a sufi, mas o sufismo é mais associado aos sunitas do que ao xiismo. Por quê?

- » Como objetos de devoção, os *imames* e suas famílias servem à mesma função que os místicos sufis para os sunitas.
- » O xiismo enfatiza o significado oculto da escritura, que é análogo, mas não idêntico, ao significado espiritual ou interno enfatizado pelos sufis.
- » O sufismo e o xiismo fornecem, ambos, saídas para expressar emoções religiosas intensas.
- » Os teólogos shia'as abordaram muitas das mesmas questões que os teólogos sufis abordaram e que são condizentes com as escrituras sufis.

Shia'as e sunitas

Hoje em dia, para muitos muçulmanos o Islã shia'a e sunita são ambos legítimos. Mas tensões e antagonismos ainda surgem entre esses dois grupos. As razões são complexas, mas incluem:

- » Para shia'as, o que eles percebem como injustiças feitas a `Ali e Hussein não são simplesmente incidentes passados a serem esquecidos.
- » Em 1802, sunitas wahhabi[11] (o mesmo grupo dominante na Arábia Saudita hoje) destruíram o santuário do *imame* Hurayn em Karbala, matando 2.000 pessoas. Os wahhabi também destruíram os túmulos dos quatro *imames* shia'as enterrados em Meca.
- » Nos países onde os sunitas desejam impor a lei islâmica, os shia'as suspeitam que o resultado será a exigência de que terão que seguir a lei sunita.

---

[11] N.E.: Wahabismo — movimento sunita ortodoxo. O clérigo Muhammad Ibn Abd al-Wahab propunha, no século XVIII, a purificação do Islã, retornando para as suas raízes do século VII.

- Algumas práticas rituais shia'as, incluindo amaldiçoar os três primeiros califas[12], é altamente ofensiva aos sunitas.
- Os sunitas têm, às vezes, acusado shia'as de hipocrisia e imoralidade por causa de sua prática de dissimulação e sua aceitação do *mu`ta* (casamento temporário).
- Como a Arábia Saudita é um bastião da ortodoxia sunita e o Irã é o país líder shia'a, tensões antigas entre árabes e "persas" reaparecem na competição moderna por liderança no mundo muçulmano.

LEMBRE-SE

Não se deixe enganar por uma equação simples segundo a qual árabe é igual a sunita, e iraniano é igual a shia'a. Não suponha que todos os shia'as compartilham das mesmas visões políticas. Por exemplo, embora os shia'as árabes iraquianos tenham sido oprimidos pelo odiado (por eles) Presidente Saddam Hussein, não apoiaram o Irã durante sua guerra com o Iraque.

[12] N.E.: Os três primeiros califas seriam: Abu Bakr, `Umar Ibn al-Khattab, `Uthman Ibn Affn.

NESTE CAPÍTULO:

Dando uma olhada na prática e nas instituições sufis

Conhecendo alguns sufis interessantes

Encontrando poetas sufis

Capítulo 13
Sufis

Durante a década de 1960, religiões estrangeiras exóticas New Age (da Nova Era, como ficaram conhecidas no Brasil), atraíram a atenção de jovens norte-americanos. Embora nunca tão popular quanto o yoga hindu ou o Tai Chi, muitos norte-americanos fizeram aulas de "dança" sufi. Como a maioria das pessoas fazendo yoga ou Tai Chi não se convertia ao Hinduísmo ou ao Taoismo, assim também quem participava de rituais sufis não se considerava convertido ao Islã. Ao mesmo tempo, os poemas de Jalal al-din Rumi, fundador da ordem sufi dos dervixes rodopiantes[1] (o Mevlevi), tornaram-se extremamente populares e permanecem assim até hoje. Isso aconteceu antes do desenrolar dos acontecimentos mundiais que levaram o Islã para a tela do radar da maioria dos norte-americanos.

SE LIGA!

O sufismo sempre foi controverso dentro do Islã. Alguns negam sua legitimidade e dizem que o sufismo nada tem a ver com o Islã. Isso é um julgamento teológico porque, historicamente, o sufismo desempenhou um enorme papel no Islã. Outros afirmam que o sufismo representa a verdadeira essência do Islã. Muitos estudiosos muçulmanos foram sufis. Os sufis produziram alguns dos maiores trabalhos da literatura islâmica pré-moderna, especialmente poesia, e foram mais importantes para a propagação da religião islâmica fora do mundo árabe do que juristas, teólogos ou, até mesmo, exércitos. Os sufis desempenharam um relevante papel na conversão de pessoas ao Islã em regiões como a África subsaariana, sul da Ásia (atual Paquistão, Índia e Bangladesh) e Ásia central.

[1] NT: Dervixe é o nome dado a ascetas praticantes do Islã sufi, conhecidos por sua extrema pobreza e austeridade. Já o termo "rodopiante" indica uma dança ritual executada pelo dervixe que permite energizar os chacras, canalizando informações provenientes da Mente Universal.

O sufismo, com sua ênfase em experiência religiosa, fornece um contrapeso, no Islã, ao legalismo religioso e ao dogmatismo teológico.

Sufismo: Uma visão geral de sua história

Os quatro estágios da história sufi que esboço aqui são cumulativos. Cada um adiciona algo novo, mas não substitui ou elimina o que veio antes. Durante o primeiro estágio do sufismo, os indivíduos buscavam estar mais próximos de Deus. Esses primeiros sufis eram atletas espirituais empurrando a si próprios para além da norma. Diferentes ênfases na abordagem incluem:

- O caminho da abnegação — no sentido de autonegação — e purgação (a abordagem negativa) e o caminho do amor (a abordagem positiva).
- Misticismo sóbrio e misticismo extático.

LEMBRE-SE

Os primeiros sufis eram *ascetas* (pessoas que praticavam a autonegação) e usavam roupas de lã grossa. Provavelmente a palavra "sufi" venha da palavra árabe para "lã", embora outras explicações tenham sido oferecidas. Os estudiosos ocidentais do Islã, muitos séculos atrás, popularizaram os termos sufi e sufismo pela primeira vez. O termo árabe é *tasawwuf*.

DICA

Como Deus é totalmente outro e transcendente, para aproximar-se Dele é preciso despir-se de todos os atributos do eu (ego). A purgação envolve restringir suas posses, sono e ingestão de alimentos. Além disso, purga-se a si mesmo do apego ao ego. O caminho do amor diz que o amor humano, até mesmo o amor sexual, é a expressão mais alta de apego entre dois seres. O amor humano é uma preparação para o amor de Deus. Deus criou o mundo porque ele desejava ser conhecido, e amar a Deus é a resposta adequada.

Frequentemente, o místico sóbrio segue o caminho da abnegação (negação do ego) e o sufi que enfatiza o amor a Deus tende a uma expressão mais extática e entusiasta. O místico sóbrio é mais aceitável no "establishment" religioso. O místico extático, por outro lado, vivencia estados alterados de consciência que podem achar expressão em ações não usuais e expressão verbal chocante.

Os primeiros sufis tiveram pouca consciência de pertencer a uma abordagem específica do Islã. O segundo estágio envolve a consolidação do sufismo e data de cerca de 1000 E.C. Várias preocupações eram proeminentes neste estágio:

- Defender a ortodoxia do sufismo contra seus críticos.
- Tornar o sufismo acessível a um grupo maior de pessoas.

» Consolidar o vocabulário técnico do sufismo discutindo-o e classificando os diferentes tipos de sufismo, e fornecer aos outros exemplos sufis através de histórias coletadas de místicos sufis.
» Exposição poética e sistemática do sufismo, dando atenção:
  - Às estações do caminho sufi
  - Ao objetivo da jornada espiritual sufi
  - À teoria teológico-filosófica pressuposta pelo sufismo

O terceiro estágio (século XII) é a institucionalização do sufismo, resultando na instalação e organização de "confrarias" (locais de encontros públicos de sufis) e no surgimento das principais ordens sufis (comparáveis às diferentes ordens monásticas do Cristianismo).

No quarto estágio (depois de 1500), o sufismo perde sua dimensão criativa e adaptativa, levando a um declínio numérico e espiritual. Uma nova oposição ao sufismo se desenvolve. Mesmo nesse estágio, exceções criativas surgem: ordens adicionais, novos místicos sufis e realizações significantes no pensamento e literatura sufi.

Fundamentos histórico e textual

Qualquer expressão do Islã que afirme legitimidade deve ser baseada no Corão e no exemplo de Muhammad e, no caso do Islã sunita, nos exemplos dos quatro califas perfeitos. A legitimidade do sufismo incluía:

» Citar passagens corânicas para apoiar a jornada sufi:
  - Injunções para "lembrar de Deus". Lembrar (*dhikr*), embora incumbente a todos os muçulmanos, também designa o ritual mais associado ao sufismo.
  - Expressões da proximidade de Deus ao crente (Sura 2:186).
  - Afirmações de que Deus é amigo e amante/adorado (Sura 5:54–56).
  - Referências à face de Deus, que está presente sempre que se vira (Sura 2:115). O sufi busca a face de Deus.
» Encontrar conceitos sufis expressos no significado esotérico, interno e simbólico do Corão (*ta'wil*).
» Valer-se da jornada noturna de Muhammad através dos sete céus para o trono de Deus como modelo para as estações do caminho sufi.
» Citar *hádices* outras que não as da coleção padrão, que retratam Muhammad exemplificando virtudes sufis, tais como a pobreza e a humildade.
» Citar *hádices qudsi* (dizeres de Deus), como "Eu era um tesouro secreto e desejava ser conhecido".
» Referir-se aos exemplos da pobreza voluntária dos dois primeiros califas. `Omar, o segundo califa, abraçou a pobreza a tal ponto que suas roupas remendadas tornaram-se a inspiração para o manto remendado que o sufi recebia no momento de sua iniciação na ordem sufi.

SUFISMO COMO MISTICISMO ISLÂMICO

INDO MAIS FUNDO

Historiadores de religião descrevem o sufismo como a forma islâmica de misticismo. Misticismo é um termo técnico que designa uma forma particular de religião. Taoismo é a expressão do misticismo na religião chinesa, e o *Tao Te Ching* ("o Livro do Caminho e do Poder") é uma das grandes escrituras místicas. O *Tao*, uma realidade não material que nem mesmo pode ser nomeada, é a fonte de todas as coisas criadas. Dentro do monasticismo, encontra-se a mais alta expressão do misticismo cristão em pessoas como Santa Teresa de Ávila e São João da Cruz. No Hinduísmo, o yoga é o caminho místico na distinção dos caminhos da devoção, conhecimento e trabalhos. O misticismo enfatiza a experiência religiosa. O místico busca uma experiência direta, não mediada, do divino. Conhecimento místico é conhecimento direto, em contraste com o conhecimento da ciência, filosofia ou escrituras. O místico incorpora expressões externas de sua religião (devoção, ritual, ética, crenças), mas quer ir mais fundo. Quer não apenas obedecer, reconhecer e adorar a Deus, quer também encontrar e experienciar Deus. Uma experiência mística é mais do que um sentimento repentino de intensidade religiosa. O misticismo envolve disciplina e técnica. Seguir o caminho místico é passar por uma longa e árdua jornada sem garantia alguma de chegar ao destino. Normalmente, o noviço é orientado por uma pessoa em estágio mais adiantado enquanto avança mediante uma sequência de passos, cada um levando-o a um nível espiritual mais elevado.

Acreditando na Conduta Sufi

Quais são alguns dos atributos que caracterizam um sufi? A lista a seguir indica algumas das características mais importantes.

- **Ascetismo, abnegação (autonegação) e purgação**
- **Pobreza:** "Minha pobreza é meu orgulho", diz a tradição sufi. A pobreza física é ligada ao ascetismo. A pobreza espiritual significa, como para Rabi`a, nada desejar para si, nem mesmo o paraíso. Dois termos frequentemente usados para sufis iniciados são *faqir* e *dervish* (em português, "faquir" e "dervixe"). O primeiro é árabe, o segundo persa e ambos significam, literalmente, uma "pessoa pobre".
- ***Tawakkul*, confiança absoluta em Deus, e *ridda* (contentamento ou aceitação):** Com tudo de bom ou ruim que aconteça, seja lá o que for, uma vez que tudo vem de Deus.
- **Amor a Deus:** A versão de Nizami do conto folclórico de *Laila e Majnun* (1188) tornou-se para os sufis uma alegoria sufi do amor a Deus. Impedido de contatar sua amada, Majnum enlouqueceu (o significado de *majnum*), perambulando pelo deserto como um dervixe sufi, desistindo de todas as suas posses, buscando e gritando (*dhikr*) o nome de sua amada. Ela morreu antes

de consumarem seu amor, assim como a busca sufi por Deus encontra sua realização final além da morte.

» **Permanência em Deus (*baqa*):** *Baqa* é o que permanece depois da aniquilação (*fana*) do eu e do mundo. Esse "objetivo", que apenas os sufis mais avançados alcançam, é descrito como uma forma de união experiencial com Deus, como a mariposa que é atraída e consumida pela chama. Outros dizem que é o conhecimento perfeito (*ma`rifa*) de Deus.

» ***Tawhid* (unidade de Deus):** O sufismo entende o *tawhid* como significando que somente Deus existe. Deus é a realidade ou verdade (*al-haqq*) máxima. Se apenas Deus existe, então tudo no mundo espelha a realidade de Deus.

» **Foco nos aspectos interiores, espirituais, esotéricos da religião e textos religiosos em contraste aos exteriores:** Para a maioria dos sufis, esse era um passo além, não uma substituição, do ritual e da lei religiosa.

» **O relacionamento mestre/discípulo:** Dervixes individuais perambulando existiram desde os primeiros dias do sufismo, mas para a maioria dos sufis, o avanço espiritual poderia ocorrer apenas sob a tutela do guia e mestre espiritual (*murshid*). Ele é chamado de shaykh no mundo árabe e de *pir* nas regiões persas/turcas/indianas.

» **A árvore genealógica espiritual (*silsila*, "cadeia"):** Que traça a ancestralidade espiritual de um sufi, recuando a partir de seu shaykh, passando pelos primeiros shaykhs e voltando até Muhammad ou `Ali. Na forma, a cadeia lembra os *isnads* que validam e introduzem uma *hádice* (veja o Capítulo 8). A maioria das *silsilas* têm em al-Junayd ou al-Bistami, um dos dois, um elo crucial inicial na cadeia.

» ***Dhikr* (recordação), o ritual de invocação de uma frase sagrada**

» **Estações (*maqams*) e estados (*hals*):** Estações são os degraus da escala que o sufi sobe à medida que amadurece espiritualmente. Estados são experiências emocionais e psicológicas temporárias associadas com cada estação. Por exemplo, al-Sarraj (século X) lista as estações (em sequência) como: arrependimento, vigilância, renúncia, pobreza, paciência, confiança e aceitação. Outras incluem gratidão, medo, esperança, amor e conhecimento.

Fazendo uma Contribuição: Excelentes Indivíduos Sufis

Em parte, a ascensão do sufismo foi uma reação contra o materialismo dos califas omíadas. Os sufis rejeitavam poder, riqueza e sucesso mundano. O sufi deve buscar a "grande luta" (*jihad*) contra seu próprio eu inferior. Os primeiros sufis estenderam seu tempo de jejum, rezavam a noite inteira e evitavam muitas coisas que o Islã permitia para protegerem-se contra o pecado. Para evitar os entrelaçamentos mundanos, muitos dos primeiros sufis preferiram o celibato, embora isso não tenha se tornado uma norma, dada a aprovação do casamento no Corão. O sufi dependia totalmente e confiava em Deus (*tawakkul*). Alguns chegaram ao ponto de não levar dinheiro ou comida quando viajavam, negavam ajuda médica e não comiam nada que não lhes fosse dado pessoalmente.

Hassan al-Basri (642 a 728) foi o primeiro místico sufi de destaque. Como muitos sufis, al-Barsi foi um estudioso e pregador famoso. Ele é um exemplo de um "sufi sóbrio" que seguiu o caminho ascético e considerou o mundo material como um "erro". Em uma de suas cartas ao piedoso califa omíada, `Omar II, al-Basri descreveu o mundo como uma cobra, macia ao toque, mas com veneno letal. Hassan não deixou escritos sobreviventes, mas é citado frequentemente por outros e se constitui em um dos elos da maioria das *silsilas* sufis (uma árvore genealógica espiritual de um místico ou praticante sufi). Outro dos dizeres de Hassan é que "o mundo é uma ponte que você cruza (para a vida após a morte), mas sobre a qual não pode construir".

Outro antigo sufi foi Ibrahim ibn Adham (cerca de 730 a 770). Ibrahim perambulou de lugar em lugar, trabalhando em vez de implorar pelo seu sustento. Era famoso por sua generosidade e ascetismo. Ele aceitou voluntariamente o abuso físico de outros como forma de autonegação. Claramente lendária é a estória de como ele se tornou um monge: Um dia olhou-se no espelho e tudo o que viu foi um túmulo. Outra vez, um animal a quem caçava lhe falou, afirmando que ele fora criado para algo diferente de uma vida principesca. Então, como Buda, abandonou sua vida de príncipe. Durante suas andanças, Ibrahim conheceu al-Khidr, um companheiro misterioso de Moisés (Sura 18:61–83). Para os sufis, Moisés, o transmissor da lei, representa a forma externa da religião, enquanto al-Khidr representa a essência interna. Al-Khidr iniciou Ibrahim no sufismo e lhe deu o nome de Deus como sua fórmula do ritual *dhikr*. Ibrahim levou 14 anos para completar sua peregrinação a Meca porque parava para rezar após cada passo. Quando finalmente chegou a Meca, a *Ka`ba* não estava mais lá porque havia ido ao encontro de outro místico, Rabi`a.

LEMBRE-SE

Uma das figuras mais atraentes do princípio do sufismo é Rabi`a al-`Adawiya (713 a 801). Como Hassan e Ibrahim, ela era uma sufi sóbria, a primeira grande sufi a focar no amor de Deus. Não quis nada para si e tudo para Deus. Em um ditado, ela disse: "Ó meu Deus, qualquer parcela deste mundo que me deste, dê a seus inimigos, e qualquer parte do próximo mundo que me deste, dê a seus amigos. Você é o suficiente para mim." Várias histórias são sobre seus encontros com Hassan al-Basri. A cada vez, sua humildade triunfa sobre seu orgulho. Um dia, ele jogou seu tapete de oração na água e desafiou-a a rezar na água. Em resposta, ela jogou seu tapete de oração para o ar e lhe pediu para juntar-se a ela em oração no ar, onde sua devoção não ficaria sendo exibida para os outros. Ela disse que o que Hassan havia feito, os peixes poderiam fazer, e o que ela fez, um pássaro poderia fazer (veja o Capítulo 3 para mais sobre Rabi`a).

Al-Muhasibi (751 a 857) escreveu sobre a psicologia da alma no sufismo. Seu trabalho mais famoso toma a forma de perguntas curtas feitas por um aluno, seguidas pelas respostas de Muhasibi. Por exemplo, ele lista quatro tipos de egoísmo que o sufi deve superar: presunção, orgulho, vaidade e autoilusão. A seção sobre vaidade é introduzida pela pergunta do aluno: "Conte-me sobre vaidade, o que ela é, onde está localizada e como pode ser evitada."

Dhu al-Nun al-Misri (cerca de 796 a 860) foi preso pelo califa Mutawakkil quando se recusou a afirmar a doutrina mu`tazalita do Corão criado. Entretanto, o testemunho comovente de Dhu al-Nun fez com que o califa o libertasse. Seus escritos incluem dizeres, poemas e orações. Quando, perguntado sobre uma mulher, sobre qual é o fim do amor, ele respondeu que o amor não tem fim. Dhu al-Nun desenvolveu o vocabulário sufi para as estações e estágios do caminho. Ele foi um dos primeiros sufis a afirmar alegremente o mundo físico, porque tudo na natureza, do sussurro das folhas às canções dos pássaros, cantam louvores a Deus.

INDO MAIS FUNDO

Abu Yazid al-Bistami (Bazeid, como diminutivo), um persa que viveu no século IX, é um dos sufis extáticos ou inebriados mais proeminentes. Diferentes escritores antigos deram diferentes descrições de Bazeid, que variam de uma personalidade muito ortodoxa a uma bem não ortodoxa. Ele é mais famoso por suas exclamações extáticas (*shatahat*), como *subhani* (Que a glória esteja comigo) e "Quão grande a minha majestade". Ele usava o paradoxo para transmitir a verdade de uma maneira quase parecida com a zen budista. Quando alguém ia vê-lo, respondia que também estava procurando por Bazeid. Ele usava a ascensão noturna de Muhammad (*mi`raj*) como modelo para sua própria visão de aproximação a Deus.

Abu al-Qasim Muhammad al-Junayd (século IX) foi um místico "sóbrio" que condenou os extremos do misticismo extático. Ele enfatizou que um sufista deve retornar de sua experiência mística para viver no mundo comum. Ganhava a vida como mercador em Bagdá. Em vez da união com Deus enfatizada pelos sufis inebriados, falava da "consciência" de Deus, na qual a pessoa volta ao estado de humanidade da época da primeira aliança quando Deus chamou cada pessoa diante de Adão para reconhecer Deus como senhor (Sura 7:171).

Hussein ibn Mansur al-Hallaj (executado em 922) foi o mais famoso dos místicos inebriados. Al-Hallaj atraiu muitos discípulos e era considerado uma figura culta entre as massas. Sua poesia usava muitas imagens, tais como a mariposa e a chama que se tornaram proeminentes na poesia sufi posteriormente. Ele é famoso por exclamar "*Ana al-Haqq*" (Eu sou a verdade/Deus). Preso por acusações de heresia, depois de oito anos na prisão foi açoitado e decapitado, e seu corpo foi queimado. Ele aceitou sua morte, dizendo: "Mate-me... pois em minha morte está a vida." Como ocorreu com Hussein, o filho de `Ali, a morte de al-Hallaj tornou-o um dos grandes mártires do Islã e uma influência importante no sufismo indo-persa posterior.

Abu Nasr al-Sarraj (século X) foi o autor de *The Book of Flashes*, talvez a primeira descrição sistemática do pensamento e vida sufi. Ele discutiu tópicos controversos como as exclamações extáticas, milagres e uso da música. Como al-Ghazali, defendeu o sufismo como a expressão mais pura do Islã. Seu livro é tido como referência para os teólogos sufis.

Abu Hamid al-Ghazali (1058 a 111) é uma das figuras imponentes do pensamento islâmico. Dele se originaram grandes contribuições à filosofia e teologia islâmica (veja o Capítulo 5), assim como à ética (veja o Capítulo 9). *The Deliverance from Error* de al-Ghazali é uma das grandes autobiografias religiosas. Vindo do Irã, al-Ghazali foi o estudioso islâmico mais importante de sua época e ocupou uma posição de prestígio na universidade Nizamiyya que o vizir seljúcida Nizam al-Mulk estabeleceu em Bagdá. Em 1905, al-Ghazali viveu uma crise espiritual, aposentou-se do cargo de professor e saiu em uma jornada espiritual pessoal. Seus 11 anos de andanças levaram-no à Síria, onde encontrou no sufismo a resposta que procurava. A quarta e última seção de sua obra-prima, o Ihya (A Revivificação das Ciências Religiosas) é devotada ao sufismo. Para al-Ghazali, o sufismo era a expressão culminante do Islã contanto que o sufismo não negligenciasse o ritual, a lei e a teologia islâmica. Para a maioria dos estudiosos muçulmanos, sua apresentação legitimou o lugar do sufismo dentro do Islã. O jurista hanbalita, Ibn-Taymiyya (veja o Capítulo 8) e seus herdeiros posteriores, os wahhabis, nunca aceitaram o sufismo como legítimo, mas outros extraordinários juristas hanbalitas eram sufis.

INDO MAIS FUNDO

Ibn Muhyiddin Muhammad Ibn`Arabi (1165–1240) ficou no extremo oposto de al-Ghazali. A síntese de Ibn`Arabi da teologia e cosmologia sufi foi defendida e reinterpretada constantemente por seus admiradores sufis, e condenada por estudiosos conservadores. Nascido e criado na Espanha, dois de seus professores sufis eram mulheres. Ele afirmava ter sido iniciado por al-Khidr. Afinal estabelecendo-se em Damasco, produziu um grande número de trabalhos teológicos esotéricos e intelectualmente difíceis. Os mais importantes são *The Meccan Revelations* e *The Bezelz of Wisdom*. Ele apresenta o amor como a verdade central da qual o universo depende. Sua cosmologia envolve 28 níveis entre a essência divina não cognoscível (o *la ilaha* ou "não há outro Deus além de Deus, da *shahada*) e o nível da existência física. Seu conceito mais influente é *wahdat al-wujud* traduzido tradicionalmente como "unidade de ser". Esse conceito não é tão panteísta quanto parece em português. Em seu desejo de ser conhecido, Deus manifestou a si mesmo na pluralidade do ser. Outro conceito importante de Ibn`Arabi é o Humano Perfeito (inteiro). Essa pessoa é Muhammad, porque ele mais claramente espelha o ser de Deus. Em cada geração há outro Humano Perfeito, que é a ligação entre o criador e o criado. Ele é o "polo" (*qutb*) acerca do qual o cosmo circula. Vários mestres sufis posteriores afirmaram ser o *qutb* de suas gerações.

DICA

Rabi`a não é, de maneira alguma, a única sufi ou mulher mística no Islã. A tradição nomeia várias outras sufis mulheres no início, como Fátima de Nishapur. Em geral, o sufismo permitiu maiores possibilidades religiosas para mulheres do que havia sido verdadeiro para a maioria do Islã e, ainda assim, ao mesmo tempo, o papel da mulher no sufismo foi limitado. Algumas "confrarias" (para o conceito, veja a Seção anterior "Sufismo: Uma visão geral de sua história" e a Seção, mais à frente, "Confrarias") específicas para mulheres foram estabelecidos nas grandes cidades do Islã medieval. Mas, com poucas exceções, uma mulher não podia liderar uma ordem sufi ou confraria local que incluísse homens e mulheres. Chefes de algumas confrarias sufis permitiam um grau maior de participação feminina do que outras, ou até mesmo iniciavam formalmente mulheres em suas ordens, porém, a iniciação formal era relativamente rara e a norma era que as mulheres tinham participação limitada (se alguma), com frequência a uma certa distância nas cerimônias comunais sufis. As coleções de biografias dos místicos incluem várias figuras femininas e os muçulmanos visitam os túmulos dessas mulheres místicas (assim como dos homens místicos). Ainda assim, a vinculação de muitas dessas mulheres ao sufismo institucionalizado foi limitada. Várias mulheres professoras e transmissoras das *hádices* foram mencionadas. Para alguns sufis, a distinção entre homens e mulheres tornou-se irrelevante para aqueles que alcançavam os estágios mais altos do caminho sufi, e Ibn `Arabi admitiu que as mulheres poderiam até ser o *qutb* (polo), o sufi mais aclamado de uma dada época. Nem as mulheres místicas e sufis são limitadas a uma região do mundo muçulmano. Por exemplo, Fatima Jahanara, a filha mais velha do imperador mogol Shah Jahan (século XVII) foi iniciada na ordem Qadiriyya.

Organizando a Comunidade Sufi

Poucas, se tanto, comunidades organizadas de sufis existiram durante os primeiros vários séculos do Islã. Al-Ghazali é mencionado como um dos primeiros a fundar uma comunidade organizada, com uma confraria (local de reunião) central para os membros.

Confrarias

Variados termos designaram a estrutura central de uma comunidade sufi. O termo *khanqa* (com várias variantes de escrita) provém das confrarias no leste da Pérsia (Khorasan). O termo turco equivalente é *tekke*. Nas regiões da Arábia ocidental, uma *ribat* (originalmente uma fortaleza de fronteira) ou uma *zawiya* era o equivalente árabe. A *khanqa* tinha várias funções. O shaykh ensinava sua disciplina lá. Ela servia como casa de repouso para os viajantes, uma cozinha pública e um lugar para cuidar dos doentes. A maioria acolhia visitantes sem cobrar.

Uma *khanqa* típica tinha um pátio para cerimônias comunais com celas para membros individuais de período integral ao longo de duas laterais (nem todos tinham membros residentes). Depois que as ordens sufis começaram a proliferar, o túmulo do fundador era, com frequência, parte de um complexo que poderia incluir uma *madras* (escola), mesquita e outras instalações. Cultos a um místico muitas vezes iam crescendo ao redor do túmulo, algo que, em séculos posteriores, às vezes tornava-se mais importante que as próprias práticas sufis (veja o Capítulo 10).

A irmandade sufi

Tariqa ("maneira" ou "caminho") designa tanto ordens sufis organizadas e autoperpetuáveis (irmandade) quanto o caminho específico seguido por uma delas. Pode-se distinguir quatro grupos de pessoas associadas a uma *khanqa* específica.

- » A elite interna havia alcançado as estações espirituais mais altas. Seus membros ocupavam-se com práticas avançadas e podiam iniciar outros na *tariqa*. O shaykh podia designar um dos iniciados como seu sucessor ou enviá-lo para fundar uma confraria afiliada.
- » Os membros de período integral eram numerosos, e participavam regularmente de todas as funções da confraria, como o *dhikr* comunal.

- Noviços (*murid*) eram sufis em treinamento que ainda não haviam sido iniciados.
- Afiliados leigos eram ligados mais frouxamente à confraria. Eles reconheciam o shaykh como seu mestre e tinham algum treinamento sufi básico. Participavam da celebração do aniversário (*maulid*) ou morte (*urs*, literalmente "casamento") do shaykh fundador. A ordem dependia de afiliados leigos para suporte financeiro. Governadores e indivíduos ricos sustentavam as ordens favorecidas, que recebiam doações (*waqfs*) substanciais. A associação com a *tariqa* servia também a propósitos sociais. Algumas ordens vinculavam-se a classes ou profissões em particular. Outras poderiam reunir grupos classistas, étnicos ou ocupacionais diferentes. Em alguns países africanos, a maioria dos muçulmanos homens pertencia a uma ordem.

Agindo da Maneira Sufi

Existem muitas variações nas regras, rituais e vida diária, específicas de uma *tariqa* sufi. As seguintes descrições são típicas, mas não universais.

Aderindo à irmandade sufi

Embora um muçulmano pudesse obter iniciação de vários shaykhs diferentes, ele reconhecia um como seu mestre. O treinamento antes da iniciação podia durar três anos, durante o qual ele praticava a humildade e a obediência. O noviço dominava a *silsila* da ordem (ou seja, passava a conhecer em detalhe os elos que formavam a árvore genealógica dela) e começava os rituais básicos de meditação sufi. Um período de 40 dias de reclusão finalizava o treinamento. Na cerimônia de iniciação, o novo iniciado jurava fidelidade enquanto apertava com firmeza a mão do shaykh. O aperto de mão transmitia o poder (*baraka*) do shaykh para o aluno. O shaykh lhe passava um manto remendado (*khirqa*), que era a vestimenta típica do sufi e um chapéu cujo formato variava entre as ordens. Ele também recebia um documento, uma espécie de diploma de graduação, que atestava sua iniciação e traçava sua *silsila*. O shaykh dava ao novo membro um *dhikr* pessoal.

Seguindo as regras da irmandade

Tal como uma ordem monástica cristã, cada irmandade sufi tinha regras a serem seguidas por seus membros. A maioria dos sufis era casado, mas nem todos. R.A. Nicholson cita dez regras aplicadas em uma *khanqa* do século XI, incluindo:

INDO MAIS FUNDO

- Usar roupas limpas e permanecer em estado de pureza espiritual.
- Orar extensivamente à noite.
- Pela manhã, ler o máximo possível do Corão e não falar até o nascer do sol.

» Entre as orações da noite e a hora de ir dormir cumprir o *dhikr* especial.
» Acolher pobres e necessitados.

Lembrando de Deus: *Dhikr*

LEMBRE-SE

Além de seu uso geral para lembrar-se de Deus, como comandado no Corão, o *dhikr* refere-se à prática sufi de repetição rítmica de uma frase, sozinho ou em um grupo. Frases *dhikr* comuns eram o nome divino Alá (Deus), qualquer um dos 99 nomes de Deus, a primeira metade da *shahada*, ou uma fórmula exclamatória, como "louvado seja Deus" (*subha Allah*) ou "Deus é o maior" (*Allahu Akbar*). O sufi repetia a frase um designado número de vezes ou ao longo de um período específico de tempo. Uma distinção é feita entre o *dhikr* silencioso e o *dhikr* falado. No *dhikr* individual, o sufi deve começar com o "*dhikr* da língua" (vocal), mover-se para o "*dhikr* do coração" e chegar ao auge com o "*dhikr* do ser íntimo" no qual as palavras já não são pronunciadas nem mentalmente. O Naqshbandiyya usa apenas o *dhikr* silencioso. O *dhikr* alto da ordem Rifa`iyya fez surgir seu apelido no Ocidente, os Dervixes Ululantes. Os três principais tipos de *dhikr* são:

» **A repetição individual diária por membros depois de, pelo menos, dois dos cinco rituais de orações diários**
» **Uma forma mais elaborada de *dhikr* lembrando o yoga:** O participante coordena a repetição da frase com padrões de respiração e foco mental em uma parte do corpo. Um exemplo é a repetição da *shahada*, exalando enquanto se fala "não há outro Deus" e inalando enquanto se fala "além de Deus". Esse *dhikr* avançado leva muito tempo para ser dominado.
» ***Dhikr* comunal:** O "*dhikr* da presença" normalmente acontece nas noites de quinta-feira e em ocasiões especiais. A "presença" refere-se à presença de Deus, Muhammad e dos místicos sufis na cerimônia.

Ouvindo a Deus: *Sama`*

SE LIGA!

Sama`* é o termo árabe para uma sessão sufi que envolve música e canto. É frequentemente combinada com o *dhikr* comunal. Algumas ordens sufis têm salões especiais de música (*sama` khanahs) para a sessão de *sama`*. Alguns estudiosos muçulmanos conservadores sempre se opuseram à música, dizendo que ela excita as paixões e o eu inferior. Fora dos contextos religiosos, a música floresceu nas culturas muçulmanas. Um estranho que escuta o canto do Corão em suas formas mais elaboradas pode considerar tratar-se de uma forma de música. Entretanto, os manuais de recitação do Corão foram cuidadosos em manter uma linha tênue entre "cantar" o Corão, o que não é permitido, e uma recitação que lembra o canto, que é permitida (veja o Capítulo 7). As ordens Qadiriyya e Naqshbandiyya não utilizam sessões musicais (*sama`*) mas não se opõem a seu uso por outros sufis. As ordens Mevlevi e Chisti, no entanto, são conhecidas por seu uso da música. Algumas ordens treinam seus membros para controlarem suas emoções durante sessões *sama`*. Em outras, movimentos corporais reprimidos acompanham a música e alguns membros entrarão em estado de êxtase. Eles podem gritar, chorar, ficar em pé, dançar e cair exaustos no fim. Para os mevlevi (os "dervixes ululantes"), a principal sessão comunal é uma combinação de música e uma graciosa dança rodopiante, que começa lentamente e vai aumentando a velocidade, com todos os membros presentes participando. Uma sessão *sama`* pode também usar os serviços de um cantor profissional (*munshid*).

Os defensores de sessões *sama`* apontam que o Corão menciona que Davi cantou os salmos a Deus: Meninas jovens cumprimentaram os guerreiros muçulmanos que retornavam com canções. Muhammad ouviu sem objetar as meninas cantando nos dias de festa. Ainda assim, dada a oposição por alguns ao uso da música no sufismo e na religião, vários escritores sufis orientaram que se prevenisse excessos durante as sessões *sama`*. O cantor deve ser um homem adulto. Nenhum instrumento musical deve ser usado, os participantes devem focar sua atenção em Deus e apenas "letras" religiosamente adequadas devem ser usadas. As especificidades variam de grupo para grupo e alguns usam instrumentos musicais.

Dhikr comunal com *sama`*

A próxima coisa boa de estar lá é assistir a uma sessão de vídeo, como o *Celebrating the Prophet in the Remembrance of God: Sufi Dhikr in Egypt*, narrado por Valarie Hoffman. *I am a Sufi, I am a Muslim* é um vídeo que inclui mais cerimônias extáticas do Paquistão e da Turquia. A descrição que se segue é retirada do roteiro de Hoffman e de *The Sufi Orders of Islam*, de J.A. Trimingham.

A sessão começa com os participantes organizados em uma ordem específica, frequentemente um círculo ou em duas filas, uma de frente para a outra. Ela começa com a recitação da *Fatiha* ou uma oração escrita pelo fundador da ordem. O *munshid* canta um único poema ou combina elementos de várias músicas. Ele pode repetir linhas que tenham um efeito forte e óbvio sobre alguém. Amor por Muhammad ou sua família é o tema dominante. Cada cantor tem um estilo único, de simples a elaborado. No Egito, o cantor é acompanhado por sua "banda" usando instrumentos, como pandeiro, castanholas, violino e flauta. Enquanto o *munshid* está se apresentando, os participantes podem repetir o *dhikr* da ordem. Segmentos curtos invocando a assistência dos místicos, intercalados com uma recitação ou cantoria mais intensa, ocasionam uma quebra emocional momentânea. À medida que a noite avança, o passo e a intensidade aumentam. Observa-se em algumas pessoas expressões corporais tais como: espumar pela boca, acenar as mãos, ficar em pé e descobrir a cabeça. Note-se que o público pode participar de algumas sessões, incluindo mulheres que normalmente sentam separadas e são mais reservadas em suas respostas.

Colocando a Fé em Versos: Literatura Sufi

O sufismo inspirou excelentes peças literárias em árabe, persa, turco e vários dialetos do sul da Ásia. Como a poesia era o gênero literário primário da Arábia pré-islâmica, a poesia domina a literatura sufi. Eis alguns grandes poetas sufistas.

- Ibn al-Farid (1181 a 1235) é descrito como o maior poeta árabe. A língua árabe fornece ricas possibilidades para trocadilhos, algo explorado por al-Farid, de quem se diz ter composto sua poesia em um estado de transe extático. Seu *Ta'iya* contém 760 versos, todos terminando em "t". Em seu *Wine Ode*, ele se vale de uma canção tradicional sobre vinho e a usa para expressar a experiência mística do sufi. O sufismo fez uso do vinho quase tanto quanto utilizou a imagem do amor para expressar o estado de inebriação com Deus.
- Farid al-Din `Attar (cerca de 1119 a 1220) é talvez o poeta sufi persa de maior destaque. Ele foi um artista magistral, assim como professor de sufismo. Seu *Mantiq al-tayr, The Conference of the Birds*, está disponível em inglês. Com base na referência ao Rei Salomão e no discurso dos pássaros na Sura 27:16, essa longa fábula refere-se a um bando de pássaros que partem em busca de seu rei, o Simurgh, de quem eles tinham apenas vaga memória. A busca é difícil e o caminho é incerto. Muitos deles desistem. Finalmente, 30 pássaros chegam ao palácio de Simurgh. Lá, descobrem que eles também são procurados por Simurgh. Em persa, o termo "simurgh" significa 30 pássaros. A jornada é uma metáfora para a busca sufi.
- Jalal al-Din Rumi, conhecido como *Mawlana* (ou mestre), é o poeta sufi mais conhecido. Seus poemas se tornaram muito populares no Ocidente. E sua vida é tão interessante quanto seus poemas são inspiradores. Nascido por volta de 1219 no leste da Pérsia, sua família fugiu em face da ameaça mongol e estabeleceu-se na cidade de Konya, na Turquia moderna. No passado, a área fizera parte do Império Romano e era conhecida como Rum, por isso o "Rumi" no nome do poeta. Rumi sucedeu seu pai como professor e shaykh sufi. O evento crucial de sua vida foi encontrar Shams al-Din de Tabriz em 1244. Rumi ficou obcecado com Shams, encontrando nele o meio através do qual experienciar o amor divino. Depois de dois anos, Shams de repente foi embora. Rumi ficou tão deprimido que seu filho mais velho buscou Shams e o trouxe de volta a Konya. A família de Rumi e muitos de seus discípulos ficaram escandalizados e com ciúme da influência de Shams sobre Rumi. Em 1248, Shams desapareceu novamente, provavelmente assassinado. Rumi escreveu uma poesia inspirada no nome de Shams. A *Divan-i Shams-i Tabrizi* é uma coleção desses poemas, rica em imaginário e simbolismo, e simples em estilo. A pedido de Husam al-Din Chelebi, um discípulo próximo depois

da morte de Shams, Rumi escreveu sua obra-prima, o *Mathnawi*. Consistindo de 26.000 versos, o *Mathnawi* de Rumi é frequentemente chamado de "o Corão em persa". Rumi morreu em 1273.

» Yunus Emre (séculos XIII e XIV) é o maior poeta a escrever em turco. Seus poemas são ricos em imaginário descritivo e tom animador. Seu estilo é influenciado por músicas folclóricas turcas. Um tema da poesia de Yunus é que toda a criação realiza *dhikr* para Deus.

Estabelecendo as Irmandades Sufis

Irmandades sufis duradouras começaram a surgir apenas no começo do século XII. Algumas das ordens são encontradas por todo o mundo muçulmano, enquanto outras são confinadas a uma única região. Em determinado momento, a liderança da maioria das ordens sufis tornou-se hereditária. As ordens sufis foram um fator primordial para a propagação do Islã. Em certos casos, ramificações delas se tornaram novas ordens, então, a maioria das ordens sufis não prima pela centralização. Na lista a seguir, breves retratos das ordens mais importantes.

INDO MAIS FUNDO

» A Qadiriyya, a mais antiga irmandade sufi, é assim chamada em homenagem a `Abd al-Qadir Jilani (1077 a 1166). Al-Jilani é, talvez, o místico islâmico mais amplamente reverenciado, embora a ordem Qadiriyya tenha sido fundada por discípulos posteriores e não pelo próprio al-Jilani. Ele foi um jurista hanbalita, e seu túmulo em Bagdá ainda é visitado por peregrinos. A ordem, que se tornou a maior *tariqa* sufi do século XV em diante, tem grande relevância no sul da Ásia, norte e oeste da África, Indonésia e Malásia.

» A Rifa`iyya, ou Dervixes Ululantes, foi fundada por Ahmad ibn `Ali al-Rifa`i (1106 a 1182) no sul do Iraque e é uma ramificação do Qadiriyya. Espalhou-se para o Egito, Síria, Turquia, Bósnia e região ao norte do Mar Negro. Além de seus *dhikr* recitados em voz bem alta, os membros da ordem são famosos por práticas extremas, como engolir fogo e vidro, retirar o globo ocular, perfurar as mãos e pescoços com anéis de ferro e arrancar as cabeças de cobras vivas com a boca. Tornou-se a maior ordem até que foi superada pela Qadiryya no século XV.

» A Shadhiliyya foi fundada por Abu al-Hassan al-Shadhili. Al-Shadhili começou sua carreira como um pregador popular na Tunísia. Em 1227, uma visão o fez viajar ao Egito, onde fundou sua ordem. A ordem tornou-se proeminente na Arábia, Síria e África do Norte. Ela não tem um *dhikr* especial e permite que seus membros continuem suas ocupações seculares. Ibn `Ata' Allah (século XIII) é a segunda principal figura na história de Shadhiliyya. Seu *Hikam* (206 ditados) permanece um dos textos sufis mais populares entre os muçulmanos comuns.

- A Suhrawardiyya foi fundada por Abu al-Najib al-Shurawardi (cerca de 1097 a 1168) e seu sobrinho Abu-Hafs `Umar al-Suhrawardi (1135 a 1244). Esse não é o mesmo Shurawardi citado no Capítulo 12 (Shurawardi al-maqtul). A ordem, conhecida por seu ensinamento e sua forma sóbria de sufismo, tornou-se importante no sul da Ásia, incluindo Bangladesh.
- A ordem Mevlevi foi fundada pelo filho de Rumi. Centrada em volta do túmulo de Rumi em Konya, Turquia, a ordem, que é famosa por sua dança sufi, atraiu a classe superior da sociedade otomana. Na década de 1920, no entanto, o governo da Turquia baniu a ordem Mevlevi considerando-a uma barreira à modernização. As performances públicas continuaram para os turistas. Atualmente, a Turquia voltou a permitir o ritual sufi.
- A ordem Bektashiyya recebe seu nome de Hajji Bektash de Khorasan (séculos XIII e XIV). Ela surgiu no século XV como uma ordem altamente centralizada cujo chefe vivia na vila de Hacci Betus, na Turquia moderna. Os bektashis são conhecidos por uma forma de comunhão que pode refletir uma influência cristã, por suas simpatias shia'as e por sua não ênfase nas obrigações rituais do Islã. Para ela, homens e mulheres são iguais. No fim do século XVI, a ordem foi fortemente ligada aos Janissaries, a elite, unidade militar escrava dos otomanos. Quando os janissaries foram abolidos em 1826, a ordem entrou em declínio, embora sobreviva na Albânia.
- A ordem Chistiyya foi fundada por Mu`inuddin Chisti (1142 a 1236) como um ramo indiano da tradição Suhrawardi. Chisti está enterrado em Ajmer, próximo de Déli. A ordem evitava envolvimentos políticos e praticava extrema pobreza. Os membros doam tudo o que têm sobrando no fim de cada dia. A ordem não pode acumular riquezas. Sua ênfase é na devoção, e a música desempenha um importante papel em suas sessões.
- A ordem Naqshbandiyya foi fundada na Ásia central (Bukhara) por Baha'uddin Naqshband (1317 a 1390). É uma ordem conservadora, ortodoxa e sóbria que pratica o *dhikr* silencioso. Sempre politicamente envolvida, depois de espalhar-se para a Índia, combateu o que considerou como políticas frouxas das ordens sufis iniciais que tendiam a ser de alguma forma tolerantes com outras religiões. A Naqshbandiyya e algumas outras ordens sufis foram importantes para manter o Islã vivo durante o período de governo soviético da Ásia central, quando o *`ulama'* do "Islã oficial" foi cooptado pelo Estado. Disso resultou que o sufismo é hoje uma força vibrante em sua região, assim como na Turquia, no Cáucaso e no Afeganistão.
- A Badaqiyya foi fundada por Ahmad al-Badawi (1199 a 1278). Nascido em Marrocos, ele levou uma vida mundana até passar por uma experiência religiosa aos 30 anos de idade. Por fim, estabeleceu-se em Tanta, no Delta Egípcio. Al-Badawi foi conhecido por proezas de atletismo espiritual, como passar longos períodos sem falar e se alimentar. O festival anual de aniversário de al-Badawi, o místico mais popular do Egito, atrai mais de 1,5 milhão de pessoas por ano.

» A ordem Kurawiyya foi fundada por Najmuddin Kubra (1145 a 1220) na Ásia central, sul do Mar de Aral. De lá espalhou-se para a Turquia e Índia (especialmente a Caxemira). Kubra ensinou que o homem é um microcosmo da realidade divina e enfatizou o simbolismo da cor e visões.

» A Tijaniyya é uma ordem relativamente nova fundada por Abu-l-`Abbas Ahmad al-Tijani (1737 a 1815), sob o comando de Muhammad. Única entre as ordens sufis, a Tijaniyya afirma ser, ela apenas, a forma legítima de sufismo. É proeminente no oeste da África, assim como em Marrocos e na Argélia. Em algumas partes do oeste da África, a ordem tornou-se ativa em movimentos anticoloniais. Assim também se comportou outra ordem sufi, a ordem Sanusiyya do século XIX, que fez surgir a Líbia moderna.

» Embora o sufismo tenha declinado numericamente durante os dois últimos séculos, novas ordens continuam a surgir, tais como a Hamidiya Shaziliya no Egito, fundada por Salama al-Radi na década de 1930.

Rejeitando o Sufismo

Apesar de exceções notáveis, a importância do sufismo no Islã tem diminuído com o passar dos últimos séculos por várias razões.

» Algumas ordens enfatizaram acentuadamente o culto ao shaykh.

» Técnicas para produzir experiências extáticas levaram a uma perda de foco no objetivo espiritual do sufismo.

» Algumas ordens e shaykhs sufis tornaram-se fontes principais de amuletos mágicos para uma clientela supersticiosa.

» Outros grupos deixaram de enfatizar a aderência a exigências externas do Islã a tal ponto que se tornaram uma desculpa para práticas imorais religiosamente condenadas.

» Elites abastadas, frequentemente as famílias de shaykhs hereditários da ordem, às vezes exploravam a incredulidade de sua clientela pobre para sustentar sua riqueza e prestígio.

» A modernização dos Estados proibiu inteiramente as práticas do sufismo (Turquia) ou buscou restringi-la e colocá-la sob controle do governo (Egito).

SE LIGA!

Depois do sucesso do movimento puritano Wahhabi na Arábia Saudita, seus estudiosos passaram a considerar sua missão purificar o Islã mundial do que consideravam como práticas não ortodoxas, tais como o sufismo e a reverência aos místicos. Os wahhabis e aqueles que compartilhavam suas visões consideravam qualquer prática não explicitadamente estabelecida no Corão como ilegítima. Eles rejeitaram qualquer ideia de união com Deus, independentemente de como os sufis interpretavam tal união.

Algumas pessoas dizem que não há futuro para o sufismo no Islã, mas tais predições podem ser prematuras. As necessidades religiosas para as quais o sufismo provê uma resposta estão sempre presentes. Uma ou duas gerações atrás, muitos estudiosos ocidentais viam toda a religião como uma forma de superstição que levava ao declínio do mundo moderno. O final do século XX viu tais predições confundidas, na medida em que as religiões por todo o mundo mostraram novo crescimento e vitalidade. Pode-se apenas esperar para ver o que o futuro reserva para as formas sufis do Islã.

NESTE CAPÍTULO:

Observando algumas formas de Islã ismaelita ("setimanos")

Considerando outras seitas islâmicas

Separando-se do Islã para tornar-se uma nova religião

Capítulo 14

Explorando Seitas Menos Conhecidas Ligadas ao Islã

Ao observar o Islã, deve-se começar por algum lugar. Como os sunitas formam de 84% a 90% dos muçulmanos, eis aí um lugar óbvio, e a maioria da cobertura do Islã neste livro é sobre os sunitas. Um livro introdutório frequentemente adiciona um capítulo centrado no Xiismo Duodecimano, de longe o maior dos grupos shia'as (veja o Capítulo 12). No entanto, o Islã fez surgir várias outras seitas religiosas fascinantes e, neste capítulo, examino algumas delas.

LEMBRE-SE

Você pode obter um bom entendimento do Cristianismo se estudar o Catolicismo Romano, a Ortodoxia Oriental e várias denominações do Protestantismo. Mas você deve ter em mente que perderia muito do fascínio das viagens permanecendo apenas nas principais rodovias desses importantes grupos religiosos. Amish, Testemunhas de Jeová, Igreja Copta, Mórmons, Shakers (uma ramificação dos Quakers fundada no século VIII na Inglaterra) e Unitários-Universalistas (adeptos do Uuismo, religião liberal formada nos EUA no século XX), todos têm uma estória fascinante para contar. De maneira similar, você pode entender o Budismo examinando os principais grupos do Budismo Teravada e Maaiana, mas deixará muita coisa de lado se também não vir o Budismo Tibetano (Vayrayana) e alguns novos grupos budistas surgidos no Japão.

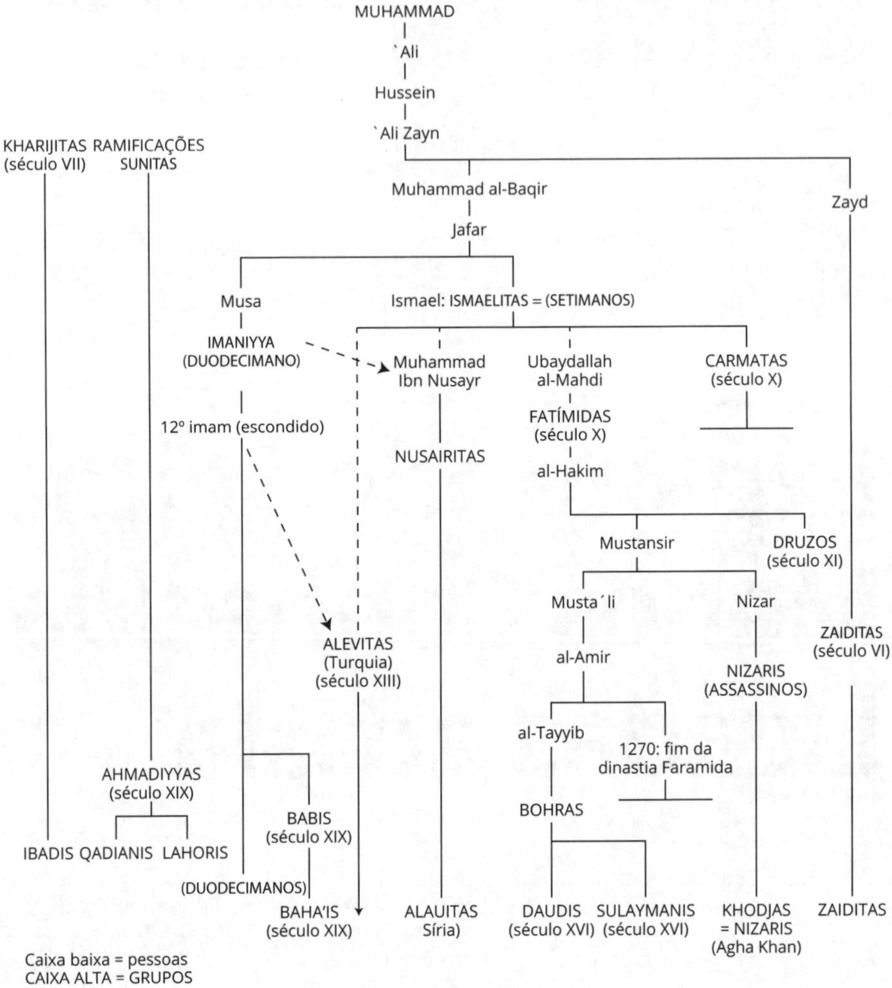

FIGURA 14-1: Árvore genealógica de vários grupos islâmicos.

Muitas dessas seitas menos conhecidas pertencem ao segundo maior ramo de shia'as, chamados *Ismaelitas* (veja a introdução do Capítulo 12 para os três principais ramos do Xiismo). As origens de alguns grupos não são claras e podem combinar elementos de várias formas do Islã e até mesmo incorporar elementos de outras religiões (veja a Figura 14-1 para uma árvore genealógica mostrando a relação dos vários grupos islâmicos uns com os outros). Algumas dessas seitas não são mais consideradas, por outros muçulmanos (ou até mesmo por seus próprios membros), como islâmicas. Outras, ainda que consideradas islâmicas, têm práticas e ensinamentos que são rejeitados pela maioria dos muçulmanos.

SE LIGA!

Uso com frequência o termo *seita* para designar os grupos neste capítulo, um termo usado por estudiosos de religião para denominar certos grupos menores dentro de uma religião, mas sem implicar que seita é uma forma menos válida dessa religião.

\`Ibadis (os primeiros Carijitas)

\`Ibadis, que somam, hoje, entre um e dois milhões, são os remanescentes sobreviventes dos primeiros Carijitas, um movimento religioso e político puritano que discuto nos Capítulos 2 e 4. Os \`Ibadis, que recebem seu nome de um antigo líder chamado \`Abd Allah Ibn \`Ibad, separaram-se de grupos Carijitas mais radicais por volta do ano 685. Os \`Ibadis elegem seu próprio *imame* em segredo e consideram a ausência de um *imame* como um estado de desordem. Assim como os primeiros mutazilitas, e em contraposição à maioria dos muçulmanos, os \`Ibadis acreditam que o Corão foi criado em vez de ter existido eternamente. A Escola \`Ibadi de lei é parecida com a Escola Maliquista Sunita (veja o Capítulo 8). Originalmente centrada em Basra, Iraque, os imamates \`Ibadi às vezes controlavam o centro da África do Norte e Oman (ponta sudoeste da Arábia). Alguns dos primeiros missionários muçulmanos no oeste da África subsaariana eram \`ibadis. Atualmente, a maior comunidade \`ibadi fica em Oman, compreendendo cerca de 75% da população. Pequenas e isoladas comunidades \`ibadi sobrevivem nas áreas saarianas da Argélia, Tunísia, Líbia, e em Zanzibar, leste da África. Pouca coisa distingue os \`ibadis de hoje em dia dos muçulmanos sunitas. O tempo eliminou o zelo puritano original de seus ancestrais Carijitas. Os \`ibadis são considerados, por outros muçulmanos, como membros da comunidade muçulmana.

Zaiditas

Enquanto outros shia'as acreditam que o imame deve ser um descendente de \`Ali e Fátima, os zaiditas dizem que qualquer descendente de \`Ali é elegível pela comunidade à condição de pessoa mais digna para ocupar o posto de líder espiritual em cada época. Depois da morte do quarto imame, em 713, a sucessão caberia a seu filho mais velho, Muhammad al-Baqir. Alguns shia'as consideravam al-Baqir e seu pai como muito propensos a se comprometer com os califas omíadas. Esse grupo aceitou Zayd, um meio-irmão mais novo de al-Baqir, como o quinto imame. Zayd liderou uma revolta fracassada contra os omíadas depois da qual os zaiditas recuaram até as montanhas do Iêmen e para uma área ao sul da costa do Mar Cáspio. Os zaiditas governaram o Iêmen do século X até 1962. Além disso, um Estado zaidita controlou, com idas e vindas, a região ao sul e sudoeste do mar Cáspio de 864 a 1126. A maioria dos zaiditas de hoje, estimados em 18 milhões, vive no Iêmen, onde constitui cerca de 40% da população.

Exceto por acreditarem que o *imame* deve ser um descendente de \`Ali, os zaiditas têm poucas diferenças em relação aos muçulmanos sunitas. Os zaiditas aceitam Abu Bakr e \`Omar como califas legítimos, mas discordam entre si em relação a

`Othman (veja o Capítulo 2). Os zaiditas não reconhecem uma linha fixa de *imames* legítimos. Eles não acreditam que deve sempre haver um *imame* vivo, nem aceitam o conceito de *imame* oculto. Os zaiditas têm sua própria Escola de lei e, como os `ibadis, foram influenciados pelos primeiros teólogos mutazilitas. Outros muçulmanos reconhecem os zaiditas como uma forma legítima de Islã.

Grupos Ismaelitas (ou Shia'as Setimanos)

Ja`far al-Sadiq, o sexto *imame* shia'a (699 a 765), quando ainda vivia, perdeu seu filho Isma`il. O grupo mais amplo aceitou seu filho vivo, Musa, como o sétimo *imame*. Contudo, alguns acreditavam que Ja`far havia designado Isma`il como seu sucessor. Para eles, Isma`il foi o sétimo *imame* e seu filho Muhammad o oitavo *imame*. Os ismaelitas ou setimanos acreditavam que Muhammad (o oitavo *imame*, não o profeta) não havia morrido, mas tinha ido esconder-se dos inimigos sunitas que procuravam matá-lo. No século IX, o xiismo ismaelita foi um movimento revolucionário que enviou missionários por todo o mundo muçulmano para espalhar sua mensagem. Onde necessário, os ismaelitas praticavam dissimulação (*taqiyya*), escondendo suas crenças e identidade. Como alguns sufis, os ismaelitas também enfatizavam uma interpretação mais esotérica do que literal do Corão.

Carmatas

Os carmatas eram um importante grupo inicial de ismaelitas, nomeados em homenagem a Hamdan Qarmati, um missionário ismaelita que foi ativo no Iraque no final do século IX. Os carmatas atacaram os abássidas e outros grupos na região central abássida. Camponeses e beduínos pobres apoiavam esse movimento messiânico revolucionário contra o poder e riqueza arraigados. Em 930, eles capturaram Meca e levaram a Pedra Negra (retirando-a da *Ka`ba*) para seu forte em Bahrein, mas devolveram-na em 951. O Estado carmata no oeste da Arábia e Bahrein sobreviveu até 1706, quando formaram uma comunidade islâmica ímpar, igualitária e socialista. Os carmatas foram extintos no século XIV, mas continuam importantes para a compreensão do xiismo ismaelita.

Nizaris

Os nizaris são um dos dois ramos principais do xiismo ismaelita — cada um com vários subgrupos — que existem ainda hoje. (O outro grupo são os Bohras.)

Dos Fatímidas aos Assassinos

Quando o califa fatímida do Egito, al-Mustansir, morreu em 1094, o vizir colocou na prisão Nizar, o filho mais velho de al-Mustansir, onde ele morreu, e nomeou um filho mais novo (al-Musta`li) como governante. Muitos ismaelitas fora do Egito não aceitaram essa interferência e consideraram Nizar como o califa e *imame* legítimo.

TEOLOGIA ISMAELITA

INDO MAIS FUNDO

Os ismaelitas acreditam que a história é composta de sete ciclos. Cada ciclo começou com um período no qual o bem prevaleceu sem a necessidade da lei. O mundo tornou-se corrupto no segundo período. No terceiro período, a revelação foi enviada para reestabelecer a ordem. Nesse terceiro período, a lei representou o significado externo da escritura. O significado interno da escritura foi revelado aos *imames*. Com a vinda de Isma`il (também considerado o Mahdi), o primeiro período do próximo ciclo começa quando o significado oculto fica público e a lei não é necessária. Os ciclos continuam até que todas as almas sejam libertadas do aprisionamento da matéria e retornem à Alma Universal.

Hassan-i Sabbah foi o verdadeiro fundador dos Nizaris. Rebelando-se contra os Abássidas, construiu posições defensivas militares do norte da Síria até o nordeste do Irã. Seu quartel-general foi Alamut, nas montanhas Elbruz no norte do Irã. Seus sucessores afirmavam ser descendentes de Nizar e, assim, estar na linha de sucessão ismaelita. Os mongóis conquistaram Alamut em 1256, deixando grupos espalhados de nizaris no Irã, Ásia central, Síria e Iêmen.

LEMBRE-SE

Os cruzados cristãos conheciam os nizaris como *hashishiyin* (viciados em haxixe). Do *hashishiyin* vem a palavra inglesa *assassins* (assassinos), devido à sua prática de assassinar seus apoiadores políticos.

Dos Assassinos a Aga Khan

Em 1817, o *imame* nizari Abu `l-Hassan casou-se com a filha do xá iraniano, que o premiou com o título honorário de Aga Khan ("Senhor e Mestre"). Depois da queda do xá, e dele, Aga Khan foi primeiro ao Afeganistão em 1841 e estabeleceu-se em Bombaim, Índia, em 1848. Missionários nizari alcançaram a Índia no século XII, e no século XV converteram a maioria de uma casta hindu para o Islã, dando a eles o nome de Khojas. O Islã khoja foi uma mutação do Islã, na qual `Ali era considerado o décimo avatar (reencarnação) do deus hindu Vishnu. Cortes coloniais britânicas validaram a reivindicação de Aga Khan para liderar a comunidade khoja em 1886. Embora a maioria da comunidade khoja aceitasse a liderança de Aga Khan, alguns haviam se associado ao xiismo duodecimano, e uma minoria dos khojas ismaelitas não reconhecia o Aga Khan. A emigração para o leste da África da Índia por mercadores khoja nos séculos XIX e XX estabeleceu lá uma importante comunidade ismaelita. O terceiro Aga Khan (1885 a 1957) deu início a um programa de modernização da comunidade nizari, investindo em educação, hospitais e clínicas, alojamentos e na melhoria da condição feminina. Seu neto, Karim, o quarto Aga Kahn (educado na Universidade de Harvard) continuou seu programa. Ele é o 49º *imame* em uma linha de sucessão começando com `Ali. Mais recentemente, Larim Aga Khan e seu pai trouxeram a seita khoja/nizari para uma conformidade mais próxima com a crença e a prática islâmica shia'a.

Os khoja nizaris são encontrados hoje na Índia, Paquistão, Sri Lanka, Burma e leste da África. Existem outras comunidades nizari pré-indianas na Arábia, Afeganistão, Irã, Síria e Ásia central, as quais reconhecem a autoridade do Aga Khan. Os nizari somam vários milhões (algumas fontes dizem até 20 milhões).

Mustaali, Tayiabis e Bohras são todos iguais — quase!

Depois da separação dos nizaris, a principal linha fatímida (os mustaalis) continuou até que uma segunda grande separação ocorreu com a morte do califa al-Amir, em 1130. A linha do governo fatímida continuou irregularmente através de um primo de al-Amir. Essa linha mustaali chegou ao fim com a conquista do Egito fatímida por Saladino, em 1271. Vários fatímidas ismaelitas fora do Egito fizeram objeção à decisão relacionada à sucessão do califa al-Amir. Eles consideraram seu filho mais novo, al-Tayyib, como o governante legítimo. Dizia-se que al-Tayyib estava se escondendo na Terra ou no céu. Até seu retorno, uma pessoa chamada o *da`i Mutlaqi* (oficial sem restrições) o representa na Terra. Esses ismaelitas mustaalis (às vezes chamados de tayiabis) estavam centralizados no Iêmen. No século XII, missionários mustaali na Índia começaram a fazer conversões da população hindu. Em 1556, a sede do movimento mudou-se para a Índia: esses mustaalis indianos são conhecidos como Bohras em homenagem à casta comerciante da qual a maioria é originária. Muitos Bohras são, realmente, comerciantes.

Uma separação ocorreu em 1591 com a sucessão ao cargo de da`i. Ambos os grupos resultantes têm seus nomes em homenagem a seus fundadores. Hoje, cerca de 70.000 suleimânis vivem no Iêmen, com outros 4.000 na Índia. Os daudis, com sede na Índia, somam um milhão e são encontrados no Paquistão, Índia, Sri Lanka, Burma, leste da África e Iêmen. A teologia e a prática tayiabi/bohra/mustaali permaneceram próximas à dos ismaelitas fatímidas. Os daudis observam os sete pilares, incluindo oração, zakat (doações), jejum durante a saum, peregrinação hajj, jihad e pureza. O primeiro pilar é uma expansão do primeiro pilar tradicional e inclui amor a Deus, aos profetas, aos imames e aos da`is. Os Daudi bohras renovam seu juramento de lealdade ao da`i atual anualmente. Os bohras são considerados muçulmanos e alguns no século XV tornaram-se muçulmanos sunitas.

Nas Bordas do Islã e Além

Os grupos ismaelitas discutidos nas seções anteriores são geralmente considerados como dentro dos limites do Islã, mesmo se tiveram algumas crenças e práticas exclusivas. Outros grupos, originados de um contexto shia'a, não são tidos, frequentemente, pela maioria dos muçulmanos, como formas legítimas de Islã, e alguns desses grupos já não se consideram mais muçulmanos.

INDO MAIS FUNDO

TEOLOGIA DRUSA

Al-Hamza ensinou uma teologia influenciada pelo neoplatonismo. Acreditava-se que al-Hakim era a manifestação no nível cósmico da Inteligência Universal, já que al-Hamza era um de seus representantes na Terra. Cada ponto da Estrela Drusa representa uma das figuras-chave do início da história drusa e uma manifestação da Inteligência Universal. A escritura drusa, a "Epístola da Sabedoria", contém os escritos de al-Hamza e al-Muqtana, um líder subsequente. Sete mandamentos substituíram os tradicionais Cinco Pilares do Islã. Um exemplo: Submeta-se à vontade de Deus como representada em al-Hakim. As almas são instantaneamente renascidas e o número de drusos vivos permanece constante. No fim dos tempos, al-Hakim e al-Hamza retornarão para estabelecer a paz e a justiça.

Drusos

`Ubaydallah al-Mahdi, um missionário ismaelita na Tunísia do século X, afirmou-se descendente de Isma`il e também afirmou ser o Mahdi. Ele estabeleceu a dinastia fatímida, que por um momento foi rival do Império Abássida (veja o Capítulo 2).

Uma figura enigmática, al-Hakim, foi o sexto *imame* fatímida. Influenciado por um turco chamado al-Darazi, al-Hakim ficou convencido de que era Deus encarnado. Al-Darazi enviou missionários para o atual Líbano para espalhar seus ensinamentos sobre al-Hakim. Al-Hakim desapareceu em 1020, tendo ficado escondido (*ocultação*) de acordo com a crença drusa. As comunidades drusas estabeleceram-se no sudoeste da Síria, centro-sul do Líbano e na região da Galileia da atual Israel. Por volta de 1040, os drusos tornaram-se um grupo fechado, não aceitando convertidos. Eles praticavam *taqiyya* no meio da comunidade sunita mais ampla. Um grupo de elite (*'uqqal*, ou os conhecedores), representando o oculto al-Hakim, lidera a comunidade e transmite os ensinamentos esotéricos. A elite usa roupas especiais e segue um código de vida restrito. A maioria da comunidade é de ignorantes (*juhhal*) que podem lutar para renascer como um membro da elite.

LEMBRE-SE

O *imame* fatímida al-Hakim é o califa egípcio que ateou fogo no Cairo e destruiu a Igreja do Santo Sepulcro (local tradicional da crucificação e enterro de Jesus) em Jerusalém.

Os drusos dão menor ênfase ao ritual islâmico. Não realizam as cinco orações diárias, não observam a *saum* durante o *Ramadã,* e nem fazem a peregrinação a Meca. Eles celebram o festival sacrificial *`id al-adha* que marca o fim da peregrinação. Os drusos reúnem-se para leitura das escrituras, oração e discussão comunitária em lugares simples de adoração nas quintas-feiras à noite; dão menos relevância à lei islâmica e adoram na quinta-feira em vez de sexta-feira. Os túmulos dos místicos drusos do passado são locais sagrados, e uma estrela de cinco pontas é seu principal símbolo. Os drusos chamam a si próprios de Banu al-Ma`ruf (Filhos da Generosidade) e a sua religião de Muwahhid (a "Unidade" absoluta de Deus).

Os drusos são um dos importantes grupos étnicos/políticos/religiosos do Líbano. No esforço de manter sua separação e independência, envolveram-se frequentemente em conflitos sangrentos com autoridades externas da região (os turcos otomanos), assim como com outros grupos locais (os cristãos maronitas). Os drusos até mesmo serviram no exército israelita. De acordo com estimativas recentes, o número de drusos está entre 750.000 e 1.000.000, incluindo comunidades que emigraram para os Estados Unidos. Como os drusos reconhecem não em Muhammad, mas em al-Hakim a revelação mais completa de Deus, normalmente não são considerados muçulmanos por outros muçulmanos.

Alguns estudiosos traçam as origens da Maçonaria Ocidental a contatos dos cruzados cristãos com os drusos. O símbolo da Estrela Maçônica do Ocidente, dizem os estudiosos, pode derivar da estrela drusa. Essa é uma sugestão interessante, mas dificilmente um fato comprovado.

`Alauitas (Nusairitas)

`Alauita é o nome contemporâneo desse grupo de cerca de um milhão de pessoas assentadas no norte da Síria. Os `alauitas[1] constituem cerca de 10% da população da Síria[2]. O nome `alauita reflete a atribuição a `Ali de um status quase divino. A ala principal dos duodecimanos considera tamanha exaltação de `Ali como *ghulat* (extremismo). Os `alauitas são duodecimanos na origem e provavelmente foram influenciados em alguns pontos de sua história pelo contato com ismaelitas e grupos religiosos não muçulmanos.

O nome tradicional, Nusairitas, volta ao fundador, Abu Shu`ayb Muhammad Ibn Nusayr (século IX). Nusayr foi um companheiro do 10º *imame*[3], a quem proclamou ser divino.

Eram frequentes os conflitos entre ismaelitas nusairitas e `alauitas na Síria. Os `alauitas foram reprimidos ou tolerados, dependendo de qual Estado muçulmano dominava a região.[4] Muitos `alauitas serviram nas forças militares organizadas sob a França depois da I Guerra Mundial, e ganharam o controle do exército da moderna Síria independente. Hafiz al-Asad, que surgiu como o líder do governo sírio e do partido socialista árabe Ba`th em 1970, foi um `alauita, assim como a maioria do alto

[1] N.E.: Não confundir com a dinastia alauíta do Marrocos que nada tem a ver com o grupo religioso alauíta.

[2] N.E.: No Líbano, os alauítas constituem em torno de 2% da população; na Síria 20%; na Turquia em torno de 2% da população. A Guerra Civil Libanesa (1975–1990) provocou uma leva migratória de alauítas para a Austrália, havendo hoje 2 milhões de alauítas no país.

[3] N.E.: Com a morte do 11º Imame, Hassan al-´Askaru, seu filho Muhammad al-Mahdi, por ser ainda uma criança, fora tutelado por Muhammad Ibn Nusayri (868), tornando-se este seu guardião até seu desaparecimento. A partir de então, os seguidores se dividiram, uns aguardando al-Mahdi na saída de uma caverna e os demais seguindo Nusayri. Os alauítas constituem, também, uma vertente mais mística do Islã shia'a, pois acreditam na reencarnação.

[4] N.E.: Para os muçulmanos sunitas os alauítas são considerados hereges, ao contrário do que a propaganda sunita ortodoxa divulga, os alauítas seguem o Corão e os Cinco Pilares do Islã, sendo, portanto, mais liberais em algumas práticas, uma vez que, para eles, o Islã, deve se adequar aos tempos.

governo e oficiais do exército. Em 2000, Bashar Asad sucedeu seu pai como Chefe de Estado. A partir da década de 1970, os `alauitas ficaram publicamente mais próximos do Islã duodecimano.[5] Tradicionalmente, os `alauitas, como os drusos, foram considerados como hereges que haviam abandonado o Islã. Mas em 1973, o clérigo chefe shia'a duodecimano no Líbano, Musa Sadr, emitiu um decreto (*fatwa*) declarando que os `alauitas são muçulmanos.

No passado, os `alauitas subestimaram os rituais islâmicos, como o jejum, a oração e as abluções (purificações) e observaram os festivais cristãos, como o Natal, a Epifania e o Pentecostes. A influência cristã pode ter resultado de contatos durante as cruzadas cristãs. A teologia `alauita tradicional enfatizava a tríade de `Ali (O *ma`na* significa o "verdadeiro significado de Deus"), Muhammad (o *ism* é o nome; *hijab* significa "véu do verdadeiro nome") e Salma al-Farisi (o *bab* ou portão que serviu como mediador entre os crentes e a manifestação de Deus). Salma al-Farisi foi o companheiro iraniano de Muhammad.

Alevitas

SE LIGA!

Algumas pessoas acham que alevitas e os `alauitas são a mesma coisa. Apesar da similaridade dos nomes e proximidade dos locais onde se situam os dois grupos (e apesar do que você possa ler ocasionalmente), os alevitas não são o mesmo que os `alauitas.

Os alevitas são uma comunidade étnica/religiosa turca, concentrada no centro de Anatólia e sudeste da Turquia. Os alevitas constituem entre 15% e 30% da população da Turquia (entre 6 e 20 milhões). As organizações alevitas são ativas entre os emigrantes turcos, especialmente os "trabalhadores convidados" da Alemanha (nas décadas de 1960 e 1970, a Alemanha instituiu um programa formal para migrantes desempregados). Cerca de 25% dos curdos turcos são alevitas. Um fator complicador é a sobreposição entre alevitas e a ordem sufi Baktashi (veja os Capítulos 2 e 13). A ordem Bektashi não é, todavia, limitada aos alevitas ou à Turquia. Uma pessoa ingressa nessa ordem sufi, mas é nascida na comunidade alevita, que não gosta do casamento fora da comunidade.

Os alevitas deram menor atenção aos rituais muçulmanos tradicionais, como a oração, a *hajj*, a *saum* (ou jejum) durante o *Ramadã*, e frequentar a mesquita. Para eles, a verdadeira *hajj* é *a* do coração e não a aderência formal a rituais externos. Eles jejuam, mas durante os primeiros 12 dias do *Muharram* (o primeiro mês) em memória dos 12 *imames*. Como os `alauitas, os rituais alevitas parecem ter sido influenciados pelo contato com outras religiões. Os alevitas observam o festival Augusto em honra a Haci Bektash Veli, o fundador da ordem sufi Bektash. Esse festival parece ter sido apropriado pelo governo como uma atração turística, o que diminui seu caráter religioso.

[5] N.E.: Ao assumir o poder, Hafez al-Assad para mostrar a filiação dos alauítas ao Islã começou a rezar nas mesquitas ao lado de sunitas e com a Revolução Iraniana (1978) aproximou-se do Irã reiterando o vínculo alauíta com o xiismo duodecimano.

LEMBRE-SE

O *Cem* é o principal festival religioso anual dos alevitas. Até recentemente, ele era celebrado à noite e em segredo. O Cem celebra a jornada divina de Muhammad (*mi`raj*), contempla o sofrimento de Hussein e dos 12 *imames*, e inclui uma refeição sacramental e uma bebida alcoólica sacramental, entoar de hinos, danças e o acender de velas.

Os alevitas tiveram relacionamentos variados com o Estado turco moderno. Tendo sido oprimidos pelos otomanos, eram grandes apoiadores de Ataturk, o pai da Turquia moderna. O Estado secular de Ataturk oferecia aos alevitas uma maior liberdade religiosa e cultural. Além disso, em virtude do receio que nutriam da influência sunita, muitos jovens alevitas identificaram-se com partidos políticos esquerdistas, pois viam uma ligação entre a política esquerdista e a agenda econômica e ênfase alevita na igualdade das mulheres, justiça aos pobres e tolerância. Geralmente, os sunitas desdenham os alevitas e, em algumas ocasiões, multidões sunitas têm agido de maneira violenta contra alevitas locais.

Os esforços da Turquia moderna em criar uma identidade turca unificada bateram de frente com os desejos dos alevitas e curdos[6] de manter sua própria cultura. Na década de 1980, o governo começou a apoiar a religião sunita e, em reação, os alevitas passaram a promover abertamente sua própria identidade cultural e religiosa. Eles afirmavam ser verdadeiros muçulmanos, verdadeiros turcos e verdadeiros anatolianos, em contraste com o sunismo, que os alevitas diziam ser uma distorção árabe legalista do Islã.

Ahmadis

No final dos anos 1800, um muçulmano indiano chamado Mirza Ghulam Ahmad (1835 a 1908) anunciou que era um renovador do Islã (*mujaddid*), a segunda vinda do espírito de Jesus, o *Mahdi* islâmico, e o último avatar do deus hindu Vishnu. Jesus, ele disse, não havia morrido na cruz nem sido levado aos céus, como dizem os muçulmanos. Em vez disso, tinha se mudado para a Índia, vivido até os 120 anos e foi enterrado em Srinagar. O movimento iniciado por Ahmad é chamado de Ahmadis.

SE LIGA!

Há uma ordem sufi ahmadis na África que não tem relação com o movimento indiano.

Depois da morte de Ahmad, um conselho elegeu um sucessor chamado de "vice-rei do Messias" (*khalifat al-Masih*). Houve quatro vice-reis, três deles descendentes de Ahmad. A morte do primeiro sucessor causou uma divisão no grupo. Os Lahoritas (assim chamados pois sua sede fica em Lahore) acreditavam que o movimento deveria ser governado coletivamente. Os lahoritas também acreditavam que Ahmad era apenas um renovador. Ao não o chamarem de profeta, permaneceram próximos do Islã ortodoxo.

O outro grupo, os Qadianis (nomeados em honra ao local de nascimento de Ahmad), acredita que Ahmad era um profeta, mas não do mesmo tipo de Muhammad. Por

[6] N.E.: Curdo não é grupo religioso.

causa dessas afirmações, a maioria dos muçulmanos não considera que os ahmadis sejam muçulmanos. Uma lei de 1984, no Paquistão, proíbe o grupo de se apresentar como muçulmano em qualquer hipótese, incluindo chamar seus lugares de adoração de "mesquitas". Os Ahmadis Qadiani, por outro lado, consideram-se como os únicos muçulmanos verdadeiros.

Ambos os grupos Ahmadis empreenderam um programa missionário de sucesso no oeste da África, Europa, Américas, e no sul e sudeste da Ásia. Estima-se que, na atualidade, os adeptos superem dez milhões de pessoas. A eficiência organizacional conta como parte desse êxito. Os Ahmadis estabeleceram hospitais e escolas e têm um programa ativo de publicações em várias línguas, incluindo o inglês. É deles a primeira tradução do Corão para o suaíli, a língua predominante no leste da África. Embora não ortodoxos e até não muçulmanos em suas crenças, os Ahmadis são um exemplo de modernização intencional e de sucesso por um grupo muçulmano.

Baha'is

Baha'is é frequentemente considerada a maior das principais religiões universais. A religião originou-se no Irã com Sayyid Mirza `Ali Muhammad, uma pessoa que, em 1848, afirmou ser o *bab* ("Portão"), e o precursor de uma nova manifestação de Deus. Seus seguidores eram conhecidos como os Babis. Um de seus seguidores, Baha' Ullah, em 1863, afirmou publicamente ser a nova manifestação. Preso "pelo conjunto da obra", mas propagando ativamente o movimento, Baha' Ullah foi sucedido por seu filho e bisneto. O movimento cresceu com rapidez, e hoje tem cerca de sete milhões de membros. O maior grupo fica na Índia (dois milhões). Baha'is são encontrados em mais de 220 países, incluindo 1,7 milhão na África e 600.000 nos Estados Unidos (onde surgiram a partir de 1894).

Ensinamentos baha'is

Os escritos do Bab, Baha' Ullah, e seu filho e neto, constituem as escrituras Baha'i. Os baha'is acreditam em revelação progressiva. Deus envia um novo mensageiro em cada nova era. A mensagem de Jesus visava a perfeição do indivíduo, a de Muhammad a perfeição da comunidade, e a de Baha' Ullah a perfeição da humanidade. Outros mensageiros podem vir depois de Baha' Ullah, mas não antes de 1.000 anos. Os baha'is buscam ativamente a igualdade entre homens e mulheres, a igualdade racial, a justiça econômica para todos, a educação universal e a paz mundial. Os baha'is acreditam em uma alma imortal, que progredirá em direção à salvação em um reino espiritual depois da morte.

Rituais baha'i

O Baha'ismo se apresenta como uma religião racional, moderna, progressista, socialmente envolvida e não ritualística. Os baha'is oram três vezes por dia, mas não em grupo. O Baha'ismo dividia o ano em 19 meses de 19 dias cada (mais 4 ou 5 dias extras no final). Uma vez por mês, os baha'is se reúnem para ler escrituras e realizar discussões. No último mês do ano, jejuam do amanhecer ao anoitecer. O calendário é solar, com o novo ano ocorrendo no equinócio vernal (primavera) e inclui um número especial de dias ao longo do ano.

Organização baha'i

O Baha'ismo é organizado em uma forma de democracia representativa multinível. Existe uma assembleia espiritual local onde quer que vivam nove baha'is. Os baha'is locais elegem um conselho governante local de nove membros. Os conselhos locais elegem representantes para a assembleia nacional. A cada cinco anos, os representantes eleitos participam de uma reunião com o corpo diretor baha'i mundial, a Casa Internacional de Justiça em Haifa, Israel (formada em 1962).

INDO MAIS FUNDO

A sede, localizada no monte de Haifa com vista para o Mediterrâneo, já linda, foi ampliada em 2001 dispondo de uma série de terraços encosta abaixo em direção ao mar. Os templos baha'is, todos com nove lados, são situados em sete outros locais ao redor do mundo, incluindo Willamette, Ilinois.

LEMBRE-SE

Dentre os vários grupos discutidos neste capítulo, o Baha'ismo é o que mais claramente se constitui em uma nova religião, não muçulmana. Sendo uma ramificação do Islã, os baha'is sofreram discriminação e perseguição, especialmente no Irã desde o estabelecimento da república islâmica em 1979.

NESTE CAPÍTULO:

Institucionalizando o Islã nos Estados Unidos

Vivendo como um muçulmano nos Estados Unidos

Capítulo 15
Islã nos EUA

Os Estados Unidos exibem uma das maiores diversidades religiosas do mundo. Em decorrência da liberdade religiosa e da imigração, o Islã norte-americano é o mais diversificado com relação a qualquer outro lugar. Há 30 ou 40 anos, alguns norte-americanos nada sabiam sobre o Islã. Hoje, de acordo com uma pesquisa de 2002, 28% dos norte-americanos conhecem pessoalmente um muçulmano. Os Estados Unidos passaram de uma nação protestante para uma nação protestante/católica, depois, para uma nação protestante/católica/judaica e, agora, são um país cristão/judaico/muçulmano, além de muitas outras fés.

Obtendo uma Visão Geral

Esta seção lhe dá uma imagem rápida da população muçulmana americana de hoje e uma visão geral de suas origens.

Observando as origens muçulmanas nos Estados Unidos

Os muçulmanos norte-americanos são formados por quatro grupos principais:

- De acordo com dois estudos mais recentes, muçulmanos afro-americanos representam algo como 20% a 30% de todos os muçulmanos norte-americanos. Pelo menos 68% dos muçulmanos convertidos são afro-americanos. Embora o Islã tenha minguado amplamente entre afro-americanos até a metade do século XIX, muitos deles olham com orgulho para a porcentagem substancial de seus ancestrais (talvez até 30% na Carolina do Sul) que eram muçulmanos praticantes quando foram trazidos como escravos para os Estados Unidos.
- Imigrantes (primeira, segunda e terceira gerações), enquanto grupo, constituem a porcentagem mais alta de muçulmanos norte-americanos, estimando-se que de 10% a 20% sejam muçulmanos shia'as. O *Mosque Study* de 2002 lista 33% de sul asiáticos (incluindo afegãos), 25% de árabes, 2,1% dos balcãs e tártaros (principalmente vindos de áreas da antiga U.R.S.S.), 1,3% do sudeste asiático (principalmente Malásia e Indonésia), 1,1% de turcos e 0,7% de iranianos. Os números iranianos pouco expressivos podem refletir uma representação baixa de mesquitas shia'as no estudo. Além disso, muitos estudantes muçulmanos estrangeiros se estabelecem nos Estados Unidos.
- Uma estimativa de 20.000 a 50.000 norte-americanos brancos não imigrantes converteram-se ao Islã. Norte-americanos brancos, de acordo com o *Mosque Study*, formam apenas 1,6% de todos os muçulmanos norte-americanos. O mais conhecido entre os primeiros norte-americanos brancos convertidos foi Mohammed Alexander Webb, que estava servindo como conselheiro dos EUA (1887 a 1892) para os filipinos quando se converteu. Ele representou o Islã no Parlamento Mundial de Religiões de 1893 em Chicago. Além de contrair núpcias com um muçulmano, explicam a conversão de brancos, entre outros fatores, a simplicidade do Islã, sua postura enfática em favor da igualdade racial e seu sentido de comunidade. Os convertidos frequentemente se tornam porta-vozes articulados do Islã.
- Grupos sectários incluem os Ahmadis e os Drusos (veja o Capítulo 14). Vários destes últimos emigraram para os Estados Unidos, mas os drusos não procuram converter ninguém.

Uma imagem rápida dos muçulmanos norte-americanos hoje

A primeira pesquisa aprofundada de muçulmanos norte-americanos foi conduzida em novembro de 2001, pelo projeto MAPS (em inglês, Muslims in the American Public Square) do Center of Muslim-Christian Understanting da Universidade de Georgetown, em associação com a organização de pesquisas Zogby International. De acordo com os resultados da pesquisa:

- Cerca de 36% de todos os muçulmanos norte-americanos nasceram nos Estados Unidos e 19% são convertidos.
- Os homens significam 56% dos muçulmanos norte-americanos, e 58% são estudantes universitários.
- Na faixa etária entre 30 a 49 anos estão 51% deles, enquanto 23% dos muçulmanos norte-americanos adultos têm de 18 a 21 anos.
- Cinquenta por cento têm uma renda maior que $50.000.
- Vinte e dois por cento são profissionais (como engenheiros) e 10% estão na profissão médica.
- Vinte e quatro por cento vão à mesquita semanalmente para a oração de sexta-feira e 49% dizem que compareceram à *salat* na mesquita na última semana.
- Deles, 66% realizam pelo menos uma das cinco *salat* diárias, enquanto 47% observam regularmente todas as cinco (veja o Capítulo 9).
- Em questões sociais e políticas americanas, mais de 55% são a favor da oração na escola e gostariam de ver os Dez Mandamentos afixados, aprovam o financiamento estudantil, aprovam a pena de morte, gostariam de banir a pornografia, são opostos à legalização do casamento gay e contra o aborto sem restrições. Mais de 90% apoiam a assistência médica universal fornecida pelo governo norte-americano, programas antipobreza e ações de proteção ambiental.

Calculando os números

SE LIGA!

Ao longo da última década, segundo as estimativas, o total de muçulmanos norte-americanos cresceu rapidamente até que, em 2001, números de seis a dez milhões eram frequentemente mencionados. Caso isso seja verdadeiro, a população muçulmana dos EUA é maior que a população judaica deste país. Alguns estudos recentes expressam dúvidas sobre esses números, especialmente porque as pesquisas indicam, consistentemente, que não mais do que 4% da população pertence a religiões não cristãs. Se o número de 4% for correto, o número total de muçulmanos, hindus, budistas e outras religiões não cristãs somaria não mais de 8,5 milhões. Os dados lançados mais recentemente estão contidos no *The North American Muslim Resource Guide* (2002). Usando uma variedade de fontes, Mohmamed Nimer estima um total de 3,5 milhões de muçulmanos, com um mínimo de 2,5 milhões e um máximo de 4,4 milhões. Quando você ler estimativas específicas, lembre-se do seguinte:

LEMBRE-SE

- Números precisos de afiliação religiosa são difíceis de determinar.
- A população muçulmana americana expande-se rapidamente desde 1970.
- Dadas as taxas de nascimento e a contínua imigração, dentro dos próximos 15 anos o Islã se tornará a segunda maior religião do país — se já não for.
- Alegações de que existam de oito a dez milhões de muçulmanos hoje em dia são, provavelmente, exageradas. Entre dois e cinco milhões é um número mais provável.
- A população dos Estados Unidos é e permanecerá predominantemente cristã no futuro previsível. A segunda maior categoria depois do Cristianismo hoje é "nenhuma religião organizada".

Organizando a Comunidade Muçulmana

Para os muçulmanos que vieram aos EUA na primeira onda de imigração, estabelecer organizações muçulmanas não era uma prioridade.

Construindo mesquitas (*masjids*)

Em 1900, muçulmanos em Ross, Dakota do Sul, realizaram o mais antigo serviço de orações registrado. Primeiro, as comunidades locais se encontravam em casas e alugavam instalações. À medida que mais imigrantes chegavam, a primeira preocupação institucional era estabelecer uma mesquita local. Às vezes, muçulmanos locais convertiam uma igreja ou escola para usar como uma mesquita. Portanto, não havendo muita semelhança com uma mesquita típica, um transeunte casual não as reconheceria como tal.

LEMBRE-SE

As primeiras mesquitas localizavam-se na cidade de Michigan, Indiana (1914), Maine (1915), Connecticut (1919) e Ross, Dakota do Sul (1920). A estrutura mais antiga construída como uma mesquita e que ainda está de pé fica em Cedar Rapids, Iowa (1934). Ela é referida como a "Mesquita Mãe" dos Estados Unidos. A primeira mesquita canadense registrada foi construída em 1938 e a primeira mesquita da Costa Oeste de Sacramento é de 1947. A primeira mesquita shia'a foi construída em Dearborn, Michigan (1963).

Em 2002, o *Mosque Report* listou 1.118 mesquitas, um aumento de 25% ao longo de 1994. Trinta por cento foram iniciadas na década de 1990 e 87% fundadas depois de 1970. Até hoje, apenas 25% das mesquitas foram construídas como mesquitas, embora estas incluam uma série de estruturas impressionantes quanto ao estilo, variando de mesquitas tradicionais do Oriente Médio até estruturas modernistas. O maior número de mesquitas está em Nova York, Califórnia e Illinois.

Além das mesquitas, os muçulmanos construíram centros culturais e escolas. Frequentemente, no mesmo complexo são exercidas todas as três funções (oração, funções comunitárias e educação de período parcial ou integral). Vinte e um por cento das mesquitas incluem escolas de período integral e algumas das maiores escolas muçulmanas são instituições independentes não vinculadas a uma mesquita específica. Das escolas de período integral, 2/3 oferecem apenas o ensino fundamental. Muito mais mesquitas (71%) têm algum tipo de programa educacional de final de semana, com metade delas oferecendo programas apenas para crianças. Algumas têm ofertas mais extensivas, incluindo aulas de árabe em 57% das mesquitas.

DICA

Embora muitas das primeiras mesquitas não tenham liderança religiosa profissionalmente treinada, à medida que a comunidade expandia, os *imames* treinados tornaram-se importantes para a comunidade. Ainda que alguns passos tenham sido tomados em direção ao treinamento do clero muçulmano nos Estados Unidos, a maioria dos *imames* treinados classicamente foram recrutados do exterior. (A maioria dos muçulmanos norte-americanos que querem uma formação acadêmica clássica vão para uma escola do tipo al-Ahzar no Cairo.) Note-se que 55% das mesquitas não tem nenhum funcionário remunerado de período integral. Não obstante um *imame* do exterior possa ter uma excelente base no currículo acadêmico tradicional, frequentemente tem familiaridade limitada com a cultura americana e uma compreensão inadequada do inglês. Ele pode ser um excelente recurso para respostas a perguntas sobre a lei islâmica, mas pode estar mal preparado para outros papéis não tradicionais que cada vez mais se espera de um *imame* norte-americano. Entre essas expectativas, estão a de ser um conselheiro, arrecadador, administrador, educador e embaixador do Islã na comunidade não muçulmana. O treinamento de liderança é um dos desafios encarados pelos muçulmanos norte-americanos.

Estabelecendo organizações muçulmanas nacionais

À medida que o número de comunidades muçulmanas cresceu, a necessidade de instituições cooperativas para fornecer uma gama maior de serviços aumentou. A Federation of Islamic Associations (FIA), fundada em 1952, foi a primeira instituição nacional. Hoje, a maior delas é a Islamic Society of North America, estabelecida em 1982 (em Plainfield, Indiana). A ISNA é uma organização que engloba muitas associações especializadas e envolvidas provenientes da Muslim Student Association, fundada em 1963. A MSA é ativa em muitos campi universitários. Organizações membros da ISNA incluem a Association of Muslim Social Scientists (AMSS, 1972), a Islamic Medical Association (IMA, 1967), a Muslim Youth of America (MYA), a North American Islamic Trust (publicações e outros serviços) e muitas outras. A ISNA sedia uma convenção anual no feriado do Dia do Trabalho, que em 2002 contou com 30.000 participantes. A ISNA contribui com fundos para *zakat* (caridade; veja o Capítulo 9), publica uma revista bimestral (*The Horizon*), organiza conferências especiais (sobre o Islã nos Estados Unidos, Islã e a internet e outros tópicos), traz alunos para Plainfield para atividades de verão e muito mais.

INDO MAIS FUNDO

Outras organizações nacionais incluem o Islamic Circle of North America (ICNA, 1971); a Islamic Assembly of North America (IANA), com sua ênfase em *da`wa* (evangelismo islâmico); e o International Institute of Islamic Thought (IIIT), um grupo de reflexão islâmico fundado em 1981. Outros grupos nacionais (e internacionais) servem aos shia'as duodecimanos, shia'as ismaelitas, ahmadis e baha'is (veja o Capítulo 14). A Muslim American Society (MAS), que inclui majoritariamente mesquitas muçulmanas sunitas negras, e a muito menor Nation of Islam também sediam convenções anuais. Um National Shura Council inclui representantes da ISNA, ICNA, MAS e da comunidade Imame Jalil al-Amim para coordenar questões como determinar quando o *Ramadã* tem início.

Outras organizações muçulmanas têm função política.

- O CAIR (Council on American-Islamic Religions, 1994) é dedicado a combater a discriminação contra muçulmanos. O CAIR tem uma linha direta para reportar incidentes de discriminação e cobertura injusta de notícias. O CAIR também fornece serviços de mediação para casos de discriminação religiosa no trabalho e distribui kits de informação para a mídia local, escolas públicas e bibliotecas, e um conselho de relações-públicas para mesquitas locais.
- O American Muslim Counsil (AMC, 1990), além de combater a discriminação, atua no registro de eleitores e como lobby político para dar voz ativa aos muçulmanos norte-americanos na arena governamental.
- O MPAC (Muslim Political Action Committee, 1988) e o AMA (American Muslim Alliance, 1992) têm interesses similares ao AMC.
- Essas quatro organizações (e três outras) formaram o AMPCC (American Muslim Political Coordination Council) em 1998.

Restabelecendo uma Comunidade Muçulmana Negra

LEMBRE-SE

Por volta de 1900, o Islã tinha praticamente desaparecido entre os descendentes de antigos escravos nos Estados Unidos. Claro, o racismo não havia desaparecido nos Estados Unidos e a religião era uma das maneiras dos afro-americanos tentarem afirmar sua identidade e reivindicar seu lugar nos Estados Unidos. A maioria dos afro-americanos eram e permanecem cristãos. Mas alguns afro-americanos rejeitaram o Cristianismo e voltaram-se para a religião que muitos de seus ancestrais haviam praticado — o Islã. Esta seção traça o desenvolvimento do Islã afro-americano centrando-se em seus líderes-chaves.

Noble Drew Ali

O Moorish Science Temple of America é o primeiro movimento islâmico explícito nos Estados Unidos. Timothy Drew, seu fundador, nasceu em 1886 na Carolina do Norte. Pouco se sabe sobre seus primeiros 25 anos, mas as várias lendas sobre ele realçam a aura de mistério que era parte de seu apelo. Ele era um descendente de Bilali Mahomet ou um escravo descendente criado por índios Cherokee? Ele viajou para o Egito quando era adolescente e aprendeu os segredos da religião egípcia antiga? Ele esteve na Arábia Saudita e fez o Rei de Marrocos comissioná-lo para pregar o Islã nos Estados Unidos? O certo é que, em 1913, ele estava no norte, havia mudado seu nome para Noble Drew Ali, e fundou o primeiro Templo Mouro em Newark, New Jersey. Noble Drew Ali combinou elementos de várias fontes diferentes: o pan-africanismo de Marcus Garvey, Cristianismo, Islã, teosofia e maçonaria.

INDO MAIS FUNDO

Os elementos islâmicos incluíam a afirmação de Noble Drew Ali de ser o último dos profetas de Alá e seu *Holy Koran* (o *Circle Seven Koran*), composto em 1927. O *Holy Koran* de 64 páginas de Ali tinha pouca semelhança com o Corão islâmico. Ele continha elementos significantes da Bíblia, evangelhos "de Jesus" apócrifos e textos rosa-cruzes (uma forma de maçonaria) além de material do Corão. Ali ensinou que afro-americanos eram *asiáticos* que podiam traçar sua ancestralidade até Marrocos e, além disso, até Jesus. Afro-americanos deveriam abandonar sua identidade e religião escrava e reivindicar sua hereditariedade. Os convertidos geralmente abandonavam seus (sobre) nomes escravos, substituindo por EL ou Bey e carregavam um cartão de identidade nacional. Os homens frequentemente usavam um fez[1] e as mulheres um turbante branco. Eles evitavam carne de porco (considerada como comida de escravo) e álcool.

O movimento era atraente para negros pobres que formaram a primeira "Grande Migração" do sul para o norte urbano de 1915 a 1930. No fim da década de 1920, existiam 30.000 mouros norte-americanos na maioria das principais cidades do centro-oeste e nordeste. Em 1929, Ali foi preso por conexões com o assassinato de seu rival. Solto da cadeia, morreu no mesmo ano sob circunstâncias misteriosas, mas o movimento continuou a crescer. Apenas na década de 1950 a Nação do Islã superou-a em associações. Embora bem menor, o Templo Mouro ainda está ativo hoje.

Wallace D. Fard

Como no caso de Noble Drew Ali, várias lendas cercam as origens de Wallace D. Fard. Ele era um árabe de Meca, ou talvez um turco, ou talvez da Jamaica, se não da Nova Zelândia ou Los Angeles. Ele usou uma variedade de nomes durante sua vida. Apareceu pela primeira vez em Detroit em 1930 como um vendedor ambulante de sedas e itens islâmicos e estabeleceu sua versão não ortodoxa do Islã entre convertidos que inicialmente se encontravam em residências. Os problemas com a polícia e acusações de sacrifício humano por parte de membros de seu "Lost-Found Nation of Islam in the Wilderness of North America" levaram-no à prisão em 1932. Refugiado em

[1] N.E.: O fez, conhecido também como tarbush, é um pequeno chapéu de *feltro* ou pano muitas vezes utilizados em conjunto com um *turbante*. Ele é muito usado por muçulmanos, apesar de não ser esse uso obrigatório.

Chicago por Elijah Muhammad, que surgiu para ser seu tenente-chefe, ele desapareceu depois de 1934. O que aconteceu e quem foi responsável nunca foi descoberto.

INDO MAIS FUNDO

De acordo com Fard, afro-americanos eram asiáticos, membros da "tribo perdidos e agora encontrados de Shabazz". Comerciantes brancos escravizaram os ancestrais de afro-americanos de Meca quase 400 anos atrás. A missão de Fard era resgatar e restaurar essa tribo. Conforme uma história sagrada criada por Fard, um cientista malvado da tribo de Shabazz foi expulso de Meca. Pela engenharia genética, ele criou a raça branca que, depois, escravizou os negros. O dia da batalha apocalíptica final prevista no livro das Revelações está próximo. Nessa batalha, que ocorrerá nos Estados Unidos, os negros triunfarão sobre os brancos e reivindicarão sua liberdade e independência.

Fard apresentou-se como semidivino. Para seus seguidores anteriormente cristãos, ele era uma figura como Cristo ou, em termos islâmicos, um Mahdi. Ele pregava uma mensagem de separatismo racial, nacionalidade independente (os membros não se consideravam cidadãos norte-americanos) e independência econômica. Os membros levavam um estilo de vida austero: trabalho duro, uma refeição por dia, nada de carne de porco, álcool ou apostas. As escolas e os negócios eram estabelecidos para buscar os objetivos de Fard. Ele também fundou o Fruit of Islam, um grupo paramilitar que era o exército, a força policial e a força de segurança da nação.

Elijah Muhammad

Felizmente para seu futuro, a Nação Islâmica teve em Elijah Muhammad um novo líder em potencial tão carismático quanto W. D. Fard. Nascido como Elijah Poole na Geórgia, ele se mudou para Detroit em 1922 e trabalhou na fábrica da Chevrolet como operário especializado. Sua esposa, Clara, que desempenharia um papel importante no movimento na década de 1940 quando Elijah Muhammad estava na cadeia, pode tê-lo induzido primeiramente a ir a uma reunião da Nação Islâmica. Rapidamente, Elijah foi promovido para tornar-se o ministro-chefe de Fard. Se Fard era, de alguma maneira, Deus, então Elijah Muhammad era seu profeta final.

Após o desaparecimento de Fard, Elijah Muhammad mudou a sede do grupo para Chicago. Pelos próximos sete anos, ele viajou como um pregador itinerante espalhando a mensagem do movimento e sobrevivendo a uma série de desafios em sua liderança. Em 1942, Elijah foi preso por incitar seus seguidores a não se registrarem para o recrutamento. Sua esposa manteve o movimento vivo até sua soltura em 1946. Na época, a Nação era ainda bem pequena, tendo templos apenas em Chicago, Milwaukee, Detroit e Washington D.C. Com a segunda grande onda de migração de negros para o norte depois da II Guerra Mundial, a Nação começou a se expandir rapidamente na década de 1950. Negócios, templos e atividades educacionais da Nação se multiplicaram. Elijah Muhammad fez sua *hajj* em 1959, ganhando um grau de legitimidade para o movimento, embora as organizações muçulmanas mais ortodoxas rejeitem oficialmente a Nação como uma forma legítima de Islã. Elijah morreu em 1975.

Malcolm X

Malcolm Little nasceu em Omaha em 1925. Seus pais eram membros ativos na United Negro Improvement Association de Garvey, postura que levou à expulsão da família da cidade. Após estabelecerem-se em Detroit em 1929, a casa da família foi incendiada e seu pai foi morto em 1931. Na década de 1930, Malcolm foi colocado em lares adotivos e em um centro de detenção juvenil. Ele mudou-se em 1940 para viver com sua meia-irmã mais velha em Boston, onde envolveu-se em crimes de rua e drogas. Depois de mudar-se para o Harlem, na cidade de Nova York, acabou na prisão entre 1946 e 1952. Prisioneiro, converteu-se para a Nação Islâmica. Malcolm transformou-se, aproveitando integralmente as oportunidades educacionais da prisão. Ao obter liberdade condicional em 1952, ficou conhecido como Malcolm X (o X substituindo seu nome de escravo). Três de seus irmãos já eram ativos na Nação.

Malcolm devotou todas as energias à Nação. Depois de liderar templos em várias cidades grandes, ele se tornou ministro-chefe — a posição número dois — e chefe do Templo de Detroit #1 em 1957. O número de associados cresceu até cerca de 40.000. O ministério da prisão, já importante, tornou-se ainda mais relevante em decorrência da própria experiência de Malcolm como um prisioneiro jovem e negro. Malcolm centrou seus apelos nos afro-americanos jovens e tornou-se algo como uma estrela midiática. Elijah Muhammad enviou Malcolm em uma turnê no centro-leste e oeste da África em 1959. De seus estudos, assim como dos contatos feitos na turnê, Malcolm começou a ter dúvidas sobre algumas das doutrinas e práticas da Nação que divergiam do Islã ortodoxo. Malcolm passou a ver o destino dos afro-americanos como vinculado aos movimentos de libertação mundiais e ao Islã mundial. Um documentário da rede de televisão CBS em 1959 sobre a Nação Islâmica, embora contrário a ela, deu uma exposição nacional favorável para Malcolm X.

INDO MAIS FUNDO

À medida que brilhava a estrela de Malcolm, rachaduras apareciam no relacionamento quase de pai e filho entre Malcolm X e Elijah Muhammad. As raízes da separação entre os dois homens foram múltiplas. A inveja pode ter tido uma participação. Malcolm ficou desapontado quando lhe pareceu que Elijah estava envolvido em relações ilícitas com seus secretários. Elijah proibiu Malcolm de organizar protestos depois que um amigo seu, Ronald Stokes, foi morto pela polícia de Los Angeles, em 1962. E também ordenou silêncio a Malcolm por três meses devido a comentários que este fizera sobre as "galinhas terem voltado ao poleiro" referindo-se à morte do Presidente Kennedy. Diferenças políticas sobre a futura direção da Nação e o relacionamento com o Islã ortodoxo aumentaram as tensões. Assim como ocorrera na década de 1930, o FBI estava ativo, promovendo a cizânia entre os que eram considerados grupos negros não norte-americanos radicais. O clímax, reconhecido como tal, da peregrinação espiritual de Malcolm foi sua *hajj* em 1964, aliada às visitas à Nigéria e Gana em seu retorno de Meca. Ao retornar, e sob severo ataque, afastou-se da Nação em março de 1964, fundou uma mesquita sunita ortodoxa na cidade de Nova York e mudou seu nome para El Hajj Malik El-Shabazz. Rumores de planos para assassinar Malcolm X viraram fato quando foi morto em 21 de fevereiro de 1965. O caso nunca foi resolvido, embora não faltem teorias.

Warith Deen Mohammed

W. D. Muhammad nasceu em 1933, sendo nomeado Wallace D. em homenagem a W. D. Fard. Mais tarde, mudou seu nome para Warith Deen Mohammed ("herdeiro da fé"). Seu pai, Elijah Muhammad, enviou a ele e seu irmão para estudar em al-Azhar no Cairo. Estudante compenetrado do Islã, W. D. Mohammed começou a perceber que muitas das crenças e práticas da Nação eram contrárias ao Islã. Ele mais tarde diria que seu pai estava ciente disso, mas sentiu que sua versão do Islã era necessária para afro-americanos da época. Warith D. Mohammed era amigo de Malcolm X, mesmo quando Malcolm X caiu em desfavor. Doente em seus anos finais, Elijah desejava que a liderança da Nação permanecesse na família e renomeou Warith como ministro-chefe em 1974.

INDO MAIS FUNDO

A despeito da oposição limitada de alguns, Warith assumiu o controle do movimento em 1975, e em 1978 havia colocado várias ações em prática para levar o movimento em direção ao Islã sunita ortodoxo, como as seguintes:

- Rejeitou o racismo, permitindo que brancos se juntassem ao movimento.
- Eliminou a exigência de uma nação negra separada nos Estados Unidos.
- Refutou qualquer afirmação de divindade e profecia da parte de Fard e Elijah Muhammad, ainda que honrando-os por seus papéis no movimento.
- Reconheceu as contribuições de Malcolm X.
- Dispersou a força de segurança Fruit of Islam, e vendeu a maioria das empresas econômicas da Nação.
- Instituiu várias mudanças rituais: *salat* cinco vezes por dia, celebração do *Ramadã* nos horários normais para muçulmanos, substituindo "templo" por *masjid* (mesquita) e usando tapetes de oração em vez de bancos no salão da mesquita.

LEMBRE-SE

Sob W. D. Mohammed, o movimento e seu jornal (agora o semanal Muslim Journal) passaram por várias mudanças de nome; até hoje é conhecido como a Muslim American Society. O governo era descentralizado, então, apesar de chefe e líder espiritual reconhecido, W. D. Mohammed não possui autoridade administrativa absoluta. A MAS é agora reconhecida por outros muçulmanos como um movimento muçulmano sunita ortodoxo e W. D. Mohammed transformou-se no responsável por certificar muçulmanos norte-americanos que desejarem fazer a hajj. Enquanto muitos muçulmanos afro-americanos adoram em mesquitas que não são predominantemente negras, a maioria (talvez 90%) pertence às mesquitas do MAS.

Revivendo a Nação Islâmica

Nem todos ficaram felizes com as mudanças efetuadas por W. D. Mohammed. Louis Farrakhan nasceu como Louis Eugene Wolcott, em 1933, e converteu-se à Nação depois de conhecer Elijah Muhammad em 1955. Como Malcolm X (que tinha uma grande influência), Farrakhan é um orador poderoso. Em 1978, ele rompeu com W. D.

Mohammed para organizar uma "nova" Nação Islâmica baseada nos ensinamentos originais de Elijah. A força de segurança Fruit of Islam foi reestabelecida.

INDO MAIS FUNDO

Quando norte-americanos não muçulmanos ouviram sobre muçulmanos negros, pensaram mais provavelmente no grupo de Farrakahn e não no muito maior MAS. A mídia concentra-se mais em Farrakhan porque suas afirmações controversas chamam muito mais a atenção do que aquelas de W. D. Muhammad.

- Farrakhan provavelmente ganhou mais visibilidade por organizar a Marcha de Um Milhão de Homens em 1955 em Washington, D.C. Seu apelo estende-se muito além daqueles que pertenceram à Nação Islâmica, como revelado pelo diversificado grupo de líderes e seguidores que participaram desse evento.
- Farrakhan é tristemente famoso por suas observações antissemitas, incluindo as acusações de que os judeus são os principais responsáveis pelo tráfico de escravos. Ele também é relatado como tendo dito, na década de 1980, que Hitler era um grande homem.
- Alguns episódios locais da Nação Islâmica foram elogiados pelos esforços em conter o tráfico de drogas e guerras de gangues em bairros do interior da cidade.
- No Dia do Salvador do ano de 2000 (a convenção anual da Nação Islâmica), Farrakhan anunciou sua proximidade com o Islã ortodoxo e ele e Warith Deen Mohammed abraçaram-se no palco. A Nação agora observa as orações de sexta-feira e celebra o *Ramadã* de acordo com o calendário lunar muçulmano.

Shia'as nos Estados Unidos

Os shia'as constituem de 10% a 20% dos muçulmanos norte-americanos, segundo algumas estimativas. Em cidades menores, os shia'as dispõem-se a frequentar a mesquita sunita local. Em cidades maiores, os shia'as terão suas próprias mesquitas ou até mesquitas shia'as diferentes para shia'as de origens étnicas diferentes. Parcialmente, isso se deve ao fato de que os shia'as de vários países diferem em como observam *'ashura'*, o martírio do *Imame* Hussein (veja o Capítulo 12). Diferenças políticas também separam os grupos shia'as. Em geral os shia'as parecem menos bem organizados nos Estados Unidos do que os muçulmanos sunitas.

Vários grupos shia'as nacionais e internacionais estão presentes nos Estados Unidos, incluindo a Fundação Kho'i (1976) na cidade de Nova York, a Fundação Alauita, financiada pelo Irã, e a Federação Mundial de Shia'as duodecimanas Khoja, baseada na Inglaterra. O grupo ismaelita liderado por Aga Khan (um graduado da Universidade Harvard) fundou seu primeiro centro norte-americano em 1968 que, mesmo pequeno, é ativo nos Estados Unidos (veja o Capítulo 14).

Sufis nos Estados Unidos

Gisela Webb distingue três períodos do sufismo nos Estados Unidos. No primeiro período, de 1910 a 1927, Hazrat Inayat Khan divulgou a mensagem sufi nos Estados Unidos e fundou a *Sufi Order in the West*. Ele era um sufi chisti que acreditava que o sufismo tinha uma mensagem universal que transcendia qualquer religião. Em seus ensinamentos, o sufismo de Khan enfatizava a harmonia, a paz e a unidade de todos os seres, e utilizava a música e a dança em suas cerimônias. Os muçulmanos tradicionais não consideram esse movimento como uma forma válida de Islã.

Para Webb, o segundo período do sufismo norte-americano ocorreu durante as décadas de 1960 e 1970, quando muitos novos movimentos religiosos apelaram à juventude americana. O filho de Hazrat Khan reviveu a *Sufi Order in the West*. Ele estabeleceu um centro no norte do estado de Nova York, e suas danças sufis na Catedral de St. John the Divine na cidade de Nova York atraíram a atenção e convertidos. Ao longo desse período, o movimento tornou-se ainda menos claramente islâmico. Uma ordem sufi que evoluiu de uma Espiritualidade New Age em direção ao sufismo tradicional é a Bawa Muhayiddin Fellowship, fundada na Filadélfia em 1971 por um shaykh qadiriyya do Sri Lanka. Bawa Muhayiddin faleceu em 1986 e seu santuário próximo à Filadélfia é um destino de peregrinação até mesmo para sufis não norte-americanos. Subud é um movimento sufi não ortodoxo fundado na Indonésia na década de 1920 e levada aos Estados Unidos no final de 1950 por John Bennet. Pode-se pertencer ao movimento subud e ser um membro de qualquer ou nenhuma religião. O subud retém algumas formas exteriores do Islã, como vestimentas modestas, separação ritual de homens e mulheres e jejum durante o *Ramadã*.

O terceiro período de Webb do sufismo norte-americano, da década de 1980 até o presente, é marcado pela influência dos imigrantes muçulmanos ortodoxos no sufismo norte-americano. Muitas ordens sufis tradicionais estabeleceram vários centros nos Estados Unidos, incluindo os Naqshbandiyya e os Tijaniyya.

Muitas pessoas participam dos grupos de "dança" sufi, modelados pela ordem Mevlevi de Rumi, sem ter nenhuma intenção de converter-se ao Islã. Outros norte-americanos conhecem o sufismo através das traduções de Coleman Bark dos escritos de Rumi, e escritos sobre sufismo por estudiosos como S. H. Nasr.

Enfrentando o Futuro como Muçulmanos Norte-americanos

A comunidade muçulmana é relativamente jovem e enfrenta as mesmas questões de adaptação encontradas por imigrantes antigos. Os muçulmanos afro-americanos encaram seu próprio conjunto de questões exclusivas. Além do fato de que o Islã veio aos Estados Unidos para ficar, seria tolice predizer o formato do Islã nos

Estados Unidos daqui a 50 anos. Esta seção esboça algumas das questões encaradas por muçulmanos.

Questões internas

Uma questão básica é se os muçulmanos devem permanecer separados da sociedade americana em geral, conforme alguns grupos cristãos como os Amish fizeram, ou se devem integrar-se totalmente a ela, seguindo o caminho dos primeiros imigrantes enquanto ainda mantêm uma identidade muçulmana clara. Alguns dizem que um muçulmano não deveria nem viver em uma sociedade não muçulmana. Outros dizem que, se o fizerem, não devem participar dessa sociedade. E há os que afirmam que o Corão obriga todos os muçulmanos a participarem ativamente na criação de uma sociedade mais justa.

- **Mulheres muçulmanas encaram problemas próprios.** Os homens muçulmanos nas ruas podem parecer estrangeiros, mas não identificavelmente muçulmanos porque, em geral, se vestem com roupas ocidentais. Mulheres muçulmanas que usam roupas islâmicas são imediatamente percebidas como tal. As mulheres muçulmanas enfrentam problemas de como encontrar um cônjuge em uma cultura onde "sair" é a maneira normal de encontrar um par. Elas encaram problemas em relacionar-se com homens em público em uma cultura onde o aperto de mão é esperado como uma simples cortesia e, ainda assim, a tradição pode dizer que não devem tocar em um homem que não seja parente. A violência doméstica é uma questão que a comunidade muçulmana está apenas começando a abordar.
- **Uma grande preocupação é como criar filhos como muçulmanos em uma cultura não muçulmana.** Escolas paroquiais estão se expandindo, assim como a educação em casa, mas a maioria das crianças muçulmanas continuam a ser educadas em escolas públicas, onde enfrentam problemas de relações de gênero, restrições alimentares, ocasiões para oração e celebração dos principais feriados muçulmanos. Até mesmo os livros didáticos podem apresentar às crianças muçulmanas imagens negativas do Islã.
- **Evitar comidas proibidas é difícil** devido ao uso do álcool e subprodutos de porco em alimentos processados, farmacêuticos e cosméticos.
- **Os muçulmanos precisam decidir como viver em uma das sociedades mais capitalistas do mundo** e, ainda assim, não quebrar a proibição contra pagar ou cobrar juros.
- **Nas instalações militares, local de trabalho, prisões e hospitais, adaptações razoáveis às necessidades religiosas de empregados, presos e clientela devem ser ponderadas em decorrência da necessidade da organização.** Embora as questões permaneçam, um progresso significativo foi feito.
- **Muçulmanos imigrantes vêm de muitos países.** Às vezes a identidade étnica é mais forte que a identidade religiosa. Um pai muçulmano indiano pode, por exemplo, preferir ver sua filha casada com um hindu do que com um muçulmano

não indiano. Muitas mesquitas são etnicamente misturadas, mas a tensão entre grupos étnicos às vezes é um problema.

- **Uma questão similar é o relacionamento entre muçulmanos negros e não negros.** Apesar dos ensinamentos igualitários do Corão, o preconceito em relação aos negros existiu em muitas culturas muçulmanas.
- **Como novos imigrantes ainda estão recompondo a comunidade muçulmana, existem tensões** entre novos imigrantes e imigrantes antigos. Os novos imigrantes às vezes se consideram como tendo um Islã mais puro e podem se atrever a instruir outros muçulmanos como professando o verdadeiro Islã.
- **Outra questão diz respeito aos movimentos muçulmanos estrangeiros.** Quando esses movimentos tentam impor suas visões do Islã para os muçulmanos norte-americanos, eles enfrentam reações positivas e negativas.

Questões externas

Além disso, considere as seguintes questões vindas daqueles de fora do Islã:

- **Os muçulmanos enfrentam incidentes de violência física por causa de sua fé.** Em um país onde as sinagogas ainda enfrentam cenas de vandalismo, apesar da antiga presença judaica nos EUA, você pode não ficar surpreso com os muitos incidentes de vandalismo nas mesquitas a cada ano. Eventos em 2002 envolveram uma mesquita em Boise, Idaho, um plano para explodir várias mesquitas na Flórida e materiais de ódio depositados em uma mesquita em Honolulu. Felizmente, quando tais fatos acontecem, os líderes políticos e religiosos locais muitas vezes condenam publicamente tais ações.
- **Alguns muçulmanos enfrentam discriminação no trabalho.** Um policial muçulmano pode sentir que sua religião exija que ele deixe a barba crescer, enquanto o departamento de polícia pode dizer que todos os oficiais devem estar barbeados. Um supervisor pode dizer a uma funcionária muçulmana que ela não pode usar seu *hijab* (véu e cobertura de cabeça) no trabalho, talvez por causa de um perigo à saúde ou à segurança, ou porque não projeta a imagem pública que a empresa deseja. Frequentemente, esses casos resultam de decisões feitas por supervisores locais mal informados tanto sobre as leis antidiscriminação quanto às exigências da fé islâmica, e devem ser resolvidos através da intervenção de funcionários superiores da empresa, mediadores externos ou das cortes.

  Outros incidentes não envolvem de maneira tão evidente a discriminação quanto a insensibilidade. Em 1997, a empresa de tênis Nike colocou um símbolo em um de seus tênis que parecia muito como os caracteres em árabe de Alá. Posteriormente, a empresa deixou de usar esse design. A insensibilidade pode também estar presente no modo como os muçulmanos são representados na mídia.

- **Alguns muçulmanos dizem que os muçulmanos não devem participar da política americana.** Mas a maioria dos muçulmanos quer incluir decisões políticas que afetam seu futuro. Em 2000, a AMPCC recomendou bloquear o voto de muçulmanos na eleição presidencial. Isso reforçou o Presidente Bush, cuja posição sobre questões que diziam respeito aos muçulmanos era mais favorável do que a do vice-presidente Gore. Bush recebeu 42% dos votos, contra 31% de Gore. Tradicionalmente, os muçulmanos têm favorecido os democratas (40% contra 28% dos republicanos), o que se repetiria nessa eleição não fosse a ação da AMPCC. A mudança no voto muçulmano forneceu a margem de vitória em resultados determinantes na Flórida.
- **Os muçulmanos devem decidir em que extensão devem engajar-se em atividades inter-religiosas.** Um *imame* muçulmano pode participar em serviços inter-religiosos pela paz mundial ou em um serviço comunitário inter-religioso do Dia de Ação de Graças? É adequado para mesquitas abrirem as portas a visitas de não muçulmanos ou permitir que não muçulmanos participem das orações de sexta-feira?

5

Considerando o Conceito do Islã Sobre as Religiões Abraâmicas

NESTA PARTE...

Saiba por que os muçulmanos acreditam que sua religião é relacionada aos cristãos e aos judeus, dando atenção particular para personagens bíblicos, incluindo Jesus, que desempenha um papel importante no Islã.

Veja as perspectivas dos cristãos em relação aos muçulmanos e vice-versa, assim como o status de cristãos vivendo em países muçulmanos.

Conheça a forma como os muçulmanos têm respondido ao poder econômico e político ocidental e às forças globais da modernização.

Leia sobre a revolução de 1979 no Irã, assim como Osama bin Laden e o Talibã no Afeganistão.

NESTE CAPÍTULO:

Traçando a árvore genealógica das religiões abraâmicas

Observando a versão corânica da Bíblia

Descobrindo Muhammad na Bíblia

Encontrando membros de outras religiões

Capítulo 16

Buscando Raízes em Comum: Religião Abraâmica e Além

Adeptos do Islã, Judaísmo e Cristianismo, juntos, formam mais de 50% da população mundial. Este capítulo observa o que une as três religiões em uma única "família", da mesma maneira que o Hinduísmo, o Budismo e o Jainismo constituem uma família de religiões relacionadas. Como parte da imagem do que Islã, Judaísmo e Cristianismo compartilham, este capítulo examina as histórias bíblicas que têm homólogos no Corão. Finalmente, o capítulo resume a crença muçulmana de que a Bíblia profetiza a vinda de Muhammad.

Pertencendo à Mesma Família

Três pontos unem Judaísmo, Islã e Cristianismo: um Deus comum, um ancestral e escrituras relacionadas.

Reconhecendo o mesmo ancestral

LEMBRE-SE

Abraão é o ancestral comum de judeus, cristãos e muçulmanos. Hagar é a mãe do primeiro filho de Abraão, Ismael, até o qual todos os árabes traçam suas linhagens. Abraão e Sara têm um filho, Isaque. O filho de Isaque, Jacó/Israel, é o pai dos 12 filhos de quem as 12 tribos judaicas descendem. O Novo Testamento traça a genealogia de Jesus de volta ao Rei Davi e antes dele até Abraão (e Adão). Veja a Figura 16-1.

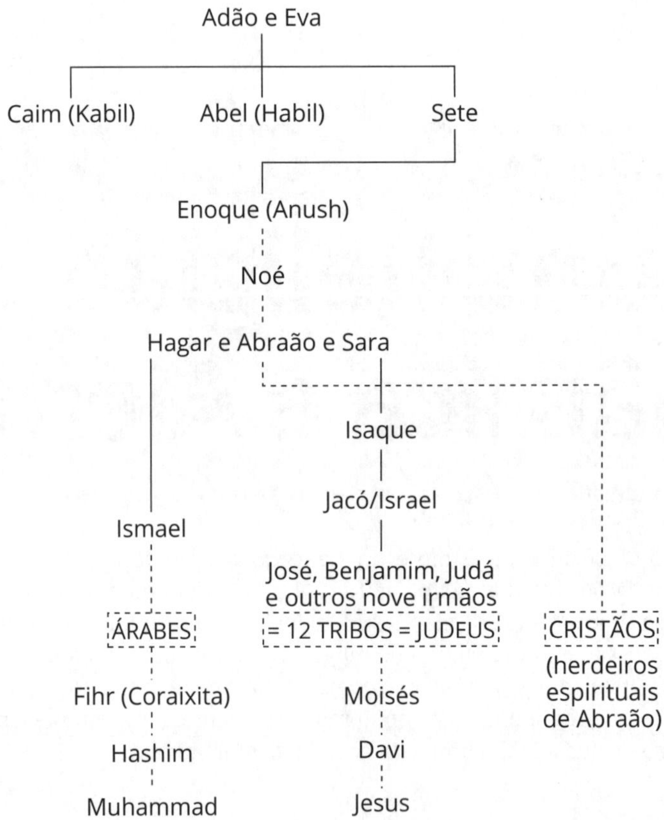

FIGURA 16-1: A árvore genealógica das religiões abraâmicas.

Adorando o mesmo Deus

Todas as três religiões afirmam adorar o mesmo Deus, ainda que alguns cristãos de hoje em dia não aceitem que o Deus muçulmano é o mesmo que o Deus cristão. Quando Paulo, o judeu, converteu-se ao Cristianismo, não achou que era outro o Deus a quem adorava. Apenas passou a ter uma compreensão diferente do Deus que sempre adorou. Atualmente, quando um adepto de uma das três religiões abraâmicas se converte e se torna um membro de outra dessas religiões, percebe-se como tendo mudado de religião, mas não de Deus. Em contraste, quando um pagão se convertia ao Islã, Cristianismo ou Judaísmo, tinha que mudar tanto a religião quanto o deus.

LEMBRE-SE

Para os muçulmanos, Abraão não é nem cristão nem judeu (Sura 3:67). Ele é o primeiro monoteísta e, assim, o primeiro muçulmano, no sentido de alguém que se submete a um único Deus verdadeiro. Para os muçulmanos, crentes cristãos e judeus são muçulmanos porque se submetem a Deus.

INDO MAIS FUNDO

Deus fez uma aliança com Abraão, Isaque e Jacó à qual, depois, foi dada forma definitiva com a mediação de Moisés no Monte Sinai. Deus também fez promessas a Ismael (Gênesis 17:20), embora o termo "aliança" não seja usado nesse caso. Os cristãos veem a si mesmos como os filhos espirituais de Abraão e os herdeiros da aliança que Deus fez com Abraão (Gênesis 15; Gálatas 3:6). O Corão diz que Deus fez alianças com os Filhos de Israel (Sura 5:12), com cristãos (Sura 5:14) e com muçulmanos (Sura 5:7). Para o Islã, na base de todas essas alianças há uma primeira, implícita, feita na época de Adão, entre Deus e todos os descendentes de Adão (Sura 7:172). O elemento mais essencial dessas alianças é o reconhecimento de um só Deus. Esse Deus é a única realidade máxima, o criador do mundo, o Senhor da história, que impõe mandamentos aos crentes e aquele que trará o Dia do Julgamento e a ressurreição.

Compartilhando o mesmo livro

LEMBRE-SE

Os muçulmanos acreditam que antes das escrituras do Cristianismo, do Islã e do Judaísmo está o eterno protótipo divino, a Mãe do Livro. As revelações escriturais (Torá, Salmos, Evangelhos, Corão) trazidas por mensageiros proféticos são exemplares desse livro divino, embora do ponto de vista islâmico, apenas o Corão seja uma versão completa e não corrompida. Como suas escrituras voltam ao mesmo protótipo divino, muçulmanos, judeus, cristãos (e alguns outros) são todos Povos do Livro.

Revendo relações familiares

As três religiões abraâmicas obviamente não concordam teologicamente em como expressar o relacionamento de cada uma com as outras duas. Da mesma maneira que os cristãos se veem como completando, preenchendo e superando o Judaísmo (sem abolir a validade da aliança judaica), assim o Islã se considera como completando, preenchendo e superando o Cristianismo (sem abolir as alianças judaicas e cristãs). Apesar de cada uma dessas religiões esperar a vinda ou segunda vinda de um messias e/ou mahdi, cada uma se considera como a revelação final. O Islã se percebe não apenas como o cumprimento do Judaísmo e do Cristianismo, mas também como seu predecessor ao afirmar que o Islã é a religião natural da raça humana no nascimento, assim como a fé de Abraão. Tanto o Cristianismo quanto o Islã têm enfrentado dentro de suas próprias fileiras mais revelações ou profetas que desafiam as afirmações de finalidade. Exemplos são o Mormonismo (a religião dos Mórmons), Ciência Cristã (nome oficial: Igreja de Cristo Cientista; não confundir com a Cientologia), a Igreja da Unificação (fundada pelo reverendo Moon) e a religião Baha'i e a seita Ahmadi para o Islã (veja o Capítulo 14).

SE LIGA!

Cada religião lida com as outras duas à sua própria maneira. Em várias ocasiões, o Cristianismo considerou o Islã como uma regressão ao legalismo, uma heresia cristã, uma religião para os árabes se prepararem para a verdadeira Cristandade ou como um sinal do fim dos tempos. Alguns estudiosos dentro do Cristianismo e do Islã usaram o conceito de que sua religião é a religião dada por Deus e, assim, a verdadeira, enquanto outras religiões são criações humanas. Alguns estudiosos islâmicos modernos utilizaram o modelo tese/antítese/síntese, no qual o Judaísmo é a tese (lei, materialismo, particularismo, mundanismo) e o Cristianismo é a antítese (amor, idealismo, universalismo, transcendentalismo), com o Islã representando uma síntese equilibrada e conciliatória entre tese e antítese.

Lendo a Bíblia no Corão

Cerca de 1/4 do Corão é dedicado a histórias dos profetas[1], a maioria deles profetas bíblicos (embora nem todos sejam realmente chamados de profetas na Bíblia). Como essas histórias e referências estão, na maioria das vezes, espalhadas por todo o Corão, um novo leitor tem dificuldade para conseguir a imagem completa da Bíblia no Corão. Nesta seção, resumo as versões corânicas dessas histórias bíblicas e também menciono adições às histórias em tradições muçulmanas posteriores.

INDO MAIS FUNDO

Personagens e histórias bíblicas circulavam na Arábia pré-islâmica. Quando o Corão faz uma breve menção de um personagem bíblico, o público de Muhammad entendia a referência sem que toda a história fosse contada. O biógrafo de Muhammad, Ibn Ishaq, relata que durante a reconstrução da *Ka`ba*, quando Muhammad ainda era jovem, foi encontrada uma pedra inscrita com uma tradução siríaca de Mateus 7:16. De acordo com o historiador do século IX de Meca, a *Ka`ba* continha imagens de Abraão, Jesus e, talvez, Maria, em uma coluna perto da entrada. Alguns relatos dizem que Muhammad as deixou intocadas ao limpar a *Ka`ba* de seus ídolos pagãos após os muçulmanos conquistarem Meca em 630. Muhammad e seus ouvintes, portanto, tinham alguma familiaridade com as histórias bíblicas que circulavam na Arábia. Ele teria ouvido mais sobre a Bíblia da boca de cristãos e judeus com quem havia entrado em contato. A partir da forma como os nomes bíblicos ocorrem na Bíblia, os estudiosos concluíram que essas histórias foram baseadas nas traduções da Bíblia em siríaco e aramaico (dois dialetos de uma mesma língua, relacionada com o hebraico), em vez de nos textos originais em hebraico e grego. A conclusão da maioria dos estudiosos é que o próprio Muhammad jamais leu a Bíblia. O Corão não faz referência à "Bíblia",

[1] N.E.: Para o Islã há uma diferença entre Profeta (Nabi) e Mensageiro (Rassul). O Profeta recebe as palavras divinas. O Mensageiro recebe a mensagem de um livro sagrado. Assim, Moisés, Jesus e Muhammad são mensageiros. Todo Mensageiro é profeta, mas nem todos os profetas são mensageiros.

mas ao Torá (*taurat*), aos salmos (*zabur*), e ao evangelho (*injil*), recordando a forma como o Novo Testamento se refere à Bíblia hebraica (Antigo Testamento) como "a lei, os profetas e os salmos".

Por que as histórias do Corão diferem daquelas na Bíblia

Um leitor casual com alguma familiaridade com as histórias bíblicas reconhece facilmente que tais narrativas diferem de suas homólogas do Corão. Estudiosos não muçulmanos geralmente dizem que isso ocorre porque Muhammad tinha apenas um conhecimento indireto e incompleto da Bíblia. Além disso, na época de Muhammad, os relatos bíblicos correntes na cultura popular incluíam elementos de tradições judaicas e cristãs pós-bíblicas.

LEMBRE-SE

Essa explicação das diferenças não é convincente para a maioria dos muçulmanos. Afinal, do ponto de vista muçulmano, Muhammad não "compôs" as histórias bíblicas no Corão. Em vez disso, Gabriel transmitiu-as a Muhammad do protótipo divino eterno, que é a palavra de Deus. Gabriel e Deus provavelmente não eram influenciados pelas versões de narrativas bíblicas que circulavam na Arábia do século VII. Como o Corão continha a versão original da história retirada diretamente do livro divino, os muçulmanos não tinham nenhuma razão para estudar a Bíblia, exceto para fins de melhor defender suas posições contra cristãos e judeus. Os muçulmanos acreditavam que onde a versão do Corão de uma história era diferente do relato bíblico, os cristãos e os judeus tinham, intencionalmente ou não, corrompido e alterado o texto. *Tahrif* é o termo árabe para essa teoria. Essa alteração foi intencional? Uma série de escritos destinados ao público muçulmano, em geral, bem como muitos estudiosos muçulmanos, afirmam que a alteração foi intencional. Em contraposição, estudiosos muçulmanos como al-Tabari, al-Ghazali, Ibn Kathir e Ibn Khaldun têm defendido a integridade do texto bíblico como transmitida por cristãos e judeus.

DICA

Por ordem de frequência, os personagens bíblicos mais citados são Moisés, Abraão, Noé e Adão. Várias referências são feitas também para Jacó, Davi e Salomão. Outras pessoas, como Ló, Isaque, Ismael e Arão, às vezes são mencionadas por si mesmos e em outros momentos no contexto da história de um dos personagens mais comuns. A única história mais desenvolvida é a de José (Sura 12). Versões bastante completas das histórias de Noé, Abraão e Moisés também ocorrem, embora se deva ler partes de várias suras para obter o relato completo. Breves menções são feitas a Elias, Eliseu e Jó. Apenas Jonas é mencionado entre os 12 livros proféticos da Bíblia Hebraica (e talvez Elias em 21:85 e 38:49).[2]

Em meus resumos das narrativas corânicas da Bíblia, coloco os grandes relatos no início de cada seção e apenas faço referências a outros textos no resumo. Além disso,

[2] N.E.: São 25 os profetas citados no Corão: Adão, Enoc, Noé, Heber, Chela, Ló, Abrão, Ismael, Isaac, Jacó, José, Jetio, Jó, Ezequiel, Moisés, Arão, David, Salomão, Elias, Eliseu, Jonas, Zacarias, João Batista, Jesus e Muhammad.

indico incidentes que estão na versão corânica, mas não na Bíblia, com o sinal **NC** (sigla para Não Consta) sobrescrito.

A história de Adão

A versão mais completa da narrativa da criação ocorre na Sura 2:30–39; 7:11–31; e 38:71–85. Deus revela aos anjos a intenção de criar um *khalifa*[nc] (representante) na Terra. Os anjos fazem uma objeção[nc], contrastando os prováveis pecados dos seres humanos com a glorificação angelical de Deus. Deus cria Adão do pó e sopra Seu espírito nele. Ele ensina a Adão os nomes de todas as coisas. Ao comando de Deus, os anjos se prostram[nc] diante de Adão, exceto por Iblis, que se recusa porque ele é criado de uma substância superior, o fogo. Deus expulsa Iblis do jardim, mas permite que ele tente os seres humanos[nc]. A Sura 20:115 menciona uma aliança de Deus com Adão[nc], da qual Adão se esqueceu. Uma vez instalados no jardim, Deus diz a Adão e sua esposa (que não é nomeada) para não chegar perto "desta árvore" (apenas uma árvore é mencionada). Satanás (Iblis) tenta-os, dizendo que eles viverão para sempre se comerem. Então, eles comem e costuram folhas para cobrir sua nudez recém-percebida. Depois que Deus os envia do jardim à Terra, Adão pede perdão e Deus lhe promete orientação[nc].

Na tradição muçulmana pós-corânica, Deus envia os anjos Gabriel e Miguel para trazer barro da Terra para criar Adão. Quando a Terra se recusa, Deus envia o anjo da morte que traz barro vermelho, branco e preto, representando as três raças de homens, para fazer Adão. Deus cria Eva a partir da ponta da costela de Adão. Eva faz vinho, e Adão se embriaga. Na boca de uma serpente, Satanás entra sorrateiramente no jardim para seduzir Adão. Mais tarde, na Terra, Adão constrói a *Ka`ba*, colocando nela a pedra negra enviada do céu. Ele e Eva realizam a *hajj*.

A história de Caim e Abel é contada brevemente na Sura 5:27–34. Deus aceita o sacrifício de apenas um dos dois irmãos, sem identificar qual. Quando Caim ameaça matar Abel, este se recusa a retaliar[nc]. Deus envia um corvo que arranha o chão mostrando a Caim onde enterrar seu irmão[nc], e nesse ponto Caim se arrepende. O texto registra que matar uma pessoa é equivalente a matar toda a humanidade e que salvar uma pessoa é como salvar toda a humanidade[nc].

Abraão, Ló, Ismael e Isaac

Abraão é mencionado em 25 suras, com relatos mais longos nas Suras 2:124–141, 6:69–83, 19:41–50, 21:51–72 e 37:83–113. Abraão é um profeta com um livro[nc] (53:37), um *imame* para as nações[nc], o primeiro muçulmano (3:67), e um seguidor do caminho correto[nc] (16:121). Abraão inclina-se, inicialmente, a adorar os corpos celestes[nc], mas percebendo sua loucura, determina-se, em seu lugar, a adorar seu criador, tornando-se um monoteísta. Repreende seu pai por sua adoração a ídolos[nc] e esmaga-os[nc] (21:58–65). Quando o povo tenta queimá-lo[nc], Deus o salva. Ele parte para Canaã (37:99), onde recebe a promessa de descendentes e uma aliança (2:125).

A promessa bíblica da terra não é mencionada. Anjos visitam Abraão e prometem o nascimento de Isaque (11:69–76). Eles falam da destruição de Sodoma e Abraão implora por Ló.

LEMBRE-SE

A Sura 37:83–113 conta a história do sacrifício do filho não nomeado de Abraão. Em vez de ser perguntado sobre o sacrifício de seu filho, como na Bíblia, Abraão diz ao filho o que está prestes a acontecer e ambos, pai e filho, submetem-se a Deus. Embora alguns dos primeiros intérpretes muçulmanos iniciais, incluindo al-Tabari, concordem com a Bíblia quanto à identificação do filho como Isaque, a maioria dos comentaristas muçulmanos dizem que o filho é Ismael, e o nascimento de Isaque é uma recompensa pela obediência de Abraão. Ambos os filhos são nomeados como profetas. Orgulho e identidade desempenham um papel na discussão a respeito de qual filho está envolvido, porque os judeus traçam sua ascendência até Isaque e sua mãe Sarah, enquanto os muçulmanos (e, mais especificamente, árabes) traçam sua linhagem (ou, no caso dos árabes, ascendência tribal) até Ismael e sua mãe, Hagar.

O Corão menciona a reconstrução da *Ka`ba* por Abraão e Ismael, a observância dos rituais da *hajj*, o estabelecimento de Ismael e outros crentes em Meca, um vale árido tornado habitável devido à oração de Abraão (14:37).

José: A "mais bonita das histórias"

A Sura José (12) é a narrativa mais desenvolvida de qualquer uma das histórias da Bíblia no Corão. O Corão a chama de "a mais bela das histórias". Em contraste com o estilo narrativo da versão bíblica, a versão corânica mais curta está estruturada em torno de uma série de cenas de diálogos dramáticos, com um mínimo de conexão narrativa. Apenas José e Jacó são explicitamente nomeados na Sura 12. A história conta como José, invejado por seus irmãos, é vendido como escravo no Egito, onde ele finalmente chega a ser ministro-chefe do Faraó. Em uma época de fome, seus irmãos vêm ao Egito para comprar grãos e, depois de uma série de encontros com José, a família é reunida.

Eu destaco apenas algumas das variações mais importantes da história corânica em comparação com a bíblica. Uma vez no Egito, quando a esposa do dono de José tenta seduzir José, ele é tentado, mas Deus o impede de ceder. Ele corre em direção à porta, mas a mulher segura sua camisa pelas costas, rasgando-a. A camisa rasgada nas costas prova que José estava fugindo em vez de atacar a mulher. A esposa convida as mulheres a um banquete no qual, atordoadas pela beleza de José, elas cortam seus próprios dedos com suas facas. Mais tarde, na prisão, José prega a mensagem do Islã para seus dois companheiros de cela. Quando, mais à frente, os irmãos vêm para o Egito, José revela-se ao irmão mais novo (Benjamin, no Gênesis), mas não para os outros dez irmãos. Quando Jacó fica cego com o pesar pela perda de seu filho, José envia sua camisa com seus irmãos de volta a Canaã para cobrir seu pai, Jacó, restaurando-lhe a visão. Pai e irmãos vão para o Egito e a família fica reunida.

A tradição muçulmana tardia enfatiza a beleza de José. Originalmente, toda a beleza fora dada para Adão. Quando Adão pecou, grande parte de sua beleza transferiu-se para José.

A história de Moisés

LEMBRE-SE

Moisés é mencionado em mais de 1/3 das suras do Corão, fazendo dele a personalidade bíblica mais citada. As Suras 28:1–42, 7:103–171, 20:9–98 e 26:10–58 contam uma parte substancial da história.

O relato começa com Deus dizendo à mãe de Moisés para colocá-lo em uma caixa e lançá-la no rio, porque o faraó havia ordenado que todas as crianças judias fossem mortas. Os egípcios tiram-no do rio, e ele é criado pela esposa do faraó. Mais tarde, ela acredita em Deus[nc] (Sura 66:11) e, conforme a tradição muçulmana, ela, Asiya, é uma das quatro mulheres perfeitas, as outras três sendo Maria, a mãe de Jesus, Khadija, a esposa de Muhammad, e Fátima, a filha de Muhammad. Quando Moisés se recusa a mamar, a irmã de Moisés traz sua mãe para cuidar dele. Depois de crescido, Moisés vê um egípcio e um judeu brigando, e ele mata o egípcio. Percebendo que o assassinato é devido à influência de Satanás, Moisés se arrepende.[nc]

Depois de fugir para Midiã e de se casar com as duas filhas de Jetro, Moisés estava viajando com sua família e notou uma chama ardendo no Monte Sinai. Deus fala com ele, dizendo-lhe para tirar os sapatos. E dá a Moisés os dois sinais: a vara que se transforma em uma cobra e sua mão que fica branca. Deus ordena-lhe para ir e avisar ao Faraó de seus pecados. Como tem um problema de fala, Moisés pede que seu irmão Arão seja seu ajudante. Moisés e Arão confrontam o Faraó. A vara de Moisés devora as varas dos mágicos egípcios.[nc] O Faraó ridiculariza Moisés e ordena a seu homem de confiança, Haman[nc], que construa uma torre[nc] para que ele possa alcançar o deus de Moisés (veja Gênesis 12). Os egípcios matam as crianças israelitas do sexo masculino (semelhante à matança das crianças no momento do nascimento de Moisés na Bíblia), e os hebreus reclamam a Moisés dos problemas que ele lhes trouxe. Moisés realiza nove milagres, culminando com a separação das águas do Mar Vermelho, os israelitas atravessando pelo fundo do mar seco e o afogamento dos egípcios quando as águas fluíram novamente.

Subindo ao Monte Sinai, Moisés passa 40 noites na montanha. Ele pede para ver Deus, mas quando Deus se revela, a montanha se dissolve em pó[nc] e Moisés se arrepende por tentar apreender a natureza de Deus. Deus dá a Moisés as tábuas com a lei. Os Dez Mandamentos, como tal, não ocorrem no Corão. Enquanto na montanha, o povo, sob a instigação de al-Samirinc e ignorando as objeções de Arão, produz um bezerro de metal fundindo suas joias. Como castigo, al-Samiri vagueia pelo mundo, gritando "Não me toque". Mais tarde a tradição o identifica como sendo um samaritano, um membro de uma seita judaica da época de Jesus.

O restante da história não é contado em detalhes, apesar de vários dos incidentes que são mencionados também ocorrerem na Bíblia.

INDO MAIS FUNDO

Única é a narração da viagem de Moisés com o misterioso al-Khadir[nc] (Sura 18:60–82), o "Homem Verde". Moisés e seu servo partiram para encontrar a junção dos dois mares, levando um peixe com eles. Eles largam o peixe e ele nada para longe na água. Aí, então, encontram al-Khadir, e Moisés lhe pergunta se eles podem acompanhá--lo para aprender com ele. Al-Khadir diz que sim, mas eles não devem questionar nenhuma de suas ações. Al-Khadir afunda um barco, mata um jovem e restaura uma parede em uma cidade de pessoas nada hospitaleiras. A cada vez Moisés questiona a ação. Em consequência, al-Khadir deixa Moisés, após dar, primeiro, explicações razoáveis para suas estranhas ações. A tradição diz que al-Khadir é imortal e que toda sexta-feira ele executa a salat em Jerusalém, Meca e Medina.

De acordo com tradições muçulmanas pós-corânicas, quando o bebê Moisés toca o queixo do Faraó, o Faraó quer matá-lo. Asiya coloca ouro de um lado e brasas queimando no outro lado de Moisés. Quando ele estica a mão para o ouro, Gabriel orienta a mão para as brasas. Moisés toca os lábios, razão pela qual, mais tarde, ele tem um problema de fala. Quando o faraó tenta matar os bebês, Moisés é escondido em um forno aceso e é protegido por Deus. A vara de Moisés veio da primeira árvore plantada no paraíso por Adão e foi usada por outros profetas antes de Moisés.

A morte de Jesus

LEMBRE-SE

Enquanto todos os cristãos, a maioria dos historiadores não muçulmanos, e as relativamente pouco antigas fontes não cristãs, todas essas fontes, aceitam o relato do Evangelho de que Jesus foi crucificado pelos romanos, isso é explicitamente negado pelo Corão. Deus sempre intervém para salvar seus profetas e punir aqueles que tentam prejudicá-los. Na Sura 4:157–58, os judeus dizem: "Nós matamos o Messias, Jesus, o Filho de Maria, o Mensageiro de Deus — mas eles não o mataram, nem o crucificaram, apenas pareceu assim para eles... Eles certamente não o mataram, mas Deus o levou para si." A Sura 3:55 reforça isso quando Deus diz: "Jesus, vou pegá-lo e trazê-lo até mim." A Sura 4:159 diz que antes da morte de Jesus, todos os Povos do Livro acreditarão nele, e ele será uma testemunha contra eles no Dia do Julgamento. Na Sura 19:33, Jesus fala do "dia em que nasci, do dia em que morri, e do dia em que eu for ressuscitado." Com base nesses versos, os muçulmanos dizem que alguém substituiu Jesus na cruz, e o próprio Jesus foi levado para o céu, onde está vivo até hoje. Nos últimos dias, Jesus retornará, talvez como o *Mahdi* (figura messiânica do Islã), derrotará o antimessias, e viverá por 40 anos na Terra. Ele, então, morrerá (pela primeira vez), será enterrado em um lugar reservado para ele ao lado de Muhammad em Medina, e será ressuscitado no Dia do Julgamento, quando ele, como todos os profetas, será uma testemunha para (ou contra) sua comunidade.

INDO MAIS FUNDO

O desacordo entre cristãos e muçulmanos a respeito da crucificação está relacionado com as questões maiores sobre a natureza de Jesus e o processo de salvação. O Cristianismo ensina que a humanidade é essencialmente pecadora, e as pessoas não podem vencer o pecado sozinhas. A redenção é triunfar sobre o poder do pecado, mas isso requer um ato de Deus. Jesus "deve" ser Deus a fim de vencer o pecado através de sua morte. Assim, para o Cristianismo, a divindade de Jesus é crucial.

O Islã tem um conceito de "pecado" mais como atos individuais de desobediência a Deus do que como o estado básico da natureza humana. Adão pecou ao comer da árvore, mas isso foi devido à ignorância e por haver se esquecido de Deus. A solução é lembrar-se de Deus e seguir o caminho que ele tem revelado através de Seus profetas. Aqueles que fazem isso recebem a bênção neste mundo e no próximo. A negação da crucificação pelo Corão é logicamente ligada à sua negação da Trindade (4:171). O Corão enfatiza que Jesus negou dizendo que os seres humanos devem adorá-lo como Deus (5:116). Aqueles que dizem que Jesus é Deus são infiéis (5:17). Como Muhammad, o Jesus do Corão é um ser excelso, mas apenas um ser humano.

Muhammad na Bíblia

Além da passagem corânica onde Jesus prediz a vinda de Muhammad (Sura 61:6), os muçulmanos encontram na Bíblia as previsões sobre a vinda de Muhammad. Ao fazer isso, os muçulmanos estão seguindo os passos de cristãos que encontraram na Bíblia hebraica as previsões a respeito da vinda de Jesus. Claro, poucos cristãos, se houver algum, aceitam que as passagens citadas se referem a Muhammad. Mas os judeus não aceitam que passagens como Isaías 7 e Isaías 52–53 referem-se a Jesus.

INDO MAIS FUNDO

- O mais importante para os muçulmanos são referências ao Paráclito (do grego *parakletos*) que Jesus, ou Deus, a pedido de Jesus, enviará depois de Jesus e em seu nome (João 14:16, 26; 15:26; 16: 7; I João 2:1). Comentaristas cristãos concordam que os textos visualizam alguém que estaria presente com a jovem comunidade cristã na geração após a partida de Jesus. O Cristianismo subsequente, naturalmente, entendeu isso como uma referência à terceira pessoa da Trindade, o Espírito Santo. O Islã identifica esse Paráclito como Muhammad. Isso é, provavelmente, tão válido ou inválido quanto a identificação cristã de Jesus como o "servo sofredor" de Isaías 52–53.
- Em Deuteronômio 18:15–18, Moisés diz aos hebreus que Deus colocará entre eles um profeta de seu meio. O público original entenderia isso como um profeta hebreu. Já alguns cristãos interpretaram como uma referência a Jesus, e os muçulmanos, por sua vez, viram na passagem uma referência a Muhammad.
- Outros textos bíblicos são citados, mas são menos importantes do que esses dois. Por exemplo, diz-se que as promessas feitas a Ismael em Gênesis serão cumpridas na vinda de Muhammad (Gênesis 21:13). E que Isaías 21:13–17 se refere à batalha de Badr em 624, enquanto Habacuque 3:3 se refere à *hijra* de Muhammad de Meca para Medina, em 622. Os textos citados podem ser convincentes para muitos muçulmanos, mas não persuadem intérpretes não muçulmanos da Bíblia.

LEMBRE-SE

Em resumo, os muçulmanos leem a bíblia sinceramente e bem naturalmente à luz de suas crenças de uma revelação posterior e final, reinterpretando passagens bíblicas e dando-lhes um significado que nunca foi contemplado por qualquer pessoa antes da vinda do Islã, assim como os cristãos sinceramente fizeram o mesmo com a Bíblia hebraica. Obviamente, um dos pontos de tensão entre as religiões da mesma família abraâmica é o uso percebido como indevido da escritura de um outro membro dessa família.

Muçulmanos em Face de Outras Religiões

A Sura 5:48 diz: "A cada um de vós temos ditado uma lei e uma norma; e se Deus quisesse, teria feito de vós uma só nação; porém, fez-vos como sois, para testar-vos quanto àquilo que vos concedeu. Emulai-vos, pois, na benevolência."

DICA

Essa passagem expressa uma visão islâmica positiva em relação a outras religiões. Embora ela ataque o paganismo árabe, o Corão é bastante ambíguo a respeito de cristãos e judeus. Algumas passagens são favoráveis e outras nem tanto. Devido à situação histórica inicial, em que o tratamento de cristãos e judeus foi o primeiro problema enfrentado com o contato com pessoas de outras religiões, o Corão é omisso quanto ao Hinduísmo e ao Budismo. Com o passar do tempo, o status especial de cristãos e judeus como povos do Livro (ou seja, as escrituras derivam, em última análise, do mesmo livro divino ou palavra de Deus) foi estendido a outras religiões, como os zoroastristas (os modernos Parsis), e por alguns teólogos muçulmanos para os hindus (que, é claro, têm suas próprias escrituras extensas, como os Upanishads, os Vedantas, os Puranas, e outros).

Dois tratados iniciais

Embora os historiadores modernos possam questionar alguns dos detalhes de antigas tradições, duas delas vieram a ser importantes em termos de como os muçulmanos tratam membros de outras religiões. O Tratado de Hudaybiyyah, que Muhammad concluiu com Meca em 628, fornece um modelo positivo para a paz com um Estado não muçulmano que muitos muçulmanos hoje acham importante para abordar a questão da relação entre Estados muçulmanos e Estados não muçulmanos. O documento, conhecido como o Tratado de `Omar, supostamente originado quando `Omar conquistou Jerusalém em 637, estabelece diretrizes para permitir que cristãos e judeus vivam em um Estado islâmico, orientações que poderiam ser facilmente aplicadas a membros de outras religiões (veja o Capítulo 2). Durante o período da expansão inicial do Islã, muitas pessoas nas terras conquistadas acolheram o domínio muçulmano como preferível ao governo bizantino ou sassânida (persa). Normalmente, os habitantes locais não eram forçados a se converter ao Islã e, na verdade, era benéfico financeiramente para os novos governantes muçulmanos que eles não se convertessem todos de uma vez. Ainda assim, a obrigação do Estado muçulmano de entrar em guerra com Estados não muçulmanos a fim de colocá-los sob o domínio da lei de Deus levou a visões negativas sobre o Islã em muitas terras não muçulmanas.

Dhimmi (pessoas protegidas)

A lei islâmica proporcionou um status especial, chamado *dhimmi*, a judeus e cristãos, e posteriormente a outros "povos do livro". Frequentemente, tais povos, como no Império Otomano, tinham um considerável grau de autonomia interna e foram representados junto ao governo muçulmano pelo chefe da respectiva comunidade religiosa. Ainda que o tratamento das minorias religiosas nos países islâmicos fosse melhor do que o tratamento de judeus e muçulmanos em países cristãos, o status dessas minorias religiosas (chamados povos *dhimmi*) envolvia perseguição religiosa e civil que nenhum povo estaria disposto a aceitar hoje em dia.

INDO MAIS FUNDO

Além de impostos especiais incidentes sobre os não muçulmanos (em parte, para compensar o fato de que eles não serviam o exército), não muçulmanos (*dhimmis*):

- Não podiam exibir publicamente seus símbolos religiosos, como a cruz
- Não podiam construir novos locais para adoração
- Não podiam anunciar publicamente seus serviços de adoração
- Tinham que usar roupas que os identificassem
- Não podiam carregar armas, vestir armaduras ou servir ao exército
- Tinham que oferecer seus lugares a muçulmanos quando estivessem em público
- Não podiam converter nenhum muçulmano a suas religiões

A real condição das minorias religiosas em países muçulmanos e suas relações com a maioria muçulmana tem variado de governo para governo e de era para era. O Egito, ao longo de sua história, tem tido uma minoria cristã de tamanho considerável, assim como a área do atual Líbano. Os governantes muçulmanos da Índia tiveram que encontrar formas de acomodar a maioria de seus súditos que permaneceram hindus. Akbar, um governante do século XVI, removeu a maioria das restrições sobre os hindus, mas seu bisneto, Aurangzeb, revogou a política de igualdade de tratamento de Akbar. No sul da Ásia e na Indonésia, alguns sufis interagiram positivamente com budistas e hindus, enquanto outros muçulmanos criticaram tal interação. Leis que restringem a liberdade religiosa dos não muçulmanos estão em vigor atualmente em alguns países muçulmanos, como a Arábia Saudita.

Movendo-se em Direção ao Diálogo Religioso

A história do diálogo religioso envolvendo muçulmanos começou quando alguns dos primeiros califas patrocinaram debates teológicos na corte entre muçulmanos e não muçulmanos. Mais tarde, por períodos limitados de tempo, muita interação frutífera ocorreu entre muçulmanos, judeus e cristãos na Espanha. Ainda mais tarde (século XVI), o imperador mogol da Índia, Akbar, patrocinou diálogos religiosos em sua corte e encorajou a busca da verdade religiosa onde quer que ela pudesse ser encontrada.

Modernamente, um movimento organizado visando o diálogo religioso surgiu pela primeira vez na década de 1960. Um evento-chave foi a "Declaração sobre a Relação da Igreja com as Religiões não cristãs" produzido pelo Concílio Ecumênico Vaticano II (da Igreja Católica Romana) em 1965. De acordo com o documento, a salvação era possível não só para os cristãos, mas também para judeus e muçulmanos. Começando na década de 1960, uma série de conferências de alto nível de diálogos inter-religiosos internacionais foram realizadas, algumas patrocinadas por muçulmanos e outras por cristãos. Ocasionalmente, judeus e membros de outras religiões participavam.

INDO MAIS FUNDO

Institutos modernos que promovem o diálogo religioso incluem o Center for Muslim-Christian Understanding (na Universidade de Georgetown, em Washington, D.C.), o Duncan Black McDonald Center for the Study of Islam and Christian-Muslim Relations (no Seminário Hartford, Connecticut), o Center for the Study of Islam and Christian-Muslim Religions (da Universidade de Birmingham, na Inglaterra), a Fundação Islâmica (em Leicester, Inglaterra), e o Instituto Martyn Henry (Hyderabad, Índia).

Nos Estados Unidos, os movimentos inter-religiosos ativos existem tanto localmente quanto nacionalmente. As organizações nacionais, como a Interfaith Alliance, envolvem principalmente cristãos, judeus e muçulmanos, mas recebem membros de outras religiões também. Tais organizações tentam promover a tolerância religiosa tanto nacional quanto internacionalmente. No nível local, a maioria das grandes cidades tem uma organização local para promover o diálogo entre os membros de todas as religiões. As organizações locais quase sempre envolvem algumas instituições judaicas, cristãs e muçulmanas. Quando a cidade tem uma comunidade baha'i, ela quase sempre desempenhará um papel de liderança em tais organizações. A participação budista e hindu depende em parte da natureza específica dos grupos budistas e hindus nas comunidades, mas é bem-vinda e procurada pela organização inter-religiosa local. Tais organizações patrocinam diálogos em pequenos grupos nas casas dos membros, oferecem programas educacionais, realizam sessões abertas sobre os principais feriados religiosos nos locais de adoração das organizações constituintes e, de outras formas, promovem o diálogo religioso construtivo.

Princípios do diálogo

A participação em uma organização local inter-religiosa é uma das melhores maneiras de conhecer pessoas de outras religiões, porque você não só descobre mais sobre outras fés, mas também conhece pessoas de diferentes religiões em nível pessoal. Neste tempo de diálogo, tenha em mente as seguintes orientações:

- **Praticar a justiça:** Cada lado deve representar as crenças do outro lado de uma forma que os membros da outra religião podem afirmar como precisas.
- **Expressar empatia:** Cada lado deve fazer um esforço honesto para apreciar o apelo da outra religião para aqueles que são atraídos por ela e para entender como a religião, para seus crentes, funciona e faz sentido para eles.
- **Evitar o uso indevido das escrituras:** No diálogo, você não pode aplicar sua própria escritura para determinar o que é válido ou inválido sobre as crenças do outro lado. Se você faz isso, nenhum diálogo ocorre e cada lado cita seus próprios textos comprobatórios.
- **Permanecer aberto à mudança e ao desafio:** Os participantes não querem simplesmente repetir a linha do partido de suas religiões, sem lidar com o que o outro lado diz. Caso contrário, nenhum diálogo ocorre e os dois monólogos são passados uns aos outros durante o evento.
- **Condução clara de denúncias ou debates:** Nenhum diálogo acontece quando um lado só quer denunciar as posições do outro lado. O diálogo não é um debate em que um lado tenta obter a superioridade.
- **Mostrar reciprocidade:** Aplique os mesmos padrões para si mesmo, sua própria religião e as escrituras que você aplica à religião dos outros.
- **Evitar precondições:** Precondições declaram as questões mais cruciais como estabelecidas ou fora dos limites antes de a discussão começar.
- **Ser cauteloso com amplas generalizações (positivas ou negativas):** Aquelas ambiguidades obscuras e diferenças inerentes a qualquer religião.
- **Enfrentar francamente áreas de desacordo:** Ter uma pele grossa e não sentir-se insultado com muita facilidade.
- **Evitar o uso seletivo da escritura, tradição e história quando discutir problemas:** Um exemplo é citar apenas as passagens do Corão que falam sobre violência, comparando-as apenas com as passagens da Bíblia que falam sobre amor e paz — ou vice-versa.

O futuro das relações inter-religiosas

Em certa medida, o diálogo futuro é sempre afetado por acontecimentos políticos, em nível regional e internacional. Perspectivas diferem em cada país; por exemplo, o atual conflito entre palestinos e israelenses não cria um clima saudável para o diálogo.

Pequenos grupos de pessoas de ambos os lados lutam pela paz, justiça e tolerância, mas tais ações enfrentam, muitas vezes, a oposição da massa de cidadãos de ambos os lados. Na Índia, hoje, as contínuas tensões devido à disputa sobre a Caxemira e o crescente nacionalismo hindu na Índia contrastam com o início do século XX, quando muitos muçulmanos e hindus participaram juntos do movimento pela independência dos britânicos. Felizmente, neste momento, os contatos entre membros de várias religiões continuam a crescer nos Estados Unidos, e os líderes políticos nacionais defendem publicamente a tolerância religiosa.

LEMBRE-SE

Eventos como o 11 de setembro, ao mesmo tempo que tornam o diálogo nos Estados Unidos mais necessário do que nunca, também fazem com que ele seja mais difícil. O mesmo é verdadeiro com relação a uma guerra aberta com um Estado islâmico, como a do Iraque.

NESTE CAPÍTULO:

Compreendendo as preocupações muçulmanas sobre o Ocidente

Entendendo as preocupações ocidentais sobre o Islã

Encarando questões-chaves separando o Islã e o Ocidente

Decidindo o que pode ser feito para reduzir tensões

Capítulo 17
Buscando uma Base em Comum

Claramente, existem problemas entre o mundo ocidental e grande parte do mundo muçulmano. Cada lado se sente prejudicado. No entanto, em um mundo globalizado, todas as pessoas têm que encontrar uma maneira de viver juntas. Os norte-americanos perguntam por que alguns muçulmanos odeiam os norte-americanos. Afinal, hindus e budistas não estão proclamando uma guerra santa contra os Estados Unidos. É claro, os muçulmanos também se veem em conflito com os hindus no sul da Ásia (Índia, Caxemira) e motins locais explodem em outros países onde os muçulmanos vivem lado a lado com outras comunidades religiosas. De fato, por essa razão, alguns não muçulmanos percebem a questão não como um problema do Islã contra o Ocidente. O problema, dizem alguns, é uma inclinação, dentro da visão de mundo islâmica, em direção à intolerância e à violência dirigida contra qualquer comunidade não muçulmana. Contudo, os muçulmanos no exterior são atraídos pela retórica americana de liberdade e igualdade, mas alguns deles sentem que os Estados Unidos não fazem jus a esses valores nas relações com o mundo muçulmano. Muitos na crescente comunidade muçulmano-americana compartilham tal ponto de vista. Neste capítulo, detenho-me nessas questões e preocupações.

Averiguando as Preocupações Muçulmanas

Nesta seção, considero os problemas enfrentados pelo mundo muçulmano e as atitudes muçulmanas em relação ao Ocidente.

Revelando problemas internos no mundo muçulmano

No mundo muçulmano em geral, e no mundo árabe em particular, há problemas econômicos, sociais e políticos que reproduzem descontentamento e ressentimento. Essa raiva é dirigida contra seus próprios governos e outros países. O Relatório de Desenvolvimento Humano Árabe (2001) é um estudo patrocinado das Nações Unidas por estudiosos árabes de 22 países árabes[1]. O relatório começa destacando ganhos ao longo das últimas três décadas:

- » Quinze anos de aumento na expectativa de vida
- » Duzentos por cento de aumento na alfabetização adulta (300% de aumento no caso das mulheres)
- » Taxa de mortalidade infantil abaixo de cinco anos reduzida em 2/3
- » Níveis extremos de pobreza menores do que em algumas outras partes do mundo em desenvolvimento, provavelmente devido à obrigação, no Islã, de cuidar dos pobres

Infelizmente, a boa notícia é ofuscada pela má notícia de que o mundo árabe está ficando para trás em relação às outras partes do mundo em desenvolvimento nas áreas de educação, saúde, tecnologia da informação e comunicação, desemprego, participação política, liberdades pessoais, produtividade econômica e comercial, ciência e tecnologia, e participação e contribuição das mulheres.

- » Entre as mulheres, 50% ainda não são alfabetizadas.
- » O desemprego é mais alto do que em qualquer outra região do Terceiro Mundo.
- » As economias permaneceram estagnadas e há limitações em termos de cooperação regional e comércio. Os controles estatais comprometem a eficiência e produtividade econômica.
- » Exceto no nível mais baixo, a região tem ficado para trás no que se refere a diminuir a extensão da pobreza, enquanto a lacuna entre ricos e pobres aumentou.

[1] N.E.: Cabe reforçar que os árabes não são necessariamente muçulmanos. Há cristãos árabes e judeus árabes.

- Liberdades individuais, direitos humanos e participação política estão no nível mais baixo relativamente a qualquer uma das regiões do Terceiro Mundo. A corrupção é um grande problema.
- Enquanto, em termos quantitativos, houve avanços na educação, não é das melhores a qualidade do ensino de habilidades analíticas e abordagens inovadoras para resolver problemas.
- A infraestrutura de comunicação global é limitada e a mídia tem um grau de liberdade menor do que em qualquer outro lugar no Terceiro Mundo.
- O investimento estrangeiro no mundo árabe é mínimo.
- A "fuga de cérebros[2]" entre os jovens adultos na região é das mais graves.
- Oitenta por cento dos refugiados do mundo são muçulmanos.

O relatório não está interessado em difamar muçulmanos ou árabes, e assinala os recursos dentro do patrimônio cultural e religioso árabe para lidar com os problemas, mas insiste em dizer que a menos que mudanças sejam feitas e os problemas atacados, o mundo árabe provavelmente ficará ainda mais atrás do que outras regiões do Terceiro Mundo. Alguns países muçulmanos, como Malásia e Indonésia, têm se comportado muito melhor do que os países árabes em busca da modernização e capacidade de competir em uma economia global.

Bernard Lewis (acadêmico britânico especialista na história do Islã e sua interação com o Ocidente) afirma que a elite otomana começou a perguntar "o que deu errado" várias centenas de anos atrás. Em seus primeiros mil anos, o Islã prosperou e o domínio islâmico expandiu-se. O sucesso mundano foi um dos sinais do favorecimento de Deus. O mundo islâmico estava muito à frente da Europa em educação, medicina, ciência, comércio e poder político e militar. No entanto, por volta de 1600, os Estados muçulmanos da época (otomano, mogol e iraniano) começaram a ficar para trás do Ocidente, e no século XX, também do Extremo Oriente.

O Império Otomano reagiu adaptando novas tecnologias ocidentais (especialmente a militar), mas essas foram mudanças superficiais. Em contraste, no Extremo Oriente, mesmo em meio às tradições fortemente patriarcais, sexistas, hierárquicas e estatistas, a ética confucionista forneceu recursos para a modernização sem se tornar menos japonês ou chinês no processo.

A transformação do mundo muçulmano de uma posição de domínio para uma posição de fraqueza e dependência criou decepção e ressentimento. A maioria das pessoas acha mais fácil procurar a origem de seus problemas no que os outros lhe causaram em vez de olhar primeiro para o que elas mesmas fizeram ou deixaram de fazer. Hoje, os Estados Unidos, como a única superpotência remanescente, herdam grande parte desse ressentimento. Em sociedades com um mínimo de oportunidades para a dissidência política, a religião muitas vezes oferece o único meio

[2] N.E.: Expressão utilizada para se referir à emigração em grande número de indivíduos com aptidões técnicas ou conhecimentos especializados, normalmente devido a fatores como conflitos étnicos e guerras civis, falta de oportunidade, riscos à saúde e instabilidade política nos países de origem.

para mobilizar e expressar oposição à situação existente. Os movimentos islâmicos ofereceram uma solução simples: Se os muçulmanos voltassem para o caminho original do Islã, Deus restauraria o Islã à sua posição de preeminência no mundo. "O Islã é a solução" tornou-se um "grito de guerra".

Sentindo o pulso do mundo muçulmano

As pesquisas de opinião fornecem um indicador útil a propósito das atitudes muçulmanas em relação ao Ocidente e à América. A organização Gallup, no início de 2002, inquiriu os moradores de nove países muçulmanos (que representam 40% da população muçulmana total). Em nenhum país a maioria da população teve uma opinião favorável sobre os Estados Unidos. Na Jordânia, Arábia Saudita, Irã e Paquistão, entre 60% e 70% dos entrevistados tinham opiniões negativas dos Estados Unidos. Eles se opuseram à intervenção militar americana no Afeganistão.

A Zogby International realizou uma pesquisa semelhante na primavera de 2002, em cinco países árabes muçulmanos (Egito, Jordânia, Kuwait, Líbano e Arábia Saudita) e três países muçulmanos não árabes (Indonésia, Irã e Paquistão), além de França e Venezuela. Nessa sondagem:

- De 50% a 84% opinaram favoravelmente quanto aos produtos norte-americanos.
- Em cada país, 50% ou mais tinham opiniões favoráveis sobre a democracia e liberdades americanas (exceto Irã e Indonésia).
- Nesses países, 85% ou mais (99% no Irã) tinham uma opinião desfavorável da política externa americana para com o mundo muçulmano, especialmente em virtude da política americana em relação à Palestina e Israel.

Listando as queixas muçulmanas contra o Ocidente e as possíveis respostas ocidentais

Em que pese o fato indiscutível da dominação colonial ocidental, tal colonialismo não foi concebido especificamente para os países muçulmanos, e os Estados Unidos não eram uma grande potência colonial. As fronteiras de países muçulmanos modernos foram muitas vezes determinadas pelas potências coloniais. Porém, o Islã tem um passado imperialista e colonial próprio. O controle colonial ocidental dos países árabes substituiu o controle colonial otomano (muçulmano, mas não árabe) e o controle britânico da Índia substituiu um Estado islâmico que governou sobre uma população que tinha uma substancial maioria hindu.

Embora os Estados Unidos preguem a democracia, têm apoiado consistentemente regimes não democráticos em países muçulmanos, especialmente quando esses países estavam dispostos a apoiar a política externa americana. Os Estados Unidos ajudaram na supressão dos regimes democráticos no Irã (1953) e Iraque (1956). O governo norte-americano permaneceu em silêncio quando o exército local anulou vitórias eleitorais de partidos islâmicos na Argélia e na Turquia.

O Ocidente tem permanecido distante dos esforços das minorias muçulmanas em países não muçulmanos para conseguir autonomia ou independência, incluindo a Caxemira, Chechênia, Daguestão, oeste da China, e Filipinas. O pleito muçulmano se robusteceria se os Estados muçulmanos respondessem positivamente a movimentos para a autonomia ou a independência dentro dos países muçulmanos. Curdos do Iraque e da Turquia buscam um Estado independente há décadas. Os rebeldes não muçulmanos no sul do Sudão têm procurado, sem sucesso, autonomia ou independência. A Indonésia concedeu independência ao Timor Leste (2002) apenas sob pressão internacional extrema. Uma guerra civil foi necessária para que muçulmanos de Bangladesh conseguissem a independência do Paquistão.

LEMBRE-SE

Muitos muçulmanos acreditam que as respostas ocidentais a situações envolvendo muçulmanos envolvem uma falta de proporcionalidade, traindo uma atitude de que vidas muçulmanas não são importantes. A maior queixa é o boicote econômico ao Iraque, que muitos — incluindo os europeus — acreditam ter causado a morte por desnutrição de um grande número de crianças iraquianas. Eles dizem que os Estados Unidos defendem o direito internacional quando convém aos interesses norte-americanos, mas o ignoram em outras situações, como não aplicar os requisitos do Tratado de Genebra para prisioneiros capturados na guerra do Afeganistão.

SE LIGA!

A queixa número um que os muçulmanos têm contra os Estados Unidos é que, de forma consistente, esse país perfila-se ao lado de Israel contra os palestinos e os esforços para estabelecer um Estado Palestino. No Conselho de Segurança das Nações Unidas, os EUA quase sempre vetam qualquer resolução crítica contra Israel. Resoluções semelhantes frequentemente passam na Assembleia Geral, com apenas os Estados Unidos e alguns outros países votando contra. Queixas específicas envolvem o fracasso norte-americano de intervir contra a apreensão israelense de terras palestinas, destruição de casas e da infraestrutura da sociedade palestina, e desrespeito aos direitos humanos dessa comunidade.

A presença de tropas americanas em solo saudita é considerada por muitos muçulmanos como um sacrilégio porque lá estão localizadas as cidades sagradas de Meca e Medina.

Outras queixas expressam desagrado por certos aspectos da cultura americana.

- **Declínio moral, promiscuidade sexual e individualismo excessivo**
- **Privatização da liderança religiosa em razão da falta de intensidade religiosa**
- **Materialismo:** Os muçulmanos se ressentem dos símbolos onipresentes de dominação econômica americana em seus países. Às vezes, boicotes são organizados contra produtos norte-americanos, como um recente boicote palestino aos cigarros Marlboro. Claro, o capitalismo global não é especialmente direcionado contra o Islã.

Listando as preocupações de muçulmanos norte-americanos

Os norte-americanos muçulmanos compartilham da maior parte das preocupações acima, porém, também têm preocupações específicas enquanto muçulmanos vivendo nos Estados Unidos.

» **Perfis para detectar possíveis terroristas:** Essa prática é sentida como aplicada de forma indiscriminada, fazendo com que todas as pessoas que fisicamente parecem ter origem no Oriente Médio ou sul da Ásia são automaticamente consideradas como suspeitas.

» **Detenção sem limitação de tempo e usando provas secretas (não reveladas ao acusado), sob a lei Antiterrorismo de 1996, afetou principalmente imigrantes muçulmanos:** Em dezembro de 2000, o governo foi forçado por um juiz de um tribunal de imigração a liberar uma dessas pessoas que havia permanecido presa por mais de três anos sem ter sido acusada ou extraditada.

» **Ações tomadas pelo governo contra instituições islâmicas de caridade que podem ser canais para fundos terroristas:** O Departamento do Tesouro dos EUA desenvolveu, recentemente, diretrizes para instituições de caridade muçulmanas americanas.

» **Estereótipos negativos de árabes e muçulmanos:** Personagens com nomes e aparência árabes tornaram-se os vilões favoritos em filmes. Os muçulmanos também se queixam de que a mídia televisiva manifesta preconceito antimuçulmano, lembrando uma famosa exibição na qual se atribuiu imediatamente a terroristas muçulmanos o bombardeio de um edifício federal na cidade de Oklahoma. Os muçulmanos notaram que quando os verdadeiros culpados foram apreendidos, os meios de comunicação não se referiram a eles como terroristas cristãos.[3]

» **Crimes de ódio:** Crimes contra muçulmanos aumentaram, segundo o relatório anual do FBI, em 1700% de 2000 para 2001 (de 28 para 481). Ainda que impressionantes, alguns comentaristas muçulmanos observaram que devido aos acontecimentos de 11 de setembro, a surpresa é que tais números não atingiram níveis significativamente maiores.

» **Lei de Liberdade Religiosa Internacional de 1998:** Os muçulmanos suspeitam que essa lei destacará principalmente os casos em que os cristãos evangélicos não têm a liberdade de evangelizar em países muçulmanos, ignorando países que restringem a prática religiosa muçulmana.

» **Difamação dos muçulmanos:** Alguns líderes fundamentalistas cristãos proeminentes fizeram comentários públicos de que o Islã é uma religião do mal e violenta; que Muhammad era um fanático, ladrão e pedófilo; que Alá não é Deus; e que os muçulmanos são piores do que os nazistas. Na época, o presidente Bush e o secretário de Estado Colin Powell repudiaram tais observações.

» **O lobby judaico:** Os muçulmanos acreditam que os judeus exercem uma influência excessiva sobre a política externa norte-americana em detrimento da Palestina e dos muçulmanos.

[3] N.E.: Os eventos do dia 11 de setembro pioraram esses estereótipos.

Ouvindo as Preocupações Americanas em Relação aos Muçulmanos

Os dados de sondagens sobre as atitudes americanas em relação aos muçulmanos não são consistentes. Uma pesquisa da Gallup, realizada na primavera de 2002, relatou que 49% dos norte-americanos expressavam uma opinião negativa sobre os países muçulmanos. Apenas 24% tinham opiniões favoráveis. Uma pesquisa da *Newsweek* de 7 de janeiro de 2002 relatou que 59% dos norte-americanos tinham uma visão favorável do Islã, acima dos 45% de uma pesquisa feita antes do 11 de setembro. Após o 11 de setembro, muitos muçulmanos norte-americanos ouviram mais respostas positivas do que negativas dos colegas e amigos norte-americanos.

A seguinte lista de tópicos compartilha algumas (mas certamente não todas) das preocupações sobre o Islã manifestadas por muitos norte-americanos e alguns outros ocidentais.

» **Extremistas muçulmanos executaram uma série de ataques contra alvos norte-americanos,** começando com a tomada da embaixada americana no Irã em 1979 e culminando com o 11 de setembro de 2001, a destruição das Torres Gêmeas do World Trade Center na cidade de Nova York. Tais ataques continuaram, incluindo o assassinato de médicos missionários no Iêmen e o bombardeio de uma casa noturna em Bali, Indonésia, em outubro de 2002.

» **Existe uma percepção entre o público norte-americano de que os muçulmanos hesitam em condenar as atividades terroristas executadas por grupos islâmicos.** Porém, poucas horas depois do ataque de 11 de setembro cada grande organização muçulmana americana emitiu declarações condenando tais ações como contrárias ao Islã e conclamando os muçulmanos a participarem das ações socorristas. O fato de que a maioria dos agressores veio da Arábia Saudita, supostamente um aliado norte-americano leal, e que fundos sauditas muitas vezes financiaram escolas islâmicas no Paquistão e em outros lugares que eram as áreas de formação e treinamento de radicais islâmicos, deixou algumas pessoas ainda mais em dúvida sobre os verdadeiros sentimentos dos muçulmanos.

» **Alguns norte-americanos se perguntam se algumas mesquitas americanas têm auxiliado terroristas islâmicos, voluntária ou involuntariamente,** e onde a lealdade dos muçulmanos norte-americanos está. No entanto, a emigração contínua de muçulmanos para os EUA é uma forte evidência de que, havendo a oportunidade, muitos muçulmanos preferem viver nos Estados Unidos do que em outros países.

» **Parece para alguns norte-americanos que muitos muçulmanos são totalmente irracionais,** especialmente os muçulmanos de outros países. Em uma pesquisa da Gallup, a maioria da população acreditava que os muçulmanos não estavam por trás dos ataques de 11 de setembro — apesar da explícita reivindicação de crédito para o atentado de bin Laden e da al-Qaeda. (Jordânia, Marrocos e Arábia Saudita não permitiram a inclusão dessa questão na pesquisa efetuada em seus países.) Lembre-se de que, na ausência de uma imprensa livre, a opinião pública dos muçulmanos no Terceiro Mundo pode ser facilmente manipulada por governos que tentam desviar as críticas a seus próprios defeitos.

INDO MAIS FUNDO

Um dos exemplos mais fascinantes da atual inclinação popular muçulmana em direção à teoria da conspiração é a história dos 4.000 judeus que não apareceram para trabalhar no World Trade Center em 11 de setembro, provando, assim, que o 11 de setembro foi realmente um ato de terrorismo judeu/israelita projetado para lançar a culpa sobre os muçulmanos. Aparentemente, a história começou em 13 de setembro, quando um jornal jordaniano publicou rumores do envolvimento de Israel. No dia seguinte, um embaixador israelense disse a repórteres que seu governo havia recebido 4.000 chamadas de israelenses incapazes de entrar em contato com seus parentes em Nova York. Finalmente, em 17 de setembro, o Hezbollah informou que 4.000 empregadores israelenses no WTC não apareceram para trabalhar naquele dia fatídico — um "fato" para o qual não existe absolutamente nenhuma prova. A partir daí, a história se repetiu de estação em estação, e de site para site, e até hoje muitos muçulmanos fora do Ocidente acreditam que os muçulmanos não tiveram nada a ver com o evento, que teria sido na verdade uma operação da CIA ou da agência de inteligência israelense.

Enfrentando Questões Maiores

Há questões que surgem ao se discutir a relação entre o Islã e o Ocidente, como discutido nas seções a seguir.

Choque de civilizações

Em 1993, Samuel Huntington escreveu um artigo sobre a proximidade de um confronto entre civilizações, em que os principais antagonistas seriam o Ocidente e o mundo islâmico. Enquanto alguns diziam que o problema do Ocidente com o Islã era apenas com um grupo extremista islâmico, Huntington enxergava aí um conflito básico. Deixando de lado o argumento explícito de Huntington, muitos no mundo islâmico e ocidental afirmam que o Islã e a civilização ocidental (ou o Cristianismo) estão envolvidos em uma disputa mortal.

Em resposta a esse cenário apocalíptico, os críticos respondem que a civilização islâmica não é um monólito. O confronto mais essencial está entre diferentes visões do Islã e não entre ele e o Ocidente. Já alguns sustentam que o confronto por vir não é entre o Islã e o Cristianismo ocidental, mas entre uma visão de mundo materialista e secular, e uma outra, de caráter espiritual, que engloba o Islã, o Cristianismo e outras religiões.

Direitos humanos

DICA

Desde meados do século XIX, um conjunto de princípios de direitos humanos fundamentais e do direito internacional se desenvolveu. Sob os auspícios das Nações Unidas, a maioria dos países muçulmanos assinou declarações reconhecendo o direito internacional e os direitos humanos, por vezes sob reservas específicas. Existem conflitos entre o que esses documentos dizem e a lei islâmica. A Carta dos Direitos Islâmicos de 1990, ao afirmar reconhecer os padrões internacionais, diz que em caso de um conflito com a *shari`a* tradicional (lei islâmica), a *shari`a* tem precedência. Isso equivale a uma negação dos direitos humanos universais. Estudiosos muçulmanos, como Abdullahi an-Na'im, fazem uma distinção entre os princípios imutáveis da ética muçulmana, e a forma concreta, específica, desses princípios, a qual difere de geração em geração. Estudiosos muçulmanos mais tradicionais não admitem essa distinção. Alguns conflitos-chaves incluem:

- Disposições da lei islâmica às vezes entram em conflito com os direitos humanos e os direitos internacionais na área do devido processo legal.
- Embora o direito internacional exija que os países se relacionem entre si em uma base de paz e reciprocidade, a *shari`a*, de acordo com algumas interpretações, prevê a obrigação dos Estados islâmicos de realizar guerra contra Estados não islâmicos para submetê-los ao controle da lei islâmica.
- O direito internacional e as convenções de direitos humanos reconhecem os direitos de todas as pessoas à liberdade religiosa. Todavia, muitos países islâmicos negam essa liberdade de exercício religioso a não muçulmanos.
- O direito internacional reconhece a plena igualdade das mulheres, mas a discriminação legalmente consagrada contra as mulheres existe em muitos países muçulmanos. A posição das mulheres muçulmanas varia radicalmente de país para país. A chefe da Anistia Internacional é uma mulher muçulmana. Indonésia, Bangladesh, Paquistão e Turquia tiveram mulheres Chefes de Estado — algo que jamais aconteceu nos Estados Unidos.
- A censura é outra área de conflito entre a lei islâmica tradicional e o direito internacional.
- Muitos países muçulmanos negam direitos humanos fundamentais, não só para mulheres e não muçulmanos, mas também para seus próprios cidadãos muçulmanos. Organizações de direitos humanos são muitas vezes perseguidas em países muçulmanos, mesmo quando fazem valer os direitos dos muçulmanos, incluindo grupos islâmicos.

Democracia e Islã

O direito internacional e as declarações dos direitos humanos reconhecem o direito do povo de participar no governo. O mundo islâmico, e especialmente o mundo árabe, tem ficado para trás de outras regiões quanto a mover-se em direção a alguma forma de governo democrático. Em alguns países muçulmanos há um sistema democrático no papel mas, na prática, essa pretensa democracia acaba por ser um Estado de partido único, muitas vezes dominado por uma figura política forte ou elite militar. Outros países muçulmanos são governados por monarquias hereditárias. Estima-se que, na atualidade, mais da metade dos muçulmanos do mundo vivem em democracias funcionais, incluindo Turquia, Bangladesh, Índia, Indonésia, Irã e Malásia.

Democracia é compatível com Islã? Muçulmanos que rejeitam o sistema democrático lembram que, em uma democracia, o poder e a autoridade do governo são derivadas das pessoas, e que o governo representa a vontade do povo. Mas, em contraste, o governo islâmico representa a vontade de Deus, como expressada na *shari`a*. Muitos muçulmanos percebem a democracia como uma importação ocidental. Outros olham para democracias de fachada que surgiram no período pós-colonial e a veem como um experimento fracassado no mundo muçulmano. Alguns ocidentais concordam que a democracia é incompatível com o Islã, porque ela repousa sobre valores que eles consideram contrários à *shari`a* islâmica. As pessoas no ocidente suspeitam do compromisso para com a democracia anunciado por movimentos islâmicos. Alegam que os islâmicos estão interessados apenas no uso de eleições democráticas para ganhar poder, após a qual a democracia desapareceria: "Um homem, um voto, uma vez."[4]

LEMBRE-SE

Outros dizem que a democracia é tão compatível com o Islã quanto com o Cristianismo. Afinal de contas, os países cristãos foram todos, um dia, governados por reis. O papado católico romano uma vez denunciou a democracia como incompatível com o Cristianismo católico romano. Os muçulmanos apontam que o Corão tem pouco a dizer sobre a forma específica de um governo muçulmano. A monarquia, pela concentração de poder nas mãos de um único indivíduo, é uma ameaça maior para a soberania de Deus do que a democracia. A Constituição de Medina (veja o Capítulo 6), a *shura* (consulta para escolher os primeiros califas, e consulta do governante com o povo), o *majlis* (órgão consultivo dos anciãos tribais) e *ijma`* (consenso, uma das quatro raízes da lei islâmica) fornecem uma base sobre a qual construir a democracia islâmica.

A democracia ocidental originalmente excluía da participação política mulheres, escravos e não proprietários. Aos poucos, a democracia foi estendida para incluir todos os cidadãos. O processo de obtenção de democracia estável em países muçulmanos, sem dúvida, também levará um longo tempo. Em outubro de 2002, ocorreram no Bahrein as primeiras eleições legislativas nacionais em 30 anos, e as mulheres puderam votar (entrando nas salas de votação através de portas separadas) e concorrer para o cargo. Muitos ocidentais surpreendem-se ao descobrir que o Irã tem uma democracia em funcionamento, ainda que restrita, com eleições contestadas cujos resultados não são predeterminados. Caso contrário, Khatami não teria sido eleito presidente pelo povo (no período entre 1997 e 2005,

[4] N. E.: Expressão derivada de outra ("Um homem, um voto"), consagrada nos regimes democráticos, mas pejorativamente ampliada para designar o ocorrido em ex-colônias onde as eleições foram realizadas com sucesso, relativamente livres de corrupção e violência, mas nas quais, logo em seguida, um tirano se impõe e toma o poder, como ocorreu em Zimbabwe, Zâmbia e Angola.

com uma reeleição), contra a vontade do clero linha-dura. A experiência do crescente número de muçulmanos que vivem nas democracias ocidentais fornecerá um recurso para países muçulmanos à medida que se encaminham em direção a um regime democrático.

Jihad

DICA

Como discuto no Capítulo 9, o significado básico da *jihad* é lutar e, às vezes, é considerado um sexto pilar do Islã. A tradição relata que, quando alguns muçulmanos voltaram de uma invasão militar, Muhammad lhes disse que haviam retornado de uma *jihad* menor, mas enfrentariam agora a *jihad* maior. A maior *jihad* é a do coração contra a *nafs*, a própria natureza inferior. A *jihad* da língua (palavras) espalha os ensinamentos do Islã e a *jihad* da mão engaja-se em ações para alcançar a justiça. Por último vem a *jihad* da espada — a luta militar em nome de Deus. No Islã clássico, o califa era obrigado a travar uma guerra para submeter áreas não muçulmanas ao domínio da lei de Deus. Com a fragmentação do Islã em vários Estados, a tradição islâmica considerou que era necessário exigir de cada homem muçulmano a *jihad* da espada em defesa do Islã.

Enquanto alguns limitam a *jihad* defensiva para casos de invasão de um Estado muçulmano, outros entendem a *jihad* defensiva como muito mais ampla. Os islamitas radicais negam a validade da distinção entre *jihad* interna e externa (maiores e menores) e convocam todos os muçulmanos para ações militares ou violentas contra aqueles que consideram ser muçulmanos infiéis, bem como contra os não muçulmanos (uma "*jihad* de baixo" em contraste com a *jihad* declarada pela autoridade do Estado).

Terrorismo

O que é um ato de terrorismo? As definições comuns dizem que terrorismo:

- » É um ato político.
- » Envolve violência física.
- » Objetiva instalar medo e insegurança.
- » Tem como alvo pessoas inocentes.

O terrorismo tem estado por aí há um longo tempo. Anos atrás, reportagens sobre o terrorismo na imprensa americana geralmente se referiam a ataques do IRA contra o controle britânico da Irlanda do Norte. Atos terroristas também eram associados com grupos políticos de esquerda. Em meados dos anos 1990, a maioria das ações terroristas que tiveram como alvos os norte-americanos ocorreram na América Latina. O terrorismo não é um fenômeno exclusivamente muçulmano. O que é novo é o alcance global de alguns grupos terroristas modernos. Atos individuais de terrorismo tornam-se parte de uma *jihad* em curso.

Terroristas não se consideram terroristas. Aquele considerado terrorista por alguém é chamado combatente da liberdade por outra pessoa. O governo dos Estados Unidos acusa Irã, Síria e Líbia de envolvimento em terrorismo de Estado. Os muçulmanos acreditam que as ações dos russos na Chechênia e dos israelenses na Palestina se qualificam como terrorismo de Estado.

Alguns muçulmanos justificam o terrorismo muçulmano como a arma dos fracos contra os fortes. Homens-bomba se tornaram o símbolo de terroristas islâmicos. O suicídio é proibido no Islã e a maioria dos estudiosos islâmicos diz que a morte em um atentado suicida, não importa o quão nobre seja a causa, é um pecado grave, assim como são as ações militares dirigidas a crianças, mulheres e não combatentes. Como os terroristas respondem? Eles dizem que os civis israelenses e norte-americanos são cúmplices na repressão dos muçulmanos e que são alvos legítimos. Dizem que a morte de um homem-bomba é comparável a um soldado que vai para uma batalha em que ele sabe que provavelmente será morto.

A analogia com a violência cometida por alguns poucos grupos antiaborto é frequentemente utilizada. A maioria desses indivíduos crê que o aborto é assassinato e que devem tomar medidas para impedi-lo. No entanto, apenas alguns deles explodem clínicas de aborto e atiram contra os médicos. Da mesma forma, a maioria dos muçulmanos não é terrorista, mesmo quando simpatizam com as motivações dos terroristas.

Conhecendo o que É Necessário Vir do Lado Muçulmano

O Islã tem, tradicionalmente, evitado o extremismo; no entanto, ele precisa condenar fanáticos dentro de suas próprias fileiras tão abertamente quanto se queixa de intolerância antimuçulmana no mundo não muçulmano. Os muçulmanos moderados devem falar e não concordar, com seu silêncio, com as alegações extremistas. Os muçulmanos precisam abordar os problemas internos de forma positiva e não culpar judeus, secularistas e ocidentais por tudo. Os muçulmanos precisam empreender mudanças estruturais em suas sociedades e não se limitar à solução simplista de "o Islã é a resposta". O mundo muçulmano deve enfrentar seus problemas: falta de liberdade civil, racismo, sexismo, corrupção, opressão e intolerância religiosa.

Conhecendo o que É Necessário Vir do Lado Ocidental

Os norte-americanos não muçulmanos precisam buscar respostas construtivas:

- » Os Estados Unidos precisam implementar uma campanha de relações-públicas dirigida ao mundo muçulmano comparável àquela voltada para as pessoas no mundo comunista durante a Guerra Fria.
- » Os EUA e o Ocidente precisam "fazer a paz" ativamente e não apenas a guerra contra os terroristas. Em 2000, cerca de 1.000 líderes religiosos reuniram-se na Cúpula da Paz Mundial para o Milênio e prometeram seu apoio para acabar com a violência baseada na religião e respeitar as tradições religiosas uns dos outros. No início de 2002, o Papa João Paulo II patrocinou uma reunião do Dia Internacional da Paz em Assis, Itália.
- » Os Estados Unidos devem exercitar a paciência, porque ela mantém os trunfos políticos, econômicos e militares.
- » Os Estados Unidos devem reconhecer a diversidade dentro do Islã e trabalhar com as forças construtivas do mundo islâmico, mas não com a abordagem cínica de dividir para conquistar. A questão não é os Estados Unidos contra o Islã. Em vez disso, a questão é qual versão do Islã prevalecerá.
- » Finalmente, os norte-americanos devem reconhecer que, se os direitos das mulheres, da democracia e da liberdade estão sendo realizados no mundo islâmico, tais valores terão de ser articulados em um dialeto islâmico e com uma lógica islâmica. O objetivo final é a participação de muçulmanos na determinação de seu futuro.

NESTE CAPÍTULO:

Avaliando as perspectivas da democracia islâmica

Entendendo os reformistas radicais

Experimentando com o governo islâmico: Khomeini e a República Iraniana

Observando o Afeganistão, o Talibã, Osama bin Laden e a al-Qaeda

Capítulo 18
Conhecendo o Desafio da Modernidade

Neste capítulo você encontra uma breve introdução à emergência do Islã no mundo de hoje, dominado pelo Ocidente, e discute como o Islã tenta lidar com os desafios.

Considerando a Democracia Islâmica

Na atualidade, a democracia é a norma, e recebe o apoio da maior parte do mundo moderno. O Relatório de Desenvolvimento Humano Árabe ressaltou que, enquanto há 20 anos os regimes democráticos eram uma raridade em grande parte do mundo em desenvolvimento, hoje em dia o mundo árabe está muito atrás das regiões em desenvolvimento no movimento rumo à democracia.

No final do século XIX e início do século XX, modernistas islâmicos, como Muhammad Abduh no Egito, e Muhammad Iqbal e Muhammad Jinnah no sul da Ásia, imaginaram um Islã modernizado que incorporaria algumas reformas com base na experiência ocidental sem abandonar a identidade islâmica. Essa modernização geralmente assume alguma forma de governo democrático em países muçulmanos pós-coloniais, mas sem simplesmente replicar a democracia ocidental.

SE LIGA

De fato, os países islâmicos no mundo pós-colonial tendiam a ser ou monarquias ou democracias apenas no papel (ou "democracias de fachada") — *papel ou "de fachada"* porque, como países comunistas, eles tinham a forma, mas não a realidade do regime democrático. Alguns Estados muçulmanos ficaram sob controle dos partidos socialistas que estabeleceram um regime de partido único (como no Iraque, Síria, Líbia, Argélia e Tunísia), embora possam permitir a existência de partidos de oposição simbólicos. Alguns Estados experimentaram governos militares (por vezes, Egito, Paquistão, Argélia, Paquistão, Turquia e outros), ainda que tal situação sempre tenha sido dita como temporária, até que as condições melhorassem. O Ocidente, incluindo os Estados Unidos, tem auxiliado na repressão aos movimentos democráticos (o que pode levar ao controle islamista, instabilidade ou políticas antiocidentais) no Iraque, Irã (antes da revolução de 1979), Argélia e em outros lugares. Claro, muitos desses países têm enfrentado enormes problemas — agitação interna; grandes populações jovens desempregadas; falta de recursos naturais e de infraestrutura econômica —, fatores que muitas vezes impedem o desenvolvimento da democracia.

Apesar de seus períodos de governo militar, há no Paquistão uma democracia limitada. A Indonésia, após os longos períodos dos governos ditatoriais de Sukarno e Suharto, é uma democracia assentada, como é Bangladesh. Na Malásia, apesar de ser governada por um só homem durante um período prolongado de tempo, vários partidos participam ativamente do sistema político. As monarquias, tais como aquelas na Jordânia, Marrocos e alguns Estados menores da península arábica (Bahrein, Kuwait), começaram a dar os primeiros passos em relação à participação popular no processo político. A Turquia, apesar de períodos de intervenção militar, é uma democracia funcional em que partidos islâmicos ganharam duas vezes o controle do governo (incluindo a eleição mais recente).

Mesmo alguns reformistas islamistas como Ghannoushi na Tunísia (em exílio na Europa), da Irmandade Muçulmana no Egito e Jordânia, Jama`at-i-Islami (sul da Ásia), e outros, professam compromisso com a democracia. Em alguns casos, esse compromisso parece sincero. Em outros casos, as declarações islamistas de compromisso com a democracia podem ser meras manobras políticas táticas.

Há motivos para manter o otimismo quanto à evolução futura do regime democrático nos países islâmicos. Os radicais islâmicos são uma pequena, mas dedicada, parcela das populações muçulmanas. Entretanto, o prognóstico do futuro é temerário. A guerra entre os Estados Unidos e um país muçulmano poderia levar ao aumento da influência de radicais islamistas ou reforçar as forças democráticas.

Reivindicando a Identidade como um Estado Muçulmano

Desiludidos com o Ocidente, muitos muçulmanos sentiram-se atraídos pela ideia de rejeitar os modelos ocidentais e voltar a uma verdadeira sociedade islâmica.

Nomeando os Islamistas

Modernistas islâmicos continuam a existir nas sociedades muçulmanas, embora alguns se sintam compelidos a manter-se comedidos. Tradicionalistas, que querem dar continuidade ao Islã familiar que existe desde o surgimento da síntese medieval, não desapareceram. O radicalismo islâmico ameaça e desafia com suas reivindicações de proeminência. E a devoção pessoal expressada em movimentos sufis, a despeito dos ataques de secularistas e islamistas, não desapareceu.

SE LIGA

Os escritores usam termos diferentes para se referir a movimentos islamistas, como *salafistas* (de volta aos ancestrais), islamistas, islã político, revivalismo islâmico, reformismo islâmico, neotradicionalismo, islã radical e islã extremista.[1] Muitos ocidentais usam um termo que já lhes é familiar: fundamentalismo. Os muçulmanos opõem-se a esse termo, dizendo que a maioria dos muçulmanos é fundamentalista e o termo se aplica mais apropriadamente a determinados movimentos cristãos nos Estados Unidos. No entanto, no mundo de fala inglesa, o fundamentalismo se estabeleceu como o termo que designa os movimentos "de volta às origens" que se tornaram proeminentes em muitas religiões durante os últimos 30 anos.

Liderando o caminho: Três movimentos islamistas

Três movimentos e seus fundadores influenciaram o surgimento dos movimentos islamistas no século XX — os Wahhabitas da Arábia Saudita, a Irmandade Muçulmana do Egito, e o Jama`at-i-Islami do Paquistão. A Irmandade Muçulmana e o Jama`at são ativos em vários países e têm inspirado e se vinculado com outras

[1] N.E.: Todos os movimentos aqui citados são ligados ao islã sunita. São movimentos de radicalização do Islã. Em cada país onde atuam, esses movimentos tomam feições locais. Acrescentamos ainda aos movimentos o Talibã, al-Qaeda, al-Nusra, Jihad Islâmica, Estado Islâmico dentre outros que surgem praticamente a cada dia.

organizações islamistas mais recentes. Os wahhabitas e seus patrocinadores financeiros sauditas apoiam ativamente a propagação do Islã do estilo wahhabi em muitos países, incluindo o Ocidente.

Purificando o Islã: o Wahhabismo e o Estado saudita

O movimento Wahhabi surgiu a partir de uma aliança de um estudioso muçulmano, Muhammad ibn Abd al-Wahhab (falecido em 1791) com um chefe tribal local, Muhammad ibn Saud. O termo árabe para Wahhabi é *muwahhidun*, que se traduz como Unitarismo. Influenciado pelo jurista hanbalita medieval, ibn Taymiyyah, al-Wahhab defendeu a imposição de uma forma intolerante e puritana do Islã sobre a população. Ele pediu um retorno ao Corão e às *hádices*, a rejeição ao sufismo, e buscar a *jihad* contra outros muçulmanos que não aceitassem esse ponto de vista. Ele rejeitava a inovação (*bid`a*), porque todo comportamento deveria basear-se no exemplo da primeira comunidade muçulmana em Meca. Ibn Saud conquistou a maior parte da Arábia, destruiu os santuários nas sepulturas de Muhammad e outros líderes antigos enterrados em Medina, e também destruiu os santuários shia'as de *Imame* Hussein e outros membros da família do profeta em Karbala.

O Estado saudita inicial foi destruído por um exército otomano vindo do Egito em 1818, mas ressurgiu no século XX. Apoiado pelos wahhabitas, Abdulaziz ibn Saud restabeleceu o Estado saudita em 1932 e implementou o estilo wahhabi de sunismo como religião do Estado. Começando na década de 1950, a riqueza do petróleo permitiu ao Estado saudita propagar com sucesso a versão wahhabi do Islã no exterior. Muitos radicais islamistas posteriores permaneceram por um certo período de tempo na Arábia Saudita, onde assimilaram o ponto de vista dos wahhabitas. O wahhabismo saudita fornece uma interessante combinação de radicalismo islâmico com o apoio de um governo conservador tradicionalista.[2]

Buscando uma teodemocracia: Mawdudi e o Jama`at-i-Islami

Mawlana Mawdudi (falecido em 1979), um jornalista da Índia colonial, fundou a Jama`at-i-Islami em 1941 como uma vanguarda elitista revolucionária. Mawdudi foi o primeiro a aplicar o conceito de *jahiliyya*, a sociedade pagã do dia de Muhammad na Arábia, para as sociedades não muçulmanas do século XX. Mawdudi rejeitou ambos os líderes nacionalistas que se recusaram a instituir a lei islâmica e a *`ulama'* tradicional. Ele usou o termo *teodemocracia* para descrever sua visão de um Estado islâmico modelado em uma visão romantizada de Estado dos três primeiros califas. Mawdudi e o Jama`at eram moderados em sua postura em relação ao Estado paquistanês, às vezes criticando-o de fora, às vezes apoiando líderes específicos. Apesar da influência e popularidade do Mawdudi entre os muçulmanos em todo o mundo (seus livros ainda são amplamente lidos), a Jama`at nunca foi muito bem-sucedida nas eleições paquistanesas.

---

[2] N.E.: A Arábia Saudita é uma Monarquia absolutista do movimento Wahhabista.

Fazendo do Corão a constituição do Estado: A Irmandade Muçulmana, Hassan al-Banna e Sayyid Qutb

Hassan al-Banna (falecido em 1949) estabeleceu a Irmandade Muçulmana no Egito em 1928. Esse movimento se espalhou além do Egito para a Síria, Palestina (como *Hamas*), Jordânia, Sudão e outros países. "O Corão é nossa constituição", resumia sua visão de um Estado islâmico. Ele disse que os muçulmanos devem abandonar a síntese medieval e voltar às origens. Ao contrário do Jama`at (veja a seção anterior), a Irmandade era uma organização de base que, além de sua agenda política de instituir um Estado islâmico, envolveu-se em projetos de serviços educacionais e sociais localmente, ganhando apoio popular. A associação rapidamente atingiu cerca de um milhão de pessoas até 1949. Quando o primeiro-ministro egípcio foi assassinado em 1949 por um Irmão Muçulmano (ou seja, um membro da Irmandade Muçulmana), o Estado tomou medidas contra a Irmandade, e Hassan al-Banna foi morto pela polícia de segurança egípcia. A tentativa fracassada de um membro da Irmandade de assassinar o presidente Nasser em 1954 levou a uma repressão bem-sucedida contra a organização, e em sua maioria os líderes foram presos.

Sayyid Qutb (falecido em 1966) é a segunda figura principal da Irmandade Muçulmana e uma figura mais radical do que Mawdudi ou al-Banna. Quando ele visitou os Estados Unidos durante o final dos anos 1940, foi repelido por seu materialismo, racismo, exibição ostensiva da sexualidade e influência do lobby judaico na política americana. Preso entre 1954 e 1964, tornou-se ainda mais radical. Seus livros circularam amplamente no mundo islâmico: Democracia, Capitalismo, Comunismo, Cristianismo e Judaísmo são todas manifestações de uma eterna conspiração contra o Islã por forças *jahiliyyah*. Qutb rejeitou a possibilidade de uma reforma gradual a partir de dentro, a favor da ação violenta, revolucionária, que pode ter como alvos os governantes, muçulmanos não comprometidos comuns, e não muçulmanos que são declarados *takfir* (hereges ou idólatras). Qutb foi executado em 1966, mas sua morte só aumentou sua influência sobre os radicais islâmicos.

Identificando o que diferencia reformadores islamistas de radicais islamistas

Radicais e reformistas compartilham o objetivo de estabelecer um Estado islâmico, mas diferem quanto à natureza dele. Os radicais costumam dizer que só a versão deles representa o verdadeiro Islã. Um Estado islâmico representando esse ponto de vista, provavelmente será mais autoritário e menos tolerante a diferentes opiniões do que será um Estado representativo segundo reformadores islamistas.

Reformadores islamistas estão dispostos a envolver-se na política democrática para ganhar o poder nas urnas. Como a política bem-sucedida sempre envolve compromisso, os reformadores, no intuito de construir uma coalizão vencedora, estão muitas vezes mais dispostos a comprometer-se do que os radicais que, de fato, dizem "do meu jeito ou de jeito nenhum". Muito mais muçulmanos apoiam reformistas islamistas do que radicais islâmicos.

Ambos, reformadores e radicais, consideram a jihad militar como uma espécie de arma de último recurso, embora discordem sobre os atentados suicidas e alvos de não combatentes. Os grupos de reforma islamistas não costumam se envolver em atos terroristas dirigidos contra terceiros, como os Estados Unidos, enquanto os radicais islamistas dizem que os Estados Unidos são o verdadeiro inimigo e um alvo legítimo.

INDO MAIS FUNDO

Entre os grupos extremistas ativos no Egito que rejeitaram a abordagem mais moderada da Irmandade Muçulmana estão al-Jihad e Gamaa Islamiyya. Começando com o assassinato do presidente Sadat em 1981, estes grupos envolveram-se em ataques contra estrangeiros, bancos, livrarias, cristãos coptas e outros alvos durante os anos de 1980 e 1990. A resposta do governo e exército egípcios, ainda que dificilmente cumprindo as normas internacionais de direitos humanos, foi eficaz em praticamente eliminar, por volta de 2000, os ataques terroristas dentro do Egito. Na Argélia, o partido religioso FIS (Frente Islâmica de Salvação), que tinha sido autorizado a participar da primeira eleição nacional livre, no final de 1991, conquistou a maioria dos postos. Os militares intervieram e cancelaram a última rodada de eleições no início de 1992, que o FIS certamente teria vencido. De 1992 a 1997, uma luta feroz explodiu, com atrocidades cometidas tanto pelo governo quanto pelo grupo terrorista extremista, o GIA (Grupo Islâmico Armado). No entanto, o extremismo das ações do GIA, incluindo o assassinato de professores e o extermínio de aldeias inteiras consideradas insuficientemente comprometidos com a causa do GIA, levou a uma perda de apoio dos grupos de classe média que faziam parte do núcleo central constituinte da FIS. Em 1997, o governo tinha interrompido a maioria dos incidentes terroristas.

Formando uma República Islâmica Shia'a

Os dois eventos dos últimos 50 anos que tiveram o maior impacto no mundo islâmico são a criação do Estado de Israel e a revolução iraniana (veja o Capítulo 12 para obter informações sobre o Islã iraniano inicial).

Chegada da revolução: Khomeini

Em 1963 o xá iraniano começou sua Revolução Branca — um programa de modernização, reforma agrária e industrialização que alienou grupos importantes no Irã. Cada vez mais, o governo comandava por decreto, dependendo das forças de segurança para reprimir os dissidentes. Embora o "establishment" clerical geralmente não se envolvesse na política, permaneceram sendo a única instituição ainda relativamente livre do controle governamental. As fontes de renda substanciais dos clérigos, e sua rede escolar e de mesquitas, possibilitavam transmitir críticas ao governo em sermões e mobilizar as pessoas em manifestações. Um clérigo mais jovem, Ruhollah Khomeini, tornou-se, em 1963, um dos maiores críticos declarados do regime. Em seus sermões, Khomeini criticava o regime por imitar o Ocidente, por apoiar Israel e, devido à sua natureza ditatorial, sua incapacidade de alcançar a justiça social e suas políticas de reforma agrária. Seus sermões durante a celebração anual do martírio de *Imame* Hussein, em 1963, levaram-no à prisão. Ele foi exilado no ano seguinte na Turquia, e depois seguiu para o Iraque. De sua posição no exílio, Khomeini estava livre para continuar a criticar publicamente o Xá, sem que este pudesse silenciá-lo como fazia com críticos domésticos.

Khomeini, cujos sermões foram amplamente divulgados em fitas cassetes no Irã, tornou-se a figura carismática em torno da qual a oposição cristalizou-se. Quando se mudou para Paris em 1978, Khomeini estava exigindo a derrubada da monarquia. Ele comparava o Xá com Yazid, o governante omíada cujo exército matou Hussein, e aqueles que sofreram sob a polícia secreta do Xá eram como os mártires de Karbala. A ideologia religiosa foi o idioma por meio do qual todas as forças que se opõem ao regime poderiam ser reunidas em uma ação comum. A oposição incluía estudantes, especialmente os *mujahidin* radicais, cujas inclinações socialistas ressoaram com o ataque shia'a tradicional sobre injustiça, comunistas, reformistas liberais, clérigos, os pobres urbanos e os comerciantes tradicionais do bazar (centro urbano comercial de grande importância econômica). A queda dos preços do petróleo em meados dos anos 1970 prejudicou o governo. O fim veio em uma série dramática de protestos no final de 1977 e 1978. Protestos em massa e greves generalizadas paralisaram o país, forçando a fuga do Xá e permitindo o retorno de Khomeini no início de 1979.

Levando o Irã a uma nova direção

DICA

Os partidários de Khomeini tinham ideias conflitantes sobre qual direção o Irã deveria seguir. As próprias ideias de Khomeini no governo eram relativamente desconhecidas. A ideia central de Khomeini — e teologicamente nova — era que, na ausência do imame oculto, o Estado seria guiado por um vilayat-e-faqih, ou seja, por um conselho de juristas clericais ou um único jurista melhor qualificado representando o imame oculto guiaria a revolução. Khomeini assumiu o cargo de Guardião ou Guia Espiritual, que foi institucionalizado na nova Constituição.

O novo sistema de governo foi esmagadoramente aprovado por um referendo nacional. Essencialmente, havia duas organizações governamentais paralelas: os supervisores religiosos e o governo constitucional com um Parlamento, Presidente e Primeiro-ministro (mais tarde abolido). O Guia Espiritual retinha a autoridade final, embora Khomeini não governasse por decretos ditatoriais. As instituições clericais nomeavam mullas locais, aprovavam os candidatos para o Parlamento e outros cargos, controlavam os tribunais (porque a lei islâmica era a lei do Estado) e o Ministério da Cultura (que impunha a proibição do consumo do álcool, o uso do véu e a eliminação da influência ocidental, como filmes e televisão). Conselhos revolucionários locais, essencialmente grupos de vigilantes, ajudaram a fazer cumprir a revolução nas ruas.

INDO MAIS FUNDO

Durante os primeiros anos, expurgos e julgamentos eliminaram muitos grupos de potenciais opositores. Diferentes grupos brigavam pelo poder dentro da elite governante: um grupo mais conservador composto de clérigos tradicionais; um grupo mais jovem e radical que queria algo mais próximo de uma revolução contínua ou permanente que traria a justiça social interna e exportaria a revolução além-fronteiras; e no meio-termo um grupo de pragmáticos que, embora totalmente comprometidos com a revolução e uma república islâmica, queria voltar à normalidade e avançar rumo a um regime democrático e uma sociedade mais aberta. Na medida em que as tensões entre diferentes grupos poderiam ter condenado a revolução, Khomeini valeu-se de três eventos para reunir as forças da revolução.

- A tomada da embaixada americana e a realização de reféns entre o final de 1979 e janeiro 1981 chamou a atenção para o Satanás norte-americano.
- Durante a guerra contra o Iraque (1980 a 1988) enviou a juventude pobre e urbana imbuída da ideologia mártir de Karbala para lutar contra um inimigo secularista. Embora a revolução iraniana inspirasse muçulmanos em todo o mundo islâmico, os apelos iranianos a outros muçulmanos para derrubar seus governos não obtiveram sucesso.
- A condenação, em 1989, dos *Versos Satânicos* (Companhia das Letras, 1998) e a *fatwa*[3] de morte contra seu autor, Salman Rushdie, mais uma vez uniu a população, exausta emocionalmente, militarmente e financeiramente pela guerra do Iraque, e proporcionou uma oportunidade para Khomeini reafirmar-se como líder islâmico mundial.

Encarando o futuro

A nova ordem sobreviveu facilmente à potencial crise decorrente da morte de Khomeini em 1989. O Aiatolá Khamenei tornou-se o Guia Espiritual e Rafsanjani, o presidente. À medida que o Irã entrava na década de 1990, grande parte da população tinha pouca memória direta do Xá. O governo clericalmente dominado era agora a nova elite do poder já enraizada e o obstáculo à liberdade e à justiça. Pessoas debatiam nas universidades e em uma imprensa mais aberta suas preocupações e visões do futuro. A eleição do atual presidente, Aiatolá Muhammad Khatami, foi uma grande surpresa. Khatami abocanhou 67% dos votos, sendo fortemente apoiado pelos jovens (a maioria da população), mulheres (que têm voto) e profissionais. Ele foi reeleito em 2001 com 77% dos votos. Khatami havia sido forçado a sair do cargo de ministro da cultura em 1992 por suas políticas relativamente liberais.

Os opositores da liberalização e da verdadeira democracia continuam fortes, especialmente através do controle que exercem sobre os tribunais e várias forças militares e paramilitares, e de seu poder de veto sobre a legislação (através do Conselho Tutelar). Em junho de 2002, Hashem Aghajari, um professor universitário, disse em um discurso que os leigos tinham tanto direito quanto um clérigo de interpretar a lei religiosa. Aghajari foi preso e condenado à morte. Os estudantes, que

[3] N.E.: A Fatwa contra Rushdie foi criticada por boa parte dos países muçulmanos. A Mesquita de al-Azhar, no Egito, criticou o governo iraniano pelo decreto. Em 1989 o Reino Unido rompeu relações com o Irã por causa do fato, em 1999, o presidente iraniano Mohamed al-Khatami declarou que não apoiaria ou condenaria quem assassinasse o escritor. Rushdie vive nos Estados Unidos atualmente e não mais se escondendo, como ocorreu nos 10 primeiros anos da fatwa.

desempenharam um papel crucial em outras crises ao longo dos últimos 100 anos, tomaram as ruas. Aghajari não disse nada que o premier da ideologia da revolução, Ali Shariati (veja o Capítulo 20) ou Abdolkarim Soroush, intelectual contemporâneo preeminente do Irã, não disseram. O futuro caminho do Irã, embora não seja a permanência da revolução iraniana e sua república, é uma questão em aberto.

Revendo a Globalização do Radicalismo Islâmico: Bin Laden e o Afeganistão

Antes de discutir bin Laden e a al-Qaeda, vou primeiro descrever os acontecimentos que levaram ao regime Talibã no Afeganistão.

Afeganistão

INDO MAIS FUNDO

Anos atrás, a maioria dos norte-americanos tinha apenas uma vaga ideia de onde fica o Afeganistão. Antes de 1973, o Afeganistão era uma monarquia em que os conflitos tribais entre os pashtuns, uzbeques, tadjiques, hazaras e Turkmen (todos grupos étnicos) trabalhavam contra a unidade nacional. Havia tensão também entre a maioria sunita e uma relevante minoria shia'a, e entre grupos sufis e islamistas. Em 1973, o príncipe Muhammad Daud, um primo do rei Zahir Shad, derrubou a monarquia e proclamou-se presidente. Como o Afeganistão fazia fronteira com a União Soviética, os russos o consideravam como dentro da esfera de influência russa. Em 1978, um golpe de Estado instalou um governo comunista. Quando os grupos islâmicos rebelaram-se contra o novo governo comunista, os exércitos soviéticos invadiram em 1979. Nos dez anos seguintes, uma guerra civil travou-se entre o governo comunista apoiado pelo exército soviético e os *mujahiddin*, combatentes da liberdade islâmica (da palavra *jihad*). Simpatizantes de outros países muçulmanos foram ao Paquistão para juntar-se aos rebeldes afegãos. Os Estados Unidos, Paquistão, os sauditas, e vários grupos islamistas apoiavam os *mujahiddin*. Em 1989, os soviéticos não estavam dispostos a continuar a luta e se retiraram. Sem o apoio da União Soviética, o governo comunista do Afeganistão caiu em 1992. Vários grupos que se uniram para combater os soviéticos agora lutavam entre si pelo domínio. Os voluntários estrangeiros, chamados árabes afegãos, voltaram para casa, onde muitos se envolveram em grupos radicais locais.

A ascensão do movimento Talibã (a palavra significa "estudante") começou no final de 1994, principalmente entre os pashtuns. Esses "estudantes" eram refugiados da guerra civil, muitas vezes provenientes de *madrassas* localizadas no lado paquistanês da fronteira. As *madrassas*, muitas vezes apoiadas por dinheiro saudita, estavam sob o controle do movimento islâmico radical neo-Deobandi no Paquistão e seu partido JUI (*Jamiyyat-i-Ulama-I-Islam*). Esse movimento militantemente islâmico e antiamericano pregou *jihad* contra não muçulmanos e outros muçulmanos. Em 1999, o JUI ameaçou de morte todos os norte-americanos no Paquistão, instigou a violência da multidão contra shia'as paquistaneses e, talvez, esteve envolvido em esforços fracassados para assassinar o presidente Sharif. As escolas eram os centros de doutrinação e recrutamento dos soldados do Talibã. Além de afegãos e 80.000 ou mais paquistaneses, muçulmanos de todo o mundo vieram às escolas participar da guerra santa do Talibã. O povo afegão, exausto por mais de 15 anos de guerra e da falta de qualquer governo efetivo ou de segurança, recebeu o Talibã, que ofereceu estabilidade e ordem. Em 1996, o Talibã conquistou a capital, Cabul, e em 1998 controlava 90% do país. As tribos que constituíam a aliança do norte conseguiram ficar em apenas algumas partes do país. Somente depois que o Talibã assumiu o poder deixou evidentes suas intenções extremistas. Proibiram música, televisão e filmes. Retiraram mulheres à força das escolas e locais de trabalho e lhes impuseram a *burca* (vestimenta da cabeça aos pés). O Talibã também perseguiu a minoria shia'a, a quem considerava como hereges. O Talibã proclamava sua versão do Islã como o verdadeiro Islã, embora os líderes talibãs não fossem estudiosos islâmicos. Muitos líderes muçulmanos em outros lugares condenaram as ações do Talibã tomando-as como uma aberração não islâmica. Entre os países muçulmanos, apenas Paquistão, Arábia Saudita e Emirados Árabes Unidos reconheceram o governo do Talibã. Os Estados Unidos, ironicamente, apoiaram o Talibã durante a guerra civil. Após o 11 de setembro, os Estados Unidos, que já haviam permanecido praticamente silentes sobre os abusos do Talibã, mudaram sua política, invadiram o Afeganistão e derrubaram o Talibã.

Bin Laden e al-Qaeda

Osama bin Laden nasceu na Arábia Saudita em 1957, o 17º de 52 filhos. Seu pai viera do sul do Iêmen por volta de 1930. Começando como um trabalhador, estabeleceu o que se tornou uma das maiores empresas de construção no país e ficou rico. Bin Laden cresceu em uma família devota, e durante sua juventude teve a oportunidade de conhecer muitos estudiosos muçulmanos e islamistas radicais. Seu pai era fortemente comprometido com a causa palestina, e a derrota de 1967 para Israel (também conhecida como "A Guerra dos Seis Dias", esse conflito opôs Israel a uma coalizão de países árabes) causou grande impressão sobre pai e filho. Outra influência sobre o jovem bin Laden foi um Irmão Muçulmano jordaniano radical, Dr. Abdullah Azzam, que pode ter sido o primeiro a articular uma doutrina da *jihad* global. Bin Laden foi um dos primeiros árabes a oferecer suporte aos rebeldes anticomunistas do Afeganistão. De 1979 a 1982, ele recolheu fundos e materiais para apoiar a causa dos rebeldes e entrou no país com máquinas de construção para apoiá-los em 1982. Em 1984, bin Laden havia estabelecido no lado paquistanês da fronteira uma central de apoio para os árabes a caminho de se juntarem aos *mujahiddin* no Afeganistão. Em 1986, tinha formado, e sob seu comando, seu próprio acampamento de afegãos árabes. Ele estabeleceu al-Qaeda ("a base") para gerir o recrutamento de combatentes e fundos.

Após a retirada soviética, bin Laden voltou para casa. Ele se ofereceu para reunir tropas para defender a Arábia Saudita quando o Iraque invadiu o Kuwait em 1991, e sentiu-se traído quando os sauditas dependeram de infiéis norte-americanos para defender os locais sagrados do Islã. Bin Laden mudou-se para o Sudão em 1992. Sua ruptura derradeira com a família real saudita ocorreu em 1994. Quando o governo sudanês forçou bin Laden a ir embora, ele voltou para o Afeganistão. Lá, desenvolveu uma relação próxima com o líder do Talibã, Mulla Omar. Nesse período, foi influenciado pelo líder da jihad islâmica no Egito, Dr. Ayman al-Zawahiri. Em 1996, bin Laden emitiu sua "Declaração de Jihad" contra o Ocidente e a América, na tentativa de mostrar que sua *jihad* preenchia os critérios de uma *jihad* justa na lei islâmica. Para bin Laden, qualquer ação contra os Estados Unidos e o Ocidente era uma *jihad* defensiva, porque o Ocidente há muito tempo tinha estado envolvido em uma cruzada contra o Islã. Em 2000, ele formou um grupo, a Frente Islâmica Mundial, para a *jihad* contra os judeus e os cruzados, e emitiu uma *fatwa* de que todos os muçulmanos tinham o dever de matar norte-americanos e seus aliados. O ataque de 11 de setembro era parte de sua *jihad* contínua. Bin Laden não era nem um Chefe de Estado, nem uma pessoa educada na lei islâmica e, conforme a lei islâmica tradicional, não tinha autoridade para proclamar a *jihad* ou emitir uma *fatwa*. No entanto, na medida em que era um indivíduo disposto a levantar-se contra os Estados Unidos, tornou-se muito popular entre muitos muçulmanos comuns que não participavam, eles próprios, de ações terroristas. Osama bin Laden foi morto em 2011 pelos norte-americanos em uma operação militar no Paquistão.

6

A Parte dos Dez

NESTA PARTE...

Descubra dez contribuições do Islã para a cultura humana e dez pessoas que fizeram contribuições incríveis para o nosso mundo.

Encontre informações recentes sobre países islâmicos em diferentes partes do mundo, incluindo o conflito entre palestinos e Israel, que é uma das questões-chave que atualmente tensionam as relações entre os Estados Unidos e o mundo islâmico.

NESTE CAPÍTULO:

Refinando a matemática e a astronomia

Aprimorando as ciências da saúde

Avançando na engenharia e tecnologia

Enriquecendo a arquitetura

Capítulo 19

Dez Contribuições Muçulmanas para a Civilização Mundial

Qualquer lista restrita das grandes contribuições de uma cultura, pessoas ou religião será arbitrária e reflete os preconceitos e conhecimentos da pessoa que a fez. E quaisquer listas de cinco, dez, ou mesmo cem contribuições irão, necessariamente, excluir até mesmo as contribuições mais significativas que têm direito a igual atenção.

Este capítulo não pretende ser uma lista das dez contribuições mais importantes que os muçulmanos fizeram para o mundo. Ao contrário, é uma lista de dez importantes contribuições que espero que você ache interessante e que amplie seu conhecimento sobre o Islã. Minha lista de contribuições não tenta representar todas as partes do mundo muçulmano, nem todos os períodos da história muçulmana de 1.400 anos.

LEMBRE-SE

O Islã é uma religião e uma cultura e, neste capítulo, menciono alguns aspectos da cultura que o resto do livro — com seu foco na religião — não discute. Note que não repito aqui informações que descrevo em detalhes em outros capítulos.

Transmissão de Escritos Gregos

O interesse islâmico na ciência deu origem à coleção e tradução para o árabe de obras antigas sobre medicina, astronomia, matemática e filosofia, principalmente da Grécia, mas também da Pérsia e Índia. Harun al-Rashid e al-Ma'mun (nos séculos VIII e IX) enviaram emissários ao Império Bizantino para coletar manuscritos gregos antigos para a biblioteca do governo, *Bayt al-Hikma* (Casa da Sabedoria), em Bagdá. Hunayn ibn Ishaq (803 a 873), um árabe cristão, foi o mais importante tradutor antigo. Grande parte do material grego, que havia sido esquecido na Europa Ocidental, foi posteriormente reintroduzida por traduções feitas do árabe para o latim, especialmente na Espanha e na Sicília, onde os muçulmanos, cristãos e estudiosos judeus interagiam uns com os outros.

Álgebra e Matemática

O termo álgebra deriva do título *Kitab al-Jabr wal-Muqabala* (*O Livro de Compulsão e Comparação*), o primeiro trabalho sistemático de al-Khwarizmi (cerca de 780 a 850) em álgebra. *Al-jabr* tornou-se álgebra em português, e do nome de al-Khwarizmi vem o termo algoritmo.

Al-Khwarizmi tinha consciência da novidade de seu trabalho e inventou novos termos para expressar seus conceitos:

- *Al-jabr* designava o processo de transposição dos termos, pelo qual, por exemplo, $x + 10 = 60 - 3x$ torna-se $4x = 50$.
- *Al-muqabala* refere-se a cancelamento e redução, no qual a equação $50 + x^2 = x^2 + 10x$ torna-se $50 = 10x$ e é reduzida para $5 = x$.

Vários estudiosos desenvolveram esse campo de estudo cujo auge se deu no início do trabalho de `Umar al-Khayyam (1048 a 1123). O estudo de um campo da matemática levou a avanços e aplicações em outros ramos, como trigonometria e geografia, aos quais estudiosos muçulmanos iniciais e medievais fizeram grandes contribuições. Do árabe, por exemplo, vem o termo *seno*, usado na trigonometria.

DICA

`Umar al-Khayyam (ou Omar Khayyam, para os brasileiros) ficou conhecido no Ocidente por meio de uma tradução muito livre de Edward Fitzgerald, no século XIX, do poema (persa) de al-Khayyam, o Ruba`iyat. A tradução de Fitzgerald fez grande sucesso na Grã-Bretanha e nos Estados Unidos. É interessante por si só, mas, ainda que inspirada em al-Khayyam, não é uma tradução exata, nem representa fielmente o pensamento de al-Khayyam. Pode-se encontrar várias traduções e livros sobre o poema se você procurar por "Omar Khayyam" em qualquer site de livrarias.

Algarismos Arábicos

Os árabes não inventaram os números arábicos, mas aperfeiçoaram o sistema herdado dos sassânidas do Irã (que os tinham encontrado na Índia hindu) e repassaram para o Ocidente, cujos primeiros registros datam de 976 E.C. A melhoria-chave foi a alocação de um espaço reservado — o zero (o que significa que nenhum número vai na posição em 0). Com esse sistema, qualquer número pode ser escrito usando uma combinação de dez símbolos (números). Os hindus utilizavam um ponto ou círculo para indicar que uma coluna estava vazia (sunya); os árabes traduziram sunya como sifr. De sifr vieram as palavras zero e cifra.

Por exemplo, em algarismos romanos, 321 é CCCXXI. Em números arábicos, 321 indica 3 vezes 100, 2 vezes 10, e 1 vez 1. Se o número fosse 320, então o zero indica zero vezes 1.

Astronomia

Inspirando-se na sabedoria da antiga Babilônia, Índia e, especialmente, Grécia, os cientistas de língua árabe fizeram grandes contribuições para a astronomia, em observações registradas e na teoria. Eles claramente distinguiram a astronomia da astrologia. A astronomia árabe foi impulsionada por preocupações religiosas e práticas: melhor navegação náutica, determinar os cinco momentos de oração diária, a data da lua nova (importante para o calendário religioso) e a direção de Meca (para a oração e alinhamento das mesquitas). Eles definiram essa direção como o arco mais curto de um grande círculo unindo Meca a qualquer lugar. Ao fazer esses cálculos, os astrônomos muçulmanos determinaram a latitude e a longitude de muitas cidades muçulmanas com grande precisão.

O sistema ptolomaico (século II) do movimento circular dos planetas (e do Sol) em torno da Terra foi aceito, mas modificações significativas foram feitas à medida que os cientistas árabes notaram discrepâncias entre a teoria de Ptolomeu e os resultados de suas observações.

O mesmo al-Khwarazmi que deu a álgebra ao mundo também escreveu o primeiro livro árabe preservado sobre astronomia. A síntese inicial no campo foi *al-Qanun al-Masudi*, de al-Biruni (973 a 1048). Muitos dos nomes das estrelas vêm do *Book of* Constellations (1009) de Abd al-Rahman al-Sufi, a partir do qual foram traduzidos para o latim e depois para o inglês. Do árabe provêm termos técnicos como *nadir*, *azimute* e *zênite*. Ibn al-Haytham (conhecido no Ocidente como Alhazan; 965 a 1040) determinou que a Via Láctea era composta de muitas estrelas débeis, muito distantes da Terra.

Talvez o primeiro verdadeiro observatório astronômico do mundo tenha se localizado em Maragha (século XIII), no noroeste do Irã, sob a direção de Nasir al-Din al-Tusi.

O telescópio ainda não havia sido inventado, mas os cientistas árabes fizeram grandes melhorias em outros instrumentos, tais como o *astrolábio*, o instrumento portátil básico para observar a localização de corpos celestes. Muitos astrolábios são obras requintadas, de grande beleza artística.

Engenharia e Tecnologia

Avanços islâmicos em engenharia e tecnologia são evidentes em vestígios arqueológicos, registros históricos e estruturas ainda em pé. Engenheiros normalmente não escrevem sobre seu trabalho, mas dois livros registram dispositivos que eram destinados, primariamente, à diversão. No entanto, a mesma tecnologia foi usada para aplicações no mundo real: interruptores, válvulas cônicas (incluindo boias de flutuação), sifões, engrenagens, eixos de manivela, e muito mais. O *Book of Ingenious Devices,* dos três irmãos Banu Musa na Bagdá do século IX, descreve 100 dispositivos mecânicos inteligentes, incluindo uma máscara de gás para uso em minas poluídas. O *The Book of Knowledge of Ingenious Mechanical Devices* (1206) de al-Jazari dá diagramas explicando materiais, construção e operação de 50 dispositivos, incluindo relógios, medidores volumétricos, fontes e bombas d'água.

A utilização prática de maior importância destinava-se a aumentar a produção agrícola. Uma variedade de dispositivos de captação de água tornou viável a irrigação em larga escala. Uma "roda d'água" gigante de mais de 13m de diâmetro ainda está em pé em Hama, na Síria. Rodas d'água também tracionavam os moinhos utilizados para moer grãos e outras funções manufatureiras. A rotação de culturas, enxertia, cruzamento de plantas, bem como a introdução de novas culturas fizeram crescer a produção de alimentos. Os agricultores, através de manuais, eram aconselhados sobre os tipos de solo, o que e quando plantar, e quando colher.

Habilidades de engenharia também foram aplicadas na construção naval, mineração, papel, produção têxtil e metalúrgica. Manuais preservados forneciam informações específicas sobre fortificação, maquinaria para ataques a fortalezas, e construção de armas. Navios flutuavam nos rios Tigre e Eufrates, no século X, equipados com moinhos movidos a rodas d'água para moagem em grande escala de grãos. Habilidades de engenharia foram aplicadas na construção e barragem de canais de irrigação, incluindo extensos canais subterrâneos.

Medicina

Numa época em que a cura na Europa era deixada principalmente por conta de Deus, os cuidados médicos no mundo islâmico avançaram rapidamente. Galeno e Hipócrates estavam entre os primeiros textos gregos traduzidos para o árabe. A medicina árabe tinha o duplo propósito de preservar a saúde e curar a doença, e enfatizou a confiança entre médico e paciente.

O primeiro hospital de verdade do mundo foi estabelecido em Bagdá no início do século IX. Hospitais maiores tinham escolas que concediam diplomas. A medicina árabe enfatizou a observação clínica, o diagnóstico e a experiência para aumentar o conhecimento e melhorar o tratamento. Al-Razi (850 a 925) e Ibn Sina (conhecido no Ocidente como Avicenna, viveu entre os anos 980 e 1037) são dois dos muitos médicos e pesquisadores famosos. O principal trabalho de al-Razi foi *The Comprehensive Book on Medicine*, uma enciclopédia médica de 23 volumes. Ele escreveu o primeiro tratado sobre varíola e sarampo, identificou a existência e a causa da febre do feno, e fez um trabalho sobre pedras nos rins. *The Canon of Medicine* de Ibn Sina foi um compêndio de todo o conhecimento médico e farmacêutico existente. Ele ainda era usado como obra de referência na Europa no século XVII. Ibn Sina enfatizou a importância de fatores como dieta, ambiente e clima.

Abu al-Qasim al-Zahrawi (936 a 1013) foi um famoso cirurgião cujo manual de 30 volumes descrevia operações e instrumentos cirúrgicos. Apesar dos escrúpulos religiosos, a anatomia era praticada, o que levou à descoberta da circulação pulmonar do sangue. Os cientistas médicos árabes também desenvolveram as áreas de oftalmologia e anestesiologia.

Farmacologia

A farmacologia foi reconhecida no século IX como uma disciplina separada da botânica e uma profissão distinta da medicina. Dispensários foram ligados a grandes hospitais, e o primeiro boticário foi aberto em Bagdá no século IX. Os farmacêuticos eram examinados e licenciados pelo governo. *De Materia Medica* (*Sobre Assuntos Médicos*) de Dioscorides, o texto grego padrão, foi traduzido para o árabe e permaneceu como um livro didático padrão. Jabir ibn Hayyan (722 a 815) é creditado com um dos primeiros tratados farmacêuticos árabes. Sabur Ibn Sahl (século IX) escreveu um manual prático repleto de fórmulas, dosagens e instruções sobre a administração de medicamentos. Al-Razi e Ibn Sina (veja a Seção "Medicina" neste capítulo) também fizeram grandes contribuições para a farmacologia. Ibn al-Baytar (cerca de 1190 a 1248) compilou a maior parte do conhecimento farmacêutico conhecido na época em seu *Dictionary of Simple Medicines and Foods*.

Física, Especificamente Ótica

A pesquisa ótica começou com a tradução das principais obras gregas para o árabe. Ibn al-Haytham (veja a Seção "Astronomia", neste capítulo) combinou experimentação controlada com análise geométrica, juntando um melhor conhecimento da fisiologia do olho, para produzir uma teoria muito aprimorada da visão. Al-Haytham provou que aquilo percebido pelo olho não é o objeto. Pelo contrário, o olho percebe a luz refletida do objeto e transmite essa informação para o cérebro que, então, constrói uma imagem do objeto.

Kamal al-Din al-Farsi (cerca de 1260 a 1320) é conhecido por proporcionar uma explicação sobre o arco-íris, em que combinou teoria geométrica, experiência, e conhecimento desenvolvido sobre a transmissão da luz. Ele montou um experimento no qual a luz era refletida através de uma esfera de água para produzir um "arco-íris". Quando os raios do sol passavam por uma gota de água, duas refrações (flexão) e um reflexo dos raios dentro da gota produziam um arco-íris primário. Uma segunda reflexão interior produzia um arco-íris secundário com suas cores invertidas.

Arquitetura

Tecnologia, engenharia e habilidade artística se reúnem em certos tipos de arquitetura. As duas contribuições que menciono nesta seção são dois dos monumentos arquitetônicos mais conhecidos do Islã.

Taj Mahal

Em 1631, Mumtaz Mahal, a amada esposa do Xá mogol Jahan, morreu ao dar à luz seu 15º filho. No ano seguinte, ele começou a construir seu túmulo, que é para os não muçulmanos a mais famosa realização da arquitetura muçulmana. No mundo de fala inglesa, o Taj Mahal tornou-se conhecido por causa do volume de pinturas feitas pelo pintor de paisagens inglês Thomas Daniell, em 1789.

O Taj Mahal está localizado em um platô, derivado de estilos arquitetônicos hindus, na margem esquerda do rio Yamuna, em Agra. É um dos quatro exemplos notáveis de arquitetura de túmulos mogóis de uma época em que o império estava no auge (veja o Capítulo 2 para mais informações sobre os mogóis). Artesãos foram trazidos do Império Otomano, de Samarcanda, Xiraz, Bucara e Candaar, além de hindus da Índia e da Caxemira e pedreiros muçulmanos da Índia. Ahmad Lahawri foi, provavelmente, o arquiteto-chefe.

O túmulo está situado no meio de um grande jardim formal dividido em quatro quadrantes por piscinas que se cruzam, que talvez representem o lago e quatro rios do paraíso. Sobre o largo portão de entrada, no extremo sul do jardim, está uma passagem da Sura 89 (o "alvorecer") que termina com um convite para entrar no paraíso. A grande cúpula bulbosa do túmulo parece flutuar acima das piscinas. Embora arenito vermelho fosse o material utilizado anteriormente em tais estruturas, o Taj Mahal é construído de mármore branco brilhante polido, que muda de cor no decorrer do dia. Muitas pessoas acreditam que o Taj Mahal é ainda mais bonito quando iluminado pela luz da lua. Próximos da cúpula, no topo dos cantos, estão quatro pequenas cúpulas abobadadas. Quatro minaretes altos e delgados enquadram todo o complexo. Um grande arco no lado sul marca a entrada, com arcos idênticos nos outros três lados. Neles está inscrita a Sura 36, que é tradicionalmente recitada para os mortos. Uma mesquita e uma casa de hóspedes, basicamente idênticas no exterior, flanqueiam a estrutura do túmulo de cada lado e são incorporadas nas paredes que cercam o complexo jardim/túmulo. No interior estão os cenotáfios (caixões) do

Xá Jahan e sua esposa. A decoração, dentro e fora, consiste em caligrafia corânica e um padrão de flores delicadas florescendo. Você não precisa ser muçulmano para ficar impressionado com o Taj Mahal ou para pensar que teve um vislumbre do céu.

DICA

Use a busca de imagens do Google na internet para encontrar imagens do Taj Mahal.

A Alhambra

Enquanto o Taj Mahal é melhor apreciado do lado de fora, a Alhambra é melhor vista de dentro, observando as partes que a compõem. A Alhambra é a glória arquitetônica final da florescente presença muçulmana na Espanha. Apesar de ser um dos palácios muçulmanos mais bem preservados, partes substanciais da Alhambra estão em ruínas ou foram substituídas por estruturas posteriores.

Enquanto a cidadela inicial remonta ao século VIII, as áreas mais famosas são partes dos palácios da dinastia Nasrida de Granada do século XIV. Estudiosos dizem que, originalmente, havia 7 complexos de palácios e 23 torres. Os palácios consistem de pátios com piscinas e fontes cercadas por colunatas, ligadas a salas internas. O Pátio dos Leões é assim nomeado por sua famosa fonte com 12 leões jorrando água pela boca. O Pátio da Alberca (ou dos Arrayanes) é famoso por sua longa piscina central que reflete a imagem dos belos pórticos norte e sul e da torre norte.

Assim como o Taj Mahal, a Alhambra cria uma imagem do paraíso. Os tetos de algumas salas internas evocam os sete céus e a cúpula do céu. Particularmente impressionantes são as decorações *muqarnas* (abóbadas em forma de favo de mel), em que fileiras escalonadas de meios nichos criados em estuque sobem ao teto, cada qual com uma saliência para baixo a partir de cada um dos nichos (algo semelhante à maneira como estalactites crescem para baixo como pingentes do teto de uma caverna).

DICA

Use a busca de imagens do Google na internet para encontrar imagens das diferentes partes da Alhambra, incluindo o Pátio de Alberca e o Pátio dos Leões.

NESTE CAPÍTULO:

Examinando a geografia e a história

Conhecendo dois líderes importantes da história islâmica

Fazendo reflexões profundas: Dois importantes pensadores islâmicos — um medieval e outro do século XX

Observando um arquiteto, um romancista e uma cantora

Capítulo 20

Dez Muçulmanos Notáveis, Passado e Presente

As vinhetas de muçulmanos significativos neste capítulo são muito breves para fazer mais do que excitar seu interesse, mas lhe dão uma sensação de muçulmanos como pessoas reais, agora e no passado.

Tentei equilibrar muçulmanos significativos do passado e muçulmanos interessantes dos últimos 75 anos. Eu os agrupei em pares (ou em um caso, um trio) de pessoas cujas contribuições foram semelhantes. Se você achar uma das minhas escolhas desinteressante, ignore-a e pule para a próxima.

DICA

Deixei um dos melhores para o final, uma cantora egípcia do século XX, Umm Kulthum. Se você não fizer mais nada neste capítulo, vá para o final e leia sobre essa mulher fascinante, ou melhor ainda, siga as pistas que dou para ouvir algumas das suas músicas.

Fazendo uma Longa Viagem: Ibn Battuta

Em 1325, Ibn Battuta partiu de sua cidade natal de Tânger, Marrocos, para fazer a *hajj*, uma viagem que normalmente teria levado de um a três anos. Ele voltou para casa 25 anos depois. E ao fazer duas viagens adicionais mais curtas, para Espanha e África ocidental, Ibn Battuta havia percorrido cerca de 120.000km e visitado mais de 40 países. E ele nem sequer ganhou milhas do programa de fidelidade! O sultão marroquino encomendou ao poeta da corte, Ibn Juzayy, para escrever os relatos de Ibn Battuta ditados de memória. A narrativa de 1.000 páginas (na tradução em inglês) resultante — denominada "A Gift to Those Who Contemplate the Wonders of Cities and the Marvels of Traveling" — é surpreendentemente precisa e detalhada.

INDO MAIS FUNDO

Eis a versão abreviada do itinerário.

1. **Saindo em junho de 1325, ele viajou por terra ao longo da costa norte-africana para o Cairo, e então para Damasco, onde se juntou a uma caravana *hajj* para Meca, lá chegando em 1326.**
2. **Ao longo dos cinco anos seguintes, Ibn Battuta fez mais duas peregrinações enquanto viajava pela Arábia e pela costa leste africana.**
3. **Ele então partiu para a Índia em uma rota com desvios que o levou à Turquia, Constantinopla, Bucara, Samarcanda e Cabul, chegando à Índia em 1333.**
4. **Em 1342, o sultão de Nova Deli o enviou para uma viagem diplomática para a China.**

   Devido a vários contratempos, incluindo naufrágio, ele passou algum tempo nas Maldivas.
5. **Depois seguiu para o Sri Lanka e experienciou outro naufrágio antes de ir para Bengala, Sumatra e China.**
6. **Em 1347, Ibn Battuta retornou à Índia, e então foi para a Síria e o Cairo, que havia sido atingido pela Peste Negra causando 21.000 mortes por dia.**

   Ele voltou pelo mar para Marrocos.
7. **Suas duas últimas viagens o levaram a Granada, na Espanha, e depois, através do deserto do Saara, para o oeste da África e de volta.**

   Ibn Batutta serviu como juiz religioso em Marrocos até sua morte em 1369.

Reunindo Tudo: al-Tabari

Ibn Jarir al-Tabari nasceu em 839 na região sul do Mar Cáspio. Com a idade de sete anos já tinha memorizado o Corão. Ele foi para Bagdá para estudar com o estudioso da lei islâmica, Ibn Hanbal (780 a 855; veja o Capítulo 8), que morreu antes que ele chegasse. Assim, al-Tabari passou vários anos estudando e coletando materiais na Pérsia, Iraque, Síria, Palestina e Egito. Finalmente, retornou para Bagdá, onde se tornou um famoso professor de *hádices* e de direito. (Fontes lhe creditam ter escrito 40 páginas por dia.)

LEMBRE-SE

Al-Tabari trilhou o caminho do meio entre as posições dos mutazilitas e shia'as, e dos tradicionalistas extremos representados por Ibn Hanbal. Seus dois trabalhos mais famosos são um comentário do Corão (*tafsir*) e seu *History* (*ta`rikh*) *of Prophets and Kings*. Ambas as obras são compilações massivas de toda a erudição muçulmana anterior nessa matéria. Supõe-se que al-Tabari começou a escrever obras muito mais longas, mas seus amigos o convenceram a cortá-las, resultando que seus dois livros principais têm "apenas" 30 volumes cada. Na tradução em inglês, sua *ta`rikh* preenche 39 volumes (SUNY Press).

Sua *tafsir* é uma recapitulação versículo por versículo do Corão aliada a todos os pareceres prévios significativos sobre cada verso. Seu comentário do Corão é a fonte primária para a compreensão da história inicial da interpretação do Corão e se tornou obra de referência para os futuros estudiosos. Tanto o comentário quanto a história são compilados como uma coleção de *hádices*: Ele dá o *isnad* (cadeia de transmissores) para cada interpretação ou incidente (veja o Capítulo 8). Pela maneira como seleciona o material e junta os relatórios, Tabari sutilmente indica as fraquezas de alguns relatos, em contraste com a veracidade de outros. A história começa com a criação, continua através do período bíblico, move-se para o tempo de Muhammad, e termina em 915 E.C. A história, ao lado da biografia de Muhammad de Ibn Ishaq, são as duas fontes mais importantes do início da história islâmica. Al-Tabari morreu em Bagdá em 933 E.C.

Empunhando a Espada de Saladino

Salah al-Din (conhecido como Saladino no Ocidente) foi um grande guerreiro durante o tempo das Cruzadas (veja Capítulo 2), respeitado pelos cronistas de ambos os lados por seu cavalheirismo, generosidade para com inimigos derrotados, e confiabilidade. Pouco mais de cem anos após sua morte, em sua *Divina Comédia*, Dante incluiu Saladino como o único contemporâneo no limbo (o local intermediário para aqueles que não foram nem para o céu nem para o inferno), fazendo companhia a anciões como Homero e Platão. No século XIX, o encontro de Ricardo Coração de Leão da Inglaterra e Saladino tornou-se parte da trama de *O Talismã* de Walter Scott.

Saladino foi um curdo, nascido em cerca de 1137. A família mudou-se para Aleppo, servindo à dinastia Zangi local que governava o norte da Síria na época. Saladino acompanhou seu tio, Shirkuk, em três expedições ao Egito, e quando seu tio morreu em 1169, Saladino assumiu o comando das tropas sírias e logo tornou-se governante do Egito e fundador da dinastia Ayyubid (1169 a 1252), que substituiu a dinastia Fatímida (veja o Capítulo 2). O controle do Egito era parte do plano do governante Zangi, Nur al-Din, para retomar Jerusalém e expulsar os cruzados europeus da região. Em reação à presença dos cruzados, a anexação muçulmana a Jerusalém ganhou peso, e toda uma literatura surgiu para incentivar uma jihad para retomar a cidade. Após a morte de Nur al-Din em 1174, Saladino, por fim, tornou-se governante das terras Zangi na Síria e no norte da Mesopotâmia. Saladino derrotou decisivamente os exércitos dos cruzados locais em Horns of Hattin, na Galileia, em julho de 1187. Em outubro, ele retomou Jerusalém, poupando seus habitantes (ao contrário do que os cristãos tinham feito quando conquistaram a cidade, 88 anos antes). Ao longo dos dois anos subsequentes, a maioria dos tiranos cristãos restantes caiu, deixando apenas Tiro na costa. Os reis da França, Alemanha e Inglaterra partiram em uma nova cruzada para retomar Jerusalém, mas conseguiram tomar apenas Acre e algumas outras cidades costeiras em 1191. Doente, o rei Ricardo concluiu uma trégua em 1192 e se retirou. Saladino retornou a Damasco, morrendo no ano seguinte.

Glorificando o Rei: Akbar

Akbar (1542 a 1605) foi o terceiro governante mogol (veja o Capítulo 2), e o fundador da maior dinastia muçulmana da Índia. Do lado paterno, descendia do conquistador mongol Genghis Khan, e de Timur, um grande conquistador turco e fundador da dinastia Timúrida (discutido no Capítulo 2). Do lado de sua mãe, ele era descendente de governantes muçulmanos iranianos. A mãe do filho e sucessor de Akbar, Jahangir, era uma princesa hindu. Em sua genealogia, você pode ver como várias vertentes da tradição cultural e religiosa se unem na pessoa de Akbar — turca, persa (iraniano), mongol, e indiano-hindu.

As realizações de Akbar estão presentes em quatro áreas principais: conquista militar, centralização administrativa do governo, promoção da tolerância religiosa, e a combinação de tradições artísticas muçulmanas e hindus. Akbar, com apenas 13 anos de idade quando proclamado imperador em 1556, assumiu diretamente o governo em 1560. Até sua morte, ele havia ampliado o pequeno Estado que herdou, que se estendia da Baía de Bengala no leste da Índia, ao Punjab no norte da Índia, até o sul e região central da Índia.

Para governar seu Estado, tão grandemente expandido, Akbar reformou o sistema fiscal para que a maioria dos tributos ficasse em mãos do governo central para incentivar os agricultores a aumentar a produção, garantindo assim a prosperidade econômica. Ele desenvolveu um sistema em que todos os compromissos governamentais, civis e militares cabiam ao governante, com o pagamento a cargo do tesouro real. Os indivíduos do alto e médio escalão administrativo, entre os quais uma minoria significativa de nobres hindus, eram frequentemente transferidos de área para área, de maneira que não se desenvolvessem centros locais de poder para desafiar o poder do governante. Localmente, ficava outra camada de administradores, que respondiam diretamente ao rei. Funcionários judiciais da lei também estavam sob controle real, e um sistema de emissários mantinha o rei informado sobre as ações das autoridades locais.

De uma forma magistral, Akbar equilibrou a miríade de correntes religiosas na Índia na época: Várias formas de Hinduísmo, o Islã dos juristas (*`ulama'*), diferentes variedades de sufismo e xiismo. Um decreto de 1579 fez do rei o árbitro final em questões de direito islâmico. Akbar é conhecido — e, às vezes, odiado por muçulmanos conservadores — por sua tolerância a outras religiões. Ele aboliu o imposto especial sobre os não muçulmanos e o tributo incidente sobre os peregrinos hindus. E apoiou a construção de mesquitas e templos. Akbar patrocinou conversações não só entre muçulmanos e hindus, mas também entre padres católicos jesuítas romanos que residiam em Goa, na costa sudoeste, e membros de outras religiões. Akbar até mesmo fundou sua própria religião em 1582 (*Din-i-ilahi*, que significa "a Fé Divina"), embora tenha sido limitada a algumas pessoas em seu círculo interno de amigos.

A área final de suas contribuições foram as artes. Ele era um grande e renomado construtor de várias mesquitas, túmulos e palácios. Construiu uma nova capital (mais tarde abandonada) chamada Fatehpur Sikri, em boa parte ainda de pé. Ele estabeleceu estúdios de arte reais que fundiam tradições de pinturas hindus e persas, e produzia manuscritos magnificamente ilustrados. Ao todo, Akbar, ainda que dificilmente tenha sido um modelo de governante para os muçulmanos tradicionais, é uma figura fascinante, com grandes realizações.

Refletindo Profundamente: Ibn Rushd

Ibn Rushd, mais conhecido como Averróis para os ocidentais, nasceu em Córdoba, Espanha, em 1126. Ele teve uma educação exigente em interpretação do Corão, na lei, teologia e medicina. Em cerca de 1166, conheceu o califa da dinastia almóada que governou a noroeste de África e a Espanha na época, Abu Ya`qub Yusuf, o qual lhe perguntou se o céu (o universo) era eterno ou se veio a existir em um ponto no tempo. Ibn Rushd estava relutante em responder, então, o califa respondeu à sua própria pergunta, e os dois travaram uma longa discussão filosófica. A pedido do califa, Ibn Rushd começou a preparar resumos da maioria dos escritos de Aristóteles, além da *República* de Platão. Ele também escreveu uma série de comentários sobre tais obras. Obtendo patrocínio real, Ibn Rushd tornou-se um juiz em Sevilha, em 1169, juiz-chefe de Córdoba em 1171, e médico real do califa na corte em Marraquexe, em 1182. Caiu brevemente em desgraça em torno de 1195, quando foi exilado e seus livros foram queimados. Reintegrado, morreu em 1198.

INDO MAIS FUNDO

Ibn Rushd escreveu três livros envolvendo os problemas centrais da relação entre razão e revelação. Em um deles, refutou ponto por ponto a rejeição da "incoerência dos filósofos" de al-Ghazali. Em vez disso, sentiu que a filosofia e a religião ensinavam a mesma verdade: os filósofos podiam obter plena compreensão dessa verdade através de prova filosófica, enquanto a maioria das pessoas aceitava a verdade com base na autoridade da revelação. O próprio Corão ordenava que os muçulmanos buscassem o conhecimento e, portanto, a investigação filosófica era necessária.

Para Ibn Rushd, os teólogos, como al-Ghazali, eram mais perigosos do que os filósofos porque se envolviam em especulações não provadas em contraste com a prova dos filósofos e das palavras simples da verdade nas escrituras. Ibn Rushd analisou muitas das questões que diziam respeito aos primeiros filósofos islâmicos, como a criação do mundo, os atributos de Deus, a causalidade, o livre arbítrio e a predestinação, e o que acontece com a alma após a morte. Como mediador de Aristóteles, Ibn Rushd tornou-se mais conhecido na Europa Ocidental do que no mundo islâmico, no qual a era da filosofia islâmica significativa estava chegando ao fim. Na Europa, seus livros foram queimados na Universidade de Sorbonne em Paris, em 1277. Suas obras preservadas, algumas das quais existem apenas em traduções em latim, receberam atenção renovada a partir do século XIX, tanto no Ocidente quanto entre alguns intelectuais islâmicos.

Criando a Primeira Filosofia da História: Ibn Khaldun

Ibn Khaldun tem sido chamado de o primeiro filósofo da história e pai da sociologia. Ele nasceu em Tunis, África do Norte, em 1332 e morreu no Cairo, em 1406. A Autobiografia, terminada no ano anterior à sua morte, fornece informação abundante sobre o homem e seu tempo. Seus pais morreram na Peste Negra em 1349, um evento que o marcou profundamente. Com 20 anos, tinha completado a formação acadêmica tradicional e embarcou em uma carreira que alternava períodos de bolsa de estudos com períodos de atividade política. De 1375 a 1379, abandonou a vida da corte para produzir o primeiro esboço de sua grande obra, *The Muqaddima*. Esse longo trabalho serviu de introdução à sua história planejada (*kitab al-`Ibar*), com foco nos árabes desde os tempos pré-islâmicos até o seu presente. Refazendo-se de uma doença, Ibn Khaldun se mudou para o Cairo, que, sob o sultanato Mamluk, era a maior cidade do mundo árabe. Lá, serviu às vezes como juiz e juiz-chefe, como professor e como chefe de uma grande ordem sufi, o tempo todo refinando sua história e sua *Muqaddima*.

LEMBRE-SE

O principal objetivo da Ibn Khaldun era criar uma ciência da história que explicaria a ascensão e queda das civilizações. Sua *Muqaddima* é dividida em seis partes que lidam com as influências ambientais na história, a sociedade primitiva e rural, formas de governo, civilização urbana, e fatores econômicos que influenciam o curso da história, ao lado das origens, papel, natureza e tipos de conhecimento humano e cultura. Seu conceito-chave era *`asabiya*, um termo para parentesco que ele aplicava a qualquer agrupamento baseado em um sentimento de identidade comum. Tal espírito de grupo (como a da tribo coraixita que era dominante em Meca na época do surgimento do Islã) permitia ao grupo prevalecer sobre seus rivais. Em consequência, o grupo acumulava os recursos econômicos necessários para o surgimento de uma sociedade urbana, que, por sua vez, dava origem às artes culturais e aos luxos. O sentido original de interesse compartilhado dissipava-se em virtude de rivalidades dentro do grupo. O Estado enfraquecia, abrindo o caminho para um outro grupo prevalecer, iniciando o ciclo novamente.

Tornando-se um Herói da Revolução: Ali Shariati

É provável que você se torne um herói se morrer antes de uma revolução. (Se Voltaire e Rousseau tivessem vivido durante a Revolução Francesa, poderiam ter se tornado vítimas da guilhotina francesa, em vez de heróis franceses.) Ali Shariati, que nasceu em 1933 e se tornou um herói ideológico dos que se opunham ao Xá, morreu em 1977, dois anos antes da Revolução Iraniana. Criticado em vida pelo clero conservador, o Aiatolá Khomeini (que chegou ao poder durante a revolução) nunca o condenou. Como um herói morto, ele inspirou vários grupos cujos objetivos revolucionários diferiam uns dos outros.

Shariati nasceu em uma aldeia no leste do Irã, onde foi educado por seu pai, que estava interessado em como a mensagem islâmica poderia se conectar com a alienada juventude moderna. No início da década de 1960, ele foi para Paris, obtendo um doutorado em sociologia e estudos islâmicos. Em Paris, foi influenciado pelos escritos e ações da esquerda marxista, como Che Guevara, Sartre e Fanon. Lá, se tornou a voz mais proeminente de intelectuais que se opunham ao governo do Xá. Voltando ao Irã em 1965, passou seis meses na cadeia. Sua popularidade como professor levou à sua suspensão e, em 1967, ele se mudou para Teerã, onde se transformou em um famoso palestrante no Husseiniya-i-Ershad (um local destinado a cerimônias e congregações shia'as), atraindo milhares de pessoas para suas conferências. Seu objetivo era combinar a mensagem social radical do marxismo com as implicações revolucionárias, igualitárias, do xiismo original.

O objetivo de Shariati era uma sociologia islâmica em que as pessoas, com Deus a seu lado, tomariam medidas para garantir um Estado justo. A unidade de Deus (*tawhid*) implicava uma preocupação para a ordem social, bem como o reino espiritual. O xiismo tradicional tornou-se muito passivo: Deus só agiria quando o povo tomasse a iniciativa (Sura 13:11). Shariati provou ser muito popular e, em 1973, o Xá o denunciou como um marxista islâmico. A polícia secreta o prendeu e baniu suas obras. Ele ficou três anos em regime fechado e dois anos sob prisão domiciliar. Em 1977, morreu no exílio, na Inglaterra, oficialmente de um ataque cardíaco fulminante, embora para muitos tenha sido assassinado por agentes do Xá.

Na revolução que se seguiu, ele foi o herói ideológico para muitos grupos, cada um dos quais enfatizava uma parte de sua mensagem que estivesse de acordo com os próprios objetivos. Embora sublinhando o papel do povo, Shariati sentia que as pessoas precisavam de orientação, assim como no tempo do profeta. Se Shariati veria o papel de Khomeini na condição de tutor ou guia espiritual na nova República Islâmica do Irã (veja o Capítulo 18) como uma encarnação ou uma traição às suas ideias, nunca se saberá.

Construindo Grandes Mesquitas: Sinan

Anúncios de recrutamento para as forças armadas americanas encorajam os jovens a se juntar ao exército e aprender um ofício ou profissão. Sinan teria sido uma figura maravilhosa para tais anúncios publicitários, uma vez que os militares o treinaram para ser um arquiteto. Sinan tornou-se o maior arquiteto do Islã. A ele são creditados 34 palácios e 79 mesquitas, além de muitos banheiros públicos, escolas, casas de repouso para viajantes, túmulos, hospitais, fontes e aquedutos — 477 edifícios no total. Os historiadores não sabem ao certo quantos desses projetos ele desenhou e executou pessoalmente, ou em quantos deles atuou mais como um arquiteto consultor, com grande parte do trabalho sendo realizado por outros. Seja lá como for, os projetos mais significativos foram concebidos e executados por Sinan.

Nascido na Anatólia em 1489, foi convocado em 1512 para o corpo militar de elite dos janízaros, composto por jovens cristãos criados pelo governo como muçulmanos. Sinan construiu pontes e outras estruturas militares para o exército. Por volta de 1539, passou a se ocupar com estruturas não militares, tornando-se o arquiteto-chefe do império. Embora algumas de suas estruturas menores sejam triunfos artísticos, ele é conhecido por seus três complexos de mesquitas:

- A Mesquita de Sehzade (Istambul, 1548)
- A Mesquita de Solimão (Istambul 1557)
- A Mesquita de Selim (Edirne, 1575), sua favorita

Grande parte do aspecto atual da Cúpula da Rocha em Jerusalém deve-se à reconstrução levada a efeito por Sinan, incluindo o distinto trabalho em azulejo. Como modelo para suas grandes mesquitas, usou a igreja bizantina, com sua grande cúpula central, mas modificou o interior incorporando um grande salão de oração central, sob a cúpula. Inovações em design lhe permitiram adicionar muito mais janelas na parte superior, banhando de luz o interior da construção. No exterior, acrescentou cúpulas menores e meias cúpulas em torno da cúpula central, enquadrando toda a estrutura com minaretes altos e delgados.

LEMBRE-SE

O Império Otomano estava em seu auge sob Suleyman I, proporcionando ao grande arquiteto os meios para implementar sua visão. Quando morreu, em 1588, foi enterrado em um túmulo que havia projetado, perto de sua obra-prima, a Mesquita de Solimão.

Ganhando o Prêmio Nobel: Naguib Mahfouz

Naguib Mahfouz (1911–2006), o romancista árabe mais popular do mundo, foi agraciado com o Prêmio Nobel de Literatura em 1988. A citação do Nobel descreveu Mahfouz como um escritor que "através de obras ricas em nuances — às vezes claramente realistas, às vezes evocativamente ambíguas — formou uma arte de narrativa árabe que se aplica a toda a humanidade".

Nascido em 1911, Mahfouz[1] trabalhou em uma variedade de agências governamentais até sua "aposentadoria" em 1971, que o deixou livre para escrever ainda mais. Ele escreveu quase 40 romances, alguns dos quais foram transformados em filmes.

Seus primeiros romances foram baseados no antigo Egito, e contêm alusões à sociedade e política egípcia contemporânea. Sua trilogia (1956 a 1957) retrata a vida de três gerações de famílias no Cairo contra o pano de fundo de eventos da I Guerra Mundial até a derrubada da monarquia em 1952. Eles são considerados como um registro sem precedentes da sociedade egípcia na época.

LEMBRE-SE

O romance mais controverso de Mahfouz é *Children of Gebelawi* (*Children of the Alley*, Bantam Doubleday Dell Publishing Group, 1959; reimpresso em 1996). A narrativa traça a história da família Gebelawi através de várias gerações. Ao mesmo tempo, os personagens e incidentes recordam as histórias de Moisés, Jesus e Muhammad. O livro foi banido da maior parte do mundo árabe quando foi lançado pela primeira vez. Vinte anos depois, Mahfouz condenou a *fatwa* de morte emitida por Khomeini contra Salman Rushdie (veja o Capítulo 3). Em resposta, o grupo extremista egípcio Jihad Islâmico declarou que todos os muçulmanos eram obrigados a matar os dois, Rushdie e Mahfouz. Em 1994, os radicais esfaquearam Mahfouz no pescoço, mas ele se recuperou, e o ataque foi fortemente condenado pelo público em geral e pelo Shaykh Tantawi, a principal autoridade muçulmana do Egito. Entre os outros romances traduzidos (para o inglês) de Mahfouz você pode gostar de ler *Midaq Alley* e *Noites das mil e uma noites.*

Escutando Umm Kulthum

Por mais de 45 anos, Umm Kulthum Ibrahim dominou a cena da música vocal do Egito e de todo o mundo árabe. Aldeões se reuniam ansiosamente em torno do rádio para ouvir suas transmissões semanais. Mais tarde, as pessoas voavam para o Cairo para assistir seus shows nas noites de quinta-feira, nas quais se apresentava em vestidos de noite modestos, longos e elegantes. Seu alcance vocal e emocional comovia profundamente o público. Depois da guerra de 1967, ela se tornou, ao lado do presidente Nasser, a voz do Egito no exterior.

[1] N.E.: Mahfouz morreu no Cairo em 2006.

Umm Kulthum nasceu em uma pequena aldeia no delta egípcio por volta de 1904. Seu pai era o líder de adoração (*imam*) na mesquita local, e ela frequentava a escola corânica do lugar. Ao ouvir seu irmão mais velho cantar, começou a imitá-lo e logo estava se apresentando em festivais e casamentos na área. A princípio o pai a vestia como um menino ao se apresentar, para evitar constrangimentos. A família se mudou para o Cairo em 1923 para promover sua carreira, mas ela nunca esqueceu sua aldeia natal, valendo-se de sua influência para que fosse uma das primeiras a obter eletricidade.

Seu repertório incluía canções religiosas, de amor e patrióticas. Quando morreu, em 1975, diz-se que mais de quatro milhões de pessoas compareceram ao funeral, com as pessoas comuns tomando o corpo embrulhado[2] dos que carregavam o caixão para passá-lo de pessoa para pessoa durante as três horas de duração do cortejo fúnebre. Suas músicas vendem CDs na casa das centenas de milhares ainda hoje.

Descubra mais sobre "a Estrela do Oriente" no livro de Virginia Danielson, *The Voice of Egypt: Umm Kulthum, Arabic Song, and Egyptian Society in the Twentieth Century* (University of Chicago Press, 1997), online em `http://almashriq.hiof.no/egypt/700/780/umKoulthoum/index.html`, ou escute um videoclipe em QuickTime de um show ao vivo em `http://almashriq.hiof.no/egypt/700/780/umKoulthoum/Films/um.kalthoum.at.olympia.MOVs`.

[2] N.E.: O corpo é amortalhado no Islã com tecidos brancos e verdes, como se estivesse embrulhado é colocado no caixão.

NESTE CAPÍTULO:

Observando o Islã na África

Considerando o Islã em países anteriormente comunistas

Entendendo o Islã no Oriente Médio

Vendo o Islã no sul e sudeste da Ásia e no Pacífico

Capítulo 21

Dez Regiões Islâmicas no Noticiário Atual

Antes dos ataques terroristas de 11 de setembro, antes da luta americana contra o Talibã e a al-Qaeda, e antes que as tensões se intensificassem entre os Estados Unidos e o Iraque em 2002 e 2003, o Islã estava frequentemente nos noticiários. Conflitos eclodiram em várias regiões ao longo das últimas três décadas, e como a cobertura de notícias dos acontecimentos estrangeiros em jornais norte-americanos muitas vezes é bastante limitada, alguns desses conflitos tiveram seu dia ocasional nas manchetes apenas para serem posteriormente ignorados. Outros, no entanto, como o conflito israelense-palestino estão persistentemente em destaque.

Este capítulo se destina a fornecer uma orientação básica a alguns dos conflitos que provavelmente você leia ou ouça falar nos noticiários. Cada um deles exigiria um capítulo exclusivo para apresentar completamente sua natureza, história, pessoas envolvidas e status atual. Então, minhas breves descrições visam tão somente lhe fornecer informações básicas sobre alguns dos conflitos não discutidos em outras partes deste livro.

DICA

Para mais sobre o uso do termo *islamista* utilizado neste capítulo para designar movimentos políticos muçulmanos radicais do século XX, veja o Capítulo 18.

África

Este livro proporcionou apenas uma discussão limitada da África, particularmente da África subsaariana. O Capítulo 18 menciona o Egito e faz uma breve alusão à guerra civil no último trimestre do século XX na Argélia, e eu cito esse continente apenas brevemente em vários outros contextos. Nesta seção, comento sobre o pano de fundo dos problemas que há não muito tempo levaram a Nigéria ao noticiário e menciono apenas de passagem a situação em dois outros países, Sudão e Tunísia.

Nigéria

O Islã tem estado presente em regiões do norte da Nigéria por quase 1.000 anos (e mais, em outras partes da África ocidental). A maioria das estimativas sugerem que os muçulmanos são agora maioria dentro da Nigéria como um todo, embora alguns números que você possa ver deem aos cristãos uma ligeira vantagem.

Desde a independência em 1960, a Nigéria, o país mais populoso da África, tem experimentado um regime democrático, a ditadura militar e uma guerra civil. Como a Nigéria tem muitas tribos e línguas, as divisões tribais são mais importantes nos conflitos do que a religião, mas esta tem sido muitas vezes um fator significativo. Os políticos, não é de se surpreender, muitas vezes exploram as tensões religiosas para seu próprio ganho.

Como parte do califado de Sokoto, no século XIX, o norte da Nigéria estava naturalmente sob a lei islâmica — um dos propósitos da guerra que estabeleceu o califado foi impor uma forma mais estrita da lei islâmica. A constituição da Nigéria após a independência não determinou nenhuma religião ou impôs a lei islâmica sobre qualquer parte da Nigéria. Mas muitos muçulmanos no norte do país desejam ver a lei islâmica instituída nos estados do norte predominantemente muçulmanos. Naquela região existem pequenas minorias cristãs, que se opõem à imposição da lei islâmica. Como resultado, ao longo do tempo, confrontos sangrentos ocorreram entre muçulmanos e cristãos em cidades como Kano e Jos, resultando em incêndios em residências, empresas e locais de adoração (de ambos os lados) e em assassinatos em massa. Às vezes, esses conflitos se espalharam por curtos períodos para a capital do país e outras cidades. Tais enfrentamentos, sem dúvida, ocorrerão novamente no futuro. No entanto, a Nigéria não tem experimentado guerra civil em larga escala baseada principalmente em diferenças religiosas.

A Nigéria foi notícia em novembro de 2002, quando os muçulmanos se opuseram à realização do concurso de Miss Universo lá. Quando um repórter de jornal escreveu que Muhammad poderia ter escolhido uma esposa dentre as competidoras, mais de 200 pessoas foram mortas em motins. A Nigéria também foi notícia em 2002, quando um tribunal estadual condenou uma mulher acusada de adultério à morte por apedrejamento. Na verdade, houve mais do que um caso como esse, mas até agora o governo federal (nacional) e o presidente parecem ter evitado a efetiva execução de qualquer mulher por adultério.

Sudão

O Sudão tem uma população majoritariamente árabe e muçulmana no norte e uma população pagã e não árabe cristã no sul. O norte tem dominado o país politicamente e militarmente desde a independência. Existem várias formas de Islã no Sudão, incluindo as derivações do movimento de *Mahdi* no final do século XIX (veja o Capítulo 18), os grupos influenciados por movimentos revivalistas sufis (veja o Capítulo 13), e os movimentos islamistas modernos. Embora tenham ocorrido períodos de trégua temporária, os rebeldes do sul resistem aos esforços do norte de fortalecer seu controle do país, especialmente quando isso envolve a imposição provável da lei islâmica como lei do Estado. Algumas pessoas acusam o norte de escravizar cativos não muçulmanos do sul, porém os muçulmanos e o governo sudanês (não surpreendentemente) negam tais acusações.

O movimento-chave de reforma islamista no Sudão é o FIN (Frente Islâmica Nacional), liderado por Hassan al-Turabi. Al-Turabi ocupou vários cargos no governo liderado por al-Bashar e foi tido por alguns como sendo realmente o poder nos bastidores. Entretanto, possivelmente porque figuras militares no governo acreditavam que al-Turabi fosse muito poderoso, esteve em prisão domiciliar em 2000 e, até sua morte em março de 2016, intercalou períodos dentro e fora da prisão, ocupando altos cargos políticos quando em liberdade. Al-Turabi proclamava ser um homem humilde, sem ambições políticas. Por causa do papel do sufismo na cultura sudanesa, al-Turabi não seguia a retórica antissufi dura dos wahhabitas (veja o Capítulo 18) e também tinha uma visão mais igualitária sobre as mulheres no Islã. Al-Turabi foi um dos intelectuais islamistas mais importantes.

Tunísia

Antiga colônia francesa, a Tunísia é uma nação independente desde 1956. Atualmente, a Tunísia é uma República Constitucionalista, com um presidente que serve como chefe de Estado e um primeiro-ministro. A Constituição da Tunísia, aprovada em 26 de janeiro de 2014, garante direitos para as mulheres e afirma que a religião do presidente "será o Islã". Nas eleições de 1989, o partido islâmico al-Nahda (também chamado de Movimento de Tendência Islâmica — MTI) saiu-se bem. O governo, ciente do conflito civil na Argélia, queria evitar uma guerra civil semelhante (e, claro, manter-se no poder) e interveio, proibindo o partido al-Nahda. Seu líder, Rachid al-Ghannoushi, foi preso em 1981 e novamente em 1987 e enviado para o exílio em Londres no início da década de 1990. A repressão contra al-Ghannoushi e seu partido foi um tanto irônica, porque ele representava um tipo de reforma islamista muito menos radical e mais aberta à democracia do que a de muitos movimentos em outros países, mais radicais.

Sul da Ásia

No Capítulo 18, discuti a evolução do Islã no sul da Ásia antes da independência e no Paquistão independente. Nesta seção, olho brevemente para o restante do sul da Ásia, incluindo Bangladesh, atual Índia e Caxemira.

Bangladesh

Bangladesh fazia parte do Paquistão[1] de 1947 a 1971 e constituía 55% população, mas o Paquistão ocidental dominou o país em todos os aspectos: militar, econômico, político e linguístico. Mais de 1600km separam Bangladesh do Paquistão ocidental.

A guerra civil levou à independência de Bangladesh em 1971, com uma orientação levemente socialista. De 1975 a 1991, o país foi governado por vários líderes militares, que introduziram um viés islâmico moderado no governo. Cerca de 88% da população é muçulmana sunita. E aproximadamente 10% é hindu.

Desde 1991, dois principais partidos políticos têm alternado no poder, a Liga Awami mais secular, e o BNP (Partido Nacionalista de Bangladesh), que ganhou a eleição de 2001 em coalizão com dois pequenos partidos islâmicos. Um desses partidos menores é a ramificação de Bangladesh do *Jama`at-i-Islami*, cujo objetivo é estabelecer um Estado islâmico sob a lei islâmica (*sharī`a* — veja o Capítulo 8). Grupos militantes islâmicos não têm sido muito ativos em Bangladesh, mas o pequeno HUJI (*Harkat-ul-Jihad-al-Islami*) tem efetuado ataques terroristas no Afeganistão, Índia e Caxemira. Um de seus líderes assinou a *fatwa* de 1998 de bin Laden da *jihad* contra os Estados Unidos. Apesar de confrontos ocasionais ocorrerem entre hindus e muçulmanos em Bangladesh, as duas comunidades em geral se dão melhor lá do que em outros lugares no sul da Ásia.

Índia

A Índia é um Estado secular cuja população é predominantemente hindu, mas cuja população muçulmana de 12% a 15% é uma das maiores do mundo. A lei islâmica se aplica aos muçulmanos em áreas como no direito de família. O crescente sentimento nacionalista hindu nas últimas duas décadas aumentou as tensões entre muçulmanos e hindus, com uma série de incidentes de violência mafiosa. O incidente mais incendiário foi a destruição de uma mesquita do século XVI, em Ayodhya, por militantes hindus, alegando que era um local sagrado hindu pré-islâmico.

[1] N.E.: Após a independência da Índia em 1947, os muçulmanos da Índia lutaram pela criação de um Estado próprio. Assim, no mesmo ano, Muhammad Ali Jinnah e Allama Iqbal propuseram a criação do Estado Paquistanês.

Caxemira

A Caxemira é um estado predominantemente muçulmano no noroeste da Índia. Quando os britânicos abandonaram o controle colonial do sul da Ásia em 1947, o governante local escolheu ser parte da Índia. Disputas sobre a Caxemira causaram guerras entre a Índia e o Paquistão em 1947 e novamente em 1965. Desde 1987, grupos muçulmanos militantes, operando por vezes com o aparente apoio do Paquistão, travaram uma guerra de libertação, levando a repressivas contramedidas pelas tropas indianas, e cerca de 60.000 pessoas morreram. Entretanto, os grupos terroristas islamistas provavelmente representam a agenda de radicais islamistas de fora mais do que o fazem os muçulmanos da Caxemira. Por volta de 82% dos entrevistados em uma eleição recente preferiram tornar-se um Estado independente, em vez de ser parte da Índia ou do Paquistão. Como ambos os países possuem e testam armas nucleares, a guerra total entre eles poderia ter grandes consequências internacionais.

Sudeste da Ásia e Pacífico

A Indonésia tem mais muçulmanos do que qualquer outro país no mundo, embora ainda tenha minorias cristãs e hindus significativas em algumas regiões. A Malásia também tem uma maioria muçulmana, mas com uma minoria ainda maior não muçulmana (principalmente budista) do que a Indonésia. Ambos os países experimentaram desenvolvimento econômico significativo até o colapso da economia asiática na década de 1990.

O contexto cultural de ambos os países, bem como das Filipinas, é significativamente diferente do Islã no sul da Ásia e outros países, apesar do fato de que o Islã chegou à Malásia, Indonésia e às Filipinas através das rotas comerciais, com os comerciantes e os sufis sendo os principais meios de divulgar o Islã, em vez de conquista ou de imigração de um número significativo de muçulmanos vindos de outros países. A região do Pacífico como um todo também é significativamente influenciada pelo Japão e pela China, e portanto, um *ethos* confucionista (mas não especificamente práticas religiosas confucionistas) constituiu-se em um elemento diferente para a adaptação do Islã à cultura local do que os encontrados em outras partes do mundo.

Indonésia

O Islã espalhou-se gradualmente na Indonésia a partir das cidades comerciais costeiras no começo do século XIII. Embora a maioria da população tenha se tornado muçulmana, o Islã da Indonésia incorporou elementos significativos da tradição local e foi uma forma bastante descontraída do Islã. Eventualmente, alguns muçulmanos que iam em peregrinação a Meca voltavam determinados a eliminar do Islã da Indonésia o que consideram como elementos não islâmicos. Tais esforços não foram bem recebidos pelo "establishment" islâmico local. O colonialismo holandês e a ocupação japonesa na II Guerra Mundial introduziram fatores complicadores adicionais.

Um forte movimento nacionalista secular ganhou força, assim como um movimento comunista ainda mais secular. Uma Indonésia unificada surgiu após a II Guerra Mundial, baseada não no Islã, mas na declaração dos "cinco princípios" (*pancasila*) do presidente Sukarno, incluindo o nacionalismo e o monoteísmo. Esforços dos partidos muçulmanos para criar um Estado muçulmano não lograram êxito, apesar da substancial maioria muçulmana entre a população. O governo, a cada dia mais autoritário, liderado por Sukarno, aceitou o Islã como uma força religiosa e cultural, desde que não desafiasse o "establishment" político. A ameaça de uma tomada comunista local em meados dos anos 1960 levou à derrubada de Sukarno e a um maior papel dos militares no regime liderado pelo general (Presidente) Suharto. Embora os wahhabitas estivessem ativos na Indonésia, em apoio aos movimentos reformistas islâmicos e na disponibilização de financiamento para escolas islâmicas (como ocorre também na Malásia e no Paquistão), o Islã tradicionalista nativo continua a ser uma importante contraforça. Os partidos islâmicos não representaram uma grande ameaça para o regime de Suharto.

O maior partido islâmico é o NUD (*Nahdlatul Ulama*), cujo líder, Abdurrahman Walid, foi escolhido como presidente depois da queda de Suharto. Ele defendeu a democracia, o pluralismo, a tolerância e o reconhecimento dos direitos humanos universais, mas não foi particularmente bem-sucedido como presidente e foi substituído por sua vice-presidente, Megawati Sukarnoputri, acrescentando outro país para a lista de países muçulmanos modernos a terem tido uma mulher Chefe de Estado. Depois do bombardeio em uma discoteca em outubro de 2002 em Bali, o governo reprimiu os grupos radicais islamistas, como o Jemaah Islamiyah, e prenderam seu líder espiritual, Abu Bakar Bashir, que negou qualquer ligação com o grupo, atribuindo o atentado de Bali à CIA americana. Esses grupos têm crescido durante as últimas décadas, voltando-se para uma ação radical já que não conseguiram ganhar reconhecimento popular suficiente para alcançar o controle político do Estado.

INDO MAIS FUNDO

Jemaah Islamiyah é um grupo radical islamista cujo objetivo é estabelecer um Estado pan-islâmico que incluiria Indonésia, Malásia e o sul das Filipinas. Ele supostamente teria ligações com a al-Qaeda.

Malásia

A Malásia apresenta uma situação única entre os países muçulmanos e às vezes é apresentada como um modelo para uma versão progressiva e moderna do Islã. O Islã foi levado para a atual Malásia por comerciantes nos séculos XIV e XV, e hoje a Malásia é cerca de 60% muçulmana. O governo nacionalista, principalmente secularista, teve que criar para a Malásia uma identidade nacional, equilibrando as divergências étnicas e religiosas de três comunidades principais — malaios, chineses e indianos.

Durante a maior parte do período moderno, a Malásia tem sido dominada pela coalizão liderada pela UMNO (Organização Nacional Malaia Unida), dirigida desde 1981 por Mahathir Muhammad, que anunciou que renunciaria em 2003, o que efetivamente aconteceu. O principal partido islâmico, o PAS (*Parti Islam SeMalaysia*), defende um Estado islâmico. A UMNO tem promovido com sucesso sua própria versão de islamização moderada, ao defender o pluralismo, o capitalismo e a modernização. Mahathir aspirou desempenhar um papel de liderança entre os países muçulmanos, oferecendo uma visão alternativa do Islã no mundo moderno.

INDO MAIS FUNDO

Mahathir foi um governante autocrático e suas maquinações para a prisão de seu respeitado vice Primeiro-Ministro, Anwar Ibrahim, no final da década de 1990, ocasionou atenção internacional desfavorável.

Filipinas

Os mesmos comerciantes e sufis que espalharam o Islã para a Malásia e Indonésia levaram-no para o sul das Filipinas, onde os muçulmanos constituem entre 5% a 9% da população. Sultanatos independentes foram estabelecidos, mas o controle muçulmano não alcançou o norte. Quando os espanhóis chegaram, no século XVI, tentaram estender o controle sobre toda a atual Filipinas. Após a independência, em 1947, o novo governo reivindicou todo o território da atual Filipinas.

A FMLN (Frente Moro de Libertação Nacional) liderou a luta pela independência ou autonomia das regiões muçulmanas do sul. Após alguns combates, o governo comprometeu-se a implementar em seus próprios termos o acordo alcançado em Trípoli em 1976, mas nunca integralmente ratificado. Em 1991, um pequeno grupo militante radical, o Grupo Abu Sayyaf (Portador da Espada), rompeu com a FMNL e se envolveu em atividades terroristas, incluindo sequestros, atentados e assaltos a bancos. Acredita-se, geralmente, que esse grupo tem ligações com a al-Qaeda e opõe-se ao FMNL. Desde 11 de setembro de 2001, os conselheiros militares dos EUA têm ajudado o governo filipino no combate ao Grupo Abu Sayyaf.

Os Países Bálticos

Bósnia e Herzegovina, o Kosovo e a Albânia ganharam populações muçulmanas significativas quando faziam parte do Império Otomano. Após a II Guerra Mundial, a Bósnia e Herzegovina e o Kosovo fizeram parte da Iugoslávia, enquanto a Albânia tornou-se um Estado comunista separado. Cerca de 20% da população da Iugoslávia era muçulmana antes da dissolução e divisão do país em 1992, incluindo 40% da população da Bósnia e Herzegovina. Cerca de 70% da Albânia é muçulmana, mas a identidade religiosa e a liberdade foram restringidas na Iugoslávia e na Albânia durante o período comunista. Da antiga Iugoslávia, surgiram também a Sérvia e Montenegro, inicialmente um único país, mas hoje constituindo nações independentes. A Sérvia é esmagadoramente ortodoxa (cristã) na religião. Já Montenegro tem cerca de uma população minoritária muçulmana de 15%.

Bósnia e Herzegovina

Com a dissolução da Iugoslávia em 1992, Bósnia e Herzegovina declarou sua independência. Bósnia e Herzegovina é uma nação multirreligiosa, multiétnica, com muçulmanos bósnios, além de cristãos croatas e sérvios. Em 1992, os muçulmanos bósnios eram altamente seculares.

A Sérvia, o poder dominante no que restava da Iugoslávia, invadiu a Bósnia aproximadamente ao mesmo tempo em que os comunistas foram derrotados no Afeganistão. Muitos *mujahiddin* estavam procurando uma próxima arena na qual continuariam sua *jihad*, e um número estimado de 4.000 deles acabaram na Bósnia lutando contra os sérvios. Embora os sérvios tenham cometido crimes de guerra hediondos, alguns muçulmanos eram culpados de atos tão atrozes quanto os cometidos pelos sérvios.

Devido a um embargo armamentista do Ocidente, o armamento chegava às forças muçulmanas do Irã através de Istambul, enquanto vários países muçulmanos forneciam ajuda humanitária. Algumas tensões surgiram entre os trabalhadores humanitários de orientação wahhabi, que consideravam como sua tarefa ensinar o Islã puro para os muçulmanos bósnios. Quando os combates cessaram após a conclusão dos Acordos de Paz de Dayton, em 1995, os combatentes *mujahiddin* foram convidados a se retirar.

A figura muçulmana mais proeminente nesse período, e o membro bósnio muçulmano da presidência tripartite até 2000, foi Alija Izetbegovic.

Kosovo e Albânia

O Kosovo faz parte da Sérvia. Apesar de sua população de maioria muçulmana albanesa, o Kosovo contém locais de importância na história sérvia. Os problemas entre os nacionalistas sérvios e os rebeldes do Kosovo começaram na segunda metade da década de 1990. Isso levou a uma campanha aérea da OTAN e ao posicionamento de forças de paz da Otan no país. A paz étnica ficou evasiva, com ex-rebeldes de Kosovo-Albânia tentando expulsar os sérvios nativos do Kosovo. Grande parte da população do Kosovo gostaria de ver algum tipo de união com a Albânia, com quem partilha afinidades étnicas e religiosas. Os números típicos citados para a Albânia são de cerca de 70% de muçulmanos, 20% de cristãos ortodoxos orientais, e 10% de cristãos católicos romanos.

Iraque

Em 1958, uma revolta militar nacionalista derrubou a monarquia Hachemita que tinha sido instalada pela Grã-Bretanha após a I Guerra Mundial. Posteriormente, em 1963, o partido Ba`th, secularista-socialista, assumiu o controle em um golpe militar e o retém desde aquela época[2].

[2] N.E.: Com a derrubada de Saddam Hussein do poder em 2003, após a invasão das forças de coalizão lideradas pelos EUA o partido está proibido de atuar no cenário político iraquiano.

O General Saddam Hussein[3] (morto em dezembro de 2006), um membro do partido Ba`th, tornou-se presidente em 1979 e governou como um virtual ditador. Saddam foi um muçulmano sunita, mas os shia'as constituem a maioria da população. Um pequeno grupo radical iraquiano shia'a, *al Dawah al Islamiyah*, atuava dentro e fora do país desde 1957. Durante a década de guerra contra o Irã, na década de 1980, os shia'as, em geral, priorizaram o país em relação à religião, apoiando o Iraque contra seus companheiros shia'as no Irã.

A invasão do Kuwait pelo Iraque, que reivindicava como seu o território ocupado pelo Kuwait, levou à Guerra do Golfo, em 1991. Uma revolta shia'a no sul foi brutalmente reprimida pelas tropas da Guarda Republicana de base sunita de Hussein. Alguns líderes aiatolás shia'as (Baqir al-Sadr e Khoi) foram executados pelo governo ou morreram de forma suspeita em prisão domiciliar.

Hussein reprimiu brutalmente a população curda sunita no norte, mas a zona de exclusão aérea americana no norte resultou em autonomia de fato para três províncias curdas. Desde a Guerra do Golfo, Hussein tentou envolver-se no manto do Islã, acrescentando *Allahu Akbar* (Deus é grande) à bandeira e construindo mesquitas de exibição em Bagdá. Um movimento shia'a anti-Saddam, o SCIRI (Conselho Supremo da Revolução Islâmica no Iraque, também conhecido como SAIRI, ou Assembleia Suprema) operava a partir do Irã. Embora o governo norte-americano suspeitasse que Hussein colaborava com terroristas islâmicos internacionais, tais acusações não foram comprovadas. Em função de seu passado, fica difícil crer que Hussein tenha se tornado um radical islâmico, ainda que, sem dúvida, cooperaria com qualquer grupo se fosse para levar vantagem.

Líbano

O Líbano surgiu no final da II Guerra Mundial.[4] Um arranjo na partilha de poder assegurou a estabilidade por vários anos. Cristãos maronitas, a maior comunidade, obtiveram a presidência, muçulmanos sunitas receberam o cargo de primeiro-ministro, e muçulmanos shia'as assumiram a posição menos poderosa de porta-voz do parlamento. Os drusos (um movimento étnico-religioso que derivou do xiismo ismaelita no século XI — veja o Capítulo 14) também foram um bloco de poder significativo no novo Estado.

Outra parte relevante foram os 120.000 refugiados que fugiram da Israel recém-independente em 1948. Então, a Síria considerou o Líbano como parte de uma

[3] N.E.: Saddam Hussein, muçulmano sunita, após a invasão do Iraque por tropas da coalizão americana, invasão não autorizada pela ONU, foi deposto do poder. Após julgamento, foi enforcado em dezembro de 2006, em Bagdá.

[4] N.E.: A independência do Líbano foi em 1946, com a saída das tropas francesas do país. A origem do país se encontra no Monte Líbano, habitado por cristãos maronitas e drusos. No Líbano hoje existem 18 confissões religiosas com representatividade no Parlamento, o número de cadeiras é distribuído de acordo com o censo de cada grupo religioso.

Síria maior e, em 1976, enviou tropas, quando eclodiu a guerra civil.[5] A população shia'a aumentou para se tornar o maior grupo no Líbano. Amal, um movimento shia'a sob a liderança do Imame Musa Sadr (que desapareceu em 1978), revitalizou a comunidade shia'a.

Inspirado na revolução iraniana e apoiado pelo Irã, um grupo shia'a mais radical chamado *Hezbollah* ("Partido de Deus") surgiu em 1982. Esse grupo proporcionava serviços educacionais e sociais e se tornou um partícipe dominante na política libanesa. O Hezbollah envolveu-se em atividades terroristas[6], como o ataque contra a base da marinha americana e sequestros, na década de 1980. O principal ideólogo islâmico do Hezbollah foi o shaykh Mohammed Fadlallah.

A base principal da OLP (Organização para a Libertação da Palestina, criada em 1964) ficava no Líbano, de onde atacaram Israel. Em 1982, o exército israelense invadiu o país, forçando a OLP a se mudar para a Tunísia. Os shia'as do sul do Líbano, que se sentiram ameaçados pela presença da OLP, inicialmente receberam bem as tropas israelenses. Esse sentimento desapareceu quando o exército israelense lá permaneceu e estabeleceu um exército que controlou o sul e permitiu o massacre de refugiados ao sul de Beirute. A estabilidade política foi restaurada com um novo acordo de partilha de poder, em 1993.

Em 2000, o exército israelense se retirou, e as forças do Hezbollah mudaram-se para preencher o vácuo de poder. O Hezbollah está empenhado na defesa do sul do Líbano dos ataques de Israel, defendendo assim a soberania libanesa.

Palestina e Israel

A Palestina sempre foi uma área contestada. Por mais de 400 anos, fez parte do Império Otomano. No final do século XIX, o movimento sionista começou a promover a emigração judaica para a Palestina com o objetivo de restabelecer uma pátria judaica lá. Incapazes de mediar um acordo entre judeus e árabes, os britânicos, que governavam a Palestina após a I Guerra Mundial, transferiram o problema para as Nações Unidas em 1947. Um plano da Organização das Nações Unidas para demarcar a área territorial foi aceito pelos judeus, mas rejeitado pelos árabes. Após a retirada

---

5 N.E.: Há uma vasta bibliografia sobre a Guerra Civil Libanesa que envolveu vários países, principalmente Síria e Israel.

6 N.E.: O Hezbollah é considerado terrorista por Israel, Estados Unidos e países árabes com orientação wahhabista e salafista por serem inimigos declarados do Irã, país shia'a assim como o grupo libanês. O grupo não é considerado terrorista nem pela ONU nem pelo governo libanês. O partido tem representatividade no Parlamento libanês e o líder Sayyid Hassan Nasrallah participa das decisões do governo libanês. Destaca-se ainda que a fronteira do Líbano com Israel é protegida, também, pelo grupo. Nos ataques de 2006, Israel recuou do bombardeio contra o Líbano por resposta bélica lançada pelo Hezbollah junto ao exército libanês. O Acordo de Taif, assinado na Arábia Saudita, reconfigurava o parlamento libanês e tirava poderes do presidente aumentando os do Primeiro-Ministro e do Parlamento.

britânica em 1948, os judeus instituíram o Estado de Israel, e as nações árabes ao redor o invadiram. Muitos palestinos fugiram das áreas controladas por judeus e quando o armistício foi assinado em 1949, Israel estava no controle de 75% da Palestina. A essa altura, 30% da população era judia (11% em 1922). Na guerra de 1967 entre Israel e seus vizinhos árabes, Israel obteve o controle do restante do território a oeste da Jordânia.

Na sequência, a OLP, com sede na Tunísia, tornou-se a principal voz dos palestinos. A OLP, que incluía cristãos e árabes muçulmanos, estava comprometida com a criação de um Estado único e secular em Israel, abrangendo judeus, cristãos e muçulmanos. Seu chefe, Yasir Arafat, revelou uma incrível capacidade de sobreviver a cada nova crise. Na guerra de 1973, Israel ganhou o controle do Sinai e das Colinas de Golan, na Síria. Em 1979, o presidente norte-americano Carter intermediou com sucesso o acordo de Camp David, levando a um tratado entre Egito e Israel.

Nessa ocasião, um pequeno grupo islamista radical, a Jihad Islâmica, começou a promover ataques contra Israel. A primeira *Intifada* (o nome dado ao levante palestino popular espontâneo) começou no final de 1987 e deu origem ao movimento islamista radical *Hamas*, uma ramificação da Irmandade Muçulmana na Palestina liderada por Ahmad Yassin. O *Hamas* tinha um programa de três pontos:

- » Renovação espiritual individual
- » Serviços sociais e educacionais extensivos
- » Ação militar contra Israel.

Seu objetivo final é o de expulsar os judeus e criar um Estado islâmico abrangendo toda a Palestina. Em 1988, a OLP aceitou a existência do Estado de Israel, o que abriu o caminho para os Acordos de Paz de Oslo de 1993. Por esse acordo, em uma série de etapas, os israelenses se retirariam de 88% da Cisjordânia, o que levaria a um Estado Palestino independente. Assim, em 1994, Arafat e a OLP estabeleceram a Autoridade Nacional Palestina (ANP), com Arafat como presidente, para exercício de governo limitado e autoridade policial dentro de algumas áreas de Gaza e da Cisjordânia. Israel chamou o acordo de "generoso"; adversários o qualificaram de "inviável". Israel manteria o controle de partes significativas do Estado Palestino, que seria dividido em quatro áreas diferentes, separadas por áreas retidas por Israel.

Israel adiou a entrega de algumas áreas à ANP até que todos os ataques contra Israel cessassem. Isso não aconteceria, uma vez que o Hamas e a Jihad Islâmica não eram partícipes do acordo, e a ANP não tinha o poder de controlá-los. Israel, contrariando as resoluções das Nações Unidas e a pressão americana, continuou a expandir os assentamentos judaicos em terra destinada a fazer parte do Estado Palestino. Em setembro de 2000, o ministro da Defesa de Israel, Ariel Sharon, possivelmente agindo em busca de votos israelenses na eleição para primeiro-ministro, fez uma visita à área da mesquita al-Aqsa em Jerusalém. Como os judeus não eram normalmente autorizados até mesmo pelo governo israelense para adentrar nessa área do antigo local do templo judaico, os muçulmanos, naturalmente, consideraram tal visita, feita com grande publicidade e acompanhamento policial completo, como uma provocação. Os protestos muçulmanos e contramedidas israelenses contra os manifestantes levaram à segunda *Intifada*, que se estendeu até 2005. As ações militares, antes confinadas à Cisjordânia, foram realizadas pela Jihad Islâmica e Hamas dentro de Israel — shopping centers, ônibus e eventos sociais sofreram atentados, bem como alvos militares. Isso desencadeou invasões israelenses do território da ANP e destruição da infraestrutura civil palestina. A questão palestina continua a ser a questão política mais forte a unir os muçulmanos, bem como o principal fator que impede a melhoria das relações entre muçulmanos e norte-americanos, em decorrência do consistente apoio norte-americano a Israel. Sharon foi reeleito no início de 2003 como primeiro-ministro por uma maioria esmagadora (ele foi o primeiro primeiro-ministro, após um longo tempo, que conseguiu ser reeleito). Tanto Sharon como Arafat já faleceram (o primeiro em 2014, após um coma de oito anos, e o segundo em 2004), e depois deles os enfrentamentos continuaram chegando aos dias de hoje, fazendo com que as perspectivas de uma melhoria das relações entre palestinos e israelenses não sejam das melhores.

A Antiga União Soviética

Os muçulmanos foram o segundo maior grupo religioso na União Soviética antes de seu colapso. Algumas áreas muçulmanas, como o Tartaristão, eram originalmente parte de um Império Mongol no século XIII (veja o Capítulo 2), posteriormente incorporadas à Rússia. Outros muçulmanos foram incorporados à Rússia, quando ela se expandiu para regiões do Cáucaso e da Ásia Central no século XIX.

Durante o regime soviético, houve restrições à liberdade religiosa, e algumas práticas religiosas passaram para a clandestinidade, mas nos últimos anos antes da dissolução da União Soviética, em 1991, o aumento da liberdade religiosa levou ao ressurgimento do Islã. Antigos dirigentes comunistas locais governaram a maior parte das repúblicas da Ásia Central recém-independentes: Uzbequistão, Turcomenistão, Cazaquistão, Tajiquistão e Quirguistão. Inspirados por acontecimentos no Afeganistão, movimentos radicais islâmicos surgiram nesses países. A Rússia cooperou para suprimir esses movimentos, alguns dos quais tinham ligações com a al-Qaeda e o Talibã. Até agora, nenhum deles representou um sério desafio.

Na região montanhosa do Cáucaso, entre os mares Negro e Cáspio, o Azerbaijão tornou-se um Estado independente com uma orientação muçulmana moderada. O Daguestão e a Chechênia, mais ao norte nas montanhas do Cáucaso, no entanto, permaneceram sendo parte da Rússia. Em 1991, o presidente Dudayev declarou a independência chechena. Os chechenos têm uma história de resistência recorrente ao controle russo desde o final do século XVIII. As tropas russas reentraram na área em 1994, tentando pacificar a região, mas resultando em muita destruição e perda de vidas. Assim como alguns *mujahiddin* árabes-afegãos foram para a Bósnia depois da queda dos comunistas no Afeganistão, outros rumaram para a Chechênia e outros lugares em busca de sua visão de um Estado islâmico radical. Os terroristas chechenos atingiram a Chechênia e Moscou. Os russos dizem que os rebeldes são uma minoria criminal, agitados por wahhabitas e outros radicais islâmicos. Os muçulmanos consideram o conflito como mais um episódio nos esforços dos muçulmanos para resistir ao imperialismo russo.

Síria

A Síria é um Estado de partido único, cujo partido socialista, o Ba`th, está no controle desde 1963, quando uma união de cinco anos com o Egito se encerrou. Um levante islamista (Irmandade Muçulmana) centrado na cidade de Hama em 1982 foi brutalmente esmagado, e um número estimado de 10.000 a 25.000 pessoas foram mortas pelo governo. Desde aquela época, nenhuma oposição islamista eficaz tem operado legal ou obscuramente na Síria.

Hafiz al-Asad foi presidente de 1967 até sua morte em 2000, quando seu filho Bashar o sucedeu. A família Asad origina-se de uma seita islâmica, os `alauítas (veja o Capítulo 14), que tem crenças bem pouco ortodoxas.

Turquia

A Turquia, o único Estado explicitamente secularista de estilo ocidental no mundo muçulmano, foi notícia em novembro de 2002, quando um partido religioso moderado — o partido Justiça e Desenvolvimento — conquistou a maioria nas eleições parlamentares e formou um novo governo. O partido prometeu continuar a política pró-ocidental da Turquia, incluindo a procura de adesão à União Europeia, adiada devido a deficiências na área de direitos humanos na Turquia e uma história de intervenção militar nos assuntos políticos. O líder do partido, Tayyip Erdogan, foi proibido de servir como primeiro-ministro por causa de uma sentença de prisão que ele cumpriu em 1999 pela leitura pública de um poema "antissecular". No entanto, em 2001 fundou seu próprio partido, vencendo as eleições em 2002. Esta foi a forma que Erdogan encontrou para voltar ao poder e buscar a inserção da Turquia na União Europeia, não tendo sucesso. Atualmente, Erdogan ocupa a presidência da Turquia desde 2014.

A Turquia surgiu em consequência da I Guerra Mundial e do fim do califado otomano. Na visão do "pai" da Turquia moderna, Kemal Ataturk, a futura modernização da Turquia estava no alinhamento aos moldes ocidentais, com o desenvolvimento de um forte senso de identidade nacional. O nacionalismo envolvia eliminar identidades étnicas concorrentes ("Somos todos turcos" era o mote político), levando a conflitos armados constantes desde 1984, com rebeldes curdos (liderados pelo Partido dos Trabalhadores do Curdistão, o PKK) no sudeste. A religião foi relegada à esfera privada e qualquer expressão política do Islã foi reprimida. A educação foi amplamente secularizada e o uso do véu foi proibido para as mulheres. Ordens sufis também foram abolidas. Ao longo das últimas duas décadas, o governo relaxou nas restrições à expressão religiosa sem qualquer alteração fundamental da política e metas nacionais.

LEMBRE-SE

Forte aliada dos Estados Unidos, a Turquia tem sido intensamente criticada por outros países muçulmanos pelos contatos mantidos com Israel.

7
Apêndices

NESTA PARTE...

Conheça as datas no calendário ocidental para os principais eventos religiosos islâmicos anuais ao longo dos próximos cinco anos e ainda, uma lista dos nomes dos meses muçulmanos, e lhe digo como converter qualquer data ocidental para a data muçulmana correspondente, ou vice-versa.

Descubra um glossário seletivo dos termos técnicos mais importantes, incluindo muitas palavras árabes e alguns termos persas.

Veja sugestões de para onde ir caso queira ter acesso a recursos adicionais, tanto impressos quanto em mídias.

Apêndice A

Contando os Anos: O Calendário Muçulmano

Os cristãos datam seu calendário a partir do nascimento de Jesus, e os judeus datam seu calendário religioso a partir da data tradicional da criação do mundo. Também os muçulmanos têm sua própria datação da passagem do tempo, contando-o a partir da emigração (*hijra*) de Muhammad e seus seguidores de Meca para Medina em 622 E.C. (também conhecido como d.C. — depois de Cristo). Então, 622 E.C. é igual a 1 A.H. Além disso, o ano no calendário muçulmano começa a ser contado a partir da data do início do ano no qual a *hijra* ocorreu. Assim, 16 de julho de 622 E.C. é igual a 1 *Muharram* (primeiro mês do ano muçulmano) de 1 A.H. (*anno hijrae*, o ano da *hijra*).

INDO MAIS FUNDO

A maioria dos livros publicados por editoras não muçulmanas incluem apenas datas ocidentais. Isso não surpreende, porque na maior parte do mundo utiliza-se, hoje, o calendário ocidental, embora se possa usar calendários não ocidentais para algumas finalidades específicas. Alguns anos atrás, por exemplo, o *Jerusalem Post* (um jornal judeu) imprimia a data atual no topo do jornal no sistema de datas cristão, muçulmano e judaico. Eu não percebi de imediato quando eles começaram a usar apenas as datas judaica e cristã, mas presumo (talvez erroneamente) que a omissão da data muçulmana reflete o aumento das tensões entre muçulmanos e judeus na Palestina e Israel e, talvez, à postura geralmente mais conservadora pelo jornal.

O calendário religioso muçulmano é um calendário lunar. Como resultado, em comparação com um calendário solar, que a maior parte do ocidente utiliza, a cada ano o mesmo evento ocorre 11 dias mais cedo, o ano lunar tendo 354 dias de duração (e o solar cerca de 365 dias de duração). Note que, de fato, em questões civis, os muçulmanos frequentemente utilizam um calendário solar, por vezes referido como o calendário cristão ou messiânico — ou seja, o calendário usado pelos ocidentais. Afinal de contas, os agricultores precisam saber quando plantar suas lavouras, e essa informação está ligada ao calendário solar, e não ao lunar.

Mas para fins religiosos, o calendário religioso islâmico é o aplicado. Eis aqui os nomes dos 12 meses do ano muçulmano, em sequência, seguidos pelos significados literais dos nomes dos meses. Basta lembrar que eles não se correlacionam com meses ocidentais específicos:

- **Muharram:** O mês sagrado[1]
- **Safar:** O mês vazio
- **Rabi` al-awwal:** A primeira primavera, também chamado de Rabi 1
- **Rabi` al-thani:** A segunda primavera, também chamado de Rabi 2
- **Jumada al-ula:** O primeiro mês de seca, também chamado de Jumada 1
- **Jumada al-akhira:** O segundo mês de seca, também chamado de Jumada 2
- **Rajab:** O mês honorável
- **Sha`ban:** O mês da divisão
- **Ramadã:** O mês abrasador[2]
- **Shawwal:** O mês da caça
- **Dhul-qa`da:** O mês do descanso
- **Dhul-hijja:** O mês da peregrinação[3]

Note que a grafia dos nomes pode variar de fonte para fonte.

Em algum momento você pode querer converter uma data ocidental para uma data muçulmana ou vice-versa. Ou pode ficar curioso para encontrar sua data de nascimento no calendário muçulmano. Como se pode fazer isso? Eis a fórmula de conversão:

- Para converter uma data cristã (ocidental) para uma data muçulmana, use esta fórmula, onde G é a data cristã (Gregoriana) e H é a data muçulmana (*hijra*): H = G – 622 + [(G – 622) ÷ 32]. Use isso e você descobrirá que 1990 d.C. começa no ano muçulmano A.H. 1410.
- Para converter uma data muçulmana para uma data cristã, eis a fórmula: G = H + 622c – (H ÷ 33). Isso significa que o ano muçulmano 1421 A.H. começou em 1999 d. (1421 + 622) – (1421 ÷ 33) = 1999.

---

1 N.E.: É o mês em que se comemora o Ano-Novo muçulmano. Além disso, Muharram é um mês sagrado por alguns eventos. O 1º é a criação de Adão e Eva por Deus. Celebra-se ainda a travessia do Mar Vermelho por Moisés, seguido do povo hebreu que se libertava do Faraó no Egito. No entanto, a data mais celebrada pelos muçulmanos shia'as é a lembrança da batalha de Karbala que marca o martírio de Hussein, neto de Muhammad. No 10º dia desse mês, o apogeu da celebração, são as rememorações do martírio no ritual de Ashura.

2 N.E.: Mês do Jejum de 30 dias. Esse é o jejum obrigatório para os muçulmanos, um dos cinco pilares do Islã.

3 N.E.: Mês em que todos os muçulmanos que tiverem condições financeiras devem peregrinar para a Meca. O 9º dia, o dia de Arafat, é um dia importante, pois marca a chegada dos peregrinos ao Monte Arafat. Foi nesse dia que, de acordo com a tradição, Muhammad proferiu seu último discurso para seus seguidores, o "Sermão de despedida". Esse dia marca ainda o dia em que Abraão aceitou o pedido de Deus e se dirigiu ao monte para executar o sacrifício de seu filho, como forma de provar sua devoção a Deus. Os muçulmanos em peregrinação repetem o ato de Abraão sacrificando ovelhas e carneiros. A carne é distribuída para os necessitados. São 4 dias de celebração em todo o mundo muçulmano.

DICA

Em tempos como o nosso, dê graças à internet, onde você pode ir até um site como `www.novomilenio.inf.br/porto/mapas/nmcalens.htm`, digitar uma data e instantaneamente encontrar a data cristã ou muçulmana correspondente. Por intermédio desse site, eu descubro que minha data de nascimento — 17 de novembro de 1936 — corresponde à terça-feira, 2º dia do *Ramadã* de 1355 A.H. no calendário muçulmano. Também na internet, vá até `www.moonsighting.com/calendar.html` e imprima os calendários de 12 meses islâmico e ocidental para o ano atual.

A Tabela A-1 lhe mostra as datas ocidentais nas quais os principais dias religiosos muçulmanos ocorrerão pelos próximos dois anos.

TABELA A-1 **Calendário de Datas Religiosas Muçulmanas Vindouras**

Ano	Adha	1 Muh	Ashur	Maulid	15 Sha	1 Ram	26 Ram
2018	11/8	12/9	21/9	20/11	18/4	17/5	12/6
2019	1/8	31/8	9/9	10/11	15/4	6/5	1/6

Para que os nomes religiosos coubessem na planilha, tive que abreviá-los. Eis aqui as explicações do cabeçalho da tabela:

- Adha: *`id al-adha*: O evento do sacrifício na conclusão da *hajj*
- 1 Muh: Primeiro *Muharram*, o primeiro dia do ano-novo
- Ashur: *`ashura'*, o 10º dia do Muharram; comemora a morte de Hussein em 680
- Maulid: *maulid al-Nabi* no 12º dia do Rabi 1, a data de nascimento de Muhammad; também comemora a data de nascimento do sexto *imame* shia'a, Ja`far
- 15 Sha: *Nisf-Sha`ban*, o 15º dia do *Sha`ban* é a Noite do Arrependimento para o novo ano
- 1 Ram: Começo do mês do *Ramadã* no qual ocorre o jejum (*saum*) exigido
- 26 Ram: 26º dia do *Ramadã*; data tradicional em que o Corão veio dos céus: noite do poder (na tabela não está outra data significante, a morte de `Ali, o genro de Muhammad, no 21º dia do *Ramadã*)

LEMBRE-SE

Os shia'as celebram no 18º dia do *Dhul-hijja* (o mês da *hajj*) o Ghadir al-Khum quando, de acordo com suas crenças, Muhammad (depois de sua peregrinação de despedida) parou no oásis de Khum e lá designou `Ali como seu sucessor (veja o Capítulo 12 para detalhes).

Apêndice B
Glossário

Neste apêndice, você encontra palavras e frases, principalmente árabes, que permeiam as discussões sobre o Islã. Caso você se depare com tantos termos islâmicos que já não consegue compreendê-los mais, recorra a este glossário. Normalmente, não incluo termos que ocorrem em apenas um capítulo, porque são definidos nele. Cumpre lembrar, ainda, que este glossário geralmente não inclui pessoas, nomes de seitas ou grupos, ou termos geográficos (cidades, países e regiões).

adab: Condutas, moralidades, etiqueta (também um tipo de literatura tratando desses assuntos).

adhan: Chamado para oração (salat).

ansar: Cidadãos de Medina que apoiavam Muhammad.

`aqida: Credo muçulmano de crenças e práticas básicas.

`aqiqa: Corte do cabelo de criança recém-nascida.

arkan al-imam: Cinco Pilares da Fé — crença em Deus, Seus anjos, Seus profetas e Seus livros; o Dia do Julgamento; e a determinação por Deus de tudo o que acontece.

`ashura': Décimo dia do primeiro mês muçulmano (*Muharram*) que celebra a morte de Hussein.

aya (plural ayat): Sinal ou prova de Deus, também um verso do Corão.

baraka: Bênção associada a Muhammad e alguns místicos.

barzakh: A barreira entre a vida e a morte que dura até a ressurreição.

batin: O significado oculto, esotérico do Corão; veja **ta'wil**.

bid`a: Inovação; qualquer desvio das práticas e crenças do Islã inicial, considerado por muitos como um pecado.

basmala: "Em nome de Deus, o clemente, o misericordioso"; essa frase abre todas as suras, menos uma.

califa (khalifa): Governante islâmico; significa literalmente "sucessor".

dar al-harb: Território ainda não governado por muçulmanos (morada de guerra).

dar al-Islam: Em contraste, território governado por muçulmanos.

da`wa: "Chamando" pessoas para o Islã; evangelismo.

dervixe (darwish): O termo usado para designar sufis; significa literalmente uma "pessoa pobre" (persa).

dhikr: Lembrança; cerimônias sufis que envolvem invocação ritual dos nomes de Deus.

dhimmi: "Povo protegido"; inicialmente cristãos e judeus — mais tarde também zoroastrianos e algumas outras fés — vivendo em um Estado islâmico.

din: Religião.

du`a: Oração individual, voluntária; em contraste com **salat**.

falsafa: Termo árabe para filosofia.

faqih: Especialista em jurisprudência (lei).

faqir: Sufi; dervixe.

fard: Indica um dever obrigatório.

fatwa: Uma decisão por um estudioso islâmico sobre um ponto da lei islâmica.

al-Fatiha: A "abertura", que é a primeira sura do Corão.

fiqh: Jurisprudência (lei).

fitna: Contenda; designa várias rebeliões que ameaçaram a unidade do Islã inicial.

Cinco Pilares da Adoração ou Cinco Pilares do Islã (*arkan al-`ibada, arkan islam*): Confissão, oração diária, jejum saum, doação obrigatória, peregrinação à Meca; não o mesmo que os Cinco Pilares da Fé.

ghayba: Ocultação; o encobrimento do 12º imame.

ghusl: A purificação maior antes dos rituais.

hadith: Tradição inicial sobre o que Muhammad disse ou fez; também uma das raízes da lei.

hadith qudsi (hadith sagrada): Palavras de Deus que não estão no Corão.

hafiz: Pessoa que memorizou o Corão.

hajj: Peregrinação a Meca — um dos Cinco Pilares da Adoração.

halal: Alimentos e ações permitidos.

al-hamdu li-Llah (hamdulah): "Louvado seja Deus", uma frase de conversação.

hanif: Islã para um monoteísta antes da época de Muhammad.

haram: Alimentos e ações proibidos.

hijab: Um termo para um véu em árabe.

hilal: Lua nova crescente marcando o começo de um novo mês.

hijra: Emigração em 622 E.C. de Meca a Medina.

hudud: Ofensas e penalidades definidas no Corão para alguns crimes sérios; o singular é **hadd**.

`ibada: Serviço de Deus, especialmente a adoração.

**`id (eid):** *`id al-adha* (banquete do sacrifício) ocorre próximo ao fim da peregrinação; *`id al-fitr* (banquete da quebra de jejum) no fim do *Ramadã*.

ihram: Estado de pureza ritual; especialmente importante na *hajj* (peregrinação).

ihsan: Virtude, ética.

i'jaz: Inimitabilidade do Corão; ou seja, nada é comparável a ele.

ijma`: Consenso (concordância, ou entre toda a comunidade de muçulmanos ou entre estudiosos), uma das quatro raízes da lei.

ijtihad: Esforço (aplicado ao trabalho de estudiosos para interpretar a lei).

`ilam: Ciência, conhecimento.

imam: Líder da oração diária; sucessor de Muhammad entre shia'as.

iman: Fé, crenças.

in sha'a-llah: "Se Deus quiser"; frequentemente usado em conversações.

`isma: Doutrina da pureza de Muhammad (no sentido de não ter pecado) e profetas bíblicos antigos de acordo com os sunitas; específico a Muhammad e aos *imames* entre os shia'as.

isnad: Cadeia de transmissão que está incluída como parte de uma hadith.

isra': A jornada noturna de Muhammad de Meca a Jerusalém.

jahiliyya: Tempo de "ignorância" pagã na Arábia antes do chamado de Muhammad.

al-janna: O jardim; termo mais comum para paraíso.

jihad: "Lutar" ou "guerra santa".

jinn ("gênio"): Vários seres feitos de fogo.

kafir: Infiel, ateísta.

kalam: Teologia islâmica como uma disciplina escolar.

khanqa: Reunião ou local de convivência de uma ordem sufi.

khitan: Circuncisão.

khutba: Sermão na oração comunal do meio-dia na sexta-feira.

kitab: Palavra árabe para livro, e assim também "o livro" (o Corão).

kufr: Descrença ou idolatria.

madhhab: Designa uma das Escolas de lei reconhecidas.

madrassa: Escola islâmica.

Mahdi: Figuras messiânicas islâmicas que aparecerão no fim dos tempos.

mahr: Presente nupcial, dote.

masjid: Forma arábica de mesquita; literalmente, "lugar de prostração".

matn: O corpo ou conteúdo de uma *hadith*.

maulid al-nabi: Aniversário de Muhammad; festival celebrando seu aniversário.

mawla: Usado no período inicial para designar um convertido não muçulmano que era vinculado a uma tribo árabe por adoção.

mihrab: Nicho na parede da mesquita que marca o **qibla**.

minbar: Púlpito em uma mesquita.

mi`raj:** A ascensão de Muhammad pelos sete céus durante o **`isra.

muezzin (mu'adhdhin): A pessoa que faz o chamado para a oração.

mufti: Pessoa qualificada para dar opinião legal; veja **fatwa**.

muhajirun: Muçulmanos que emigraram com Muhammad de Meca para Medina em 622 E.C.

mujaddid: Um restaurador ou reformador que vem para restaurar o Islã no fim de cada século.

mulla: Estudioso religioso (sunita medieval *`ulama'*), tendo papéis de liderança no Islã shia'a.

mushaf: Exemplar físico da palavra divina (livro) de Deus.

nabi: Profeta (aplica-se a Muhammad, profetas bíblicos e alguns outros).

naskh: Um verso corânico que Deus anulou mais tarde, normalmente referido em português como revogação.

nika: Contrato de casamento.

niyya: A "intenção" que deve ser pronunciada antes de atos rituais.

pir: Um termo para um líder sufi, o mesmo que **shaykh**.

qadi: Um juiz islâmico nomeado por um governante.

qibla: Em direção a Meca.

qiyas: Analogia, uma das quatro raízes da lei.

Qur'an (Corão): Escritura básica do Islã, palavra de Deus e uma das quatro raízes da lei islâmica.

qutb: O "polo" ou eixo do mundo; o humano perfeito.

rak'a: Ciclo de posturas na salat (oração).

Ramadã: O mês do jejum (*saum*) do alvorecer ao crepúsculo.

rasul: Mensageiro; apóstolo como em "Muhammad é o mensageiro de Deus".

ra'y: Opinião pessoal de um estudioso sobre uma questão da lei islâmica.

riba: Usura; juros ao emprestar dinheiro, o que é proibido no Islã.

sadaqa: Caridade além da **zakat** anual exigida.

salam alaikum: "Que a paz esteja com você"; um cumprimento muçulmano comum.

salat: A oração ritual formal cinco vezes por dia.

sama` (ouvindo): Cerimônia sufi usando música.

saum: Jejum exigido; um dos Cinco Pilares da Adoração.

sa'y: A corrida entre os dois montes como parte do ritual *hajj*.

sayyid: Título de respeito para descendentes de Muhammad através de Fátima, filha de Muhammad.

shahada: "Não há outro Deus além de Deus, e Muhammad é o mensageiro de Deus."

shari`a: Lei islâmica.

shaytan: O mesmo que Satanás em português; no singular é o mesmo que o anjo Iblis.

shaykh: Líder tribal ou do clã (literalmente "ancião"); também usado para líderes sufis.

**Shi`ites (shia'as):** Ramificação menor do Islã centrada em `Ali e seus descendentes.

shirk: Associar qualquer coisa a Deus, o pior pecado no Islã.

shura: Consulta; órgãos que escolhem ou aconselham o califa; às vezes usado para órgãos legislativos modernos.

silsila (cadeia): A árvore genealógica espiritual de um sufi.

subha: Contas de oração ou rosário usado para recitar os nomes de Deus.

sufi: Místico islâmico (tasawwuf é o termo árabe para sufismo).

sunna: Prática comum do profeta e sua comunidade.

sunita: Nome comum para a maioria do grupo muçulmano.

sura: Termo comum para as 114 unidades (capítulos) básicos do Corão.

tafsir: Comentário do Corão.

tahara: Purificação, exigida antes de performances rituais.

takbir: A fórmula "Deus é o Maior" (*Allahu Akbar*).

talaq: Divórcio.

talbiyah: A frase "Aqui estou eu..." dita durante a *hajj*.

taqiyya: Dissimulação, anteriormente engajada por alguns shia'as ismaelitas.

tariqa: "Caminho", usado também por várias ordens sufis.

tasliya: A fórmula da invocação da bênção sobre Muhammad (paz e bênçãos estejam com ele, abreviada em português SAAS).

tawaf: Circular em sentido anti-horário à Ka`ba como parte do ritual de peregrinação.

tawhid: Unidade, o atributo mais importante de Deus.

ta'wil: Interpretação alegórica ou esotérica do significado do Corão.

`ulama': Estudiosos religiosos tradicionais do Islã; veja também mulla.

umma: A comunidade muçulmana universal.

`umra: A peregrinação menor a Meca que pode ser feita em qualquer época.

urs: Cerimônia de casamento.

usul al-fiqh: Raízes da jurisprudência muçulmana — Corão, *ahadith*, *qiyas*, *ijma`*.

wali: Amigo (de Deus); designação de místicos sufis.

waqf: Uma fundação islâmica de caridade.

wudu': A purificação menor antes de atividades rituais.

wuquf: A cerimônia de ficar em pé na planície de `Arafat durante a *hajj*.

zahir: O significado externo de um texto (oposto a **batin**).

zakat: Doação obrigatória anual específica; um dos Cinco Pilares da Adoração.

ziyara: Visitação; peregrinação a locais de pessoas místicas.

Apêndice C

Recursos: Indo Mais Fundo

Na língua inglesa, recursos sobre o Islã têm aumentado consideravelmente ao longo da última década e, especialmente, desde 11 de setembro de 2001. Neste apêndice, eu lhe dou uma amostra do que há disponível tanto em inglês quanto em português.

Recursos Acadêmicos

A maioria dos livros que listo nesta seção estão disponíveis, nos EUA, em boas bibliotecas, o que é uma notícia agradável para o bolso, porque as grandes obras de referência são muito dispendiosas para a maioria das pessoas. Consulte livrarias online (na seção "Islã na Web", mais adiante neste apêndice) para preços de venda (valores em dólares norte-americanos[1]; grafia dos preços na notação inglesa) e informações de publicação. Nesta seção há também livros em língua portuguesa.

- **_A History of Islamic Societies_, 2ª Edição, por Ira Lapidus:** Essa segunda edição é a história em volume único mais abrangente do Islã e contém uma extensa bibliografia (Cambridge University Press, 2002, $40). [Conteúdo em inglês.]
- **_American Muslims: Bridging Faith and Freedom_, por M.A. Muqtedar Kahn:** Nessa coleção de ensaios, Khan aborda questões que os muçulmanos norte-americanos enfrentam do ponto de vista de uma pessoa comprometida tanto com o Islã quanto com os valores norte-americanos de liberdade e democracia (Amana Publications, 2002, $14.95). [Conteúdo em inglês.]
- **_An Introduction to Islam_, 2ª Edição, por Frederick Denny:** Livro didático universitário padrão, com extensa bibliografia (Macmillan Publishing Company, 1993, $66). Também tem uma bibliografia bem útil. [Conteúdo em inglês.]
- **_An Introduction to Shi'i Islam_, por Moojan Momen:** A pesquisa mais completa sobre o Islã shia'a (Yale University Press, 1987, $22). [Conteúdo em inglês.]

1 Os preços dos livros podem ter sofrido majorações.

» ***Approaching the Qur'an: The Early Revelations*, por Michael Sells:** Essa é provavelmente a melhor introdução atual do Corão para não muçulmanos. Sells fornece suas próprias excelentes traduções modernas das primeiras suras, e o CD incluso contém recitações das primeiras suras por vários recitadores diferentes (White Cloud Press, 1999, $21.95). [Conteúdo em inglês.]

» ***Falsafa*, Miguel Atié:** Editora Palas Atena, 2002.

» ***Islam in America*, por Jane Smith:** História completa do Islã na América (Columbia University Press, 2000, $33.99). [Conteúdo em inglês.]

» ***Islam, The Straight Path*, 3ª Edição, por John Esposito:** Livro didático amplamente usado, é um tanto menos detalhado que o de Denny (Oxford University Press, 1998, $26.95). [Conteúdo em inglês.]

» ***Leão Africano — A África e o Renascimento Vistos por Um Árabe*, Murilo Sebe Bom Meihy:** Editora Ateliê, 2017.

» ***Maomé — uma biografia do Profeta*, Karen Armstrong**: Editora Companhia das Letras, 2002.

» ***Maomé e a ascensão do Islã:*** David Samuel Margoliouth. Contraponto Editora, 2012.

» ***Maomé e Carlos Magno — O Impacto do Islã Sobre a Civilização Europeia*, Pierre Henri:** Contraponto, 2010.

» ***Muhammad: A Biography of the Prophet*, por Karen Armstrong:** Esse livro de 1993 é direcionado para o público em geral (Harper San Francisco, 1993, $15). [Conteúdo em inglês.]

» ***Mystical Dimensions of Islam, por Annemarie Schimmel:*** O estudo aprofundado de Schimmel continua sendo uma excelente introdução ao sufismo (The University of North Carolina Press, 1975, $21.50). [Conteúdo em inglês.]

» ***O Islã e o Ocidente — encontro com Jacques Derrida,* Mustapha Cherif:** Editora UFMG, 2103.

» ***O Islã,* Karen Armstrong:** Editora Objetiva, 2001.

» ***O Mundo Falava Árabe*, Beatriz Bissio:** Civilização Brasileira Editora, 2012.

» ***O Mundo Muçulmano*, Peter Demant:** Editora Contexto, 2004.

» ***Olhares Femininos sobre o Islã. Etnografias, Metodologias, Imagens:*** Organização: Francirosy Campos B. Ferreira, 2010.

» ***Perfomances Islâmicas em São Paulo — Entre Arabescos, Luas e Tâmaras.* Francirosy Campos Barbosa**: Terceira Via Edições, 2017.

» ***Religião e Civilização: Uma Abordagem Antropológica.* Paulo Hilu da Rocha Pinto:** Editora Santuário, 2010.

» ***Só acredito em um Deus que saiba dançar*. Sérgio Veleda:** Editora Kalango, 2014.

» ***Sufismo e Misticismo Islâmico.* Paulo Eduardo Oliveira:** Editora Madras, 2002.

» ***The Isma`ilis: Their History and Doctrines,*** por Farhad Daftary: O guia massivo, mas definitivo, para esse importante grupo (Cambridge University Press, 1990, $50). [Conteúdo em inglês.]

- ***The Life of Muhammad: A Translation of Ibn Ishaq's Sirat Rasul Allah,*** traduzido e editado por Alfred Guillaume: Leia essa tradução inglesa (Oxford University Press, 2002, $25) da biografia do século VIII para ver Muhammad como os muçulmanos o veem. [Conteúdo em inglês.]
- **The New Encyclopedia of Islam, Revised, por Cyric Glasse e Huston Smith:** Eu uso com muita frequência essa enciclopédia de volume único de 600 páginas com 1.300 entradas que é direcionada para o público em geral (AltaMira Press, 2003, $45). [Conteúdo em inglês.]
- ***The Oxford Encyclopedia of the Modern Islamic World,*** editado por John Esposito: Trabalho de referência essencial para qualquer coisa pertinente ao Islã nos últimos 100 anos (Oxford University Press, 2001, $150). [Conteúdo em inglês.]
- ***The Oxford History of Islam,*** editado por John Esposito: Um livro grande, com muitas ilustrações coloridas, tem 16 capítulos organizados em tópicos por diferentes especialistas (Oxford University Press, 2000, $49.95). [Conteúdo em inglês.]
- ***Uma história dos povos árabes.*** **Alberto Hourani:** Editora Cia das Letras, 2010.

O Corão

Se você quer estudar o Islã seriamente, precisa ter um exemplar do Corão. Pode-se comprá-lo ou consultar várias traduções na internet. Veja o Capítulo 7 para mais informações sobre as traduções do Corão.

- ***Corão e Hádices na internet:*** As versões de Shakir, Pickthall e Yusuf Ali estão em `www.usc.edu/dept/MSA/reference/reference.html` junto à maior coleção de hádices. Muitos outros sites, como `www.hti.umich.edu/k/Koran` [conteúdo em inglês] têm recursos similares.
- ***O Alcorão.*** **Tradução Mansur Chalita:** Editora Best Bolso, 2010.
- ***O Significado dos Versículos do Alcorão Sagrado.*** **Samir El Hayk:** Editora Marsam, 2016.
- ***The Koran Interpreted: A Translation,*** **traduzido por A. J. Arberry:** Muitos pensam que essa tradução de 40 anos é a mais fiel em inglês para o estilo do Corão (Simon & Schuster Adult Publishing Group, 1996, $20 em brochura). [Conteúdo em inglês.]
- ***The Meaning of the Holy Qur'an,*** **traduzido por Yusuf Ali:** Essa é a tradução mais utilizada por muçulmanos falantes do inglês. Mesmo em sua versão revisada, tem um estilo de inglês como o da bíblia do Rei Jaime. (Amana Publications, 2001, $22). [Conteúdo em inglês.]

Recursos de Vídeo

Para adquirir um dos vídeos a seguir, tente as fontes listadas em "Editores e varejistas islâmicos", mais adiante neste apêndice, ou faça uma pesquisa na web para encontrar o preço mais barato.

LEMBRE-SE

A sigla PBS na listagem refere-se a Public Broadcasting System (www.pbs.org, se você quiser ir diretamente à fonte [conteúdo em inglês]).

- ***A Mensagem:*** Filme dirigido por Mustafa Akkad. Versão em árabe e português. Com Anthony Quinn no papel de Hamza, o tio do Profeta, 1976.
- ***Allah, Oxalá, na trilha dos Malês:*** Documentário produzido por Francirosy Campos Barbosa, 2016.
- ***Hijjab — Mulheres de véu:*** Documentário. Paulo Halm, 2013.
- ***Islam, Empire of Faith:*** Esse documentário de 2001 da PBS com 150 minutos cobre os primeiros 1.000 anos do Islã ($30). [Conteúdo em inglês.]
- ***Living Islam:*** Essa é uma série um pouco mais antiga da BBC ($150, cinco horas). [Conteúdo em inglês.]
- **Muhammad: the Legacy of a Prophet:** A PBS estreou esse novo documentário de duas horas em dezembro de 2002 ($30). [Conteúdo em inglês.]
- ***Muslims — A Journey through the Diverse World of Islam:*** Relato de duas horas da série de documentários Frontline, da PBS, sobre o Islã contemporâneo ($30, 2002). [Conteúdo em inglês.]
- ***Sob o Véu do Islam:*** Documentário produzido por Luiz Carlos Lucena, 2012.
- ***The Hajj:*** O repórter convertido Michael Wolff documenta sua experiência na hajj no programa Nightline da ABC em 1997 ($20, 25 minutos). [Conteúdo em inglês.]
- ***The Message:*** Filme de 1977 sobre a vida de Muhammad, estrelado por Anthony Quinn. Suas três horas incluem um documentário sobre os bastidores do filme (cerca de $30). [Conteúdo em inglês.]

Software de Computador

Os muçulmanos têm sido rápidos para tirar proveito dos computadores e da internet. Acho que os três itens listados abaixo têm preços razoáveis e são bastante úteis. Muito mais está disponível, e as fontes citadas em "Editores e varejistas islâmicos" deste apêndice listam tanto softwares de computador quanto outros recursos audiovisuais à venda.

- ***Alim:*** Um CD repleto de versões do Corão (inglês e árabe, incluindo a recitação), coleções de *hádices* e muito mais (ISL Software, $99).

- **Al-Qari Plus**: Esse CD o ensina a recitar o Corão em árabe, mesmo se você não souber árabe ($59 da Sound Vision).
- ***SalatBase:*** CD que ensina a como fazer a *salat* ($49 da Sound Vision).

Islã na Web

Sites vêm e vão, por isso não podemos garantir que todos os sites a seguir ainda estarão online quando você ler isto. Cada item na lista é representante de um tipo diferente de site ou recurso. Qualquer um dos quatro primeiros irá levá-lo a muitos outros recursos úteis na web. Lembre-se, no entanto, que qualquer pessoa pode criar um site e, enquanto alguns deles são fontes úteis de informações, outros são inúteis e enganosos.

- ***Alt.Muslim:*** `www.altmuslim.com` é um bom site para notícias islâmicas. [Conteúdo em inglês.]
- ***Brasileiros Muçulmanos:*** `http://www.brasileirosmuculmanos.net/brasileiro/`
- ***Centro de Divulgação do Islam para a América Latina:*** `http://www.islambr.com.br/`
- ***Instituto Brasileiro de Estudos Islâmicos:*** `http://www.ibeipr.com.br/`
- ***Islam Brasil:*** `http://islamismobr.blogspot.com.br/`
- ***Islam em Linha:*** `http://www.islamemlinha.com/index.php/mesquitas/item/mesquita-abu-bakr-assadik-em-sao-bernardo-do-campo`
- ***Islam, Islamismo, Islão, Islamismo.org:*** `http://www.islamismo.org/islam.htm` [Conteúdo em inglês.]
- ***IslamiCity:*** `www.islamicity.org` é um grande portal muçulmano. [Conteúdo em inglês.]
- ***Mamalist of Islamic Links:*** `www.jannah.org/mamalist` tem uma lista de links extensa e categorizada para sites islâmicos (1.924 links). [Conteúdo em inglês.]
- ***MSAnews:*** Essa lista de e-mails redistribui notícias e relatos atuais. Para inscrever-se, envie um e-mail para `msanews-list-subscribe@topica.com`. [Conteúdo em inglês.]
- ***The Islamic Studies Site of Prof. A. Godlas:*** `www.uga.edu/islam` talvez seja o melhor site acadêmico sobre Islã na web. [Conteúdo em inglês.]

Organizações islâmicas

O Capítulo 15 fornece informações adicionais sobre organizações islâmicas.

- ***AMC (American Muslim Council):*** www.amconline.org [Conteúdo em inglês.]
- ***Associação Beneficente Muçulmana*** — Mesquita do Brás — São Paulo: `http://www.mesquitadobras.org.br/texto.php?op=24`
- ***CAIR (Council on American-Islamic Relations):*** `www.cair-net.org` [Conteúdo em inglês.]
- ***Centro Cultural Beneficente Islâmico de Foz do Iguaçu:*** `http://www.islam.com.br/`
- ***Centro Cultural Imam Hussein:*** `http://www.centroimamhussein.com/`
- ***Centro Islâmico no Brasil Arresala:*** `http://www.arresala.org.br/`
- ***FAMBRAS — Federação das Associações Muçulmanas Brasil:*** `http://www.fambras.org.br/`
- ***ICNA (Islamic Circle of North America):*** `www.icna.org` [Conteúdo em inglês.]
- ***ISNA (Islamic Society of North America):*** `www.isna.net` [Conteúdo em inglês.]
- ***MAS (Muslim American Society):*** `http://masba.com` [Conteúdo em inglês.]
- ***MPAC (Muslim Public Affairs Council):*** `www.mpac.org` [Conteúdo em inglês.]
- ***Sociedade Beneficente Muçulmana*** — Mesquita Brasil — São Paulo: `http://www.mesquitabrasil.com.br/sobre_sbm.php`
- ***Sociedade Beneficente Muçulmana do Rio de Janeiro:*** `http://sbmrj.org.br/`
- ***Wamy Brasil:*** `http://www.wamy.org.br`

Editores e varejistas islâmicos

Alguns lidam com uma ampla variedade de publicações impressas e de mídia e outros distribuem principalmente seus próprios materiais.

- ***Astrolabe:*** Livros, vídeo e mais em `www.islamicmedia.com` [Conteúdo em inglês.]
- ***Editora Arresala Publicações:*** `http://www.arresala.org.br/publicacoes`
- ***Halalco Books:*** catálogo impresso disponível ou vá para `www.halalco.com` [Conteúdo em inglês.]
- ***IPI (Islamic Publications International):*** Catálogo impresso disponível ou vá para `www.Islampub.com` [Conteúdo em inglês.]
- ***Kazi Publications:*** Catálogo impresso disponível ou vá para `www.kazi.com` [Conteúdo em inglês.]
- ***Loja Islâmica:*** `http://www.lojaislamica.com.br/`

- ***Site dos Alimentos Halal:*** `http://www.halalislam.com/br/`
- ***Sound Vision:*** Especializada em recursos audiovisuais, incluindo os vídeos para crianças Adam's World em `www.soundvision.com` [Conteúdo em inglês.]

Halalco, IPI e Kazi têm uma extensa linha de livros, softwares, vídeos e outros itens islâmicos (calendários, tapetes de oração, véus, cartazes, cartões, e mais). Essas fontes atendem aos muçulmanos, e sua seleção de livros acadêmicos sobre o Islã por editores não muçulmanos é muitas vezes limitada e seletiva. Para livros de editoras não muçulmanas, confira outras bibliotecas ou livrarias.

Canais na internet

- ***Arresala Canal YouTube:*** `https://www.youtube.com/channel/UCV0h4poqx-WAqj9D6ASbvjA`
- ***Canal Mesquita Brasil:*** `https://www.youtube.com/channel/UCcLXFWO8UMM1N6BXC0jpQRA`
- ***Rádio Islâmica do Rio de Janeiro:*** `http://www.centroimamhussein.com/radio`

E Finalmente...

DICA

Busque recursos em sua própria comunidade, incluindo mesquitas locais, bibliotecas e universidades. Pergunte sobre visitar uma mesquita local ou participar de um grupo de discussão inter-religioso.

Índice

D

E

F

G

H

I

J

K

L

M

N

Este livro foi impresso nas oficinas gráficas da Editora Vozes Ltda.,
Rua Frei Luís, 100 – Petrópolis, RJ.